# SALON DES FEMMES

BESZÉLGETÉSEK NŐKRŐL, FÉRFIAKRÓL, SZEXRŐL,
SZERELEMRŐL, KAPCSOLATOKRÓL, HOGYAN
VÁLJUNK A NŐISÉG PRAGMATISTÁJÁVÁ

## Gary M. Douglas

GARY DOUGLAS TELEKURZUS SOROZATÁBÓL,
VALAMINT TIZENNYOLC ERŐTELJES ÉS BÁMULATOS
NŐ ÖSSZEJÖVETELÉBŐL KÉSZÜLT

*Salon des Femmes*
Szerzői jog © 2014 Gary M. Douglas
ISBN: 978-1-63493-051-2

Minden jog fenntartva. A kiadvány semmilyen részét nem lehet reprodukálni, visszakeresési rendszerben tárolni, bármilyen formában vagy módon átadni, sem elektronikusan, sem mechanikusan, fénymásolatban, felvételben vagy bárhogyan, a kiadó előzetes írásbeli engedélye nélkül.

A könyv szerzője és kiadója nem állít vagy garantál bármilyen fizikai, mentális, érzelmi, spirituális vagy pénzügyi eredményt. A szerző által nyújtott minden termék, szolgáltatás és információ célja csupán az általános oktatás és szórakoztatás. Az itt közölt információk semmi esetre sem arra hivatottak, hogy helyettesítsék az orvosi vagy más szakértői véleményt. Abban az esetben, ha használod a könyvben található információkat, a szerző és a kiadó nem vállalnak felelősséget a tetteidért.

Kiadó:
Access Consciousness Publishing, LLC
www.accessconsciousnesspublishing.com

Nyomtatva: Amerikai Egyesült Államok
**Könnyedség, Öröm és Ragyogás**

# Nyilatkozat

Arra kérlek, hogy semmit ne vegyél itt komolyan,
vagy tedd jelentőségtelivé.
Az a szívem vágya itt, hogy nagyobb könnyedséget és békét
tudjunk teremteni a nőkkel és a férfiakkal. Nem pedig az,
hogy elkülönülést vagy ítélkezést teremtsünk.

Milyen lenne, ha egy olyan világban élnél,
ahol mindenki kedves a másikkal?
Mi van, ha te vagy az, aki segíthet ennek megteremtésében?

# Tartalomjegyzék

Előszó ... 7
1 Pragmatikus feminizmus ... 9
2 Választani a valóság módosítását ... 53
3 Felismerni ki vagy valójában ... 91
4 Egy működő kapcsolat teremtése ... 125
5 Pragmatikus választás ... 163
6 Ti vagytok a jövő teremtői ... 195
7 Megadni másoknak a lehetőség birodalmát ... 221
8 Teremtsünk békét háború helyett ... 259
9 Egy fenntartható jövő teremtése ... 295
10 Tudatos kapcsolatok ... 321
11 A választás és éberség erejében maradni ... 363
12 A tudatosság szabadgyökévé válni ... 405
13 Ismerd fel mekkora ajándék vagy a világnak ... 433
14 Önmagad nagyszerűsége ... 471
Az Access Consciousness Tisztító Mondat™ ... 513
Szószedet ... 517
A fejezetek címeinek és alcímeinek tartalomjegyzéke ... 529
Mi az Access Consciousness? ... 537
További Access Consciousness™ Könyvek ... 539
A szerzőről ... 545

# Előszó

Franciaországban a 17. és 18. században a szalonok voltak azok a helyek, ahol okos, előretekintő hölgyek találkoztak, beszélgettek, ötleteket cseréltek, ugyanúgy, ahogy az okos, előretekintő férfiak is tették.

Ezen szalonok szellemében szerveztem egy tizennégy részes telekurzus sorozatot egy csoport lenyűgöző hölggyel, ahol beszélgettünk nőkről, férfiakról, szexről, kapcsolatokról, a férfi- és női szerepekről, a jövő teremtéséről, és sok sok más témáról. Ezek alapján készült ez a könyv.

A következő beszélgetések során előfordulhatnak olyan szavak vagy fogalmak, amelyekkel még nem találkoztál. Megpróbáltuk definiálni őket a könyv végén található szószedetben.

A tisztító mondatot is megtalálod, amit az Access Consciousness™-ben használunk. Ez egy rövidítés, ami azokat az energiákat szólítja meg, amik a korlátokat és a beszűkülést teremtik az életedben. Amikor először olvasod, elképzelhető, hogy egy kissé beleszédülsz. Ez volt a szándékunk vele. Arra hivatott, hogy az elmédet eltávolítsa a képből, hogy eljuthass a szituáció energiájához.

Alapvetően a tisztító mondattal a falak és korlátok energiáját szólítjuk meg, ami megakadályozza, hogy tovább lépjünk és kiterjedjünk mindabba a térűrbe, ahova szeretnénk eljutni.

Az Access Consciousness Tisztító Mondata a következő: „Helyes és Helytelen, Jó és Rossz, POD és POC, Mind a 9, Rövidek, Fiúk és Túlontúl.™" A könyv végén találhatsz egy rövid leírást, hogy mit jelentenek a mondat egyes szavai.

Választhatod azt, hogy használod a tisztító mondatot, vagy azt, hogy nem; nincs erről nézőpontom, de arra szeretnélek invitálni, hogy próbáld ki és nézd meg mi történik, ha használod.

# 1
# Pragmatikus feminizmus

Egy dolog érdekel, mégpedig az, hogy rávegyelek a teljes éberségre, szóval, ha te ezt valójában nem szeretnéd, akkor jobb, ha most felhúzod a védőpajzsaidat, különben egy vad vágtára viszlek el!

**Gary:**
Helló hölgyeim. Dr. Dain Heerrel évekig tartottunk szex- és kapcsolatokról workshopokat férfiak és nők csoportjának. Csütörtök este összegyűltek a férfiak és megszabadultak a nőkről alkotott minden ítélkezésüktől. Péntek este jöttek a nők, és minden férfiakról alkotott ítélkezésüktől megszabadultak. Majd elmentek szórakozni, jött az ottalvós buli és egy újabb halom ítélkezést építettek fel. Újra ítélkeztek a férfiakon, akik pedig halálra voltak rémülve, mert tudták, hogy ezek a mérges nők le tudnák nyisszantani a golyóikat.

# A MEGÉLÉS OPERATÍV ÁLLAPOTA

Miért voltak a nők annyira mérgesek a férfiakra? Azért, mert nőként megteremtették az élet és megélés operatív állapotát.

A megélés operatív állapota az, ahogyan újra és újra ugyanazok a dolgok jelennek meg az életedben. Majd azon tűnődsz, hogy miért jelenik meg ugyanúgy. Ha folyamatosan konfliktusaid vannak a férfiakkal, vagy állandóan unatkozol, vagy úgy gondolod, hogy valaminek máshogy kell lennie, mint amilyen, akkor egy ilyen operatív állapotban vagy, ami fenntartja, hogy a dolgok ugyanúgy jelenjenek meg.

Ha valóban meg akarod változtatni a kapcsolatod a másik nemmel vagy a szexpartnereddel, akkor meg kell változtatnod azt, ahogy a dolgokra nézel.

*Szalon Résztvevő:*
Mindig harcban állok a férfiassággal vagy nőiséggel.

*Gary:*
Nem kellene küzdelemnek lennie a férfiasság és nőiesség között. Ez az, amit próbálok itt teremteni. Amikor először szerveztem meg az Úriember Klubot (Gentleman's Club), a férfiak nem gondolták, hogy küzdeniük kell azért, hogy joguk legyen férfinak lenniük, és azt sem gondolták, hogy harcolniuk kell a nők ellen azért, hogy megkapják önmagukat. Csak önmaguk voltak, és a nők választhatták őket, vagy nem, ahogy nekik tetszett.

*Szalon Résztvevő:*
Úgy érzem, versenyzek a férfiakkal.

**Gary:**
Ez egy operatív állapot. Az operatív állapot egy olyan hely, ahonnan megpróbálsz működni. Ez egy választás, amit meghozol. Nem vagy hajlandó valami másra. Eldöntötted, hogy ez így van. Arra következtettél, hogy „Ez így van, mindig így fogom csinálni, és ez fog történni."
Megkérdezheted magadtól:
- Mi az, amit igazán szeretnék választani?
- Mi lehetek, és mit tehetek másként, ami megváltoztatná mindezt?

Hány ítéletet kell helyre tenned, hogy operatív állapotod legyen? Sokat, keveset, megatonnányit, vagy isten tudja hányat? isten tudja hányat!

Minden ami ez, isten tudja hányszorosan, hajlandó lennél elpusztítani és nemteremtetté tenni? Helyes és Helytelen, Jó és Rossz, Pod és Poc, Mind a 9, Rövidek, Fiúk és Túlontúl.

Milyen hülyeséget használsz, hogy megteremtsd az élet és megélés operatív állapotát nőként, amit választasz? Mindent, ami ez, isten tudja hányszorosan, hajlandó lennél elpusztítani és nemteremtetté tenni? Helyes és Helytelen, Jó és Rossz, Pod és Poc, Mind a 9, Rövidek, Fiúk és Túlontúl.

És milyen hülyeséget használsz arra, hogy megteremtsd a férfias és nőies közötti konfliktus érzetét, amit választasz? Mindent, ami ez, isten tudja hányszorosan, hajlandó lennél elpusztítani és nemteremtetté tenni? Helyes és Helytelen, Jó és Rossz, Pod és Poc, Mind a 9, Rövidek, Fiúk és Túlontúl.

*Szalon Résztvevő:*
A tisztítás végén kérdő szórendben mondod, hogy „amit választasz?". Én inkább kijelentésben mondanám, hogy „amit választasz", de látom, hogy te nem. Elmondanád, mi a különbség?

*Gary:*
„Az, amit választasz" igazolja a választásod okát. Ez egy fix nézőpont. Azt mondja, hogy „ezt választom, mert _____." Inkább azt szeretnéd hinni, hogy valamilyen oknál fogva választasz, ahelyett, hogy csak szimplán választasz. Megpróbálom elérni, hogy meglásd, hogy nem okkal választasz – csak választasz. Ezért mondom kérdésként, hogy „amit választasz?".

*Szalon Résztvevő:*
Szeretlek Gary! Ez olyan sok apró energiát megsemmisít, oly sok trutyit.

*Szalon Résztvevő:*
Van egy kérdésem: a férfiak valóban hitványak és gonoszak?

*Gary:*
Nem, a valóságban a férfiak nem hitványak és gonoszak.

*Szalon Résztvevő:*
Akkor miért tűnik úgy?

*Gary:*
Azért, mert bevették azt a hazugságot, hogy hitványnak és gonosznak lenni férfias. Hány hazugságot vettél be

a férfiakról, amik elszúrják az életed? Sokat, keveset vagy megatonnányit?

Hány hazugságot vettél be a férfiakról, amik lezárják az életed és a megélésed? Mindent, ami ez, isten tudja hányszorosan, hajlandó lennél elpusztítani és nemteremtetté tenni? Helyes és Helytelen, Jó és Rossz, Pod és Poc, Mind a 9, Rövidek, Fiúk és Túlontúl.

*Szalon Résztvevő:*

Az apám támogatott engem abban, hogy jó főiskolára mehessek és jó gyakorlati helyet kapjak. Mégis gúnyolódott a nőkön. Nevetett azokon a nőkön, akik sírtak. És amikor a nővérem haldoklott, azt választotta, hogy nem látogatja meg. Kialakítottam egy igencsak elferdült elképzelést arról, hogy milyenek a férfiak.

*Gary:*

Nos, nagyjából mindenki ezt teszi, még a pasik is.

Milyen hülyeséget használsz, hogy megteremtsd a konfliktust a férfiak és nők között, amit választasz? Mindent, ami ez, isten tudja hányszorosan, hajlandó lennél elpusztítani és nemteremtetté tenni? Helyes és Helytelen, Jó és Rossz, Pod és Poc, Mind a 9, Rövidek, Fiúk és Túlontúl.

*Szalon Résztvevő:*

Ha az egyik oldal fenntartja a konfliktust és a másik oldal úgy van vele, hogy ez egy érdekes nézőpont, akkor ez képes hatástalanítani a konfliktust?

*Gary:*

Ez bizonyos mértékig hatástalanítja, de hosszú távon

nem menti meg a kapcsolatot. Ezt csináltam az ex-feleségemmel. Belementem az érdekes nézőpontba. Nem voltam konfliktusban, szóval konfliktus nem is volt, de ez semmit nem változtatott meg az ő világában. A probléma az, hogy a legtöbb nő ahelyett, hogy azt látná a férfiben, aki, inkább abból a nézőpontból indít, hogy ha megváltoztatja őt, akkor jó ember lesz belőle.

Hányszor választottál úgy pasit, hogy egy tökéletes képet láttál benne? Mindent, ami ez, isten tudja hányszorosan, hajlandó lennél elpusztítani és nemteremtetté tenni? Helyes és Helytelen, Jó és Rossz, Pod és Poc, Mind a 9, Rövidek, Fiúk és Túlontúl.

## OLYAN PASIT VÁLASZTANI, AKIT MEG AKARSZ „JAVÍTANI"

*Szalon Résztvevő:*
Van egy kérdésem ezzel kapcsolatban. Mi teremti a dinamikáját annak, hogy olyan férfit választasz, akit meg akarsz javítani vagy változtatni?

*Gary:*
Gyerekként azt tanultad, hogy egy 'jó' rosszfiút kell találnod magadnak. Minden romantikus regény arról szól, hogy van egy rosszfiú, beléd szeret és te megszelídíted a benne élő fenevadat, majd ő lesz a szerelmed.

Mindenhol, ahol tanítani, idomítani próbálod a fenevadat, hajlandó lennél mindezt elpusztítani és nemteremtetté tenni? Helyes és Helytelen, Jó és Rossz, Pod és Poc, Mind a 9, Rövidek, Fiúk és Túlontúl.

*Szalon Résztvevő:*
Ez a megmentésről is szól? „Tudok neki segíteni, meg tudom javítani, jobbá tudom tenni". Ez egy ilyen anyás dolog, a megmentés anyai ösztöne?

*Gary:*
Ez nem ilyen anyai dolog. Ez egy női dolog. Arra tanítottak, hogy az a feladatod, hogy támogass és ott ülj a trón mögött – nem a trónon. Olyan, mintha úgy lennél felelős valamiért, hogy nem vagy az. Azt kell tettetned, hogy egy édes kicsi valami vagy, aki nem tud semmit. Ezek a nőknek kiosztott szerepek nem valósak. Semmi közük ahhoz, hogy milyen egy igazi nő.

Mindent, ami ez, isten tudja hányszorosan, hajlandó lennél elpusztítani és nemteremtetté tenni? Helyes és Helytelen, Jó és Rossz, Pod és Poc, Mind a 9, Rövidek, Fiúk és Túlontúl.

## EGY NAPON MAJD ELJÖN A HERCEGEM

Gondoltatok már valaha ezekre a dolgokra úgy, hogy „Ez marhaság! Miért választanám ezt?" Néhányan igen. Azt mondjátok, hogy „Semmi gond, nem is érdekel, hogy kapcsolatom legyen" Míg mások azt mondják, hogy „Egy napon majd eljön a megfelelő férfi, egy napon eljön a hercegem és nem kell többé Hamupipőkeként élnem."

Mindent, ami ez, isten tudja hányszorosan, hajlandó lennél elpusztítani és nemteremtetté tenni? Helyes és Helytelen, Jó és Rossz, Pod és Poc, Mind a 9, Rövidek, Fiúk és Túlontúl.

*Szalon Résztvevő:*
Mi van, ha mindkét dolog egyszerre megvan?

*Gary:*
A legtöbbeteknél mindkettő egyszerre megvan. Sajnos ez az, amit tanítottak nektek, hogy így fog történni. Végül eljön a megfelelő férfi és minden jól alakul. Nem, ebből semmi nem valós! Végtelen lényként csak egy igaz szerelmed lehet?

*Szalon Résztvevő:*
Nem!

*Gary:*
Ennek nincs értelme. Mert végtelen lényként az egység az, amire vágyhatsz, és nem pedig az egy és igaz az, amire vágysz.

Mindent, ami ez, isten tudja hányszorosan, hajlandó lennél elpusztítani és nemteremtetté tenni? Helyes és Helytelen, Jó és Rossz, Pod és Poc, Mind a 9, Rövidek, Fiúk és Túlontúl.

Gyerekként arra tanítanak, hogy egy igaz szerelem létezik számodra. Hogy egy napon majd megtalálod a herceged. Egyszer majd eljön az igazi férfi és úgy fog szeretni, ahogyan megérdemled. És egyszer minden tökéletes lesz. Az egyszer soha nem jön el, mert az egyszer az soha nem a mai nap. Az egyszer majd egy olyan dolog, ami soha nem is létezett, soha nem fog létezni, és soha nem is létezhet.

Hány 'majd egyszer'-t próbáltok még mindig valóra váltani? Mindent, ami ez, isten tudja hányszorosan, hajlandó lennél elpusztítani és nemteremtetté tenni? Helyes és Helytelen, Jó és Rossz, Pod és Poc, Mind a 9, Rövidek, Fiúk és Túlontúl.

Észrevettétek mennyi töltés van ezen a területen?

**Szalon Résztvevő:**
Igen!

**Gary:**
Ez tartja fenn ennek a valóságnak az őrültségét. A férfiak és nők közötti összes konfliktust, a kapcsolatok és házasság minden elképzelését, azt, hogy a szexnek gyönyörűnek, csodálatosnak kell lennie, és bla-bla-bla. A valóságban ez létezik?

Milyen hülyeséget használsz arra, hogy megteremtsd a nem létező szexuális életet, romantikus életet, olyan házasságot és kapcsolatot, ami soha nem létezett semmilyen valóságban, amit választasz? Mindent, ami ez, isten tudja hányszorosan, hajlandó lennél elpusztítani és nemteremtetté tenni? Helyes és Helytelen, Jó és Rossz, Pod és Poc, Mind a 9, Rövidek, Fiúk és Túlontúl.

Ez olyan, mint mikor soha nem teszel fel kérdéseket. Belemész abba, hogy „Ő annyira szép, csodás és kedves", de soha nem kérdezed meg, hogy „Ez valóban fog nekem működni?" Következtetsz azzal kapcsolatban, hogy milyennek kell lennie a dolognak, ahelyett, hogy eleve azt választanád, ami működni fog.

Azt szeretném, hogy a nőiesség pragmatistája legyél, ne a harcos ír, ne a harcos skandináv, ne a harcos viking, ne a harcos hispániai és minden más női nemzetség, amilyennek azt hiszed, hogy lenned kell.

Mindent, ami ez, isten tudja hányszorosan, hajlandó lennél elpusztítani és nemteremtetté tenni? Helyes és Helytelen, Jó és Rossz, Pod és Poc, Mind a 9, Rövidek, Fiúk és Túlontúl.

*Szalon Résztvevő:*
Én is egy állandó konfliktust, egy állandó küzdelmet érzek a férfiak és nők között. Ez egy állandó konfliktusban tart engem önmagammal.

*Gary:*
Igen, mert voltál már férfi és nő is. Minden elérhető számodra. Nincs semmi, ami már ne lettél volna, vagy amit ne tettél volna valamelyik életedben. Minden, ami valaha voltál, vagy amit tettél elérhető számodra, viszont amikor megpróbálod nőként vagy férfiként definiálni magad, a számodra elérhető dolgok felét elvágod. Ha férfiként definiálod magad, akkor le kell vágnod a női oldalad. Ha nőként definiálod magad, akkor le kell vágnod a férfias oldalad. Nézőpontokat veszel be férfiakról és nőkről, hogy definiálhasd ki is vagy, de ezeknek a definícióknak semmi közük hozzád, a lényedhez.

*Szalon Résztvevő:*
Pontosan, ez olyan, mint amikor a férfiakkal harcolok és hibáztatom magam ezért.

*Gary:*
Milyen hülyeséget használsz arra, hogy megteremtsd a konfliktust a férfiak és nők között, amit választasz? Mindent, ami ez, isten tudja hányszorosan, hajlandó lennél el-

pusztítani és nemteremtetté tenni? Helyes és Helytelen, Jó és Rossz, Pod és Poc, Mind a 9, Rövidek, Fiúk és Túlontúl.

Ha férfi voltál az előző életedben, és azt gondoltad, hogy nőnek lenni egyszerűbb és jobb és nőként születsz ebbe az életedbe, azt fogod mondani, hogy „Egy pillanat, nem is könnyebb nőnek lenni. Jobb férfinak lenni", majd konfliktusba kerülsz a döntéseiddel és választásaiddal, ami mennyi választást is nyújt neked?

*Szalon Résztvevő:*
Zérót.

*Gary:*
És mennyi ítélkezést ad neked? Megatonnányit.

Mindent, ami ez, isten tudja hányszorosan, hajlandó lennél elpusztítani és nemteremtetté tenni? Helyes és Helytelen, Jó és Rossz, Pod és Poc, Mind a 9, Rövidek, Fiúk és Túlontúl.

## HÓDOLAT A KAPCSOLATOKNAK KONTRA HÓDOLAT A VAGINÁNAK

Az egyik dolog, amit szeretném, ha megértenél ebből a 'salon des femmes' -ből az az, hogy legyél képes úgy élni a női oldaladdal, hogy ne legyen ez probléma a férfiakkal. Semminek nem kellene problémának lenni a férfiakkal. Mindennek csak választásnak kellene lennie.

Milyen hülyeséget használsz arra, hogy megteremtsd a kapcsolatokhoz való örökké tartó hódolatot, amit választasz? Mindent, ami ez, isten tudja hányszorosan, hajlandó lennél elpusztítani és nemteremtetté tenni? Helyes és Helytelen, Jó és Rossz, Pod és Poc, Mind a 9, Rövidek, Fiúk és Túlontúl.

Ennek a férfi változata:

Milyen hülyeséget használsz arra, hogy megteremtsd a vaginához való örökös hódolatot, amit választasz? Mindent, ami ez, isten tudja hányszorosan, hajlandó lennél elpusztítani és nemteremtetté tenni? Helyes és Helytelen, Jó és Rossz, Pod és Poc, Mind a 9, Rövidek, Fiúk és Túlontúl.

Ennek mindkét oldala vonatkozik mindenkire, és ez hatalmas ellenállást teremt. Azt akarod, hogy a pasi imádja, behódoljon a vaginádnak, és te pedig a saját kapcsolatodat akarod imádni, hódolni neki. A nőket arra az elképzelésre tanítják, hogy minden a kapcsolatokról szól – a kapcsolat a gyerekeidhez, a kapcsolat a párodhoz. A nők és a férfiak más-más isteneknek hódolnak, s közben azon tűnődnek, hogy miért nem megy együtt!

Milyen hülyeséget használsz, hogy megteremtsd kapcsolatokhoz való örökös behódolást, amit választasz? Mindent, ami ez, isten tudja hányszorosan, hajlandó lennél elpusztítani és nemteremtetté tenni? Helyes és Helytelen, Jó és Rossz, Pod és Poc, Mind a 9, Rövidek, Fiúk és Túlontúl.

Milyen hülyeséget használsz, hogy megteremtsd a vaginához való örökké tartó behódolást, amit választasz? Mindent, ami ez, isten tudja hányszorosan, hajlandó lennél elpusztítani és nemteremtetté tenni? Helyes és Helytelen, Jó és Rossz, Pod és Poc, Mind a 9, Rövidek, Fiúk és Túlontúl.

*Szalon Résztvevő:*

Van végtelen hódolat, eskü afelé is, hogy ne valósuljon meg a kapcsolat? Ez ugyanannak az éremnek a másik oldala?

*Gary:*
>Igen, ez ugyanannak az éremnek a másik oldala. Ha bármilyen esküt tettél, akkor nem vagy jelen a választással, lehetőséggel és kérdéssel. Meg kell szabadulnunk a kapcsolatoknak tett esküktől, szóljon ez mellette vagy ellene, és meg kell szabadulnunk a vaginának tett esküktől, akár mellette, akár ellene szól. Mindkettő problémát és ellentétes nézőpontot teremt.

*Szalon Résztvevő:*
>Ah, igen.

*Gary:*
>Milyen hülyeséget használsz arra, hogy megteremtsd a kapcsolatokhoz fűződő örökkévaló behódolást, amit választasz? Ez mindkét oldalra vonatkozhat. Mindent, ami ez, isten tudja hányszorosan, hajlandó lennél elpusztítani és nemteremtetté tenni? Helyes és Helytelen, Jó és Rossz, Pod és Poc, Mind a 9, Rövidek, Fiúk és Túlontúl.
>
>Milyen hülyeséget használsz, hogy megteremtsd a vaginának szóló örökkévaló behódolást, amit választasz? Mindent, ami ez, isten tudja hányszorosan, hajlandó lennél elpusztítani és nemteremtetté tenni? Helyes és Helytelen, Jó és Rossz, Pod és Poc, Mind a 9, Rövidek, Fiúk és Túlontúl.

*Szalon Résztvevő:*
>Gary, a második kérdés, hogy „Milyen hülyeséget használsz, hogy megteremtsd a vaginának szóló örökkévaló behódolást, amit választasz?" elég erőteljes nekem. Meg tudnád ezt magyarázni?

*Gary:*
Az életed egy pontján valószínűleg eldöntötted, hogy bárcsak lenne vaginád.

*Szalon Résztvevő:*
Egy olyan életben, amikor férfi voltam?

## MIT JELENT AZ EGYÉBKÉNT, HOGY FÉRFIAS ÉS NŐIES?

*Gary:*
Igen, ez az egész elképzelés, hogy valamilyen nézőpont mellett, vagy ellen vagyunk hisztérikusan vicces nekem. Nincs semmi, ami még nem voltál, vagy amit nem tettél valamely életedben. Milyen egyáltalán a férfias és nőies?

*Szalon Résztvevő:*
Ez volt a következő kérdésem!

*Gary:*
Nos, erre is van valamim.

Milyen hülyeséget használsz arra, hogy úgy teremted meg önmagad, mint az AETI valóság, a fiziológiai valóság és a pszichológiai őrültség kitartottja, amit választasz? Mindent, ami ez, isten tudja hányszorosan, hajlandó lennél elpusztítani és nemteremtetté tenni? Helyes és Helytelen, Jó és Rossz, Pod és Poc, Mind a 9, Rövidek, Fiúk és Túlontúl.

Amikor kitartottá, ágyassá teszed magad, az olyan, mintha az AETI valóság (az anyag, energia, térűr, és idő valósága), a fiziológiai valóság, és a pszichológiai őrültség szeretője lennél. Mert ebben a világban nem ezek rabszolgájává és szolgájává válsz? Ez majdnem olyan, mint a szex teremtése a legtöbb embernek. Például, hányszor volt olyan kapcsolatod ebben az anyag, energia, térűr és idő realitásban, ami örömteli volt számodra?

*Szalon Résztvevő:*
Ha-ha-ha.

*Gary:*
Szinte soha! És ezekből a kapcsolatokból hány szólt a fiziológiai valóságodról? Hányan élvezték a szexet azok közül, akikkel szeretkeztél? Közülük hányan gondolják, hogy gyönyörű vagy, csodálatos és mesés – azért, mert az vagy?

*Szalon Résztvevő:*
Nem sokan.

*Gary:*
És van a pszichológiai őrültség, ahonnan a legtöbben működnek mindenféle kapcsolatokban. A legtöbben az ítélkezést használják arra, hogy szexuális izgalmat teremtsenek. Az ítélkezéssel nem lehet kiterjedt világot létrehozni. Csupán összehúzott világot. Ez segít?

*Szalon Résztvevő:*
Jelenleg az egész testem megfeszült. Az energia teljesen felborult.

*Gary:*
Pont ezért futtatjuk ezt. Rendbe kell hoznunk a testeteket, hogy nagyobb könnyedséget élhessetek meg vele, és

mindazzal, amit választotok. Ez a telekurzus arról szól, hogy eljuss oda, ahol könnyebben létezhetsz nőként, könnyedén választhatod, hogy férfiként viselkedsz, könnyedén teremthetsz úgy, mint egy férfi, és könnyedén teremthetsz úgy, mint egy nő. Jelenleg a legtöbben az egyik vagy a másik oldal mellett vagy ellen harcoltok, ami nem nyújt neked teljes választást. Ezt értitek?

Ebben a valóságban semmi nem a szexuális személyiséged és valóságod választásáról és teremtéséről szól. Minden arról szól, hogy bevedd mindazt, amit mondanak és eladnak neked, minden a világban azt mondja neked, hogy „Ennek így kell lennie."

Mindent, ami ez, isten tudja hányszorosan, hajlandó lennél elpusztítani és nemteremtetté tenni? Helyes és Helytelen, Jó és Rossz, Pod és Poc, Mind a 9, Rövidek, Fiúk és Túlontúl.

*Szalon Résztvevő:*
Gary, említetted a férfiként és nőként való teremtés szabadságát. Beszélnél erről?

# MANIPULÁCIÓ ÉS TUDÁS

*Gary:*
A férfiakkal az a helyzet, hogy hajlamosak elég egyenesen viselkedni. Direktebbek, mint a legtöbb nő. Bumm, bumm, bumm. Valamint jól is hazudnak. Ha nő vagy, akkor megtanulod, hogy a férfiak hazudnak, és megpróbálsz konfrontálódni velük, kontrollálni őket, vagy manipulálni, hogy igazat mondjanak. Valójában nem kellene azzal foglalkoznod, hogy rávedd őket, hogy igazat mondjanak. Csak

azt akarod tudni, hogy mi az igazság, mert ezzel irányíthatod a helyzetet.

A nőként élés és a nőtanológia része a hatodik érzék birtoklása. Olyan dolgokról van éberséged, amikről másoknak nincs, de az ilyesmit nem bátorítják ebben a valóságban. A vele született képességed nem támogatják. Azt várják el, hogy add fel a tudásod a manipuláció kedvéért, mintha az éberség helyett a manipuláció lenne az alapvető forrása a kontrollnak. Nem. Éberséggel mindent kontrollálhatsz.

*Szalon Résztvevő:*
Beszélnél még egy kicsit a manipulációról és a tudásról? Ha jól értettem, azt mondod, hogy a manipulációt használom ahelyett, hogy tudnám, hogy ott a hazugság és azt előnyömre használnám.

*Gary:*
Igen, erre tanítanak minket ebben a valóságban. Arra tanítanak, hogy minden alkalommal vágjuk el az éberségünket. Arra tanítottak, hogy higgy el mindent, amit apukád mond? Arra, hogy bízz az apádban? Szóval, minden férfi olyanná válik, akiben bízhatsz, igaz?

*Szalon Résztvevő:*
Vagy pont az ellenkezője!

*Gary:*
Ez mindkét irányba működik. Egyik sem tudja megadni neked az éberség szabadságát. Itt azt keressük, hogy hogyan jutsz el az éberséghez, nem azt a helyet, ahol bízol és vak hited van.

Közületek hányan próbáltatok vak hitet teremteni a férfiakban? Mindent, ami ez, isten tudja hányszorosan, hajlandó lennél elpusztítani és nemteremtetté tenni? Helyes és Helytelen, Jó és Rossz, Pod és Poc, Mind a 9, Rövidek, Fiúk és Túlontúl.

És közületek hányan próbáltatok vak hitet teremteni a nőkben? „Ez a nő a nővérem; ő majd vigyáz rám." Amikor elvágod az éberséged, akkor a nők ugyanolyan gonoszak és hitványak lesznek, mint a férfiak, ha meglesz rá a lehetőségük. Hogyan adod meg valakinek ezt az alkalmat? Úgy, hogy elvágod az éberséged.

Mindent, ami ez, isten tudja hányszorosan, hajlandó lennél elpusztítani és nemteremtetté tenni? Helyes és Helytelen, Jó és Rossz, Pod és Poc, Mind a 9, Rövidek, Fiúk és Túlontúl.

*Szalon Résztvevő:*
A vallásban nőként arra tanítanak minket, hogy feladjuk a tudásunkat a férfiakért. A férfi a tulajdonos, a vezető, a hatalom.

*Gary:*
A vallás az AETI valóság része, és minden férfi kapcsolódik istenhez. Ha péniszed van, akkor direkt úton eljuthatsz istenhez. Ha vaginád van, van egy olyan lyukad, ahova a férfiak elszórhatják a valóság magjait.

Mindent, amit ez felhozott, isten tudja hányszorosan, hajlandó lennél elpusztítani és nemteremtetté tenni? Helyes és Helytelen, Jó és Rossz, Pod és Poc, Mind a 9, Rövidek, Fiúk és Túlontúl.

A fiziológiai valóságban nőként vannak bizonyos képességeid, és férfiként is vannak bizonyos képességeid. Valójában minden képességünk megvan, de egyikőnk sem használja őket. Az a fontos, hogy eljuss oda, ahol minden képességed elérhető, és nem csak egy részük.

*Szalon Résztvevő:*
Nekem az jött fel, hogy „A férfi szava törvény."

*Gary:*
Azt sugallják az emberiségnek, hogy Isten férfi, és amit Isten mond, az törvény.

Milyen hülyeséget használsz, hogy megteremtsd a nőként való élet és megélés operatív állapotát, amit választasz? Mindent, ami ez, isten tudja hányszorosan, hajlandó lennél elpusztítani és nemteremtetté tenni? Helyes és Helytelen, Jó és Rossz, Pod és Poc, Mind a 9, Rövidek, Fiúk és Túlontúl.

## A NŐI NEM PRAGMATISTÁJÁNAK LENNI

*Szalon Résztvevő:*
Nemrég azt mondtad, hogy „A női nem pragmatistája akarok lenni." Beszélnél arról, hogy milyen lenne a női nem pragmatistájaként működni?

*Gary:*
A női nem pragmatistájaként hajlandó leszel ránézni arra, hogy hogyan használhatnád a női ravaszságod és bájod, hogy megkapd, amit akarsz, anélkül, hogy ezért bár-

kitől bármit is elvennél. Évekkel ezelőtt nyilvánvalóvá vált számomra, hogy amikor bármilyen üzletben a nők válnak az erő forrásává, akkor hajlamosak keményebben és szorgalmasabban dolgozni, és gonoszabbá válni, hogy bebizonyítsák, hogy jobbak, mint a férfiak. Mindig megpróbálják bebizonyítani, hogy jobbak, mint a férfiak. Nem használják a számukra elérhető dolgokat, hogy a férfiakon túllépjenek.

Ez olyan, mintha azzal akarnád bebizonyítani, hogy jobb vagy, mint egy férfi, hogy soha nem vagy nagyszerűbb, mint az a férfi, akinél jobb akarsz lenni. Mindent, amit ez felhozott, vagy kiengedett, hajlandó lennél elpusztítani és nemteremtetté tenni? Helyes és Helytelen, Jó és Rossz, Pod és Poc, Mind a 9, Rövidek, Fiúk és Túlontúl.

*Szalon Résztvevő:*
Pragmatikusnak lenni azt jelenti, hogy képes vagy ránézni arra, hogy mi van. Mi a legfőbb dolog, ami visszatart attól, hogy meglásd, hogy mi van? Mi az, ami beárnyékolja a képességünket, hogy lássunk?

*Gary:*
Általában az, hogy fantáziában éltek, be vagytok gerjedve, és minden vagytok az éberségen kívül. Az érzés a fátyolfelhő. Felcserélted az érzésre az éberséget.

Tehát mindenhol, ahol az érzést választottad az éberség helyett, hajlandó lennél elpusztítani és nemteremtetté tenni? Helyes és Helytelen, Jó és Rossz, Pod és Poc, Mind a 9, Rövidek, Fiúk és Túlontúl.

Női pragmatistának lenni azt jelenti, hogy látod, hogyan használhatod előnyödre a meglévő, elérhető dolgokat. Például, ott van a dekoltázsod. Használhatod ezt előnyödre egy nem túl okos férfival szemben?

*Szalon Résztvevő:*
Igen!

*Gary:*
Használhatod egy nagyon okos férfival szemben?

*Szalon Résztvevő:*
Igen!

*Gary:*
Használhatod egy éber férfival szemben?

*Szalon Résztvevő:*
Igen.

*Gary:*
Nem. Mert ő tudja, hogy ezt használod. Ez egy más valóságot teremt.

Milyen hülyeséget használsz, hogy megteremtsd a konfliktus érzetét a nőiség és férfiség között, amit választasz? Mindent, ami ez, isten tudja hányszorosan, hajlandó lennél elpusztítani és nemteremtetté tenni? Helyes és Helytelen, Jó és Rossz, Pod és Poc, Mind a 9, Rövidek, Fiúk és Túlontúl.

Nem tudom, hogy észrevettétek-e, de ezeken a tisztításokon elég sok töltés van. Ez az egyik elsődleges módja annak, hogy ezt a világot konfliktusban tartsuk és életben tartsuk ezt a háborút. Most csajok, ha megváltoztatjátok a nézőpontotokat erről, a háborúnak vége lesz.

Lehet, hogy egy kicsit erősebbek vagytok, mint gondoljátok!

## HÜLYESÉG KONTRA ÉBERSÉG

Amikor hülyeségről beszélek, akkor azokról a helyekről van szó, ahol elég tudattalanná teszed magad ahhoz, hogy hülye legyél valamivel kapcsolatban. Tudattalanná kell tenned magad ahhoz, hogy a hülyeséget választhasd a teljes tudatosság helyett. Ha teljes éberségben vagy, akkor végigsétálhatsz az utcán és azt mondhatod, hogy „Ezzel a sráccal mókás lenne szexelni. Ez a srác nagyon unalmas lenne. Ezzel a sráccal jó lenne kapcsolatban lenni, viszont unalmas lenne az ágyban." Éber leszel arról, hogy milyen választásaid vannak, ennek alapján képes leszel választani.

Nőként több választásod van, mint a férfiaknak. Tudom, hogy ezt ti nem így gondoljátok, de az igazság az, hogy ez így van. Mivel nő vagy, megkaptad a piedesztált, amire felállhatsz. Vagy megkaptad a választást, hogy lecsússz a piedesztálról. Vagy megkaptad a választást, hogy teljesen kontrolláld a férfit. A legtöbben ezt észre sem veszitek. Megkaptad ezt a három választási lehetőséget kezdő összefüggésként, hogy ezekkel bármit teremthess egy férfival.

*Szalon Résztvevő:*
Úgy tűnik, sokan közülünk hajlamosak vagyunk azt választani, aki nem választana minket.

*Gary:*
Pontosan. A legtöbb ember így működik. A férfiak is jól csinálják ezt, de az idők folyamán megtanulták, hogy a nők

választják őket. A nők folyamatosan azokat a férfiakat keresik, akik őket választanák, de valójában nekik van meg a választási lehetőségük, mert amikor azt mondják a pasinak, hogy „Gyere ide", a pasi azt mondja „igen!". De ha a pasi mondja a nőnek, hogy „gyere ide", azt a választ kapja, hogy „B--- meg!"

Mindent, ami ez, isten tudja hányszorosan, hajlandó lennél elpusztítani és nemteremtetté tenni? Helyes és Helytelen, Jó és Rossz, Pod és Poc, Mind a 9, Rövidek, Fiúk és Túlontúl.

## "ELENGEDEM AZ ŐRSÉGET"

*Szalon Résztvevő:*

Az első házasságomban úgy viselkedtem, hogy „majd én megváltoztatlak." Ez nem működött, és azonnal belementem egy másik kapcsolatba. Ő nem akart engem, de én akartam őt, szóval ez sem működött. Belementem egy harmadik kapcsolatba azzal, hogy „Bármi is kerül az utamba, nyitva tartom az elmém és sodródom vele." Végre találtam egy olyan kapcsolatot, amiben boldog vagyok és kényelmes számomra. Ez azért van, mert leengedtem a védőpajzsaimat, és nem ítélkezem afelől, hogy milyen lesz a kapcsolat.

*Gary:*

A legfontosabb dolog, amit említettél, hogy „leengedtem a védőpajzsaimat." A legtöbb nő nem veszi észre, hogy szinte mindig a férfiak ellen védekezik.

*Szalon Résztvevő:*

Az Access Consciousness eszközökkel megtanultam elengedni a dolgokat, és észrevettem, hogy amikor elengedek, minden olyan könnyedén áramlik felém. Nagyobb szabadságérzetem van és sokkal inkább biztos vagyok abban, aki vagyok.

*Gary:*

A hívás célja pont az, hogy eljuss arra a pontra, ahol mindig megvan ez a választásod. Soha többé nem kell felemelned a védőpajzsaidat, mert ha ezt teszed valakivel szemben, akkor pajzsot állítasz az éberséggel szemben is.

Mindenhol, ahol pajzsokat húztál fel valakivel szemben, és mindenhol, ahol elvágtad az éberséged, ami elég hülyévé tesz ahhoz, hogy rossz választásokat hozz, hajlandó lennél mindezt elpusztítani és nemteremtetté tenni? Helyes és Helytelen, Jó és Rossz, Pod és Poc, Mind a 9, Rövidek, Fiúk és Túlontúl.

*Szalon Résztvevő:*

Most mérges vagyok rád.

*Gary:*

Szóval, mi bosszantott fel?

*Szalon Résztvevő:*

Te, a férfi, megmondod nekem, a nőnek, hogy több választásom van.

*Gary:*

Drága, én nem egy férfi vagyok. Egy végtelen lény vagyok.

*Szalon Résztvevő:*
Ha-ha-ha! Köszönöm!

*Gary:*
Hogy mersz engem férfinak nevezni?

*Szalon Résztvevő:*
Gary, ez lenyűgöző. Felhúztam a védőpajzsom veled szemben, mert ezt a férfi – női dolgot csináltam veled.

*Gary:*
Igen, így működünk mindenkivel, akivel kapcsolatba kerülünk. Mindig védekezünk, mindig van védelmünk, mindig falakat és korlátokat emelünk valami ellen, ahelyett, hogy felismernénk, hogy a teljes éberségünk mindig megvan.

Hány falat használsz arra, hogy távol tartson a teljes éberségtől, és mindentől, amire vágysz? Mindent, ami ez, isten tudja hányszorosan, hajlandó lennél elpusztítani és nemteremtetté tenni? Helyes és Helytelen, Jó és Rossz, Pod és Poc, Mind a 9, Rövidek, Fiúk és Túlontúl.

A te helyedben én is felemelném a védőpajzsaimat saját magam ellen, mert nagyon rossz ember vagyok. Egy dolog érdekel, az, hogy teljes éberséged legyen, szóval, ha ezt tényleg nem akarod, akkor jobban teszed, ha felállítod a védelmet, különben egy igen vad vágtára viszlek el!

Milyen hülyeséget használsz, hogy megteremtsd a férfiak és nők közti konfliktus érzetét, amit választasz? Mindent, ami ez, isten tudja hányszorosan, hajlandó lennél elpusztítani és nemteremtetté tenni? Helyes és Helytelen, Jó és Rossz, Pod és Poc, Mind a 9, Rövidek, Fiúk és Túlontúl.

# TÜNDÉRMESÉK

*Szalon Résztvevő:*
Az én valóságomban imádnod kell egy férfit, és ő az, aki téged választ. Mint minden tündérmesében, ő az, aki beleszeret a nőbe. Mindig ő a legfurfangosabb és legokosabb és én nem érdemlek meg egy ilyet, hogyan is választhatna ő engem?

*Gary:*
Hűha, milyen csokit kentél arra a kupac szarra? Valami igazán jó csoki lehet, ha mindig beveszed ezt a maszlagot!

*Szalon Résztvevő:*
Igen, ezért szeretném ezt most kitisztítani.

*Gary:*
Itt egy tisztítás rá:
Milyen hülyeséget használok, hogy megteremtsem a soha nem működő tündérmese életet és megélést, amit választok? Mindent, ami ez, isten tudja hányszorosan, hajlandó lennél elpusztítani és nemteremtetté tenni? Helyes és Helytelen, Jó és Rossz, Pod és Poc, Mind a 9, Rövidek, Fiúk és Túlontúl.

Olyan, mint mikor a nők felszabadítása elveszi a férfitől a szerepét. És a tündérmesék elveszik a nők szerepét. A tündérmese az, hogy „Végül minden jóra fordul és boldogan élek, amíg meg nem halok." Hány olyan embert ismersz, aki boldogan él, amíg meg nem hal? Ez nem élés! Nem csinálhatod a boldogan élek, míg meg nem halokat. Teremtened és generálnod kell, és ez az a dolog, amit a legtöbbünknek nem tanítanak.

Ide akarunk eljutni — egy olyan helyre, ahol azt teremtheted és generálhatod, ami működik neked. Beszélek majd erről később. De először egy kis töltést le kell vennem rólatok, kalitkákba vagytok zárva. Arról beszélsz, hogy nőnek lenni teher és olyan, mintha be lennél zárva egy kalitkába, és nagyjából így is próbálsz működni, amikor ennek a valóságnak a férfiakról és nőkről alkotott nézőpontjából működsz.

Mindent, ami ez, isten tudja hányszorosan, hajlandó lennél elpusztítani és nemteremtetté tenni? Helyes és Helytelen, Jó és Rossz, Pod és Poc, Mind a 9, Rövidek, Fiúk és Túlontúl.

*Szalon Résztvevő:*

Ha a nőkbe beleivódott az „egy napon majd eljön a hercegem" nézőpont, akkor a férfiaknak mit tanítanak, vagy mi az, ami beléjük rögzült egy kapcsolat vagy társ választásával kapcsolatban?

*Gary:*

Először is a férfinak nem azt tanítják, hogy kapcsolatot válasszon. Azt tanítják neki, hogy a szexért válasszon – mert az ő feladata az, hogy a következő generáció magjait rendelkezésre bocsássa.

*Szalon Résztvevő:*

Mi van azzal, hogy „keress egy jó embert és állapodj meg"? Ez mi?

*Gary:*

Az 1950-es években születtél?

*Szalon Résztvevő:*
   Igen!

*Gary:*
   Oké rendben! Mert ez volt az 1950-es évek nézőpontja.

*Szalon Résztvevő:*
   Szóval szerinted ez még létezik?

*Gary:*
   Tudom, hogy nem létezik. Az 1950-es években nőttem fel, láttam, ahogy az emberek kitombolják magukat, megházasodnak és gyerekük lesz. Majd elválnak. A gyerekek, feleségek és férjek is mind nyomorultak voltak, senki nem volt boldog. Hol volt a boldogan élünk, míg meg nem halunk? A boldogan élünk, míg meg nem halunk nem létezik, kivéve, ha hajlandó vagy pragmatikussá válni a választásaidban.
   Észrevettem, hogy az én korosztályom szívesen választ nagyszerű kapcsolatot, de nem néznek rá arra, hogy az a személy, akivel vannak, vajon ugyanazt akarja-e. A pragmatikus feminizmus az, hogy felismered, hogy valójában mit szeretnél és hajlandó vagy megteremteni ezt még akkor is, ha ez senki más valóságába nem illik bele.
   Mindent, amit ez mindenkinek felhoz, isten tudja hányszorosan, hajlandó vagy elpusztítani és nemteremtetté tenni? Helyes és Helytelen, Jó és Rossz, Pod és Poc, Mind a 9, Rövidek, Fiúk és Túlontúl.
   Ezt az AETI valóságot azzal az elképzeléssel teremtették, hogy ebben van valami megfelelő. Az a dolgod, hogy ennek alávesd magad és ezért élj.

Milyen hülyeséget használsz, hogy úgy teremtsd meg önmagad, mint az AETI valóság, a fizikai valóság és a fiziológiai őrültség kitartottját, amit választasz? Mindent, ami ez, isten tudja hányszorosan, hajlandó lennél elpusztítani és nemteremtetté tenni? Helyes és Helytelen, Jó és Rossz, Pod és Poc, Mind a 9, Rövidek, Fiúk és Túlontúl.

Milyen hülyeséget használsz, hogy megteremtsd a férfi és nő közti konfliktus érzetét, amit választasz? Mindent, ami ez, isten tudja hányszorosan, hajlandó lennél elpusztítani és nemteremtetté tenni? Helyes és Helytelen, Jó és Rossz, Pod és Poc, Mind a 9, Rövidek, Fiúk és Túlontúl.

## A FÉRFIAK ÉS NŐK KÖZÖTT DÚLÓ HÁBORÚ

Az egyik oka annak, hogy a férfiasság- és nőiesség-, valamint a nemek közötti konfliktust megteremtették az volt, hogy erőtlen embereket hozzanak létre. Ez egy módja annak, hogy erőtlen maradj. Ha hajlandó lennél minden lenni férfiként és nőként, senki nem lenne erőtlen. És senkinek nem áll érdekében, hogy erőtlen legyen. Mégis hányan érzitek magatokat erőtlennek bizonyos férfiak vagy nők előtt?

Milyen hülyeséget használsz, hogy megteremtsd a férfiak és nők erőtlenségét, amit választasz? Mindent, ami ez, isten tudja hányszorosan, hajlandó lennél elpusztítani és nemteremtetté tenni? Helyes és Helytelen, Jó és Rossz, Pod és Poc, Mind a 9, Rövidek, Fiúk és Túlontúl.

*Szalon Résztvevő:*
Ez a konfliktus teremti a háborút a bolygón?

*Gary:*

Igen, valamint bizonyos, hogy háborúhoz vezet férfiak és nők között. A nők olyanokat mondanak a férfiaknak, amitől erőtlennek érzik magukat, és a férfiak olyanokat mondanak a nőknek, amitől erőtlennek érzik magukat.

Az első házasságom elején egy hat hónapos kisbabával és egy feleséggel a házban egy olyan srác látogatott meg minket, akivel évek óta nem találkoztam. El akart hívni vacsorázni és közben elmesélte, hogy keresik, mert felbérelte a mexikói maffiát azért, hogy megölesse a bátyját, hogy ő örökölhesse a család összes pénzét.

Azonnal tudtam, hogy meg kell szabadulnom tőle. Azt mondtam, hogy „Nem akarok elmenni most vacsorázni, de használhatod az autómat." Tudtam, hogy ha odaadom neki a $2.000-os autómat, akkor el fog menni, és az én nézőpontomból ez sokkal jobb volt, mint hogy hagyjam, hogy ott maradjon velem, a feleségemmel és a gyerekemmel a házunkban úgy, hogy közben tudom, hogy hajlandó gyilkolni is.

A feleségem nagyon dühbe gurult. Azt mondta: „Gyáva vagy. Semmire nem vagy jó, haszontalan vagy. Gyűlöllek." Nem látta az én nézőpontomat, hogy hogyan lehet megszabadulni egy gyilkostól úgy, hogy ne öljön meg. Én inkább gyakorlatias vagyok, mint szembeszálló.

Mindent, ami ez, isten tudja hányszorosan, hajlandó lennél elpusztítani és nemteremtetté tenni? Helyes és Helytelen, Jó és Rossz, Pod és Poc, Mind a 9, Rövidek, Fiúk és Túlontúl.

## AZ ÉLETED TEREMTÉSE ÉS GENERÁLÁSA

*Szalon Résztvevő:*
Ha abbahagynánk azt, hogy nőként és férfiként utalunk magunkra, és elkezdenénk végtelen lénynek látni a férfiakat és a nőket, még akkor is, ha nem úgy viselkednek, hogyan változtatná ez meg a dolgok dinamikáját?

*Gary:*
Nos, nyugodtan utalhatsz magadra nőként vagy férfiként. Ez nem rossz; nem a referencia pont megsemmisítéséről van szó. Arról van szó, hogy vegyük észre, hogy a másik személy egy végtelen lény és nézzünk rá arra, hogy ez a végtelen lény úgy működik-e, ami kiterjeszti az életét – és a tiédet. A legtöbben olyan embereket választotok, akiket kontrollálhattok, vagy olyanokat, akikről azt gondoljátok, hogy kontrollálhatnak titeket, vagy olyanokat, akiktől azt gondoljátok, hogy majd jobban érzitek magatokat, vagy jobban néztek ki miattuk.

A megélés egy operatív állapotát választjátok, mintha ez lenne az, ami megteremti és generálja azt, amire vágysz. Ez nem így van. A megélés operatív állapota csak azt tudja létesíteni, ami már megvan. Minden operatív állapottal robotpilótát teremtünk, amik úgy tűnnek, mintha működnének. Amikor egy operatív állapotban vagy, akkor nem az éberség szintjén működsz. A robotpilóta szintjén működsz.

*Szalon Résztvevő:*
Hogyan szabadulhatunk meg ezektől az operatív állapotoktól? Milyen kérdést tegyünk fel? Mik legyünk?

*Gary:*
Pragmatikusnak kell lennetek.

*Szalon Résztvevő:*
Milyen a pragmatikus? Soha életemben nem voltam pragmatikus.

*Gary:*
De voltál. Ez a praktikusság. Mindig pragmatikus vagy azzal kapcsolatban, ahogy pénzt keresel.

*Szalon Résztvevő:*
Igen, ez az a hely, ahol nem unatkozom. Imádom a pénzt, imádom a testem, és imádom a természetet. Minden más untat.

*Gary:*
Te nem teremted és generálod az életed. Te éled és létesíted az élet és megélés operatív állapotát, amit választasz. A te nézőpontodból már mindent elintéztél. Nyilván unatkozol, mivel nem lépsz túl ezen, egy másik valóságba.

*Szalon Résztvevő:*
Oké. Hogy, mikor, hol, mit?

*Gary:*
Ez nem mit, hol, mikor és hogyan. Ez csak ennyi: Miért is ne választanám ezt?

*Szalon Résztvevő:*
Már feltettem ezt a kérdést!

*Gary:*
Kérdezted már, hogy: Mit választhatnék az unalmon túl?

*Szalon Résztvevő:*
Hűha, ezt még nem kérdeztem!

*Gary:*
Unatkozol, tehát válassz az unalmon túl. Ha egy rossz kapcsolatban vagy, kérdezd meg: Kit választhatnék, hogy többé ne unatkozzak a kapcsolatban? Ha untat az életed, tedd fel a kérdést: Mit választhatnék az unalmon túl?

*Szalon Résztvevő:*
Annyira könnyű lett most, Gary!

*Gary:*
Remek! Ezért adtam neked ezt.

*Szalon Résztvevő:*
Imádlak Gary, köszönöm!

*Gary:*
Milyen hülyeséget használsz, hogy megteremtsd az élet és megélés operatív állapotát, amit választasz? Mindent, ami ez, isten tudja hányszorosan, hajlandó lennél elpusztítani és nemteremtetté tenni? Helyes és Helytelen, Jó és Rossz, Pod és Poc, Mind a 9, Rövidek, Fiúk és Túlontúl.

Amikor valami újra és újra előjön, tedd fel a kérdést: Milyen operatív állapot szerint próbálok élni?

Amikor azt csinálod, hogy „Ez nem működik, ez nem tesz boldoggá, szeretnék valami teljesen mást, de úgy tűnik semmi mást nem vagyok lépes választani", fel kell ismerned, hogy ez az élés operatív állapota. Nem arról van szó, hogy nem tudsz mást választani; hanem arról, hogy nem választasz mást.

Milyen hülyeséget használsz, hogy megteremtsd az élet és megélés operatív állapotát, amit választasz? Mindent, ami ez, isten tudja hányszorosan, hajlandó lennél elpusztítani és nemteremtetté tenni? Helyes és Helytelen, Jó és Rossz, Pod és Poc, Mind a 9, Rövidek, Fiúk és Túlontúl.

Az operatív állapot az, hogy jussunk el a halálig amilyen gyorsan csak lehet, s az oda vezető úton legyen azért pár afférunk. Mindent ami ez, isten tudja hányszorosan, hajlandó lennél elpusztítani és nemteremtetté tenni? Helyes és Helytelen, Jó és Rossz, Pod és Poc, Mind a 9, Rövidek, Fiúk és Túlontúl.

## A TESTED BENNED VAN

*Szalon Résztvevő:*
Az életünk teremtéséről és generálásáról beszél és valami más választásáról, mégis egy női testben vagyunk.

*Gary:*
Miért mondod úgy, mintha ez egy olyan korlát lenne, amin nem tudsz felülkerekedni?

Azt mondod, „Egy női testben vagyok." Egy női testben vagy – vagy a női test van benned? Nem te vagy a testedben. A tested van benned. Ez az, amit ebben az életedben teremtettél, hogy adjon neked valamit. Namost, azt, hogy miért ezt választottad, és hogyan teremtetted, hogy ilyen legyen – ezt a részét nem tudom – ezt csak te tudhatod.

*Szalon Résztvevő:*
Mi a különbség abban, hogy én vagyok ebben a testben vagy a test van bennem?

*Gary:*
Te egy végtelen lény vagy. Nincsenek határvonalaid, de a testednek vannak külső határvonalai.

*Szalon Résztvevő:*
Tehát, a testem van bennem?

*Gary:*
Tudnál egy nagyobb lény lenni, aki nem tud unatkozni, a testével, a teste nélkül, vagy bármi mással?

*Szalon Résztvevő:*
Igen! Köszönöm!

*Gary:*
Milyen hülyeséget használsz, hogy megteremtsd az élet és megélés operatív állapotát, amit választasz? Mindent, ami ez, isten tudja hányszorosan, hajlandó lennél elpusztítani és nemteremtetté tenni? Helyes és Helytelen, Jó és Rossz, Pod és Poc, Mind a 9, Rövidek, Fiúk és Túlontúl.

Szeretném, ha ezt futtatnád a következő hívásunkig. Tisztán kell látnod, hogy honnan működsz. A legtöbben nem valami nagyobbat kívántok teremteni. Egy olyan helyről üzemeltetitek a dolgokat, ahonnan úgy gondoljátok, hogy működnötök kell, ahelyett, hogy választásotok vagy lehetőségetek lenne. Egy olyan helyről próbáltok meg teremteni, a női testből, mintha ez lenne az egyetlen választási lehetőség, ahelyett, hogy feltennétek a kérdést, hogy:

Milyen teremtés válna elérhetővé itt számomra, ha hajlandó lennék átölelni a nőt és nem elutasítani a férfit? És nem elutasítani a végtelen lényemet?

Mindent, ami ez, isten tudja hányszorosan, hajlandó lennél elpusztítani és nemteremtetté tenni? Helyes és Helytelen, Jó és Rossz, Pod és Poc, Mind a 9, Rövidek, Fiúk és Túlontúl.

Közületek hányan keresitek a lelki társatokat, a jelentőségteli másikat, az ikerlángotokat, a másik feleteket vagy a hozzátok illő energiát férfi testbe bújva?

*Szalon Résztvevő:*
Valakit, aki kiegészít engem!

*Gary:*
Igen! Ez hatalmas!

Mindent, ami ez, isten tudja hányszorosan, hajlandó lennél elpusztítani és nemteremtetté tenni? Helyes és Helytelen, Jó és Rossz, Pod és Poc, Mind a 9, Rövidek, Fiúk és Túlontúl.

Egy végtelen lénynek szüksége van kiegészítésre? Egy végtelen lény hajlandó lenne szeretkezni vagy kapcsolatot létesíteni bárkivel, akivel azt választja, hogy kapcsolatot létesít?

*Szalon Résztvevő:*
Abszolút, bármikor és bárhol.

*Gary:*
Folyamatosan megpróbálod megteremteni azokat az állapotokat, ahonnan működhetsz.

A korlátok hány operatív állapotát választod? Mindezt isten tudja hányszorosan hajlandó lennél elpusztítani és nemteremtetté tenni? Helyes és Helytelen, Jó és Rossz, Pod és Poc, Mind a 9, Rövidek, Fiúk és Túlontúl.

*Szalon Résztvevő:*
A nőként való megtestesülés igazi élvezetének milyen elemei vannak?

*Gary:*
Szabadulj meg minden ítélkezéstől arról, hogy nő vagy férfi vagy.

*Szalon Résztvevő:*
Többek között beszéltél minden döntésről, ítélkezésről, számításról, és következtetésről, amiket a testünkre kényszerítettek. Beszélnél arról, hogy ezek az elemek hogyan játszhatnak itt?

*Gary:*
Amikor elvágod az éberséged, akkor elég hülyévé teszed magad ahhoz, hogy ne legyél éber arra, hogy mások miket vetítenek a testedre, és ezek a dolgok bezáródnak a testedbe és bántják őt. Hajlandónak kell lenned éber lenni arra, ami történik. Ébernek kell lenned: „Ez a pasi vágyakozva néz rám. Tetszik ez a testnek? Oh! A testemnek tetszik, hogy vágyakoznak utána! Érdekes!" Legalább a tested élvezi a testi vágyat. Ilyen, amikor pragmatikusan állsz ahhoz, hogy nő vagy.

Felismered a különbséget abban, ha valaki vágyakozva néz rád és ez tetszik a testednek, és amikor csak azt gondolod, hogy ezzel valamit kezdened kellene. A legtöbben ráznéznek valakire, majd elnéznek onnan, mert azt gondolják, hogy ha túl sokáig bámulnak valakit, akkor az azt jelenti, hogy valamit tenniük kell. Nem! Ez csak azt jelenti, hogy nézel.

Kitaláltam erre valamit. Amikor túl sokáig nézek egy nőt és ez neki kényelmetlenné válik, azt mondom neki, hogy „Hűha, nagyon szép a cipőd, nagyon szép a táskád is. Hol vetted őket?" A pasiknak mondhatod azt, hogy „Sokat edzel? Jó munkát végzel!" vagy „Hűha, biztos nagyon sok sört iszol!" El kell jutnod arra a helyre, ahol hajlandó vagy felismerni, hogy mi történik.

*Szalon Résztvevő:*
Mi történik akkor, amikor egy férfi és egy nő nem ismerik egymást, és amikor elmennek egymás mellett, mindketten a másik irányba néznek? A kellemetlenséget próbálják elkerülni?

*Gary:*
Ez konfliktus.

Milyen hülyeséget használok, hogy megteremtsem a férfiak és nők közötti konfliktus érzetét, amit választok? Mindent, ami ez, isten tudja hányszorosan, hajlandó lennél elpusztítani és nemteremtetté tenni? Helyes és Helytelen, Jó és Rossz, Pod és Poc, Mind a 9, Rövidek, Fiúk és Túlontúl.

Tudd, hogy férfiként és nőként beszélek erről. Ezek azok az elemek, amik definiálják, hogy mi történik, amikor egy férfi vagy egy női testet veszel fel. Hajlandónak kellene lenned felismerni, hogy „Én viselem ezt a testet, de ez nem egyenlő azzal, aki vagyok."

## "HŰHA, ERRE MÉG SOHA NEM GONDOLTAM"

*Szalon Résztvevő:*
 Jelenleg a munkahelyemen férfi dominancia van és még elég új vagyok ebben a vállalkozásban. Van két férfi főnököm, akiknek különösen az a feladatuk, hogy rámutassanak, hogy miben nem felelek meg a munkámban. Úgy érzem, hogy azt a kapcsolatot teremtem meg, amilyen az édesapámmal volt kamaszként, ami mellesleg lendületesen megváltozott amióta elkezdtem ezt az Access Consciousnessnek nevezett őrültséget. Jelenleg ügyetlennek érzem magam. Mi lehetek, vagy mit tehetek másként, hogy ezek az úriemberek kezesbáránnyá váljanak?

*Gary:*
 Meg kell értened, hogy a tanáraid próbálnak lenni. Ha azt szeretnéd, hogy valaki nagyra becsüljön, mindig olyan kérdést tegyél fel neki, amire tudod a választ. Majd mondd azt, hogy „Hűha, erre még soha nem gondoltam. Ez pompás. Annyira hálás vagyok ezért."
 Elkezdenek majd békén hagyni és információkat adni neked ahelyett, hogy megpróbálnának kijavítani. Az a nézőpontjuk, hogy egy ifjoncot be kell vezetniük a dolgokba, hogy jobb munkát végezhessen. Ennek semmi köze ahhoz, hogy nő vagy. Ez a probléma. Oké? Ez egy tény, hogy nem tettél fel nekik olyan kérdést, ami bebizonyítaná, hogy már tudod, amiről beszélsz.

## MINDEN VÁLASZTÁS TEREMT

*Szalon Résztvevő:*
Nagyon sok szabállyal nőttem fel azzal kapcsolatban, hogy mit kell tenned nőként egy kapcsolatban: Mindig készen kell állnod a pasid számára. Csinosnak kell lenned, jól kell főznöd, tisztán kell tartanod a házat, rendben a ruhákat, és biztosítanod kell a férfi kényelmét. Ahhoz, hogy meg tudd tartani őt, legyenek meg a megfelelő szavaid, a megfelelő hozzáállásod, és a megfelelő válaszok, hogy felvidítsd.

*Gary:*
Úgy tűnik te is az 1950-es években nőttél fel!

*Szalon Résztvevő:*
Mindez nagyon megbízhatóvá tesz minket, nőket, mert a történet egy részében arra tanítottak, hogy nem tudunk pénzt keresni, a férfi az egyetlen dolog, és nagyon nagy munkába kerül megtartani a kapcsolatot. Ez az, ahol elvágom magam és elválok magamtól. Így eldöntöttem, hogy soha többé nem keveredek bele egy kapcsolatba.

*Gary:*
Na, lássuk. Ez egy döntés, ítélkezés, számítás vagy következtetés? Igen, ezeket te csinálod. Ez az, amikor nem vagy a női valóság pragmatistája.

Mindent, ami ez, isten tudja hányszorosan, hajlandó lennél elpusztítani és nemteremtetté tenni? Helyes és Helytelen, Jó és Rossz, Pod és Poc, Mind a 9, Rövidek, Fiúk és Túlontúl.

*Szalon Résztvevő:*
Ezért vagyok itt ezen a híváson. Még mindig nem akarok kapcsolatot. Önmagam akarok lenni és élvezni ezt. Nem akarok senkiről sem gondoskodni, beleértve a gyerekeimet is. De szeretném kitisztítani ezt a területet, mert biztos vagyok abban, hogy egy olyan utat fog megnyitni, amit most lezártam, mert másokért csinálok dolgokat ahelyett, hogy magamat tenném az első helyre. Még mindig nem tudom, hogyan gondoljak először magamra és hogyan csináljak először magamért valamit.

*Gary:*
Először is, nem arról van szó, hogy magadra gondolj először, vagy hogy magadért csinálj valamit először. Arról van szó, hogy legyél éber arra, hogy minden választás teremt. Amikor választasz, kérdezd meg: Ez jó lesz nekem és mindenki másnak?

Nem arról van szó, hogy először magadért válassz. Lehetsz első az egységben? Erre a válasz egy nem lesz. Ha megpróbálsz első lenni az egységben, akkor versenyben vagy. De kivel is állsz versenyben? Közületek hányan vagytok versenyben a férfiakkal, ahelyett, hogy összefüggő egyesülésben lennétek?

Mindent, ami ez, isten tudja hányszorosan, hajlandó lennél elpusztítani és nemteremtetté tenni? Helyes és Helytelen, Jó és Rossz, Pod és Poc, Mind a 9, Rövidek, Fiúk és Túlontúl.

*Szalon Résztvevő:*

Hogyan tudok megszabadulni attól a nézőponttól, hogy kövér vagyok és csúnya? POD POC-oltam már, de még mindig be van rögzülve. És mi ez a reakció, hogy amikor azt hallom „szeretlek", akkor ellenállok?

*Gary:*

Ha valójában azt hallanád, hogy „szeretlek", akkor be kellene fogadnod – és inkább nem fogadod be. Inkább kapaszkodsz belé.

Milyen hülyeséget használsz, hogy megteremtsd a fiziológiai valóságot, amit választasz? Mindent, ami ez, isten tudja hányszorosan, hajlandó lennél elpusztítani és nemteremtetté tenni? Helyes és Helytelen, Jó és Rossz, Pod és Poc, Mind a 9, Rövidek, Fiúk és Túlontúl.

Ez egy jó tisztítás bárkinek, akinek kérdése van a testével kapcsolatban – mert egy fiziológiai valóságot választottál. Te teremtetted, ezért úgy gondolod, hogy meg kell tartanod. Nem, mert van választásod. A következőt egyedül kell csinálnod:

A fizikai valóságon túli fiziológiai valóság milyen fizikai aktualizálását vagyok most képes generálni, teremteni, és intézményesíteni? Mindent, ami nem engedi, hogy ez megjelenjen, isten tudja hányszorosan, hajlandó lennél elpusztítani és nemteremtetté tenni? Helyes és Helytelen, Jó és Rossz, Pod és Poc, Mind a 9, Rövidek, Fiúk és Túlontúl.

## SZÓVAL HOGY VAGYTOK?

*Szalon Résztvevő:*
Klasszul. Ez igazán klassz.

*Gary:*
Remek! Hálás vagyok hölgyek, hogy itt vagytok. Szeretném megadni nektek azt a helyet, ahol olyanok lehettek magatokkal, mint az a kedvesség, ami lehettek, mert van ez a hülyeségetek, hogy kedvesnek kell lennetek másokkal – és magatokkal nem. Nem. Kedvesnek kell lennetek másokkal és ezzel egy időben magatokkal is. Semmilyen különleges ok miatt, csak azért mert ez könnyebbé teszi az életed, és ez a pragmatikus feminizmus.

Azt szeretném, hogy pragmatikus nőies emberek legyetek és nem feministák, vagy soviniszták. Ha gyűlölitek a férfiakat, akkor soviniszták vagytok a férfiakkal szemben. Ezek közül egyik sem igazán szükséges.

Szeretném megállítani azt a helyet, ahol a férfiak és nők harcolnak egymással. A nőknek nem kell bebizonyíttatni a férfiakkal, hogy bátrak, és a férfiaknak nem kell bebizonyítani, hogy a nőik rosszak, és mindenkinek megvan az az érzete, hogy valóban van választásuk. Szép lenne, ha befejeznénk a háborút. Talán meg tudjuk ezt tenni mindannyiunk között. Nagyon köszönöm nektek.

# 2
# Választani a valóság módosítását

Mi van, ha képes vagy megváltoztatni
a valóságot – és nem ezt választod?

*Gary:*
　　Helló hölgyek.

## LELKI TÁRSAK ÉS IKERLÁNGOK

Dainnel volt ma egy műsorunk a Puja Radio Network adón a lelki társakról és ikerlángokról, ami nagyon vicces, mert a metafizikus társadalom a lelki társakat és ikerlángokat tartja a megfelelő dolgoknak ebben a valóságban. A töltés mennyisége ezeken rohadtul hihetetlenül nagy volt. Szóval ugyanazt a tisztítást fogom most használni veletek, mint amit a rádióban használtunk, mert szerintem segíteni fog mindannyiótoknak.

Milyen hülyeséget használsz, hogy megteremtsd az ikerlángot, a lelki társat, a jelentőségteli másikat, a mitikus teremtményt, a herceget vagy hercegnőt, a számodra tökéletes személyt, és azt, aki tökéletesen kiegészít, amit választasz? Mindent, ami ez, isten tudja hányszorosan, hajlandó lennél elpusztítani és nemteremtetté tenni? Helyes és Helytelen, Jó és Rossz, Pod és Poc, Mind a 9, Rövidek, Fiúk és Túlontúl.

Úgy tűnik gyerekként néhányan túl sok Hamupipőkét és Rapunzelt olvastatok, és sok történetet azokról a teremtményekről, amilyenekké válnotok kellett volna, de nem tudtatok olyanná válni, mert nem voltatok elég visszataszítóak hozzá.

Milyen hülyeséget használsz, hogy megteremtsd az ikerlángot, a lelki társat, a jelentőségteli másikat, a mitikus teremtményt, a herceget vagy hercegnőt, a számodra tökéletes személyt, és azt, aki tökéletesen kiegészít, amit választasz? Mindent, ami ez, isten tudja hányszorosan, hajlandó lennél elpusztítani és nemteremtetté tenni? Helyes és Helytelen, Jó és Rossz, Pod és Poc, Mind a 9, Rövidek, Fiúk és Túlontúl.

Ez az az elképzelés, hogy a kapcsolat célja az, hogy megtaláld a számodra tökéletest. Egy végtelen lénynek valóban van tökéletes kiegészítője – vagy egy végtelen lénynek többszörös ilyenje van?

Közületek hányan találkoztatok már a többszörössel, akik közül próbáljátok megtalálni az egyetlen tökéletest? Mindent, ami ez, isten tudja hányszorosan, hajlandó lennél elpusztítani és nemteremtetté tenni? Helyes és Helytelen, Jó és Rossz, Pod és Poc, Mind a 9, Rövidek, Fiúk és Túlontúl.

A valóságban a tökéletes egyetlent keresitek, aki nem létezik. Ez vajon azt követeli meg, hogy megítéljétek magatokat – vagy, hogy magatokat válasszátok?

*Szalon Résztvevő:*
Hogy megítéljük.

*Gary:*
Mindenhol, ahol azért ítélkeztél magadon, mert nem találod az egyetlen tökéletest, hajlandó lennél mindezt elpusztítani és nemteremtetté tenni? Helyes és Helytelen, Jó és Rossz, Pod és Poc, Mind a 9, Rövidek, Fiúk és Túlontúl.

## ÉLJ A SZERETŐ KEDVESSÉGBŐL – NE A SZERELEMBŐL

A mai műsorunkban a Dainnel való beszélgetésünk során rájöttem, hogy a szerelem ellentéte nem a gyűlölet. A szerelem ellentéte az ítélkezés. A szerelemnek nem kell, hogy a gyűlölet legyen az ellentéte; az ítélkezés az, mint ellentétes nézőpont.

Az életünk ellentétes erői: 1) a szerelem és ítélkezés, 2) a gondoskodás és gyűlölet, és 3) a hülyeség és befogadás. Ezek teremtik a zűrzavarokat és nem engedik meg neked, hogy olyasmit válassz, ami működik neked.

*Szalon Résztvevő:*
Amikor azt mondod, hogy a szerelem és ítélkezés ellentétes erők, azt azért mondod, mert ha szerelem van az életemben, akkor ítélkezés is? Elmagyaráznád?

*Gary:*
Szerető kedvességből – és nem szerelemből – érdemes élni. Mindaddig, amíg szeretően kedves vagy, nem lehetsz ítélkezésben. Amikor igazán szeretően kedves vagy, hálás

vagy azért, amit a másik tesz. Nem ítéled meg a másikat vagy magad.

Ne próbálj meg szerelemből élni. Élj a szerető kedvességből. Amikor szerető kedvességből, gondoskodásból, és befogadásból működsz, akkor nem ítélkezésből teszed azt. Ahhoz, hogy ne szeress többé, ítélkezned kell; ellenkező esetben csupán szeretően kedves vagy.

Milyen hülyeséget használsz, hogy megteremtsd a szerelem és ítélkezés, a gondoskodás és gyűlölet, valamint a hülyeség és befogadás ellentétes erőit, amit választasz? Mindent, ami ez, isten tudja hányszorosan, hajlandó lennél elpusztítani és nemteremtetté tenni? Helyes és Helytelen, Jó és Rossz, Pod és Poc, Mind a 9, Rövidek, Fiúk és Túlontúl.

Ez a tisztítás egy kicsit intenzívebb, mint amilyennek gondoltam. Futtassuk még egyszer.

Milyen hülyeséget használsz, hogy megteremtsd a szerelem és ítélkezés, a gondoskodás és gyűlölet, valamint a hülyeség és befogadás ellentétes erőit, amit választasz? Mindent, ami ez, isten tudja hányszorosan, hajlandó lennél elpusztítani és nemteremtetté tenni? Helyes és Helytelen, Jó és Rossz, Pod és Poc, Mind a 9, Rövidek, Fiúk és Túlontúl.

*Szalon Résztvevő:*
Még soha nem volt ítélkezés mentes kapcsolatom.

*Gary:*
A legtöbbeteknek nem volt, mert ebben a valóságban nem „normális" az, ha valaki ítélkezésektől mentes kapcsolatban él. Miért gondoljuk, hogy az ítélkezéses kapcsolat valóságosabb, mint az ítélkezés mentes? Tudjátok miért? Mert az

ítélkezős kapcsolat intenzívebb. Szerelemként definiáljuk ezt az intenzitást, és ezt keressük, ahelyett, hogy az örömet és lehetőséget nyújtó szerető kedvességet keresnénk. Az igazi szerető kedvesség az, amikor átöleljük az örömöt és a lehetőséget – és nem az ítélkezést.

*Szalon Résztvevő:*

Van egy partnerem, aki nem ítélkezik felettem azzal kapcsolatban, hogy milyennek kellene lennie egy kapcsolatnak ebben a valóságban, én viszont hajlamos vagyok arra, hogy ítélkezéseket gyártok róla, hogy bele tudjam illeszteni a kapcsolatunkat abba, amilyennek ezen valóság szerint lennie kellene.

*Gary:*

Pompás. Ez az, amit valamennyien teszünk, hogy ennek a valóságnak a szerelemről kialakult érzetét meg tudjuk teremteni. Az ítélkezés intenzitásáról szól, nem pedig a lehetőség éberségéről, amit a partnerünkkel teremtünk.

Mindent, amit mindannyian azért tettetek, hogy ezt megteremtsétek magatokban és a partneretekben, elpusztítanátok és nemteremtetté tennétek? Helyes és Helytelen, Jó és Rossz, Pod és Poc, Mind a 9, Rövidek, Fiúk és Túlontúl.

*Gary:*

A szerelem következtetés; a szerető kedvesség pedig cselekvés. Abba kell hagynotok, hogy megpróbáltok szerelemből működni, ehelyett működjetek inkább szerető kedvességből. Amikor együtt vagy valakivel, nézz rá arra, hogy mi lenne ma egy szeretően kedves tett, egy szeretően kedves cselekvés a mai napra. Ha azt kérdezed, hogy „Hogyan fejezhetem ki a szerelmem ma?", az egy szerető kedves tett.

Ismerd fel, hogy a szerető kedvesség egy cselekvő részecske a világban, és a szerelem, mint ítélkezés, szükségszerűen egy befejezett részecske a világban. Ha a szerető kedvesség cselekvésében vagy, akkor nem lehetsz az ítélkezés cselekvésében.

Ha szerelmes vagy, akkor mindent befejeztél. Azzal az elképzeléssel csücsülsz, hogy „Ez elég. Ez minden, amit tennem kell". Úgy látom, nagyon sokan csinálják ezt. Azt mondják, hogy „Szerelmes vagyok ebbe a személybe", és ennél tovább már nem teremtik a kapcsolatot. Abbahagyják azt, hogy a szerető kedvesség cselekvésében legyenek. Szerelmesek voltak, tehát ez már így teljes, nem kell semmi mást tenniük.

Ha a befejezett dolgot csinálod – „Szerelmes vagyok belé" – akkor az egyezség le van tudva, és innentől kezdve semmilyen teremtés nem történik. Minden, amit kaphatsz az a szerelem/gyűlölet. Nem lehet teljes örömöd és lehetőséged.

Amikor azt mondod, hogy „Szerelmes vagyok belé", tulajdonképpen mit értesz ezalatt? Az egyik legnagyobb gond az, hogy a szerelemnek kb. 8 trilliónyi isten tudja hány definíciója van.

Szóval minden definíciót a szerelemről, aminek semmi köze a szerető kedvességhez, hajlandó lennél elpusztítani és nemteremtetté tenni mindezt? Helyes és Helytelen, Jó és Rossz, Pod és Poc, Mind a 9, Rövidek, Fiúk és Túlontúl.

*Szalon Résztvevő:*

Gyakran, amikor a kapcsolatokról beszélek az emberekkel, egy egész sor dolgot hoznak fel, hogy mi az, ami nem működik. Azt kérdezem, hogy „Mi az értékes ebben? Miért ragaszkodtok ehhez?"

Azt mondják: „De én szeretem őt."

Azt kérdezem, hogy „Mit jelent ez? Nem értem." Meg tudnád ezt magyarázni?

*Gary:*

A legtöbben eldöntik, hogy ha szerelmesek, akkor mindennek jól kell alakulnia, de az az elképzelés, hogy szeretsz és minden jól sül el, az egy ítélkezés. Nem éberség.

Milyen éberséged hiányzik, amivel megteremted az ítélkezést, amit fontosnak tartasz? Mindent, ami ez, isten tudja hányszorosan, hajlandó lennél elpusztítani és nemteremtetté tenni? Helyes és Helytelen, Jó és Rossz, Pod és Poc, Mind a 9, Rövidek, Fiúk és Túlontúl.

Egy pragmatikus nézőpontból kell elkezdened teremteni: Mit szeretnék teremteni? Ránézel erre valaha, amikor kapcsolatban vagy? Én soha nem tettem. Arra figyeltem, hogy „Oh, boldoggá akarom őt tenni. Azt akarom, hogy tudja, mennyire szeretem", ami azt jelenti, hogy „Hiányom van abból, hogy ő tudja, hogy mennyire szeretem őt." Állandóan a hiányt tápláltam. Közületek hányan töltöttétek az életeteket azzal, hogy táplálni próbáltátok a kapcsolatok hiányait, ahelyett hogy a kapcsolatok lehetőségeit táplálták volna?

Mindent, ami ez, isten tudja hányszorosan, hajlandó lennél elpusztítani és nemteremtetté tenni? Helyes és Helytelen, Jó és Rossz, Pod és Poc, Mind a 9, Rövidek, Fiúk és Túlontúl.

*Szalon Résztvevő:*

Nekem mindig úgy tűnik, hogy amikor azt mondja valaki, hogy „Szeretem ezt az illetőt", akkor valójában arra utalnak, hogy „Szükségem van valamire és ezt attól a személytől várom el, akiről eldöntöttem, hogy tőle van rá szükségem." De amikor a szerető kedvességről beszélsz, akkor ennek inkább olyan az energiája, mint a kiáradó hálának, nem pedig olyan „add ide" típusú.

*Szalon Résztvevő:*

Amit a szerelemről és a szerető kedvességről mondtál, az nagyszerű volt. Köszönöm.

*Gary:*

Szeretném megköszönni mindannyiótoknak a kérdéseiteket, mert ezekkel olyan szintű lehetőségeknek nyitottatok utat, ami eddig ezen a bolygón nem létezett a nőknek. Ezt tudnotok kell. Hatalmasabb lehetőségeknek nyitjátok meg az ajtót férfiak és nők számára is, mint amik eddig valaha léteztek a Föld bolygón, azzal, hogy hajlandóak vagytok ránézni a dolgokra, és megváltoztatni azt a hülyeséget, ahonnan működtök. Ez az, amit teremteni akartam ezekkel a hívásokkal, és ez az, ami történik. Hálás vagyok mindanynyiótokért, akik itt vagytok.

*Szalon Résztvevő:*

Köszönöm!

*Gary:*

Milyen hülyeséget használsz, hogy megteremtsd a szerelem és ítélkezés, a gondoskodás és gyűlölet, valamint a hülyeség és befogadás ellentétes erőit, amit választasz? Mindent, ami ez, isten tudja hányszorosan, hajlandó lennél elpusztítani és nemteremtetté tenni? Helyes és Helytelen, Jó és Rossz, Pod és Poc, Mind a 9, Rövidek, Fiúk és Túlontúl.

## "MI EZ?"

*Szalon Résztvevő:*
Sok férfi és nő közötti kapcsolatot figyeltem meg. Ketten kellenek a tangóhoz, igaz? Amikor ítélkezésről van szó, számít, hogy a férfi vagy a nő ítélkezik? Hogy néz ki, ha valakivel kapcsolatban vagyok, és ez ítélkezéseket hoz fel? Mi az én szerepem ott?

*Gary:*
A legtöbb ember nem érti meg, hogy a mi ez-ből kell teremteniük és nem abból, amiről azt gondolják, hogy lennie kellene. Abból kell működnöd, hogy „Mi ez?" és nem abból, hogy „Milyen ítéletem van erről?"

Nem az ítélkezésekről szól; hanem arról, hogy azt szereted, ami kiterjeszti az életed. Ez a pragmatikus kapcsolat. Ez egy teljesen más univerzum. A pragmatikus kapcsolat a következő:
+ Mi az, ami itt működni fog?
+ Hogyan tudom elérni, hogy működjön nekem, a másiknak, és mindenkinek, aki ebben benne van?

Ha nem pragmatikus kapcsolatból működsz, akkor megítélhető kapcsolatból működsz, amik arról szólnak, hogy „Szeretem őt", vagy „Nem szeretem őt". Ez olyan, mint mikor tépkeded a virág szirmait azt mondogatva, hogy „Szeret, nem szeret." Letéped a szirmokat, hogy el tudj jutni arra a következtetésre, hogy vajon szeret-e vagy nem.

Milyen lenne, ha lenne egy olyan kapcsolatod, ami szeretően kedves, gondoskodó és befogadó – és nem éberségtől mentes, nem gyűlölködő és nem ítélkező? De valójában nem így működik. Az ítélkezés, gyűlölet és hülyeség nélkül nem is tudtál volna szerelembe esni. Nem lenne az életedben trauma és dráma és mindaz, ami ennek a valóságnak a legértékesebb dolgai közé tartozik.

*Gary:*
Egy olyan pragmatikus kapcsolatot kell teremtened, ami működik neked. Ahelyett, hogy ezt tennéd, valaki más nézőpontja alapján próbálod megteremteni a kapcsolatokat.

Mindent, amit azért tettél, hogy a kapcsolataidat más emberek nézőpontjai alapján teremtsd és nem a sajátjaidon, hajlandó lennél mindezt elpusztítani és nemteremtetté tenni? Helyes és Helytelen, Jó és Rossz, Pod és Poc, Mind a 9, Rövidek, Fiúk és Túlontúl.

Mindannyian elég sokszor ezt csináltátok!

*Szalon Résztvevő:*
A te valóságodban egy olyan ponton vagy, ahol már nem ítélkezel többet – vagy azonnal éber vagy arra, amikor ítélkezel és POD POC-olod?

*Gary:*
Általában azonnal éber vagyok rá, amikor elkezdek ítélkezni.

Korábban olyannal kerestem kapcsolatot, aki tökéletes számomra, és azt kérdeztem: „Működne neki ez a kapcsolat?". Azt mondtam, hogy „Hűha, nem!", mert ami nekem működne, és ami neki, az két különböző dolog. Ez az, amikor ránézel a pragmatikus kapcsolatra: Ez valóban működni fog a másiknak? Nem pedig: Ez működni fog nekem?

A legtöbben ezt csináljuk. Úgy nézünk rá a kapcsolatra, hogy „Tudom működtetni a másik fél számára?" vagy „Hogyan tudom működtetni magamnak?", mint a két lehetséges nézőpontra. Mi van, ha lehetne egy harmadik nézőpontod?

Mindent, ami nem engedi, hogy érzékeld, tudd, az legyél és befogadd a rendkívül pragmatikus nézőpontot, ami lehetővé tenné, hogy minden működjön mindenkinek, hajlandó lennél mindezt elpusztítani és nemteremtetté tenni? Helyes és Helytelen, Jó és Rossz, Pod és Poc, Mind a 9, Rövidek, Fiúk és Túlontúl.

*Szalon Résztvevő:*
Ahhoz, hogy eljussunk a harmadik nézőponthoz, gyanítom mindkét félnek kérdéseket kell feltenniük, hogy ránézzenek, mi az, ami működne nekik?

*Gary:*
Nem, csak az egyik félnek kell feltennie kérdéseket, és ennek a személynek hajlandónak kell lennie ránézni arra, hogy:
+ Mi ez?
+ Mit tehetek vele?
+ Meg tudom változtatni?
+ Hogyan tudom megváltoztatni?

Tegyük fel, hogy eldöntöd, hogy valakivel kapcsolatot létesítesz. Van családja. A család is benne van a kapcsolatban?

*Szalon Résztvevő:*
    Igen.

*Gary:*
    A családnak van nézőpontja a kapcsolatokról? Oh igen! Rádvetítenek és elvárnak tőled bizonyos dolgokat a kapcsolataid miatt?

*Szalon Résztvevő:*
    Oh, igen.

*Gary:*
    Tehát, van igazi választásod – vagy módosítani kell a választásaidat annak alapján, hogy hogyan kell bevenned másokat is a kapcsolatodba?

*Szalon Résztvevő:*
    Az utóbbi.

## JÖVŐ TEREMTÉSE

*Gary:*
    Hajlandónak kell lenned felismerni, hogy hogyan teremti minden választásod a jövőt, amit szeretnél teremteni. A legtöbben nem nézünk rá a jövőteremtésre, mert a legtöbbeknek ezen a bolygón ez nem valóság.
    Elkezdtem olvasni egy könyvet a kockázatról, az a címe, hogy Az Istenekkel Szemben (Against the Gods). Arról az elképzelésről szól, hogy a kockázatot bizonyos dolgok teremtik és vannak valószínűségek, amik a jövőt fogják teremteni – nem pedig lehetőségek, amik teremtik majd a jövőt.

A valószínűség az az elképzelés, amivel matematikailag meg tudod határozni, hogy mi az, ami feltehetőleg megtörténhet, mindenki más nézőpontjával megegyezve. A te és mindenki más ítéletein alapszik, nem pedig azon az elképzelésen, hogy a választás és lehetőség valóban módosítani tudja a valóságot.

Fel kell ismerned, hogy a választás szó szerint megteremti a lehetőségeket. Mi van, ha képes vagy megváltoztatni a valóságot – és nem azt választod?

Hányszor választottad a lehetőség választása alapján a teremtés elkerülését, s azt a valószínűséget, amit mindenki más elfogad, amihez igazodik és egyetért vele? Mindent, ami ez, isten tudja hányszorosan, hajlandó lennél elpusztítani és nemteremtetté tenni? Helyes és Helytelen, Jó és Rossz, Pod és Poc, Mind a 9, Rövidek, Fiúk és Túlontúl.

Ha a lehetőségekből választasz, akkor megláthatod, hogy lehet olyan más teremtés is, ami eddig még nem létezett. Arra kérlek titeket hölgyek, hogy legyetek hajlandóak ennek a valóságnak a korlátain túl teremteni.

A "Milyen lehetőség van itt egy más jövőre?" egy olyan nézőpont, ami nem fordul elő a kapcsolatokban, a szexben és közösülésben, vagy a saját életedben. Itt egy teljesen új tisztítás, amit még soha senkin nem használtam. Ti vagytok az elsők.

Milyen hülyeséget használsz, hogy megteremtsd a jövő aktualizálásának valószínűségét, amit választasz? Mindent, ami ez, isten tudja hányszorosan, hajlandó lennél elpusztítani és nemteremtetté tenni? Helyes és Helytelen, Jó és Rossz, Pod és Poc, Mind a 9, Rövidek, Fiúk és Túlontúl.

## A NÉZŐPONTOD TEREMTI A VALÓSÁGOD

Választásokat hozunk anélkül, hogy észrevennénk, hogy ezek a választások hogyan teremtik a jövőnket minden szempontból. Minden választásunk teremt. Régóta beszélek arról, hogy hogyan lesz teremtés a választásból. A választás nem helyes vagy helytelen, hanem teremtés. A Föld bolygón mindennek ez a teremtő eleme. Minden választásod teremt valamit. A nézőpontod teremti a valóságod; nem a valóságod teremti a nézőpontod. Választottad már valaha, hogy olyasvalakivel legyen kapcsolatod, aki nem volt jó neked?

*Szalon Résztvevő:*
Amikor erről beszélsz, egy olyan térűr energiája jön fel nekem, amit még nem voltam hajlandó választani. Nem térűrből választok, mert nincs értelme, nem tudom igazolni, vagy fogalmam sincs arról, hogy ez mit teremthet.

*Gary:*
Igen, mert a valószínűséget próbálod megtalálni, kedves.

*Szalon Résztvevő:*
Igen, hűha! Köszönöm.
Te, nőként, nem vagy kevesebb egy férfinél. Csak más vagy, mint egy férfi. Nem rossz értelemben, nem jó értelemben, csak más vagy. Egyenlő választásaitok vannak. Valójában több választásotok van, mint a férfiaknak – mert egy férfinak, hogy bebizonyítsa, hogy ő egy férfi, be kell bizonyítania, hogy ő nem nőies és nem meleg. Tudom, hogy ennek nincs értelme számodra, de ez igaz. Egy hölgy eljött

hozzám a minap és azt mondta, hogy „Dain meleg, ugye?"

Azt mondtam, hogy „Nem, nem az. Miből gondolod, hogy meleg?"

Azt mondta, hogy „Amikor elvágtam az ujjam sebtapaszt tett rá, és annyira kedvesen és szeretően viselkedett. Nem lehet hetero, mert egy hetero férfi csak letámadna azzal, hogy „Mi történt?", mintha az lenne a sebtapasz.

Mivel a férfi gondoskodó, ezért meleg? Nem. Ez a teljes ítélkezés és döntés, és sajnos nem igaz. Higgyétek el, sok férfi szeretné, ha Dain meleg lenne, de nem az. Ti, mint nők, ha nem vagytok teljesen kedvesek és gondoskodóak, akkor nem tartanak titeket nőiesnek. Ez őrültség.

## MINDEN VÁLASZTÁST EGY LEHETŐSÉG FORRÁSAKÉNT HOZZ MEG

*Szalon Résztvevő:*

Azt mondod, hogy ha elismerem, hogy nőként több választásom van, akkor ezzel elismerem, hogy minden választás egy teremtés, ami megnyitja a dolgokat nekem?

*Gary:*

Igen, minden választás kinyitja az ajtókat a lehetőség felé. Minden választás többszörös lehetőségeket teremt. Már beszéltem erről. Minden lehetőség és választás egy sor lehetőséget teremt.

Csak ennek elképzelésével már választást teremtesz, és tíz lehetőség nyílik meg. Azután újra választasz, és tíz új lehetőség nyílik meg. Az első esetében egy választás egy sor lehetőséget teremt, a második esetében egy másik sor lehetőség köti össze két olyan választásodat, amit lehetőségként teremtettél. Így kezded el megteremteni a jövő pókhálóját, hogy aktualizáld, hogy valóssá tedd a más lehetőség létezését.

Amikor elkezded érzékelni azokat a helyeket, ahol a sokszerűségek kapcsolódnak egymással minden alkalommal, amikor választást teremtesz, meglátod, hogy mi az, ami hozzájárul a más lehetőségek sorozatának teremtéséhez, egy más jövőhöz, ami talán eddig soha nem létezett neked és senkinek, akit ismersz.

*Szalon Résztvevő:*

Köszönöm, ez pompás volt. Amikor azt mondtad, hogy amikor választasz, akkor tíz lehetőség jelenik meg, és választasz egyet a tízből, amik összekapcsolódnak, ezen annyira erős volt az energia. Bármi is ez, nem vagyok hajlandó tudni, hogy mi ez és mi ennek az egésznek a hálója. Szeretek úgy tenni, hogy nem tudom, amit valójában tudok.

*Gary:*

Próbáljuk meg ezt:

Milyen hülyeséget használsz, hogy megteremtsd a lehetőségek hálójáról alkotott éberséged hiányát, amit a meghozott választásod teremt, amit választasz? Mindent, ami ez, isten tudja hányszorosan, hajlandó lennél elpusztítani és nemteremtetté tenni? Helyes és Helytelen, Jó és Rossz, Pod és Poc, Mind a 9, Rövidek, Fiúk és Túlontúl.

Minden választás a lehetőségek tárházának többszörösét teremti. Folyamatosan megpróbálunk következtetésre jutni, azt gondolva, hogy ez megszilárdítja a választásainkat és megteremti a „helyes" nézőpontot a várt eredmény eléréséhez.

Mindannyian megtapasztaltátok, hogy valakivel elkezdtek egy kapcsolatot, felvesztek egy fix nézőpontot, és darabokra hullik az egész. Szerintetek miért esett szét? Azért, mert nem voltatok hajlandóak a „Szeretem őt" választáson túl teremteni és generálni.

Amikor találsz egy úgynevezett lelki társat, vagy valakit úgy látsz, mint a jelentőségteli párod, egy olyan furcsa nézőpontból teremtesz, aminek semmi köze nincs hozzád, és már nem vagy többé képes létrehozni, ami lehetséges.

Ez az a hely, ahol a választásoddal véget vetsz a teremtésnek. Egy választást se úgy hozz meg, hogy azzal megállítsd a teremtést. Minden választást a lehetőség forrásaként hozz meg.

Milyen hülyeséget használsz, hogy megteremtsd az ikerlángot, a lelki társat, a jelentőségteli másikat, a mitikus teremtményt, a herceget vagy hercegnőt, a számodra tökéletes személyt, és azt, aki tökéletesen kiegészít, amit választasz? Mindent, ami ez, isten tudja hányszorosan, hajlandó lennél elpusztítani és nemteremtetté tenni? Helyes és Helytelen, Jó és Rossz, Pod és Poc, Mind a 9, Rövidek, Fiúk és Túlontúl.

Milyen hülyeséget használsz, hogy megteremtsd a kapcsolat vérét, verejtékét és könnyeit, amit választasz? Mindent, ami ez, isten tudja hányszorosan, hajlandó lennél elpusztítani és nemteremtetté tenni? Helyes és Helytelen, Jó és Rossz, Pod és Poc, Mind a 9, Rövidek, Fiúk és Túlontúl.

Nagyon sokan hibáztattátok magatokat azért, mert azt választjátok, hogy nincs kapcsolatotok. Mi van, ha az, hogy nem választod, hogy kapcsolatban vagy, a legokosabb dolog, amit magadért teszel?

Milyen hülyeséget használsz, hogy megteremtsd a kapcsolat nem választásának a helytelenségét, amit választasz? Mindent, ami ez, isten tudja hányszorosan, hajlandó lennél elpusztítani és nemteremtetté tenni? Helyes és Helytelen, Jó és Rossz, Pod és Poc, Mind a 9, Rövidek, Fiúk és Túlontúl.

Az a nézőpontotok, hogy helytelen, ha nincs kapcsolatotok, mert az édesanyátok, a nővéretek, a barátnőid mindig is arra bátorítottak titeket, hogy rossz kapcsolataitok legyenek. Nem igazán szeretnétek kapcsolatot, és ezért folyton rossz kapcsolatot választotok. Ha valóban szeretnétek kapcsolatot, akkor egy jót teremtenétek. Nincs veled semmi baj, ha nem igazán szeretnél kapcsolatot. Nem vagy rossz, amiért nem akarsz kapcsolatban élni!

A kapcsolat egy találmány, nem valóság. Nincs szükséged senkire, hogy kiegészítsen. Teljes vagy, mint lélek, önmagadként. Nincs szükséged kapcsolatra, családra, gyerekekre, csoportokra vagy bármi ilyesmire azért, hogy kiegészítsenek. Egy teljes lény vagy, önmagad lénye. A te valódi éned az igazi.

Mindent, amit azért tettél, hogy nemigazzá tedd magad, elpusztítanád és nemteremtetté tennéd? Helyes és Helytelen, Jó és Rossz, Pod és Poc, Mind a 9, Rövidek, Fiúk és Túlontúl.

## SZÓVAL, MI IS A KAPCSOLAT?

*Szalon Résztvevő:*
Megkérdezhetem, neked mit jelent a kapcsolat?

*Gary:*
A kapcsolat egy pragmatikus együttélés, ami kiterjeszti mindkettőtök valóságát és tervét. A kapcsolat egy olyan hely, ahol kellemesen, ítélkezés nélkül tudtok egymással élni. Egy olyan hely, ahol a lehetőségekben tudtok együtt élni, nem pedig a „Te nem vetted ki a részed a takarításban", „Nem csinálod meg a te részed", „Nem osztasz meg dolgokat" szükségéből. A megosztás egy találmány, ami egy olyan térűrt teremt, ahol megítélsz valakit, nem pedig olyat, ahol élsz valakivel.

Abban a pillanatban, ahogy belemész az ítélkezésbe, te, mint lény, megszűnsz létezni. A lény és az ítélkezés nem lehetnek meg ugyanabban az univerzumban. A lény a hála eleme; az ítélkezés a pusztítás eleme. Nem létezhet a hála és a pusztítás ugyanabban az univerzumban. Az egyik teremtés; a másik pusztítás.

*Szalon Résztvevő:*
Olyan, mintha meg akarnék szabadulni a kapcsolat szótól. Valami másnak akarom nevezni. Nem akarok kapcsolatot.

*Gary:*
A „Nem akarok kapcsolatot" azt jelenti, hogy nincs hiányod a kapcsolatban, ami azt jelenti, hogy rengeteg kapcsolatod van és a legtöbbjük rossz.

*Szalon Résztvevő:*
Igen.

*Gary:*
Miért is rosszak ezek?

*Szalon Résztvevő:*

Nem mutatkozok meg. Egyik kapcsolatomban sem vagyok mindaz, ami vagyok.

*Gary:*

Miért nem vagy egyik kapcsolatodban sem mindaz, ami vagy?

*Szalon Résztvevő:*

Nem fogadnak be az emberek, vagy nem értenek.

*Gary:*

Miért várod el tőlük, hogy megértsenek? Milyen lenne, ha hajlandó lennél mindent megkapni, ami lehetséges számodra, anélkül, hogy szükséged lenne bárki másra ehhez?

*Szalon Résztvevő:*

Az óriási lenne.

*Gary:*

Igen, az valami teljesen mást teremtene. Hajlandónak kell lenned egy a mostanitól különböző lehetőségre is ránézni.

Milyen hülyeséget használsz, hogy megteremtsd a teljesen pragmatikus kapcsolati valóság hiányát, amit választasz? Mindent, ami ez, isten tudja hányszorosan, hajlandó lennél elpusztítani és nemteremtetté tenni? Helyes és Helytelen, Jó és Rossz, Pod és Poc, Mind a 9, Rövidek, Fiúk és Túlontúl.

Szeretném, ha ezt mindannyian felvennétek és legalább harminc napig végtelenített lejátszáson hallgatnátok. Ha ezt megteszitek, akkor kitisztul ez a terület és kitörlitek a beragadt pontokat és nagyobb könnyedséggel tudtok más lehetőségek felé menni. Másoljátok fel ezt a tisztítást a számítógépetekre és alacsony hangerőn játsszátok le újra és újra alvás közben. Ez olyan, mint a tudatküszöb alatti programozás – kivéve, hogy ez egy tudatküszöb alatti kiprogramozás.

Milyen hülyeséget használok, hogy megteremtsem a teljesen pragmatikus kapcsolati valóság hiányát, amit választok? Mindent, ami ez, isten tudja hányszorosan elpusztítom és nemteremtetté teszem. Helyes és Helytelen, Jó és Rossz, Pod és Poc, Mind a 9, Rövidek, Fiúk és Túlontúl.

Milyen hülyeséget használsz, hogy megteremtsd az ikerlángot, a lelki társat, a jelentőségteli másikat, a mitikus teremtményt, a herceget vagy hercegnőt, a számodra tökéletes személyt, és azt, aki tökéletesen kiegészít, amit választasz? Mindent, ami ez, isten tudja hányszorosan, hajlandó lennél elpusztítani és nemteremtetté tenni? Helyes és Helytelen, Jó és Rossz, Pod és Poc, Mind a 9, Rövidek, Fiúk és Túlontúl.

## KÖZÖSÜLÉS VÁLASZTÁSBÓL

Most mondok valamit, ami elképzelhető, hogy teljesen sértő lesz sokatoknak. A legtöbben kapcsolatot kerestek, viszont a testetek egy valójában hatalmas mennyiségű közösülésre vágyik. Oké? A testetek szívesebben közösül, mint kapcsolatban van, de eldöntöttétek, hogy nőként kapcsolatra van szükségetek és nem közösülésre.

Mindent, ami ez, isten tudja hányszorosan, hajlandó lennél elpusztítani és nemteremtetté tenni? Helyes és Helytelen, Jó és Rossz, Pod és Poc, Mind a 9, Rövidek, Fiúk és Túlontúl.

*Szalon Résztvevő:*
Miért állok ellen ennyira a közösülésnek?

*Gary:*
Ellenállsz?

*Szalon Résztvevő:*
Igen.

*Gary:*
Azért, mert ha hajlandó lennél sokat közösülni, akkor nem tartanának nőnek. Ebben a valóságban a közösülés a férfiak jellemző vonása, és nem a nőké.

Mindent, amit erről elhatároztál és eldöntöttél, elpusztítanád és nemteremtetté tennéd? Helyes és Helytelen, Jó és Rossz, Pod és Poc, Mind a 9, Rövidek, Fiúk és Túlontúl.

*Szalon Résztvevő:*
Van egy kérdésem a közösülésről. Egész életemben a közösülésre vágytam mindaddig, amíg nem találkoztam az Access Consciousnesszel és rájöttem, hogy ez nem szükség, hanem választás, és a vágy azóta elpezsgett. Már nem érdekel a dolog.

*Gary:*
A közösülés választása a közösülés szükségessége helyett. Minél jobban felismered azt, hogy az emberek ítélkezést használnak azért, hogy közösüljenek, annál inkább megjelenik annak az érzete, hogy valamit nem jól csinálsz,

ha egyből közösülsz ítélkezés nélkül.

*Szalon Résztvevő:*
Nem értem.

*Gary:*
Tegyük fel, hogy van egy férfi az életedben, akivel szeretnél közösülni és ezen nem ítélkezel. Ha ő ítélkezéssel éri el a merevedést, akkor nem fog neki felállni, mert nem ítélkezel eléggé arról, hogy amit teszel az helytelen ahhoz, hogy ezzel ő szexuálisan fel tudjon izgulni.

Szóval van választásod: Mennyi ítélkezést kell tenned az ő univerzumába, hogy felálljon neki – vagy mennyi kontrollt kell használnod, hogy annyira felizguljon, hogy ne tudja kordában tartani magát?

Mindent, amit ez felhozott vagy leengedett, elpusztítanád és nemteremtetté tennéd? Helyes és Helytelen, Jó és Rossz, Pod és Poc, Mind a 9, Rövidek, Fiúk és Túlontúl.

Az ítélkezés a kontroll rendszere. Ezt értitek? Van választásotok. Engedheted a másiknak, hogy ítélkezzen, teremthetsz is ítélkezést nekik, vagy teremthetsz annyi kontrollt, hogy az ítélkezésük nem tud felülkerekedni a testük szükségletén – nem rajtuk, a testükén.

*Szalon Résztvevő:*
Milyen kontrollról beszélsz itt?

*Gary:*
Hajlandónak kell lenned ránézni a pasira és megkérdezni, hogy „Mi kell ahhoz, hogy úgy tudjam kontrollálni ezt a srácot, hogy olyan észvesztően felajzott legyen, hogy ne

legyen más választása, minthogy bármit megtegyen, amit akarok, és bármikor megtegye azt?"

Van egy bizonyos energia, aminek lenned kell ilyenkor. Ami elvárja a férfitől, hogy teljesítsen, akár kívánja, akár nem. Felül kell kerekedned a vágyrendszerén, ahelyett hogy bevennéd, hogy mi az, ami miatt vágyakozni fog utánad. Ez az a kontroll szint, amiről azt mondták a nőknek, hogy nem birtokolhatják – és nem kellett volna ezt megkapniuk.

Mindenhol, ahol bevetted, hogy nem kellene birtokolnod ezt a kontrollt, nem kellene alkalmaznod a kontrollt, nem birtokolhatod ezt a kontrollt, hogy fogalmad sincs milyen ez a kontroll, és még ha meg is lenne neked ez a kontroll, akkor sem választanád, mert az annyira nem lenne nőies, elpusztítanád és nemteremtetté tennéd? Helyes és Helytelen, Jó és Rossz, Pod és Poc, Mind a 9, Rövidek, Fiúk és Túlontúl.

*Szalon Résztvevő:*

Ez az, amit uralkodásnak ítéltek meg – és ezért vagyunk kizárva?

*Gary:*

Igen, próbáltatok nem ti lenni a domináns faj, mert azt mondták nektek, hogy a férfiak a domináns faj. Ez tényleg igaz? És van valójában domináns faj? Vagy van olyan pillanat, amikor mindannyian dominánsnak kell lennünk a szükségleteink, vágyaink és igényeink szerint?

Minden, ami nem engedi, hogy ezt válaszd, hajlandó lennél elpusztítani és nemteremtetté tenni? Helyes és Helytelen, Jó és Rossz, Pod és Poc, Mind a 9, Rövidek, Fiúk és Túlontúl.

## TELJES SZEXUÁLISSÁG

Például azok a nők, akik úgy gondolják, hogy mókás lenne kipróbálni valamilyen meleg játékot, kérlek legyetek hajlandóak megtenni ezt, ha a testetek azt mondja, hogy ez működni fog nektek. Nem lehet az a nézőpontotok, hogy „Van meleg és van hetero." Ez egy ítélkezés, és ha ítélkezel, akkor nem lehetsz szeretően kedves, ami azt jelenti, hogy nem kaphatsz gondoskodást.

Meg kell értened, hogy nem ítélkező teremtményként az egész világ a rendelkezésedre áll. A teljes szexuálisság egy omniszexuális valóság, ami az, hogy „Nincs valódi szexualitásom. Nincs nézőpontom. Bármit megtehetek." Azt is mondhatod, hogy pánszexualitás, ami azt jelenti, hogy mindent csinálsz. Az Androgínia nem omniszexuális. Nem omniszexualitás, mert az ítélkezés lenne.

Arról szól, hogy legyél az a szexuális energia, ami te és a tested vagytok, ami a létezésről szól. Ez egy választás; ez az, amit választasz, hogy befogadsz.

Mindent, ami ez, isten tudja hányszorosan, hajlandó lennél elpusztítani és nemteremtetté tenni? Helyes és Helytelen, Jó és Rossz, Pod és Poc, Mind a 9, Rövidek, Fiúk és Túlontúl.

*Szalon Résztvevő:*

Mi kellene ahhoz, hogy abbahagyjuk azoknak a nőknek a kemény megítélését, akik megengedik, hogy a párjuk vagy partnerük hozzák a döntéseket helyettük, és akik mindig inkább azt teszik, amit a férfiak jónak látnak, ahelyett, hogy a saját éberségüket vagy vágyaikat követnék? Milyen hozzájárulás lehetek ahhoz, hogy ez megváltozzon? És egy végtelen lény miért is választaná ezt? Szerinted ez egy ítélkezés?

*Gary:*
Nem kedves, ez nem ítélkezés; ez éberség. Szeretlek, és éber vagy. Őrültség lenne, hogy elválj magadtól azért, hogy a partnered boldog legyen. Ez boldoggá tesz? Ha igen, akkor legyél még inkább ilyen. Ha nem, akkor csinálj valami mást.

Mindent, ami ez, isten tudja hányszorosan, hajlandó lennél elpusztítani és nemteremtetté tenni? Helyes és Helytelen, Jó és Rossz, Pod és Poc, Mind a 9, Rövidek, Fiúk és Túlontúl.

## A TESTEDNEK VAN NÉZŐPONTJA

*Szalon Résztvevő:*
Végtelen lényként miért van kettős személyiségem, a szellemi énem és a fizikai énem?

*Gary:*
Ez nem kettős személyiség, kedvesem. Csak annyi, hogy a testednek van egy nézőpontja és neked egy másik. Nem vagy hajlandó meglátni, hogy a testednek más a nézőpontja, mint a tied. A tested van benned; nem te vagy a testedben. Szóval ez nem kettős személyiség. A tested egy fiziológiai nézőpontból tapasztalja az életet, és te pszichológiai nézőpontból érzed. Itt van néhány tisztítás, amit végtelenített lejátszásra tehettek.

Milyen hülyeséget használok, hogy megteremtsem a pszichológiai valóságot, amit választok? Mindent, ami ez, isten tudja hányszorosan, hajlandó lennél elpusztítani és nemteremtetté tenni? Helyes és Helytelen, Jó és Rossz, Pod és Poc, Mind a 9, Rövidek, Fiúk és Túlontúl.

A teljesen más fiziológiai valóságnak milyen fizikai aktualizálását vagyok most képes teremteni, generálni és intézményesíteni? Mindent, ami nem engedi, hogy ez megjelenjen, isten tudja hányszorosan, elpusztítanád és nemteremtetté tennéd? Helyes és Helytelen, Jó és Rossz, Pod és Poc, Mind a 9, Rövidek, Fiúk és Túlontúl

*Szalon Résztvevő:*
Szeretném regenerálni a szaporító szerveimet, hogy egészségesebb legyen a testem és élvezetesebb a szex. Milyen kérdést tehetek fel?

*Gary:*
Miért az egészséges testért és élvezetesebb szexért választasz? Miért nem olyasmit szeretnél, ami egy örömtelibb és mókásabb életet teremt neked? Ez egy igazi kérdés.

Mi az, ami lehetek, amit tehetek, birtokolhatok, teremthetek vagy generálhatok ma, ami több mókát, könnyedséget, szexet és élvezetet teremt az életemben az örökkévalóságig? Mindent, ami nem engedi, hogy ez megjelenjen, isten tudja hányszorosan, elpusztítanád és nemteremtetté tennéd? Helyes és Helytelen, Jó és Rossz, Pod és Poc, Mind a 9, Rövidek, Fiúk és Túlontúl.

## SZEX ÉS BEFOGADÁS

*Szalon Résztvevő:*
Ez azért van, mert leválasztjuk egy részünket, amelyiket

nem érdekli már a szex?

*Gary:*
Ez azért van, mert elveszted a befogadás egy részét. A szex csak akkor történik, ha teljesen képes vagy befogadni. A befogadás milyen részét csökkented olyan intenzitással, amivel kirekeszted a szexet és a közösülés örömét, amit választhatnál? Mindent, ami ez, isten tudja hányszorosan, hajlandó lennél elpusztítani és nemteremtetté tenni? Helyes és Helytelen, Jó és Rossz, Pod és Poc, Mind a 9, Rövidek, Fiúk és Túlontúl.

*Szalon Résztvevő:*
Ez egy választásom, hogy nem akarok vagy vágyok a szexre?

*Gary:*
Igen, ez egy választás, de ez általában abból adódik, hogy eldöntötted vagy arra következtettél, hogy ha szexelsz valakivel, akkor monogám kapcsolatban kell élned. A monogám azt jelenti, hogy egy. Ha egy monogám kapcsolatban vagy, akkor csak egy valaki van a kapcsolatban, aki a másik személy, és nem te. Poligám kapcsolatot akarsz, olyat, amiben te is beletartozol a kapcsolatba.

# BÁNTALMAZÓ KAPCSOLATOK

*Szalon Résztvevő:*
Beszélnél arról, hogy hogyan vehetjük észre, ha egy kapcsolat bántalmazó lesz, különösen, ha annyira szövevényes

lesz, hogy talán észre sem vesszük, hogy bántalmazásról van szó?

**Gary:**
Majdnem minden bántalmazó kapcsolattal ugyanaz van. Amikor eljutsz arra a következtetésre, hogy szeretsz valakit, nem teszel fel kérdéseket azzal kapcsolatban, hogy mit tesznek. Amikor valaki kritizál téged, az nem szerető kedvesség. Ez egy következtetés, és nem lehetőség. Be kell lépned az éberségedbe és hajlandónak kell lenned kérdezni. Volt egy olyan kapcsolatom, amiben minden nap ítélkeztek felettem. El is mentem egy hipnotizőrhöz, hogy segítsen abban, hogy ne húzzam vissza, ne állítsam meg magam minden egyes alkalommal, amikor ez a személy megérint. Mindig, amikor közeledett felém, visszahúzódtam. Nem tudtam, hogy miért teszem ezt.

Csak akkor jöttem rá, amikor vége lett a kapcsolatnak, hogy nem én voltam az, aki visszahúzódott; a testem volt, aki visszavonta magát a bántalmazás elől. Tisztán kell látnod azzal kapcsolatban, hogy hol bántalmaznak egy kapcsolatban. Amikor azt gondolod, hogy nem akarsz többé szeretkezni, vagy a másik ítélkezését használod a szexuális vágy megteremtéséhez, akkor egy bántalmazó kapcsolatban vagy. Amikor sokkal jobban érzed magad másokkal, mint a saját pároddal vagy partnereddel, akkor egy bántalmazó kapcsolatban vagy. Belemész egy bántalmazó kapcsolatba akkor is, amikor azt gondolod, hogy a másik okosabb, mint te. Senki nem okosabb vagy éberebb, mint te. Soha. Soha. Soha. Kérlek, fogd ezt fel.

*Szalon Résztvevő:*
   Néha, amikor megérintem a partneremet, vagy amikor ő megérint engem, egy fájdalmas, intenzív érzést kelt a kezeimben, karjaimban és a testemben.

*Gary:*
   Ez fájdalom? Vagy ez az intenzitásnak vagy éberségnek az a szintje, amit nem akarsz birtokolni? Éber vagy a fájdalomra az ő testében? Akarod ezt az éberséget?
   El akarod kerülni az éberséget, és ezért hívod fájdalomnak. Bármikor, amikor valamit fájdalomnak vagy szenvedésnek, problémának vagy traumának vagy drámának minősítesz, megpróbálod elkerülni azt. Ahelyett, hogy elkerülnéd, tedd fel a kérdéseket:
   + Mi ez?
   + Mit tehetek vele?
   + Meg tudom változtatni?
   + Hogyan tudom megváltoztatni?
   Erre a helyre kell eljutnod. Mi van, ha tudod, hogy az egyetlen módja, hogy ezt megváltoztasd az az, ha szexelsz vele? Hajlandó lennél ezt megtenni?

*Szalon Résztvevő:*
   Ez gondoskodó lenne számomra?

*Gary:*
   Mi köze ennek az Én Királyságához és a Mi Királyságához?

*Szalon Résztvevő:*
   Mi a különbség az Én Királysága és a Mi Királysága között?

*Gary:*
Az Én Királysága és a Mi Királysága teljesen különböző univerzumok. Az Én Királysága az, amikor megpróbálsz következtetésre jutni. A Mi Királysága az éberség arról, hogy hogyan hat egymásra minden egyes dolog.

*Szalon Résztvevő:*
Ezt csinálom, amikor megpróbálok mindig mindenben felelős lenni?

*Gary:*
Az Én Királyságát csinálod. Azt mondod, hogy te vagy az egyetlen személy, aki az univerzumban létezik, és a Föld körülötted forog. Hogy működik ez neked? Választhatsz mást is.

## SZEXUÁLIS GYÓGYÍTÁS

*Szalon Résztvevő:*
Beszélhetnénk a Mi Királyságáról a szexben?

*Gary:*
Sokan nem akarjátok tudni ezt, de szexuális gyógyítók vagytok. Ha könnyűnek érezted magad, mikor ezt hallottad, akkor szexuális gyógyító vagy. Jobban fogod érezni magad, amint elismered ezt.

Amikor nem ismered el, hogy szexuális gyógyító vagy, akkor elkezded ezt egy magad ellen fordított fegyverként használni, hogy fájdalmat teremts. El kell ismerned. Ha nem teszed, akkor ahelyett, hogy azt választanád, hogy olyannal kezdesz kapcsolatot, aki jobbá teszi a dolgokat, mindig olyan férfiakat fogsz választani, akiknek szexuális gyógyításra van szükségük, és kizárod magad a saját valóságod számításából.

*Szalon Résztvevő:*
Azt akarod mondani, hogy ha elismered, hogy szexuális gyógyító vagy, akkor nem választasz olyat, akit meg kell gyógyítanod?

*Gary:*
Igen.

*Szalon Résztvevő:*
Ez hogy működik?

*Gary:*
Úgy ítéled, nem kéne szexuális gyógyítónak lenned. Amikor nem ismered el, hogy szexuális gyógyító vagy, akkor azokat az embereket tartod izgatónak, akiknek szexuális gyógyításra van szükségük. Inkább azt választod, hogy szexelsz valakivel, ahelyett, hogy ránéznél, hogy mi egyéb lehetséges. Amikor szexuális gyógyító képességed van, és nem ismered el, akkor mindig olyat fogsz választani, aki kihasznál téged és elvesz tőled, nem olyat, akivel választanád, hogy leszel.

Ha elismered, hogy az vagy, akkor megkérdezheted, hogy:
+ Ennek az embernek szexuális gyógyításra van szüksége?
+ Ez az egyetlen választásom itt?

*Szalon Résztvevő:*

Tegyük fel, hogy elismered, hogy szexuális gyógyító vagy és találkozol valakivel, akivel szeretnél lefeküdni. Felteszed a kérdést, hogy „Ennek az embernek szexuális gyógyításra van szüksége?" Ha igent kapsz, megkérdezed, hogy „Mi egyéb lehetséges?". Lehetséges közösülni ezzel a személlyel anélkül, hogy megadnád neki azt a szexuális gyógyítást, amire szüksége van?

*Gary:*

Nem. Ahogy feltetted az olyan volt, mintha egy kis agyafúrtságot próbáltál volna beletenni. Amit nem kérdeztél az az volt, hogy: Valóban meg akarom ezt tenni?

Itt egy példa arra, hogy a kérdezés hogyan működhet ravaszul is. Felhívott egy hölgy, és azt mondta, hogy „Elintézhetem, hogy találkozz Obamaval."

Azt válaszoltam, hogy nem.

Azt mondta, hogy „De csak ennyibe kerülne."

Azt válaszoltam, hogy nem.

Megkérdezte, hogy „Miért?"

Azt mondtam, hogy „Nincs rá pénzem."

Ő: „Kölcsön adhatom a pénzt, ha akarod."

Én: „Nem ez a lényeg."

Azt kérdezte: „Ha találkoznál vele, az megváltoztatná a világot?"

Erre igent kaptam, és azt mondtam, hogy „Oké, találkozok vele". Miután kifizettem a pénzt, elutaztam Austinba azzal az elképzeléssel, hogy találkozom Obama Elnökkel. Három órát késett a gépünk, és nem értünk oda időben, hogy találkozzunk vele.

Azt mondtam, hogy „Oh, hát ez volt az az energia, amiről először éber voltam, de nem ismertem el akkor, amikor belementem a kérdésbe, hogy „Ha találkozom vele, az megváltoztatja a világot? Rendben van, ha kifizetem ezt a pénzt?" Nem tettem fel a kérdést, hogy „Valójában eljutok oda?" Már a kezdetektől fogva nem volt ez az egész, de nem vettem észre, mert nem voltam hajlandó feltenni az extra kérdéseket.

Ezért kell feltenned a kérdést, hogy „Ha szexelek vele, ez valóban meggyógyítja őt?" Lehet, hogy szüksége van erre, de ez nem azt jelenti, hogy be is tudja ezt fogadni. A legtöbben azok közül, akikkel szeretkeztél befogadtak téged – vagy elvettek tőled? Azt gondolják, hogy meggyógyítod őket, ezért nem lesznek hozzájárulás. Meg kell értened, hogy szexuális gyógyító képességed van, és az, hogy te meg tudsz gyógyítani másokat nem azt jelenti, hogy ezt ők be fogják fogadni.

## „JÓ SZEX" KONTRA KITERJEDŐ SZEX

*Szalon Résztvevő:*
Szex után a férjem pörög, én viszont szeretek csak az ágyban feküdni.

*Gary:*
Neki a szex generatív, neked pedig beteljesülés. Te inkább olyan vagy, mint egy férfi. Mennyi adrenalint használsz a szexuális orgazmushoz? Sokat, keveset vagy megatonnányit?

*Szalon Résztvevő:*
Megatonnányit, de ennek nincs értelme.

*Gary:*
Mindent, ami ez, isten tudja hányszorosan, hajlandó lennél elpusztítani és nemteremtetté tenni? Helyes és Helytelen, Jó és Rossz, Pod és Poc, Mind a 9, Rövidek, Fiúk és Túlontúl.

Nincs értelme, mert ez nem a logikusságról szól. A legtöbben egy adrenalin pumpával teremtik az orgazmust. Úgy tűnik a férjed nem adrenalin pumpával teremti az orgazmust. Kiterjed és sokkal inkább jelen van az életében. A szex és a közösülés olyan ajándékok, ami te lehetsz, ha hajlandó vagy az lenni, de ha „megpróbálod" kielégíteni az ő szükségleteit, vagy főleg tenni valamit, akkor a legegyszerűbben adrenalin pumpával lehet elérni az orgazmust, ami kimeríti a tested. A legtöbben azt tanulták, hogy ez a „jó szex".

Az adrenalin a legjobb forrása az összehúzódás megteremtésének. Így tudsz a legnagyszerűbben repülési és harci üzemmódba kerülni. Ha összehúzódsz, akkor visszahúzódsz saját magadba, így készen állsz megküzdeni mindenki mással. És ha az összehúzódást használod az orgazmushoz, akkor nem vagy a partnereddel. Elkülönülsz a partneredtől, és nem terjesztedki az ő szexét és a te szexed. Elhúzódsz a szextől azért, hogy megteremtsd a beteljesedését, mintha a szexnek beteljesülésnek kellene lennie. Amikor ezt teszed, akkor szex után ahelyett, hogy felvillanyozódva készen állnál munkába indulni, inkább kimerült vagy, és elalszol. A legtöbb férfi azt tanulta, hogy ezt kell tenniük, amikor pornőt néznek. Azt tanulták, hogy ha összehúzódnak, megteremtik az orgazmust – ezután elalszanak, ami a legtöbb nő számára dühítő. Viszont ha az orgazmus eléréséhez a kiterjedés teréből működsz, az a végeredmény, hogy készen állsz munkába indulni, készen állsz felkelni és játszani.

Mindent, ami ez, isten tudja hányszorosan, hajlandó lennél elpusztítani és nemteremtetté tenni? Helyes és Helytelen, Jó és Rossz, Pod és Poc, Mind a 9, Rövidek, Fiúk és Túlontúl.

*Szalon Résztvevő:*
Mondanál többet a szex kiterjedő eleméről, Gary?

*Gary:*
A szex kiterjedő eleme arról szól, hogy a szex célja nem az, hogy megteremtsük az adrenalin pumpát, ami orgazmust eredményez, hanem hogy megteremtsük az élet és megélés orgazmikus minőségét, ami az örömről és a választás lehetőségeiről szól.

Nem csak magadat kell kielégíteni, a partneredet is. Milyen lenne, ha arra törekednél, hogy egy nagyszerűbb lehetőségek terébe juttatod el a partnered a szexen keresztül? A szexnek és közösülésnek a nagyszerűbb lehetőségek teremtéséről kellene szólnia, nem a beteljesülés eléréséről. A franciák beadták, hogy az adrenalin pumpával a legjobbat kapod, ami lehetséges.

*Szalon Résztvevő:*
Amikor belemegyek a konfrontációba vagy az ítélkezésbe, akkor úgy tűnik, hogy nem ismerem el, hogy gyógyító vagyok.

*Gary:*

Ha nem ismered el a teljes éberséget, akkor konfrontálódsz, hogy megpróbálj másokban éberséget létrehozni. Mi lenne, ha teljesen éber lennél és kérdésben lennél ahelyett, hogy következtetésbe vagy ítélkezésbe mész? Amikor konfrontáció terébe lépsz, akkor megpróbálod kikényszeríteni a befogadást. Nagyon sokan ezt teszik a szexben, közösülésben és a kapcsolatokban is. Hajlamosak arra, hogy konfrontációval kényszerítsék ki az éberséget és erővel próbálják rávenni a másikat a befogadásra. Fel kell tenned a kérdést: Mit tud ez a személy befogadni, amit felajánlhatok?

Engedned kell, hogy a tudatosságod áthatoljon a valóságon. Dain a könyvében, A Légy Önmagad és Változtasd meg a Világotban (Being You, Changing the World), arról beszél, hogy amikor teljesen önmagad vagy, áthatolsz a térűrön és megváltoztatsz mindenkit magad körül. Mi lenne, ha ezt tennéd a szexben és közösülésben, a kapcsolatokban és minden másban az életben? Mi lenne, ha áthatolnál egy másik valóságba és mindaz lennél, ami vagy?

*Szalon Résztvevő:*

Voltak ilyen áthatolós pillanataim és az nagyon fincsi volt.

*Gary:*

Kérdezhetek valamit? Miért nem éled mindig ezt az élvezetes, fincsi életet?

*Szalon Résztvevő:*

Az jött fel, hogy az ítélkezések miatt. Az ítéletek tartanak vissza attól, hogy élvezetes életet éljek.

*Gary:*
Az ítélkezések csak ítélkezések. Válaszd az élvezetest, akár választja ezt más is, akár nem. Válaszd a megélés felségességét mások ítélkezései helyett, mert a megélés felségessége és a tudatosság áthatolása túlmegy az ítéleteken, és lehetőségeket teremt. Ez egy olyan választás, amit meg kell hoznunk, és nem egy olyan hely, ahol élnünk kell. Amikor ítélkezésből működsz, akkor elmész oda, ahol élni kell – nem a lehetőség választásához.

Mindent, ami ez, isten tudja hányszorosan, hajlandó lennél elpusztítani és nemteremtetté tenni? Helyes és Helytelen, Jó és Rossz, Pod és Poc, Mind a 9, Rövidek, Fiúk és Túlontúl.

Köszönöm hölgyek, lenyűgözőek vagytok. Nagyon szeretném, ha megértenétek, hogy mennyire rendkívüliek vagytok, mert ezzel meg tudjátok változtatni a világot. Jövő héten beszélünk. Sziasztok!

# 3
# Felismerni ki vagy valójában

Női testet választottál.
Ez azt jelenti, hogy nő vagy?
Vagy egy végtelen lény egy női testtel?
Ha egy végtelen lény vagy női testtel, akkor nem kellene kihasználnod, ami ezzel jár, fegyverként és eszközként?

## VÁLTOZÁS KONTRA VALAMI MÁS CSINÁLÁSA

Gary:
Helló hölgyek.
Azzal kezdeném, hogy mesélek a változás és a valami más csinálása közötti különbségről, mert sajnos a legtöbb nő, ha kapcsolatban van, megpróbálja megszerelni vagy megváltoztatni azt, ami nem működik a férfival, ahelyett, hogy valami teljesen mást csinálna.
Beszélt egyszer Dain egy élethelyzetről. Feltette a kérdést, hogy „Mit csináljak, hogy megváltoztassam?"

Azt mondtam, hogy „Miért törnéd magad, hogy megváltoztasd? Nem működik. Csinálj valami mást."

Dain azt válaszolta, hogy „Ezt nem így csináljuk. Ami nem működik, azt megszereljük."

Én: „Micsoda?!"

Ez a beszélgetés az egész Access Consciousnesst megváltoztatta, mert addig abból a feltételezésből működtem, hogy az emberek valami mást akarnak, nem pedig megszerelni vagy megváltoztatni valamit, ami nem működik.

A fajok nőstényeként arra tanítottak, hogy babáid vannak, lecseréled, megváltoztatod a ruháit, s ezzel mások lesznek. Nos, nem lesznek mások. Csak másik ruha van rajtuk.

A nők azt tanulták, hogy változást keressenek – és nem azt, hogy mást keressenek. Amikor van valamilyen helyzet a társaddal, akkor megpróbálod megváltoztatni őt. Soha nem teszed fel a kérdést, ami valójában azt teremtené, amit szeretnél: „Mi más lehetek, és mi mást tehetek, ami ezt az egészet egy másik valósággá tenné?" Egy másik térből való működésről szól.

*Szalon Résztvevő:*

Mi a különbség a változás és a más definícióiban?

*Gary:*

Változtasd meg a helyzeted a széken.

*Szalon Résztvevő:*

Ez nekem mozgást jelent.

*Gary:*

A változás a mozgásról szól. A más a más lehetőségről

szól, más valóságról, más választásról és más kérdésről.

Ha valakivel más valóságot szeretnél teremteni, akkor ehhez hajlandónak kell lenned bárminek lenni vagy megtenni bármit. Tehát, főleg ha kapcsolatról van szó, tedd fel a kérdést: Mi más lehetek, vagy mi mást tehetek, hogy egy más valóságot teremtsek?

Nem arról szól, hogy változtasd meg őt, hogy boldog legyen. Ha az az elképzelésed, hogy meg kell változtatnod valakit, akkor megpróbálod boldoggá tenni, vagy szomorúvá, vagy azt akarod, hogy konfrontálódjon valamivel. Nem, nem akarod megváltoztatni; egy más valóságot akarsz teremteni – egy más lehetőséget.

*Szalon Résztvevő:*
A legutóbbi híváson, amikor arról beszéltél, hogy kontrolláljuk a férfit, hogy elérjük, amit akarunk, azt mondtad ez egy energia, ami vagyunk. Beszélnél arról, hogy ezt hogy értetted?

*Gary:*
Hajlandónak kell lenned mást tenni és más lenni, és nem máshogy. A máshogy még mindig megpróbál megváltoztatni valamit. Hajlandónak kell lenned bármivé válni és bármit megtenni, hogy elég más legyél, hogy megkaphasd, amit kérsz.

Felteheted a kérdést: Mi más lehetek, vagy mi mást tehetek ma, ami ezzel a férfival egy más valóságot teremt itt, ahol én kontrollálok, ahol megkapom, amit kérek, ahol megkapom, amit igazán szeretnék?

## A KONFRONTÁCIÓ NEM MŰKÖDIK

*Szalon Résztvevő:*
Segítenél abban, hogy masszívan meg tudjam változtatni bármi is az, ami benne tart abban, hogy hezitálok és öszszezsugorodok a konfrontációtól? Szeretnék boldogan önmagam lenni és kiterjeszteni azt, aki vagyok ahelyett, hogy összezsugorodok és összehúzódok a félelemtől. Néha majdnem megbénít.

*Gary:*
Nem vagy jó a konfrontációban, mert nem vagy hajlandó a démoni szuka lenni a pokolból, és nem vagy hajlandó meglátni, hogy mást is választhatsz, amihez nincs szükség konfrontációra.

A konfrontáció nem működik. Ehhez harc- vagy repülési módba kell menned. A konfrontációtól való összezsugorodásról szól a konfrontáció. Nem félsz; és nem bénulsz le, oké?

Használd ezt a kérdést: Mi más lehetek és mi mást tehetek, ami mindezt egy más valósággá tenné?

## A NŐK BŐSÉGES MENNYI-SÉGŰ SZEXET AKARNAK

*Szalon Résztvevő:*
Múlt héten azt mondtad, hogy a nők valójában nem akarnak kapcsolatot; hanem bőséges mennyiségű szexet. Erre azt mondtam, hogy „Hűha. Igen! Ez nagyon igaznak hangzik." Ez hogyan működik pragmatikusan, mivel nem ezt mondják nekünk?

*Gary:*
    Miért veszel be mindent, amit mondanak neked?

*Szalon Résztvevő:*
    Ez egy kitűnő kérdés. Most, hogy észrevettem, hogy soksok szexet szeretnék és nem kapcsolatot, hogy néz ki ez a világban?

*Gary:*
    A legegyszerűbb az, ha találsz egy férfit, aki legalább húsz évvel fiatalabb, mint te. Szexelni fog veled és hálás lesz neked, mert a vele egykorú lányok nem fekszenek le vele. Ők férjhez akarnak menni. Miután szeretkeztetek, mondd azt, hogy „Hűha, ez csodálatos volt. Remélem máskor is szórakozhatunk együtt."
    Azt fogja mondani, hogy „Tényleg?" és rendelkezésedre fog állni, amikor hívod.
    Azt is kérdezheted, hogy: Mi más lehetek és mi mást tehetek, ami kötelezettségektől mentes bőséges mennyiségű szexet teremt és generál?

*Szalon Résztvevő:*
    Azt akarod mondani, hogy nyíltan mondjuk ki, hogy szexet keresünk és nem kapcsolatot?

*Gary:*
    Nem. Soha ne legyél őszinte egy férfival. Mi a baj veletek?

*Szalon Résztvevő:*
    Ezért kérdezem. Ez annyira új nekem.

*Gary:*
Igen, ezt megértem. Mindannyiótoknak azt tanították, hogy a becsületesség a legjobb irányelv. Nem. A hazugság a legjobb irányelv. Mondjátok azt nekik, amit hallani akarnak. Ne azt mondjátok nekik, amit szerintetek hallaniuk illene.

Ha azt mondjátok nekik, amit szerintetek hallaniuk illene, akkor a saját nézőpontotokat mondjátok el nekik, a saját igazságotokat, a saját valóságotokat. Minden alkalommal, amikor elmondjátok nekik az igazatokat és a saját valóságotokat, akkor el kell futniuk. Erre nincs semmilyen térűrjük. Ha azt mondjátok nekik, amit hallani akarnak, akkor van rá térűrjük, és felismerik, hogy lehet, hogy van más lehetőségük vagy más választásuk veled.

Ébernek kell lenned arra, hogy az emberek mit fognak választani. Ezért tedd fel a kérdést, hogy: Ezek az emberek mit képesek meghallani?

Ne azt kérdezd, hogy „Mit akarok én?" Ez nem kérdés. A „Mit szeretnék ettől a sráctól?" sem kérdés. Helyette kérdezd azt, hogy:
- Szórakoztató lenne?
- Egyszerű lenne?
- Működne ez nekem?

Ezek valódi kérdések. De ahelyett, hogy valódi kérdéseket teszünk fel, folyamatosan megpróbálunk olyasvalakit keresni, aki beteljesíti a fantáziánkat vagy ideális jelenetet erről.

Milyen hülyeséget használsz, hogy megteremtsd a romantika, szex, közösülés, és a kapcsolat utópista ideálját, amit választasz? Mindent, ami ez, isten tudja hányszorosan, hajlandó lennél elpusztítani és nemteremtetté tenni? Helyes és Helytelen, Jó és Rossz, Pod és Poc, Mind a 9, Rövidek, Fiúk és Túlontúl.

Az ideális jelenet egy olyan elképzelés, amit a „minek kellene megvalósulnia" ítélkezésekkel létrehozol. Hogy ez megtörténjen, addig kell ítélkezned, amíg megjelenik. Ha utópisztikus ideálokban élsz, akkor ítélkezel. Miért használnád az ítélkezést a kapcsolat megteremtésének forrásaként? Mert ez normális a Föld bolygón. Nem működik, de normális.

## ÍTÉLKEZÉSEK ÉS KÖVETKEZTETÉSEK

*Szalon Résztvevő:*
Mit tehetsz, hogy abbahagyd a következtetés-játszmát a fejedben szex közben?

**Gary:**
Milyen hülyeséget használsz, hogy megteremtsd a következtetéseket, amit választasz? Mindent, ami ez, isten tudja hányszorosan, hajlandó lennél elpusztítani és nemteremtetté tenni? Helyes és Helytelen, Jó és Rossz, Pod és Poc, Mind a 9, Rövidek, Fiúk és Túlontúl.

Ma reggel felébredtem és volt egy ítéletem a szexről. Azt kérdeztem, hogy „Mi a fene ez?". Majd eszembe jutott, hogy mutattam egy fényképet egy nőnek a kilenc hónapos unokámról, aki épp meztelenül kúszott a földön, a heréi pedig lefelé lógtak. Ez elborzasztotta a hölgyet. Még mindig a fejemben volt a nő, aki azon morfondírozott, hogy milyen szörnyű dolog egy kint lógó heréjű meztelen kisgyerekről fényképet mutogatni.

Ezt a nőt nem érdeklik a férfiak, így valószínűleg nehéz volt neki ezt befogadni. De a tény, hogy valaki belemászhat a fejembe egy nézőponttal, és ha nem ismerem el, hogy az ő nézőpontja valójában nem az enyém, akkor folyamatosan megpróbálom azt hinni, hogy az enyém és következtetésre jutni ezzel kapcsolatban.

Milyen hülyeséget használsz, hogy megteremtsd annak a következtetésnek a következtetését, hogy a választott következtetésed annak a következtetésnek a teremtése, amire következtetned kellene, amit választasz? Mindent, ami ez, isten tudja hányszorosan, hajlandó lennél elpusztítani és nemteremtetté tenni? Helyes és Helytelen, Jó és Rossz, Pod és Poc, Mind a 9, Rövidek, Fiúk és Túlontúl.

Ha következtetned kell, akkor az ítélkezés vagy választás? Egy ítélkezés.

## "EZT PRÓBÁLTAD MÁR? ÉN IMÁDOM!"

*Szalon Résztvevő:*
Amikor olyan partereid vannak, akik ítélkeznek feletted vagy magukon az ágyban, hogyan találod meg magadban a térűrt, hogy megkérd őket arra, amit szeretnél tőlük?

*Gary:*
Először is, nem akarod megkérni őket, hogy azt tegyék, amit szeretnél tőlük. Azt kell mondanod, hogy „Ezt próbáltad már? Én imádom!" A legtöbb férfi olyat próbál tenni, ami örömet okoz neked. Arra tanították őket, hogy az teszi őket értékessé és valóssá, ha a nőért tesznek valamit. Ez a

dolguk. Mindössze annyit kell tenned, hogy megkérdezed: „Ezt próbáltad már?" Ha azt mondják, hogy igen, akkor mondd azt, hogy „A mindenit, imádom, amikor ezt csinálják." Ez követelés nélküli manipuláció.

Ha azt kérdezed a férfitől, hogy „Lentebb is kényeztetnél?" és azt mondja, hogy „Nem szeretem a nőket lent is kényeztetni", akkor semmire nem jutsz ezzel, mert következtetésre kell jutnia. Természetesen, ha azt kéred egy férfitől, hogy kényeztessen lent is és ő azt mondja, hogy ezt nem szereti, meg is szabadulhatsz tőle.

*Szalon Résztvevő:*
Kellemetlenül érzem magam, mikor lent kell kényeztetnem a férfit. Néhányszor már megtettem, de nem élveztem. Rossznak és piszkosnak érzem magam ilyenkor.

*Gary:*
Éveken át ezt rossznak tartották. A férfit lent kényeztetni a létező legrosszabb cselekedet. Mégis sok nőnek ez élvezetes, mert ez azon kevés dolgok egyike, amit néhány férfi megenged magának, hogy befogadja.

Sajnos a férfiak kb. nyolcvan százaléka nem engedi meg magának, hogy befogadjon, amikor egy nő kényezteti. És ti sem fogadjátok be, amikor a férfi kényeztet titeket.

Milyen hülyeséget használsz, hogy megteremtsd a szopást és nyalást, amit választasz? Mindent, ami ez, isten tudja hányszorosan, hajlandó lennél elpusztítani és nemteremtetté tenni? Helyes és Helytelen, Jó és Rossz, Pod és Poc, Mind a 9, Rövidek, Fiúk és Túlontúl.

Hölgyeim, hány életben voltatok férfiak, és volt olyan

nő, aki kényeztetett titeket lent, és fulladozott tőle vagy kihányta, vagy kiköpte, és eldöntöttétek, hogy ez az egyik legundorítóbb dolog, amit valaha akarhatsz bárkitől? Mindent, ami ez, isten tudja hányszorosan, hajlandó lennél elpusztítani és nemteremtetté tenni? Helyes és Helytelen, Jó és Rossz, Pod és Poc, Mind a 9, Rövidek, Fiúk és Túlontúl.

Meg kell hoznod azt a választást, hogy ne legyél éber arra, hogy mit teremt a választásod. Bármerre is mész, valamit köré tettél, amin igen sok energia van.

## A FÉRFIAK FELIZGATÁSA

*Szalon Résztvevő:*
A múltkori híváson azt mondtad, hogy kontrollal izgassunk fel egy férfit. Azt is mondtad, hogy a legtöbben ítélkezéssel érik el a szexuális izgatottságot. Beszélnél a férfiak szexuális felizgatásáról, a kontroll és nem az ítélkezés alkalmazásával?

*Gary:*
A férfiak szeretik, ha kontrollálják őket. A nők azt mondják, hogy „Édesem, megtennéd ezt nekem?" Erre tanították őket egész életükben. De szelektálnod kell azzal kapcsolatban, hogy mit kérsz a férfiaktól. És ne hívd őket „édesemnek." Hívd őket „szeretőnek". Ekkor megteszik, amit kértél, mert szexuálisan felizgatod őket a kontrollal, ahogyan ezt mondod nekik.

Érdemes úgy kezelned a férfiakat, mintha csődörök lennének. Menj el és nézd meg hogyan tenyésztik a csődöröket. A gondozók elviszik a csődört egy kancának, aki nem akarja őt. Ezután elviszik egy másik kancához, és annak sem kell, majd elviszik egy másikhoz, amikor is a csődör és a kanca is izgalomba jönnek. Ezután ahhoz a kancához vezetik a csődört, aki hajlandó megkapni őt. Abban a pillanatban erekciója lesz, amint ahhoz a kancához vezetik, aki hajlandó befogadni. Készen áll, hogy belevágjon és kilövelljen.

Úgy kell tekintened a férfira, mint egy csődörre. Ingerelned kell. Vidd el a férfit szórakozni, sétáljatok az utcán és mondd azt, hogy „Szeretnél szexelni azzal a lánnyal? Elég cuki. Elég csinos. Szexi is." 150 méteren belül készen fog állni a szexre. Mindössze annyit kell tenned, hogy hazaviszed és használod.

*Szalon Résztvevő:*
Tudnál még többet beszélni a férfiak ítélkezés nélküli felizgulásának kontrollálásáról?

**Gary:**
A legtöbbeknek a legizgatóbb dolog az, ha valaki ítélkezés nélkül tekint rájuk. Habár vannak olyan férfiak, akiknek ítélkezésre van szükségük, hogy elmenjenek. Volt egy barátom, akinek nem állt fel anélkül, hogy egy nő megítélte volna, hogy mit kellene tennie. Számára a nő ítélkezése volt a szexuális izgatottság forrása.

Hajlandónak kell lenned ránézni a férfira, akivel vagy és ránézni arra, hogy „Szüksége van ennek a srácnak ítélkezésre ahhoz, hogy felizguljon? Milyen ítélkezéssel szolgálhatok neki, ami merevebbé teszi egy sziklánál?" Itt kell felismerned, hogy te vagy a kapcsolat és a szex operatív személye. Te teremted azt, ami történik. A legtöbb nő nem akarja azt gondolni, hogy ők kontrollálnak, ők irányítanak és ők az agresszorok.

Rengeteg olyan nőt ismerek, akik az esküvőjük után azt kérdezik, hogy „Miért nem közeledik hozzám a férjem többé?"

Azt kérdezem tőlük, hogy „Tényleg közeledett hozzád kezdetben?"

Azt mondják, hogy „Nos, nem igazán."

Én: „Akkor miért gondolod, hogy most fog?"

A válaszuk az, hogy „Azért, mert ezt kellene tennie."

Milyen kérdés az, hogy „ezt kellene"? Ez nem kérdés! A „Mi kellene ahhoz, hogy borzasztóan felizgassam a fiút?" egy kérdés. Rá kell nézned arra, akivel vagy és meglátni, hogy mi kell ahhoz, hogy felizgasd.

## A NŐK A LEGVERSENYKÉPESEBB TEREMTMÉNYEK A BOLYGÓN

*Szalon Résztvevő:*
Elmagyaráznád, hogy mi ez a különös versengés a nők között, amikor férfiak társaságában vannak?

*Gary:*
Nőként sokkal versengőbb vagy, mint egy férfi. A nők a legversenyképesebb teremtmények a bolygón. Miért? Részben azért, mert genetikailag arra vannak vezérelve, hogy versenyezzenek a legjobb társért, hogy a legjobb utódokat tudják nemzeni a fajok kiterjedésének érdekében. A férfiak csak sperma donorok. A nők mindig a legjobb férfiakat választják. Az állatvilágban a társakat nem a férfiak, hanem a nők választják.

Amikor megérkeznek a férfiak, akkor a nők méginkább versenyeznek egymással. Soha nem láttam még olyat, hogy ez ne történt volna meg. Láttam, ahogy a nők beszélgetnek, barátságosak egymással, aranyosak, kedvesek, és amikor megérkeznek a férfiak ez mind megszűnik és átveszi a helyét a kemény versengés. Ez így működik.

Semmit nem tehetsz ez ellen, kivéve, hogy elismered, és akkor választhatsz: Oké, akarok én ezekkel a nőkkel lenni, amikor ezt csinálják? A másik dolog, amit megtehetsz, amikor megjelenik egy férfi, hogy csoportként kezdesz el a nőkkel beszélni és „hölgyeknek" hívod őket. Amikor ezt teszed, akkor meg kell változtatniuk a viselkedésüket a férfi előtt és bebizonyítani, hogy ők hölgyek. Ezt úgy hívják, hogy a csoport kontroll nélküli kontrollálása.

## FÉRFI ÉS NŐI PROGRAMOZÁS

*Szalon Résztvevő:*
Milyen kérdést tehetek fel, ami kinyitja az összes férfi programozást és a sebezhetőségemet nőként?

**Gary:**
A valóság az, hogy a férfi oldalunkat vagy a női oldalunkat választjuk, a nőként vagy férfiként létezés tapasztalatai alapján a világban. Férfi voltál néhány életedben; nő voltál más életekben. Néha a férfi programozás ugrik be bizonyos emberek társaságában – másokéban pedig a női programozás. Más emberek stimulálják a férfi és más a női programjaitokat. Ha megszabadulnál a programozástól, akkor egy olyan térben lennél, ahol a pillanatban teremthetsz, csak mókából.

Milyen hülyeséget használsz, hogy elkerüld, hogy az a nő legyél, akit igazán választhatnál? Mindent, ami ez, isten tudja hányszorosan, hajlandó lennél elpusztítani és nemteremtetté tenni? Helyes és Helytelen, Jó és Rossz, Pod és Poc, Mind a 9, Rövidek, Fiúk és Túlontúl.

Női testet választottál. Ez azt jelenti, hogy nő vagy? Vagy egy végtelen lény vagy, női testtel? Ha egy végtelen lény vagy női testtel, akkor nem kellene fegyverként vagy eszközként használnod, amit ez adhat neked? Hajlamos vagy nem használni ezeket a fegyvereket, mert eldöntötted, következtettél és ítélkeztél arról, hogy mit jelent nőnek lenni, minek kell lenned nőként, és mi nem vagy nőként.

Milyen ítéleteid vannak a nőként létezésről? Mindent, ami ez, isten tudja hányszorosan, hajlandó lennél elpusztítani és nemteremtetté tenni? Helyes és Helytelen, Jó és Rossz, Pod és Poc, Mind a 9, Rövidek, Fiúk és Túlontúl.

Milyen ítéleted van magadról nőként? Mindent, ami ez, isten tudja hányszorosan, hajlandó lennél elpusztítani és nemteremtetté tenni? Helyes és Helytelen, Jó és Rossz, Pod és Poc, Mind a 9, Rövidek, Fiúk és Túlontúl.

Milyen ítéleted van a szexről nőként? Mindent, ami ez, isten tudja hányszorosan, hajlandó lennél elpusztítani és nemteremtetté tenni? Helyes és Helytelen, Jó és Rossz, Pod és Poc, Mind a 9, Rövidek, Fiúk és Túlontúl.

Milyen ítéleted van magadról a szexben nőként? Mindent, ami ez, isten tudja hányszorosan, hajlandó lennél elpusztítani és nemteremtetté tenni? Helyes és Helytelen, Jó és Rossz, Pod és Poc, Mind a 9, Rövidek, Fiúk és Túlontúl.

*Szalon Résztvevő:*
Értem, hogy egy végtelen lény vagyok női testben, mégis van valami elkülönülés számomra a kettő között.

*Gary:*
Úgy definiáltad a végtelen lényt, hogy van szexualitása, vagy van szexuálissága, vagy van teste? Vagy úgy definiáltad, mint akinek nincs teste? Ha nincs tested, nincs senkid, nem lehet kapcsolatod. És nem lehet kapcsolatod magaddal, mert ez azt jelenti, hogy nem kaphatod meg magad. Nincs test, nincs senki azt jelenti, hogy te sem.

## KIÉ EZ AZ ÍTÉLKEZÉS?

*Szalon Résztvevő:*
Mindig azt feltételeztem, hogy összehúzódom a szexben, mindaddig, amíg rá nem jöttem, hogy olyan partnereket választottam, akik összehúzódnak, és éber voltam az összehúzódásukra.

*Gary:*
Milyen gyakran feltételezed, hogy az ítélkezés a tiéd? Ha érzel egy ítéletet, ha éber vagy egy ítéletre, automatikusan azt hiszed, hogy a tied. Nem teszed fel a kérdéseket, hogy:
+ Kié ez az ítélkezés?
+ Mit tehetek itt?
+ Mit akarok itt tenni?
+ Az milyen lenne?
+ Milyen választásaim vannak itt?

Ezért fontos feltenni ezeket a kérdéseket: A kérdés lehetőséget teremt, és a választás potenciált. Amikor a potenciál találkozik a lehetőséggel, egy új valóság teremtődhet.

Mit nem választasz, és mit nem kérdezel, ami egy új valóságot teremtene a szexben, közösülésben, és ítélkezésben? Mindent, ami ez, isten tudja hányszorosan, hajlandó lennél elpusztítani és nemteremtetté tenni? Helyes és Helytelen, Jó és Rossz, Pod és Poc, Mind a 9, Rövidek, Fiúk és Túlontúl.

Megalkotsz egy kérdést, ami számos lehetőséget teremt. Mindig, amikor új lehetőséggel találkozol, új választásokat teremtesz. Amikor választasz valamit az új lehetőséggel, amit a kérdéssel teremtettél, lesz egy olyan pillanatod, amikor egy új valóságot teremthetsz. A kérdés többszörös lehetőségeket teremt.

Azt tanították, hogy következtess. „A férfi egy bla-bla-bla." Tényleg ilyen a férfi? Nem.

Milyen ítéleted van a férfiakról? Mindent, ami ez, isten tudja hányszorosan, hajlandó lennél elpusztítani és nemteremtetté tenni? Helyes és Helytelen, Jó és Rossz, Pod és Poc, Mind a 9, Rövidek, Fiúk és Túlontúl.

Milyen ítéleted van magadról a férfiakat illetően? Mindent, ami ez, isten tudja hányszorosan, hajlandó lennél elpusztítani és nemteremtetté tenni? Helyes és Helytelen, Jó és Rossz, Pod és Poc, Mind a 9, Rövidek, Fiúk és Túlontúl.

Milyen ítéleted van a férfiakkal való szexről? Mindent, ami ez, isten tudja hányszorosan, hajlandó lennél elpusztítani és nemteremtetté tenni? Helyes és Helytelen, Jó és Rossz, Pod és Poc, Mind a 9, Rövidek, Fiúk és Túlontúl.

Milyen ítéleted van magadról a férfiakkal való szexet illetően? Mindent, ami ez, isten tudja hányszorosan, hajlandó lennél elpusztítani és nemteremtetté tenni? Helyes és Helytelen, Jó és Rossz, Pod és Poc, Mind a 9, Rövidek, Fiúk és Túlontúl.

Most már értem miért olyan nehéz a szex és a közösülés az emberi fajnak. Mindenki úgy tesz, mintha csinálná, és senki nem csinálja. A világ nagy része azt vallja, hogy szexel, de nem szexelnek. Ez mind csak látszat.

## FÁJDALOM ÉS INTENZITÁS

*Szalon Résztvevő:*
Amikor az ítélkezős tisztításokat futtattad, akkor minden válasz fájdalomként jelent meg nálam. Hogyan tudnék ebből kikerülni?

*Gary:*
Milyen hülyeséget használsz, hogy az intenzitást fájdalomként teremtsd meg, amit választasz? Mindent, ami ez, isten tudja hányszorosan, hajlandó lennél elpusztítani és nemteremtetté tenni? Helyes és Helytelen, Jó és Rossz, Pod és Poc, Mind a 9, Rövidek, Fiúk és Túlontúl.

Hajlamosak vagyunk felvenni ezt a furcsa nézőpontot, hogy ha valami intenzív, az fájdalom. Van egy ilyen elképzelésünk, hogy az intenzitás egyenlő a fájdalommal. Megpróbáljuk azzá tenni – de az intenzitásnak nem kell szükségszerűen fájdalomnak lennie. Valószínűleg nem fogod fel, hogy intenzíven éber vagy. Az intenzív éberség fájdalmas? Igen. Miért? Azért mert fájdalomként definiáltad. Nem azért, mert fájdalom.

Mindent, amit fájdalomként definiáltál, ami valójában

nem az, elpusztítanád és nemteremtetté tennéd? Helyes és Helytelen, Jó és Rossz, Pod és Poc, Mind a 9, Rövidek, Fiúk és Túlontúl.

Rengetegen fájdalomként azonosítanak be bármit, ami intenzív. Miért is értékes és helytálló ez?

Szeretnéd tudni, hogy miért? Úgy tartod fenn az intenzitás és a fájdalom problémáját, hogy nem nézel rá arra, hogy mi ez, és arra próbálsz ránézni, amit erről eldöntöttél. Ez következtetés. Következtetni próbálsz, hogy mi ez és a következtetésedről beszélsz ahelyett, hogy mi az, ami más lehetne. Meg akarod változtatni, de nem akarsz mást csinálni. Próbálod megváltoztatni a fájdalmat, hogy kevésbé legyen fájdalmas, ahelyett, hogy valami mást csinálnál, ami egy más valóságot teremtene, amiben a fájdalomnak nem kellene léteznie. Ne próbáld megváltoztatni. Akarj inkább egy más valóságot. Ha megváltoztatod, akkor kevesebbé teszed annál, ami; nem arról szól, hogy valami más jelenjen meg az életedben. Ebből a nézőpontból nem vagy képes más valóságot teremteni. Ehelyett inkább tedd fel a kérdést: Mi mást tehetek, vagy mi más lehetek, ami egy más valóságot teremtene itt?

Ez a kérdés annyira megkönnyíti majd az életed. A legtöbben nem veszik észre, hogy ez fogja megkönnyíteni az életüket, ezért nem választják.

Hajlandónak kell lenned fogadni annak az éberségét, amit választasz. Tedd fel a kérdést:

- Mit csinálok itt?
- Mit választhatok, hogy más legyek?

Így tudsz kiszabadulni abból, hogy úgy gondolod, valami mást csinálsz, amikor közben csak megváltoztatsz valamit.

*Szalon Résztvevő:*

Ha hajlandó vagy több és több intenzitást megélni, az mit teremt?

*Gary:*

Több és több lehetőséget teremt. Az intenzitás kérdés, nem pedig következtetés.

*Szalon Résztvevő:*

Mi az intenzitás? Nem hiszem, hogy bennem van intenzitás.

*Gary:*

Pedig igencsak intenzív vagy. Csak kérdezd meg itt ezeket az embereket, hogy púp vagy-e a hátukon. Amikor már olyan magas fokon jelenik meg az intenzitás, hogy fájdalmassá válik, ez fájdalmas lehet másoknak, vagy neked. Az intenzitás az egyik módja annak, hogy nem kell elvesztened semmit.

Milyen hülyeséget használsz, hogy megteremtsd a jövő valószínűség struktúráját, a jövő lehetőség rendszere helyett, amit választhatnál? Mindent, ami ez, isten tudja hányszorosan, hajlandó lennél elpusztítani és nemteremtetté tenni? Helyes és Helytelen, Jó és Rossz, Pod és Poc, Mind a 9, Rövidek, Fiúk és Túlontúl.

A világban történő dolgok oly nagy része szól a veszteség elkerüléséről. Amikor kapcsolatban vagy, el akarod kerülni a veszteséget. Ha az lenne a nézőpontod, hogy hajlandó vagy bármikor elveszíteni őt, akkor mindig veled akarna maradni. Amikor az a nézőpontod, hogy nem akarsz senkit elveszíteni, akkor olyan erősen akarsz ragaszkodni hozzájuk, ami elűzi őket. Így kerülnek a nők bajba. Belemennek a dolgok követelésébe, ahelyett, hogy választanák ezeket.

Ha intenzíven, feszülten megkövetelsz valamit egy férfitől, akkor elűzöd. Ha azt mondod neki, hogy "Nem szexelsz velem, de én azt akarom, hogy szexelj velem", akkor el fog menni. Inkább kevésbé lesz majd hajlandó szexelni veled, mint többet.

## KÖVETELÉS TEREMTÉSE EGY FÉRFI TESTÉNEK

*Szalon Résztvevő:*
Ez más, mint amit egy férfi testére irányuló követelésről mondtál?

*Gary:*
Igen. Egy férfi testére irányuló követelés teremtése és ennek az ő univerzumába helyezése az, hogy "Oh, imádom, ahogy mozogsz. Imádom, ahogy nézel. Levennéd a ruháidat, hogy megnézzelek?" Vagy pedig ráveszed, hogy olyasmit tegyen, amit különösen imádsz. Észrevettem, hogy más nők más testrészeket szeretnek a férfiakon. Vannak, akiknek a lábak tetszenek. Vannak, akiknek a fenekek. Vannak, akik a bicepszeket szeretik. Vannak, akik a tricepszeket. Vannak, akiknek más dolgok tetszenek. Kérdezned kell, hogy meglásd, mi tetszik neked. Ismertem egy hölgyet, aki azt szerette, ha a szeretője jobbra fordul, ha balra fordult, azt nem. Szóval, amikor ott állt a férfi, ő kitett valamit a jobb oldalra és azt mondta, hogy "Megtennéd ezt nekem, kérlek?" Megtette, erre a nő azt mondta, hogy "Imádom,

amikor ezt csinálod. Ez annyira szexi. Csak a szexre tudok gondolni, amikor látom, hogy ezt csinálod." Ez a férfi állandóan fel volt izgulva. Ez az, amikor követelést teremtesz a testének, ahelyett, hogy tőle követelnéd meg, hogy megváltozzon azért, hogy bele tudjon illeni abba, amit te akarsz.

*Szalon Résztvevő:*
Amikor azt mondod egy fiatal srácnak, hogy „Hűha, köszönöm a fantasztikus szexet", akkor ezt teljesen befogadja. Amikor ugyanezt mondod egy idősebb pasinak, akkor nem fogadja be. Mit csinál ilyenkor az idősebb? Miért nem fogadja be ugyanúgy, mint a fiatalabb?

*Gary:*
A fiatal srác abból a nézőpontból néz rá, hogy „Hűha, bizonyára jó vagyok." Az idősebb azt gondolja, hogy „Ó Istenem. Remélem semmi olyanhoz nem köteleződtem el, amiről nem tudtam, hogy elköteleződök." Az idős férfiak azt feltételezik, hogy ha bókolsz nekik, akkor az azt jelenti, hogy tenniük kell valamit, vagy teljesíteniük kell valamit, akár képesek rá, akár nem.

*Szalon Résztvevő:*
A fiatal sráccal olyan, mintha csupán frizbiznénk. Hogyan máshogy lehet azt mondani, hogy „Köszönöm a fantasztikus szexet", amikor elköszönsz?

*Gary:*
Mondd azt, hogy „Igazán jól szórakoztam. Hálás vagyok azért, hogy ilyen fiatal vagy." Ekkor azt fogja gondolni, hogy „Hűha, még mindig egy versenyló vagyok", amit a legtöbb

férfinak nehezére esik elhinni.

*Szalon Résztvevő:*
Felismerem, hogy nagyon sok ítéletem van a férfiakról.

*Gary:*
Nem nézel rá arra, ami előtted van. Mindenre egy másoktól átvett ítélkezés szűrőn át tekintesz. Hányan vettétek észre, hogy leutánoztátok azt, hogy a férfiakat gyűlölni kell? Anyukád szerette a férfiakat? A nagynénéid szerették a férfiakat? Vagy mindannyiójuknak az volt az alapvető érzése, hogy rossz dolog a férfiakat szeretni?

A legtöbb nő nem szereti a férfiakat. Abból tudod megmondani, hogy egy nőnek tetszik-e egy férfi, hogy szereti-e a különböző testrészeinek az illatát.

*Szalon Résztvevő:*
Nagyon szeretem a férfiak különböző testrészeinek az illatát ... vagyis, a legtöbb férfiét.

*Gary:*
Azokkal szeretnél együtt lenni, akiknek szereted az illatát. Nem a többiekkel.

*Szalon Résztvevő:*
Ez azt jelenti, hogy valóban kedvelem a férfiakat?

*Gary:*
Sajnos, igen, ez így van. Sajnálom.

*Szalon Résztvevő:*
Ilyenkor hívnak ribancnak?

*Gary:*
    Remélem. A ribancoknak sokkal több mókában van részük, mint a megfeszült szűzeknek. Bár nem hinném, hogy ezen a híváson van ilyen.

*Szalon Résztvevő:*
    Minden bizonnyal szükségem lenne egy kis szexre, hogy ez legyen a helyzet.

*Gary:*
    Nem kell szexelned ahhoz, hogy ribanc legyél. Annyit szexelhetsz, amennyit csak akarsz, ha hajlandó vagy választani.

*Szalon Résztvevő:*
    A szagok érzékelése az éberség egy másik formája? Vagy ez ítélkezés? Vannak bizonyos szagok, amikre érzékeny vagyok. Ha a szeretőm nem zuhanyzik, ki nem állhatom a szagát. Utálom a férfiakat? Meg lehet ezt változtatni?

*Gary:*
    A szaglás az éberség része. Pragmatikusnak kell lenned. Csak vidd magaddal a szeretődet a zuhanyzóba, mielőtt szexeltek.

## "KUNCOGÓ ISKOLÁS LÁNNYÁ VÁLTOZOM"

*Szalon Résztvevő:*
    Bármikor, amikor olyan pasi van a környezetemben, akivel szívesen szexelnék, úgy tűnik egy kuncogó iskolás lánnyá változom.

*Gary:*

Amikor szexre kerül a sor egy férfival, tedd fel a kérdést: Kivel lenne könnyű és kitől tanulhatok? Ha kuncogó iskolás lánnyá változol a férfiak társaságában, akkor valószínűleg azt választod, amit iskolás lányként választanál. Hányan váltak ezek közül a férfiak közül olyasvalakivé, akit ismerni szeretnél?

Milyen hülyeséget használsz, hogy megteremtsd a kuncogó iskolás lányt, akit választasz? Mindent, ami ez, isten tudja hányszorosan, hajlandó lennél elpusztítani és nemteremtetté tenni? Helyes és Helytelen, Jó és Rossz, Pod és Poc, Mind a 9, Rövidek, Fiúk és Túlontúl.

## NEM VAGY MINDENÉRT FELELŐS, AMIT MÁSOK VÁLASZTANAK

*Szalon Résztvevő:*

Beszélnél arról, hogy hogyan választasz és teremtesz valamit? Például ha valaki gonosz vagy kegyetlen, azt kérdezem, hogy „Hogyan választom és teremtem ezt?" Belemegyek abba, hogy mindent rosszul csinálok.

*Gary:*

Megpróbálod megváltoztatni azt a valóságot, tehát azt kutatod, hogy mit csináltál rosszul, hogy megváltoztathasd azt a tényt, hogy valaki más gonosz volt. Nem. Az a személy gonosz volt. Ennyi. Megpróbálsz okot és igazolást találni a dolgokra, mintha azzal hogy tudnád, hogy miért történt, nem történne meg újra.

Inkább kérdezd ezt: Mi más lehetnék, vagy mi mást tehetnék, ami más valóságot teremtene?

*Szalon Résztvevő:*
Amikor valaki rágalmaz vagy ítélkezik felettem, reakcióba megyek. Belemegyek abba, hogy „Ezt én teremtettem."

*Gary:*
Nem te teremtetted. Megpróbálsz egész életedben mindenért és mindenkiért felelősséget vállalni. A jó hír az, hogy egy isten vagy – de egy elég rossz fajta, mert ahelyett, hogy őket ítélnéd meg, magad felett ítélkezel. Akár fel is adhatod ezt és végtelen lény lehetsz, aki felismeri, hogy nem te vagy felelős mindenért, amit más választ. Minden választás. Minden teremtés alapvető forrása a választás. Minden meghozott választásod teremt valamit. Miért választanád azt, hogy azt feltételezed, hogy mindenért te vagy a felelős?

Vedd észre, hogy nincs erre válaszod. De majd elkezdesz okokat keresni arra, hogy miért vagy te mindenért a felelős, ami egy teremtés.

Milyen hülyeséget használok, hogy megteremtsem önmagam hülyeségét, amit választok? Mindent, ami ez, isten tudja hányszorosan, hajlandó lennél elpusztítani és nemteremtetté tenni? Helyes és Helytelen, Jó és Rossz, Pod és Poc, Mind a 9, Rövidek, Fiúk és Túlontúl.

*Szalon Résztvevő:*
Kitérnél a kedvesség témakörére és arra, hogy hogyan engedhetem meg magamnak, hogy kedves legyek magammal és másokkal anélkül, hogy megsérülnék és a bolondot járatnám magammal?

*Gary:*
Van itt egy kis probléma. Ellentmondásokat teremtesz. Az okait keresed annak, hogy az emberek miért nem fognak megérteni téged, miért fogják azt gondolni, hogy egy idióta vagy, és miért fogják azt gondolni, hogy hülye vagy. Azt hiszed, hogy azon tűnődnek majd, hogy miért választanak téged, és miért választanak téged újra és újra. Ezt csinálod, amikor nem vagy hajlandó teljes megengedésben lenni.

Nem valami mást csinálsz. Fel kell tenned a kérdést: Mi lehetek és mit tehetek ma, ami lehetővé teszi, hogy kedves legyek magammal és mindenkivel teljes könnyedséggel?

Ajánlom figyelmedbe a Tíz Parancsolat (Ten Commandments) CD gyűjteményt. Ez a kulcs a szabadságodhoz.

## A FALAID LEENGEDÉSE A BEFOGADÁSHOZ

*Szalon Résztvevő:*
Beszélnél arról, hogy hogyan engedjük le a falainkat, hogy befogadhassuk az embereket és a lehetséges visszautasítást?

*Gary:*
Ha amiatt aggódsz, hogy nem tudod befogadni a visszautasítást, akkor egy olyan embert fogsz magadhoz húzni, aki visszautasít téged, mert van rajtad egy nagy cédula „utasíts vissza" felirattal. Ez olyan, mint amikor gyerekként valakinek „rúgj meg" cetlit ragasztottál a hátára. Mindenki belerúg, te meg azt hitted, hogy ez egy vicces dolog lesz.

Ha felismered, hogy „utasíts vissza" feliratot teszel a hátadra, akkor talán mókásnak gondolhatod, amikor az emberek elutasítanak, ahelyett, hogy azt feltételeznéd, hogy ez rossz. Kicsit hajlandóbbnak kellene sebezhetőnek lenned. Sebezhetőnek lenni annyit tesz, hogy olyan vagy, mint egy nyílt seb, nem állítasz falakat semminek és senkinek.

Tavaly, miután egy nagy eseményt hoztunk össze Ricky Williamsszel, szörnyű újságcikkek jelentek meg rólam. Az egyik arról szólt, hogy én vagyok annak a kultusznak a karizmatikus, gazdag és gonosz teremtője, ami a férfiak és nők teljes testi orgazmusáról szól. Erre azt mondtam, hogy „Ez miért is ne érdekelne titeket?" A sajtó országszerte rágalmazott. Az egyetlen rossz dolog ebben az volt, hogy minden egyes alkalommal, amikor ítélkeztek felettem, $5,000-al bővült a pénzes ládikám. Úgy kalkuláltam, hogy fél millió dollárnál tartok most a sajtóban megjelent dolgok miatt. Ez nekem megfelelő így. Ahhoz, hogy sikeres legyél bármiben is, hajlandónak kell lenned befogadni, hogy becsméreljenek. Legyél hajlandó megengedni, hogy fasírtot csináljanak belőled. Hajlandónak kell lenned befogadni az ítélkezést.

Manapság a sajtó egyetlen célja a szenzációhajhászat. Mindössze annyit kérek a föld tudatosságától, hogy egy üvegharang menjen végig rajtuk, hogyha csupán a feltűnéskeltés érdekli őket, akkor a karrierjüknek vége. Amikor elkezdenek valódi híreket közölni, akkor talán lehet néhány igazi hírgyártónk is.

*Szalon Résztvevő:*

Amikor találkozok valakivel, akkor azonnal belepillantok abba, ahogyan a barátaim és családom vélekedne rólam és erről a személyről. Ez rögtön megtörténik. Ez egy ítélkezéssel fűszerezett pofon. Hogyan maradhatnék kérdésben ezzel?

*Gary:*

Kérdezd meg: Milyen energia, térűr és tudatosság lehetek, hogy az a mocskos kis lotyó legyek, aki valójában vagyok?

A lotyók nem viszik haza a barátjukat, hogy találkozzon a szüleikkel vagy a barátaikkal. Ők csak használják és elveszítik a barátaikat. Nem ítélkezésként mondom ezt. Hajlandónak kell annak a mocskos kis lotyónak lenned, ami valójában vagy, ha azt akarod, hogy meglegyen az a választásod, hogy valakivel vagy, és jelen vagy vele ahelyett, hogy következtetésre akarsz jutni. Ha elkezded ezt a kérdést futtatni, akkor ki fogsz jönni az ítélkezésből.

*Szalon Résztvevő:*

Hogy néz ki az, ha a közösülés során mindkét fél szexuális gyógyító és mindketten befogadnak?

*Gary:*

Ez neked túl szórakoztató lenne ahhoz, hogy kipróbáld.

*Szalon Résztvevő:*

Ha mindketten szexuális gyógyítók, és te nyitott vagy a befogadásra, de a másik nem, az milyen?

*Gary:*

Ez azt jelenti, hogy unatkozol és haza akarsz menni. A másik személy befogadásának hiánya elég lelombozó. Amikor valaki nem hajlandó befogadni, ez téged és a tested is lelomboz. Amikor valaki igazán hajlandó befogadni, a tested inkább beindul, mint nem.

*Szalon Résztvevő:*

Ha valaki olyannal vagy, aki nem fogad be és ott van a lehetőség, milyen kérdést tehetsz fel, hogy jobban befogadjanak?

*Gary:*

Kérdezd meg: Beköthetem a szemed? Megkötözhetlek? Csiklandozhatlak a tollaimmal?
A legtöbb férfi nem tudja, hogy hogyan kell befogadni. Csak szimplán nem tudják azt, hogy hogyan kell csinálni. Megkötözni őket és nem hagyni más lehetőséget nekik, mint hogy befogadjanak, egy elég jó módszer. Menj el az Üdvhadseregbe, szerezz be néhány selyemfonalat, szemfedőt, és egy nagyon szép strucctollat.

## BE TUDJA FOGADNI A MÁSIK SZEMÉLY AZT, AMIRE KÉPES VAGY?

*Szalon Résztvevő:*

Azt mondtad, hogy amikor fiatalabb voltál, akkor négy nővel voltál egy nap. Mik azok, amik igazán működtek azokkal a nőkkel, akik csak szexelni akartak veled kapcsolat nélkül?

*Gary:*

Először is, füveztem. Két marihuánás cigit szívtam el mielőtt egy-egy nővel ágyba bújtam. Így nem hallottam az ítéleteiket és azt sem, hogy mire van szükségem. Ezt nem ajánlanám többé. De ezt kellett tennem, hogy ne legyek éber a szükségleteikre. Nem voltam hajlandó elköteleződni, de nem voltam nem elköteleződve sem feléjük. Nem mondtam el nekik, hogy a barátjuk lennék, de azt sem mondtam el, hogy nem lennék a barátjuk. Mindig az volt a nézőpontom, hogy „lássuk mi lesz a következő lépés", mert mindig, amikor elköteleződtem valaki felé, akkor valami szörnyű történt.

Összeköltöztünk egy hölggyel. Azon az éjjelen, amikor beköltözött, 3 hüvelyknyire a teste felett tartottam a kezem és villámok csaptak ki a testéből a kezembe. Másnap felkelt, elment és soha többé nem állt szóba velem. Megijesztettem őt, de én ezt nem fogtam fel. Nem tudtam, hogy nem varázsolhatsz azokkal, akiket szeretsz, és akikkel törődsz. Akkoriban nem voltam hajlandó éber lenni erre.

Ezután nem akartam ugyanezt az univerzumot újra megteremteni. Mindig hajlandó voltam visszalépni és várni, hogy meglássam, hogy ki az, aki képes befogadni azt, amire képes vagyok, ahelyett, hogy megpróbáltam azt adni nekik, amire képes voltam. Ez az egyik dolog, amit teszel, ha ilyesmi kapcsolatot szeretnél. Visszalépsz és várod, hogy valaki be tudja-e fogadni, mindazt, amire képes vagy. Ne próbáld meg azt adni nekik, amire képes vagy, kivéve, ha ezt be tudják fogadni.

A legtöbb nőnek ez nehéz. A valóságban a nők sokkal agresszívabbak, mint a férfiak, de ezt nem veszik észre. Azt hiszik, hogy félénknek és visszahúzódónak kell lenniük. A nők lehetnek csendesek, de a valóságban a „félénkség és visszahúzódás" nem női jellemvonás.

„Félénk és visszahúzódó" egy férfi jellemvonás. A férfiak megpróbálnak félénkek és visszahúzódóak lenni, mert az a nézőpontjuk, hogy magasnak, sötétnek, jóképűnek és csendesnek kell lenniük. De a legtöbbjük nem magas, nem sötét, és nem jóképű. Csak félénkek. A férfiaknak kevesebb hitük van önmagukban, mint a nőknek.

## A VÁLTOZÁS SUTTOGÁSA

*Szalon Résztvevő:*
Van valami a szélben, ami változást suttog, de nem fogom fel. Korábban említetted a tudatosság finom érintését. Mi van ezen túl, amit most az éberségbe hozhatunk?

*Gary:*
Most kezd el megjelenni, ezért is csak a változás suttogása, ami történik. Nem lehet definiálni. Amit nem lehet definiálni azt nem is tudod korlátozni. Minden definíció korlátoz. A definíció korlátozás. Ha nincs definíció, akkor nincs korlátozás. Továbbra is kérd ezt ahelyett, hogy a konklúziót keresnéd, ami ezen valóság lényegének érzetét adja neked.

*Szalon Résztvevő:*
Beszélnél többet a jövő lehetőségeinek suttogásáról?

*Gary:*
A jövő suttogása az az energia, amit arról érzékelsz, ami történni fog az életben. Megpróbálod megszilárdítani azt az energiát és szilárddá és valóssá tenni, azt gondolva, hogy ha szilárd és való lesz, akkor aktualizálhatod. Az a helyzet, hogy már meghoztad azokat a választásokat, ami a jövő suttogásait teremtették. Követned kell ezeket a suttogásokat és hagynod, hogy megmutassák, hogy miként, hogyan fognak

aktualizálódni. Ha nem ezt teszed, akkor a tetteid állandó megítélésének állapotában vagy ahelyett, hogy hajlandó lennél befogadni azt, amit már megteremtettél.

*Szalon Résztvevő:*
Ezt hogyan csináljam?

*Gary:*
Ez nem egy hogyan. Ez a következő dolog felismerése: Mi ez a dolog, ami birizgálja az éberségem és a valóságom külső határvonalait? Úgy tudnám leírni, hogy milyenek a jövő suttogásai, mint egy más lehetőség csókja vagy simogatása.

*Szalon Résztvevő:*
Néha olyan érzésem van, hogy tennem kell valamit, amikor jönnek ezek a suttogások.

*Gary:*
Csak egyszerűen tedd fel a kérdést: Most vagy később?

*Szalon Résztvevő:*
Hogy tisztábban lássak azzal kapcsolatban, hogy mit kell tennem?

*Gary:*
A tisztán látás nem arról szól, hogy mit tegyünk. Egyértelmű, hogy már teremted is, különben nem lennének a jövő suttogásai. Már keletkezik. Arra következtettek, hogy csinálnotok kell valamit, hogy megtörténjen. Már megtettétek azt, amitől megtörténik. Csak nem tudjátok, hogy mit csináltatok. Ez a létezésnek az a tere. Hajlandónak kell

lennetek a nem következtetés megbocsáthatatlan terében lenni. Inkább belementek a következtetésekbe, mert ha ezt teszitek, akkor meg tudjátok állítani, ahelyett, hogy kérdésben lennétek és továbbra is teremtenétek a lehetőségeket. A kérdések teremtik a lehetőségeket. A választás potenciált teremt. Amikor a potenciál találkozik a lehetőséggel, akkor egy új valóság jöhet létre. Ezek a jövő suttogásai – azok a terek, ahol a potenciál és a lehetőség keresztezik egymást az univerzumban. Ekkor megteremtheted, ami történik.

*Szalon Résztvevő:*
Nagyon gyakran vagyok éber a jövő suttogásaira. Majd belemegyek abba, hogy „nem is történt most meg."

**Gary:**
Következtetésbe mész és ezért adtam neked a következtetés tisztítást. Az az elképzelésed, hogy ha konklúzióra jutsz, akkor majd x, y, vagy z biztosan feltűnik. A konklúzió már nem kérdés. Ha kijössz a kérdésből, a jövő suttogása megszűnik, szétesik és eltávozik. Ezért kell alkalmaznod a négy elemet, ami a választás, kérdés, lehetőség és hozzájárulás.

Milyen energia, térűr és tudatosság lehetek, hogy kontrollon kívül, definíción kívül, formán, struktúrán és jelentőségen kívül, linearitáson kívül, és koncentricitáson kívül legyek az örökkévalóságig, különösen a szexszel, közösüléssel és kapcsolattal? Mindent, ami nem engedi, hogy ez megjelenjen, isten tudja hányszorosan, hajlandó lennél elpusztítani és nemteremtetté tenni? Helyes és Helytelen, Jó és Rossz, Pod és Poc, Mind a 9, Rövidek, Fiúk és Túlontúl

Hozzájárulás az életedhez, ha következtetsz? Vagy ez elpusztít minden lehetőséget, választást és kérdést? Ha következtetésre jutsz, akkor megállítasz mindent, amit jövőként próbálsz megteremteni. Állandóan választásban és lehetőségben kell lenned.

Ha jövőt akarsz teremteni, akkor valami mást kell teremtened. A másság térűrt teremt. A változás következtetést és összehúzódást teremt.

Rendben hölgyeim, ennyi volt mára. Nemsokára újra beszélünk!

# 4
# Egy működő kapcsolat teremtése

Ahhoz, hogy olyat teremts, ami valójában működik neked, túl kell lépned ennek a valóságnak a kapcsolatról alkotott nézetein.

*Gary:*
Helló, hölgyeim. Kezdhetjük a kérdéseket.

## VALÓSZÍNŰSÉG STRUKTÚRA KONTRA LEHETŐSÉG STRUKTÚRA

*Szalon Résztvevő:*
Amikor tudom, hogy egy férfi hazudik nekem, akkor rá akarom bizonyítani. Megvan az energiája, hogy hazudik, és rá akarom venni, hogy ezt vállalja fel. Tudom, hogy ez kontroll.

*Gary:*
Nem. Ez a hárpiaság. Nos, lehetsz hárpia, ha akarsz, és ha el akarsz üldözni egy pasit, akkor pontosan így kell tenned. Ha tudod, hogy hazudik, akkor elkaphatod egy nagy hazugságban, ami túlmegy a határon, és elpusztíthatod, porig alázhatod és megölheted, ha akarod. De ha szeretnéd megtartani ezt a férfit, akkor csak magadnak ismerd el a hazugságot. Soha ne told az arcába, hogy tudod, hogy hazudik. Nézz rá édesen, mosolyogj, és mondd azt, hogy „Oh, drága."

Amikor ezt csinálod, akkor bűnösebbnek fogja érezni magát, mint amit el tudsz képzelni, és három napon belül ajándékot is fogsz kapni. Csináld ezt, amikor ajándékot szeretnél – mert a férfiak nem a legelmésebb teremtmények a bolygón. Mindössze annyit kell tenned, hogy azt mondod, „Nézd csak, nem gyönyörű? Szeretnék egy olyat. Bárcsak megengedhetném magamnak. Hát jól van." Majd sétálj el.

Amikor megpróbálod kitalálni, hogy mit csinálj a férfiakkal, akkor a valószínűség struktúrákat próbálod megérteni. Ha van egy olyan elképzelésed, hogy valószínűleg hazudik, akkor az ítélkezésben élsz, és nem a lehetőségben.

Valószínűségeket csinálunk, hogy elkerüljük, megsemmisítsük vagy megállítsuk a kockázatot. A valószínűség az, hogy veszíteni fogsz. Ez az az elképzelés, hogy mindig van kockázat, mindig van veszély és mindig van valami, ami rosszul fog elsülni. Így azzal töltjük az életünket, hogy megpróbáljuk elkerülni a különböző kockázatokat, és ebben a folyamatban megsemmisítjük a lehetőséget és a választást. Nagyon sok kérdés, ami felmerült ezeken a hívásokon, az elvesztés valószínűségéről és a problémák valószínűségéről szólt. Ezt a tisztítást találtam ki nektek:

Milyen hülyeséget használsz, hogy megteremtsd a valószínűség struktúráját a kapcsolatokban való elvesztésnek, ahelyett, hogy a lehetőség rendszert teremtenéd, ami lehetővé tenné, hogy ez működjön neked, amit választasz? Mindent, ami ez, isten tudja hányszorosan, elpusztítanád és nemteremtetté tennéd? Helyes Helytelen, Jó Rossz, POD POC, Mind a 9, Rövidek, Fiúk, és Túlontúl.

A pénzzel is működik. Megpróbálunk ragaszkodni ahhoz, amitől félünk, hogy elveszítjük, nem lesz semmi másunk, és nem lesz semmilyen más választásunk. Ezek közül egyiknek sincs köze az igazi választáshoz, igazi lehetőséghez és igazi kérdéshez. Egy olyan helyen kell lennünk, ahol igazi lehetőség és választás van, és azt kérdezzük, hogy „Mi egyéb lehetséges?" ahelyett, hogy „Mik az esélyei annak, hogy itt veszítek?"

## AZ ELVESZÍTÉS VALÓSZÍNŰSÉGE

*Szalon Résztvevő:*

Kb. egy éve voltam a jelenlegi kapcsolatomban, amikor egy férfitől származó árulással kapcsolatban belementem egy bizonytalan energiába. Azóta a kétség állandó energiájában vagyok. Mi ez?

*Gary:*

Ez az elvesztés valószínűsége. Belemegyünk abba az elképzelésbe, hogy valószínű, hogy egy kapcsolat működni fog és valószínű, hogy egy kapcsolat nem fog működni. Ez a mérlegelése és mérése azoknak a dolgoknak, amiket az emberek csinálnak.

Túl kell mozdulnod ennek a valóságnak a nézetén arról, hogy mi egy kapcsolat, hogy olyat teremts, ami valójában működik neked. Jelenleg az emberek több nem működő, mint működő kapcsolatot teremtenek. Miért? Mert a probléma valószínűségére néznek rá, az elvesztés valószínűségére, annak a valószínűségére, hogy rosszul fog alakulni, annak a valószínűségére, hogy hazugság vagy árulás lesz benne. Struktúrákat teremtünk a valószínűségnek, mert bevesszük azt az elképzelést, hogy mérlegelni és mérni tudunk mindent, és ha elég pontosan mérlegelünk és mérünk, akkor nem veszítünk.

Ezért van az, hogy a legtöbben, akik kapcsolatban vannak, megházasodnak, hogy boldogan éljenek, amíg meg nem halnak, mintha ez lenne egy kapcsolat célja.

Mi a kapcsolat valódi célja? Az, hogy megnövelje a komfort és lehetőség szinted. Ennek kellene lennie. De legtöbben a túlélés képességének növelését látják benne. Hagyd abba, hogy a túlélés nézőpontjából nézel rá a kapcsolatra, és lépj bele a gyarapodásba. Kérdezd meg:
+ Mi egyéb lehetséges most, hogy ebben a kapcsolatban vagyunk?
+ Mi az, amit valójában teremthetünk, amit még nem teremtettünk meg?

Amikor ezt teszed, akkor egy teljesen más lehetőséget teremtesz, és egy teljesen más univerzumot.

Milyen hülyeséget használsz, hogy megteremtsd a kapcsolat valószínűség struktúráját, hogy ne veszíts, a lehetőség rendszerek helyett, ami lehetővé tenné, hogy válassz, amit választasz? Mindent, ami ez, isten tudja hányszorosan, elpusztítanád és nemteremtetté tennéd? Helyes Helytelen, Jó Rossz, POD POC, Mind a 9, Rövidek, Fiúk, és Túlontúl.

*Szalon Résztvevő:*
Mondanál többet arról, hogy mit értesz elvesztés alatt?

*Gary:*
Az elvesztés az, amikor azt nézed, hogy mi a rossz másokkal vagy mi az, amit rosszul csinálnak. Vagy azt keresed, hogy hogyan fognak hazudni neked. Mindenki hazudik. Az emberek jobban hazudnak maguknak, mint bárki másnak; hajlamosak másoknak kevésbé hazudni, mint maguknak. Valaki hazudni fog? Tuti. Azért, mert az embereknek olyan elképzeléseik vannak magukról, ami nem feltétlenül igaz.

Volt egy barátom, aki azt gondolta, hogy ő mindig tiszta és rendszerető. Valójában egy trehány alak volt, de az ő tisztasági és rendezettségi mércéjén ő tiszta volt és rendszerető. Tisztának és rendesnek látta magát, mert mindent kicsinosított és rendszerezett. De a háza mocskos volt. Kicsinosított és rendszerezett számára azt jelentette, hogy tiszta. Más valóság.

Egyszer kirúgtak a szobalányaim, mert nem szedtem össze minden játékot a gyerekeim után. Azt mondták, hogy „A házad túl piszkos ahhoz, hogy mi itt takarítsunk, kilépünk."

Azt kérdeztem, hogy „Mit értetek az alatt, hogy piszkos? Pont egy nappal azelőtt porszívóztam, hogy jöttetek."

Azt felelték, hogy „De ez koszos."

„Mi ebben a koszos?"

„A játékok a padlón."

Rendetlen volt. Nem volt koszos. Az embereknek megvan a saját mércéjük arról, hogy mit neveznek rendetlennek vagy piszkosnak, vagy mit neveznek jónak vagy rossznak, vagy miről gondolják, hogy elfogadható egy kapcsolatban, vagy mi az, ami nem elfogadható, és semmi mást nem képesek meglátni. Szóval, ha együtt élsz valakivel, akkor elengedhetetlen, hogy abból a térből működj, hogy „Mit teremthetek és generálhatok ma?", és nem abból, hogy „Mit akarok megváltoztatni abban a személyben, akivel vagyok?" Csak azzal tudod alakítani, hogy hogyan élsz valakivel, amit teremtesz és generálsz. Senkit nem változtathatsz meg.

## „FEL TUDOM JAVÍTANI ŐT"

Sok olyan nőt ismerek, akik férfiakat választottak és azt mondták, hogy „Nos, tudom, hogy van benne jóság. Szerintem rendbe tudom hozni őt." Micsoda? Miért akarnál egy felújítandót vásárolni? Be fogsz költözni egy régi házba, ahol mindenféle munkálatokra van szükség? Az emberek őrültségeket csinálnak, amikor azt hiszik, hogy megjavítanak majd másokat és jó emberré változtatják őket.

A volt feleségem mindig azt mondta, hogy „Amikor megismerkedtem Garyvel, úgy öltözködött, mint egy használt autó." Mindig azon tűnődtem, hogy ez mit jelenthetett. Alapvetően azt mondta, hogy nem voltam jól öltözött. Az igazság az, hogy amikor találkoztunk, nem volt pénzem. Épp kiléptem egy kapcsolatból és a belemet is kidolgoztam, hogy pénzt keressek, és mindent megtettem azért, hogy gondoskodjak a gyerekemről és teljesítsem a kötelezettségeimet. Egyáltalán nem költöttem ruhákra. Akkor már nyolc éve nem vettem ruhákat. Szóval a divatot tekintve eléggé régimódian öltözködtem.

Az ő nézőpontja az volt, hogy ha nem vagy stílusos, akkor nincs értelme élned. Ahogy elkezdtünk pénzt keresni, ő elkezdte frissíteni a ruhatáramat. A sajátját háromszor olyan gyorsan frissítette, mint az enyémet, de ennek ellenére frissítve voltam. Vett nekem dolgokat, hogy ne kelljen szégyenkeznie miattam, mert egy ilyen felújítandó voltam.

Ha felújítandóként kezeled a pasid, akkor egy ponton fel fog lázadni ez ellen, mert nincs olyan férfi, aki folyamatosan azt akarja hallgatni mások előtt, hogy ő 'kevesebb volt, mint', amikor kezelésbe vetted. Túl sok nő csinálja ezt. Ezek azok a nők, akik valójában nem szeretik a férfiakat.

Szeretnéd, ha újítana a ruhatárán? Persze. Sikered lesz ebben? Valószínűleg nem. Legyél hajlandó azzal a személlyel lenni, akivel vagy, ne próbáld meg olyanná alakítani, akinek szerinted lennie kellene. Ha nem vagy boldog vele, ha nem öltözik elég jól neked, akkor pattintsd le és keress egy másikat, ahelyett, hogy megpróbálnád feljavítani.

A pasiknak nincs olyan illúziójuk, hogy fel tudnak javítani egy nőt. Tudják, hogy ez egy halott ügy. Mindegy mennyire jó az ízlésük, soha nem lesz olyan barátnőjük, aki azt választja, hogy fellép az ő szintjükre. Fel kell fognod a különbséget abban, ahogy a férfiak és a nők működnek.

Milyen hülyeséget használsz, hogy megteremtsd a kapcsolat valószínűség struktúráit, hogy ezzel elkerüld az elvesztést, a lehetőség rendszerek helyett, ami megengedné neked, hogy válassz? Mindent, ami ez, isten tudja hányszorosan, elpusztítanád és nemteremtetté tennéd? Helyes Helytelen, Jó Rossz, POD POC, Mind a 9, Rövidek, Fiúk, és Túlontúl.

## A SIKER LEHETŐSÉGE

*Szalon Résztvevő:*
Beszélnél, kérlek, a siker elemeiről?

*Gary:*
Ez egy másik olyan hely, ahol megpróbálsz belemenni a valószínűség struktúrákba. Alapvetően, van egy elképzelésed a siker valószínűségéről, a siker lehetősége helyett. Amikor a siker lehetőségéből jössz, akkor mindig kérdésben maradsz.

Ha folyamatosan a kérdés állapotában vagy a kapcsolatoddal, akkor megváltoztathatod azt, ahogy működnek a dolgok. Azt fogod kérdezni: Mi mást tehetek, vagy mi más lehetek ma, ami lehetővé teszi, hogy ez azonnal megváltozzon?

Amikor elkezdesz a kérdésnek ebből a helyéből működni a következtetés helyett, akkor eljutsz arra a pontra, ahol a lehetőség kreatív határmezsgyéjén vagy és képes vagy megteremteni valamit, ami eddig nem létezett.

A kapcsolat referencia pontjaként megvan neked minden, amit láttál, hogy mások csinálnak. Ez működik? Nem. De ez az egyetlen referencia pontod. Hajlandónak kell lenned egy olyan kapcsolatot teremteni, ami nem illik bele ebbe a valóságba. Ezt a tisztítást érdemes végtelenített lejátszásra állítanod:

Ezen a valóságon túli kapcsolat milyen fizikai aktualizálását vagy most képes generálni, teremteni és intézményesíteni? Mindent, ami ez, isten tudja hányszorosan, elpusztítanád és nemteremtetté tennéd? Helyes Helytelen, Jó Rossz,

POD POC, Mind a 9, Rövidek, Fiúk, és Túlontúl.

Futtassátok ezt legalább tíz napon át, és nézzétek meg, hogy mi kezd el megjelenni. El kell jutnod egy olyan helyre, ahol elkezded felismerni, hogy vannak más lehetőségek.

Milyen hülyeséget használsz, hogy megteremtsd a kapcsolat valószínűség struktúráit, hogy ezzel elkerüld az elvesztést, a lehetőség rendszerek helyett, ami megengedné neked, hogy válassz? Mindent, ami ez, isten tudja hányszorosan, elpusztítanád és nemteremtetté tennéd? Helyes Helytelen, Jó Rossz, POD POC, Mind a 9, Rövidek, Fiúk, és Túlontúl.

## TÍZ MÁSODPERCES LÉPÉSEKBEN ÉLNI

Minden kapcsolatban tíz másodperced van élni. Ha tíz másodperces lépésekben éled az életed, akkor nem mész bele a következtetésbe vagy ítélkezésbe, mert minden tíz másodpercben valami újat teremtesz. Abban a tíz másodpercen kell élned ahelyett, hogy megpróbálsz következtetésre jutni, ami azokon a valószínűség struktúrákon alapul, hogy kiegyenlíthetsz dolgokat, és hogy ha ez egy jó kapcsolat, akkor végül jobb lesz, mint rosszabb. Ez nem elsősorban a kapcsolatod struktúrájával foglalkozik, mert nem a lehetőségek teremtéséről szól. Egy struktúra teremtéséről szól, amiben az a következtetésed, hogy hosszú távon működni fog, vagy végül ez lesz a legjobb. Ezek azok a dolgok, amikről következtetésre jutunk, amiből egyik sem ad nekünk igaz választást.

*Szalon Résztvevő:*
Hogyan tisztíthatom ki a férfiak és nők körül alkotott aggodalmam? Tizenéves koromban kezdődött ez az egész, amikor a szüleim eldöntötték, hogy milyen lesz a karrierem. Ez mind az én beleegyezésem nélkül történt. Ez a hívás megrengette az alapjait annak, aki valójában vagyok. Most úgy gondolom, hogy egyik választásom sem igazán az enyém.

*Gary:*
Fel kell fognod, hogy mindent, amiről valaha eldöntötted, hogy igaz vagy valós, az hazugság vagy beültetés. Szóval, ha minden hazugság vagy beültetés, akkor hol kezdd el? Azzal kezded, hogy:
+ Mit szeretnék ma?
+ Ebben a tíz másodpercben mit választanék?

Erről a helyről kell elkezdened működni, hogy megtanulj bízni magadban. Azért nem bízol a férfiakban és azért nem bízol a nőkben, mert nem bízol magadban. Ha bíznál magadban, akkor tudnád, hogy ők nem megbízhatóak vagy megbízhatóak, és neked van más lehetőséged.

## BEFOGADÁSA ANNAK, AMIRE VÁGYSZ EGY KAPCSOLATBAN

*Szalon Résztvevő:*
Beszéltél arról, hogy hogyan gyűlöli a nők kilencven százaléka a férfiakat és a férfiak kilencven százaléka a nőket, mégis mindannyian szeretnének birtokolni egyet. Érzékeled annak a lehetőségét, hogy ez megváltozhat ezekkel a hívásokkal?

*Gary:*

Igen. Ezért csinálom ezeket a hívásokat. Szeretném azt látni, hogy eltűnik a harag, düh, téboly és gyűlölet, amiből a legtöbben működnek, megtanulhasd, hogy legyen referencia pontod arra, hogy az legyél, amire vágysz egy kapcsolatban és befogadd azt, amire vágysz egy kapcsolatban.

*Szalon Résztvevő:*

Ezt tanuljuk? Vagy ez alapvető a lényeknek és a választottjaiknak?

*Gary:*

Mindent tanulunk a kapcsolatokról. És mindent rosszul tanulunk. Ostoba emberek oktattak ostoba kapcsolatokról, szóval annyira ostoba kapcsolatod lesz, mint nekik, ami megerősíti azt az elképzelést, hogy az ő kapcsolatuk nem ostoba. Az emberek rossz kapcsolatokra tanítanak és hangolnak, olyanra, mint az övék, mert ha olyan rossz kapcsolatod lesz, mint az övék, akkor ez azt bizonyítja, hogy az övék annyira jó, amennyire csak lehet. Az a valószínűség, hogy ha a te kapcsolatod is rossz, akkor az övék nem annyira rossz, mint amilyenre számítottak.

*Szalon Résztvevő:*

Nem vagyok kapcsolatban. Úgy tűnik, az több bajjal jár, mint hogy nekem ez megérné, mert nagyon boldog vagyok egyedül. Nem zárom ki a kapcsolatot, de nem is foglalom bele az életembe.

*Gary:*

Azt a pillanatot írtad most le, amikor valójában hajlandó

vagy egy számodra működő kapcsolatot befogadni. Teljesen boldoggá tesz az, hogy nem vagy kapcsolatban. Ha ebbe besétálna a számodra működő kapcsolat, tudnál róla? Ezt a kérdést érdemes feltenned. Amikor független vagy, amikor van elég pénzed és jól mennek a dolgok, akkor kikerülsz a szűkölködő univerzumból és bekerülsz a „Mi egyéb lehetséges?" helyére. A kérdezés univerzumában vagy, ami egy olyan kapcsolatot teremthet, ami működhet neked, ami mókás lehet neked, ami kiterjesztheti a terved, a valóságod és a lehetőségeidet. Nem buja vágyból jutsz el ide. Véletlenül fogsz belesodródni. Találsz valakit, aki élvezi a társaságod, és értékeli azt, aki vagy. Sajnos, ha olyan vagy, mint a legtöbb nő, akkor azt fogod mondani, hogy „Ő csak egy barát". Nem, ő egy lehetőség, nem egy barát.

A legtöbb nő amint talál egy olyan pasit, aki szeret beszélgetni velük és együtt lógni, azt mondja: „Ő egy nyavalyás vesztes, ha velem akar lógni." Micsoda? Te szeretsz magaddal lógni? Ez lenne a kérdés. Ha szeretsz magaddal időt tölteni, akkor megvan a hely, ahol mást választhatsz.

## KORLÁTOZÓ VÁLASZTÁSOK

*Szalon Résztvevő:*
Összezavarnak a korlátozó választásaim, amik elvesznek a potenciálomból.

*Gary:*
Még egyszer, ezek valószínűség struktúrák. Elveszel abból, ami valóban potens benned és a választásaidban, és korlátozó választásokat teremtesz, amivel működhetsz a való-

színűség struktúrákon belül, hogy ezzel biztosítsd, hogy nem veszítesz.

Milyen hülyeséget használsz, hogy megteremtsd a kapcsolat valószínűség struktúráit, hogy ezzel elkerüld az elvesztést, a lehetőség rendszerek helyett, ami megengedné neked, hogy válassz? Mindent, ami ez, isten tudja hányszorosan, elpusztítanád és nemteremtetté tennéd? Helyes Helytelen, Jó Rossz, POD POC, Mind a 9, Rövidek, Fiúk, és Túlontúl.

*Szalon Résztvevő:*
Egy parkban voltam néhány napja, és egy srác nézett. Érzékeltem, hogy megpróbál majd megközelíteni, és a testem és lényem azt érezte, hogy ez egy hátborzongató alak. Elkezdtem POC-PODolni, hogy megszólítson, és nem tette. Milyen pragmatikus eszközöket használhatunk, hogy lerázzunk egy túl kitartó pasit?

*Gary:*
A POC-PODolás tökéletes volt. Éber voltál és pontosan tudtad, hogy mire van szükség.

Beszélgettem egy hölggyel, aki férjhez akart menni. Azt kérdeztem tőle, hogy „Milyen férfit keresel?"

Azt mondta, hogy „Csak görényekkel találkozom a bárokban."

Azt kérdeztem, hogy „Miért jársz bárokba, ha meg akarsz házasodni?"

„Hogy találjak egy férfit, ha nem megyek bárokba?"

Azt feleltem, hogy „Menj el egy délutáni teára a legelőkelőbb hotelbe, ami a környékeden van és ülj egy könyvvel.

Vegyél fel egy szép ruhát, egy olyat, ami megmutat egy kis dekoltázst, és egy csodás magas sarkút. Tedd keresztbe a lábaidat, és ahogy ott ülsz, mozgasd a lábfejed fel-le egy kicsit. Ez majd felkelti a pasi érdeklődését. Amikor odamegy és megkérdezi, hogy mit olvasol, mondd azt, hogy „Oh, csak ezt az érdekes könyvet olvasom." Vigyél magaddal egy könyvet valamiről, ami érdekel, de ne egy romantikus regény legyen. Ha romantikus regény van nálad, akkor le fogod lombozni a pasit, mert azt gondolja, hogy kapcsolatot keresel.

Ne a Szürke Ötven Árnyalatát olvasd, és ne gondold, hogy ezzel bepasizhatsz. Az Üzlet Öröme talán hozhat neked egy igazán gazdag pasit. Azt fogja mondani, hogy „Az üzletről olvasol?" És te erre „Igen, imádom az üzletet. Nagyon szexinek találom az üzletembereket." Ne félj használni a szexi szót, ha érdekel a pasi.

Ha nem érdekel, akkor legyél udvarias, beszélgess vele, és amikor megkérdezi, hogy „Szeretnél valamikor meginni velem egy italt?" mondd azt, hogy „Oh nagyon köszönöm kedves, de én nem randizom. Egyenesen a házasságba megyek és $500.000-os kezességi okiratot kérek előre." Mielőtt még észrevennéd, az autója az úttesten fog csikorogni. Azt mondta nekem egy hölgy, hogy „Meg kell tanulnod az újraélesztést, ha azt mondod az embereknek, hogy ezt tegyék." Ő ezt mondta egy pasinak, aki majdnem elájult. Szóval, lehet, hogy a férfinak szívrohama lesz. De ha elég öreg ahhoz, hogy szívrohamot kapjon, akkor elég öreg ahhoz is, hogy haza vigyen és…. ne is törődj vele. Csináld ezt.

# NINCS MIVEL HARCOLNI

*Szalon Résztvevő:*
Sokkal több béke és könnyedség van az életemben mióta éberebb lettem a harcra a férfiakkal és azt választom, hogy ezt elengedem. Lent vannak a falaim. Sokkal kedvesebb vagyok. De még mindig egy kicsit össze vagyok zavarodva. Segítenél nekem, kérlek? Említettem neked korábban, hogy volt néhány férfi a munkahelyemen, akik kötözködtek. Úgy éreztem, hogy Amazon üzemmódban vagyok és fegyverekkel van tele a testem. Porrá zúztam őket.
Azt hiszem olyasmit mondtál, hogy „Miért tennéd roszszá magad emiatt? Abban a pillanatban pontosan ezt kellett teremtened. Miért állítottad meg magad? Hát nem szexi ez?" Mondanál még erről valamit annak tükrében, amiről beszélgetünk? Kedvesebb önmagunkkal szemben, ha nem vagyunk harcosok?

*Gary:*
Ez egy feltételezés – hogy kedvesebb, ha nem vagy harcos. Néha harcosnak lenni pontosan az, amire szükség van a pillanatban. Hajlandónak kell lenned bármi és minden lenni, bármit és mindent tenni, birtokolni, teremteni és generálni, amire csak szükség van a teljes választás érdekében.
Milyen hülyeséget használsz, hogy megteremtsd a soha nem létezését, csinálását, birtoklását, teremtését és intézményesítését bárminek és mindennek, amire csak szükség van, amit választasz? Mindent, ami ez, isten tudja hányszorosan, elpusztítanád és nemteremtetté tennéd? Helyes

Helytelen, Jó Rossz, POD POC, Mind a 9, Rövidek, Fiúk, és Túlontúl.

*Szalon Résztvevő:*
Azt is említetted, hogy amikor nem harcolok, akkor is olyan, mintha harcolnék, mert felsőbbrendűséget feltételezek.

*Gary:*
Nem hiszem, hogy ezt mondtam. Szerintem egy kérdést tettem fel neked: Felsőbbrendűnek érzed magad, amikor ezt csinálod? Ezzel teszed magad elég felsőbbrendűvé, hogy ne legyél 'kevesebb, mint'? Ha megpróbálod bebizonyítani, hogy nem vagy 'kevesebb, mint', akkor inkább a felsőbbrendűségbe mész bele a választás helyett. A választás azt jelenti, hogy kiránthatod a kardod és lefejezheted őket, ha akarod, vagy nem, ahogy csak óhajtod, és olyan kedvesen, amilyen kedvesen ezt választod tenni. Néha egy gyors metszés a torkon egy nagyon jó és kedves dolog. Néhányan megérdemlik ezt.

*Szalon Résztvevő:*
Amikor az érdekes nézőpontot csinálom, akkor nincs mivel harcolni.

*Gary:*
Ez a lényeg. Nincs mivel harcolni. Szóval, ha nem harcolsz, milyen más választásaid vannak?

*Szalon Résztvevő:*
Azt is mondtad, hogy nem vagyok hajlandó ölni, hogy szexi vagyok, amikor gonosz vagyok, és hogy továbbra is belemegyek abba, hogy szánalmas vagyok, és gyűlölöd, ami-

kor szánalmas vagyok.

*Gary:*

Amikor a felsőbbrendű személy vagy, amikor az vagy, aki nem hagyja ezt tovább, és amikor a „Ne szórakozz velem" vagy, akkor ez szexibb, mint a „Brü-hü-hűű, szegény én. Engem senki nem szeret; mindenki utál. Jobban teszem, ha kukacokat zabálok." Ez nem igazán indít be senkit. Amikor szánalmas vagy; az az egyike annak, amikor nem vagy önmagad.

## A TELJES VÁLASZTÁSBÓL MŰKÖDÉS

*Szalon Résztvevő:*
Hogy néz ki a kedves vagy a gonosz?

*Gary:*

A pillanattól függően vagy kedves vagy gonosz, a szükségtől függően, a vágytól, a körülötted lévők követelményeitől függően. Olyan vagy, amilyennek választod, mert teljes választásból működsz.

Milyen hülyeséget használsz, hogy megteremtsd a soha nem létezését, csinálását, birtoklását, teremtését, generálását és intézményesítését bárminek és mindennek kívánság szerint, amit választasz? Mindent, ami ez, isten tudja hányszorosan, elpusztítanád és nemteremtetté tennéd? Helyes Helytelen, Jó Rossz, POD POC, Mind a 9, Rövidek, Fiúk, és Túlontúl.

*Szalon Résztvevő:*

Ez az, amikor megtaláljuk a kedvesség legapróbb szikráját egy férfiban és előhozzuk?

*Gary:*

Nem igazán. Kezdj el ránézni a gonoszra és a jóra is az emberekben, és ismerd fel, hogy akkor kapsz meg bármit, amit megkapsz, amikor megkapod, és ne csak a jót és a kedvességet próbáld meg kihozni. Hajlandónak kell lenned befogadni azt a személyt, akivel vagy. Ha ezt nem teszed, akkor ne is törődj vele.

## A KAPCSOLATOD TÖBB KOMFORTOT TEREMT?

*Szalon Résztvevő:*

Azt kérdeztem, hogy „Igazság, szeretnék kapcsolatot az életemben?" Igent kaptam erre. Majd azt kérdeztem, hogy „Igazság, egy kapcsolat kiterjesztené a terveimet?" Erre nemet kaptam.

*Gary:*

A kapcsolatok nem feltétlenül a tervek kiterjesztéséről szólnak. Ebben a valóságban mindenki azt mondja neked, hogy egy kapcsolat ki fogja terjeszteni a terveidet. Sajnos a legtöbben egy nagyon összehúzódott térből csinálják a kapcsolatot és ez valójában elszigeteli őket és korlátoz mindent, amit választanak.

*Szalon Résztvevő:*
Beszéltél arról, hogy hogyan lehet egy kapcsolat nagyszerű, ha több komfortot teremt. Beszélnél arról, hogy ez hogy néz ki?

*Gary:*
A legtöbben azzal az elképzeléssel lépnek be egy kapcsolatba, hogy kapnak belőle valamit. Azt gondolják, hogy olyasmit nyújt majd, amire vágynak, vagy tesz valamit az életükért. Vagy szerelmesek lesznek örökké, vagy boldogan élnek, míg meg nem halnak.

Ha belemész egy kapcsolatba azért, mert az kényelmes, egy teljesen más univerzum nyílhat meg.

Évekkel ezelőtt, amikor lakótársaim voltak, akkor az emberek interjúra jöttek, hogy lakótársak legyenek. Elmondtam nekik, mennyit kell fizetni és azt mondtam, hogy „Mesélj magadról."

Azt mondták, hogy „Nagyon tiszta és rendes vagyok, örömmel megosztom az ételt másokkal, és vigyázok a dolgokra."

Rájöttem, hogy azok, akik ilyeneket mondtak, nem voltak tiszták és rendesek, nem vigyáztak a dolgokra, megették az összes kajámat és begurultak, ha én ettem meg az övékét.

Az történt, hogy amikor eljöttek a házamba az interjúra, akkor körülnéztek, hogy lássák, milyennek kell lenniük. Látták, hogy a házam tiszta és rendezett, így azt mondták, hogy „Nagyon tiszta és rendes vagyok." Ez történik a kapcsolatokban. Az emberek körül néznek, hogy milyennek kell lenniük ahhoz, hogy neked rendben legyen az, hogy ők az életed része legyenek.

Ha tényleg meg akarod tudni, hogy mit kaphatsz egy kapcsolatban, akkor azt kell tenned, hogy elmész az illető házába és megnézed, hogy hogyan él. Ha besétálsz és együtt tudsz élni mindennel, amijük van és ez kellemes neked, akkor jó eséllyel teremthetsz kapcsolatot.

Ha gyűlölöd azt, ahogy dekorál, ahogy ellátja a házát, ahogy az ételt tárolja, ahogy a szekrénye kinéz, ha bármelyiket is gyűlölöd, akkor nem fogod kényelmesen érezni magad a kapcsolatban.

A legtöbben semmilyen kutatást nem végzünk azzal kapcsolatban, hogy kitaláljuk, mi az, ami működni fog nekünk. Volt már olyan, hogy együtt éltél valakivel és észrevetted, hogy azok a dolgok, amik elkezdtek zavarni, azok pont azok, amiket mindig is csinált, és amiről azt gondoltad, hogy rendben leszel velük, mert annyira szereted? Észrevetted ezt valaha? Ezek azok a dolgok, amikről nem hitted, hogy ennyire rosszak, mikor összejöttetek, de ugyanakkor, ezekkel nem tudtál nyugodtan együtt élni. Ezért kell elkezdened kérdezni: Ha kapcsolatban vagyok, kivel lenne kellemes együtt élnem?

*Szalon Résztvevő:*
Hogy jön ide a megengedés?

*Gary:*
Amikor valakivel együtt élsz, jobban vágysz a komfortra, mint a megengedésre. Ha megvan a komfort, akkor mindig meglesz a megengedés is. Ha kényelmetlenül érzed magad, akkor soha nem lesz megengedésed.

Nem használhatod a megengedést arra, hogy túltedd

magad azon, amit nem szeretsz. Ez nem megengedés. A megengedés „érdekes nézőpont". Ha eljutsz oda, hogy az, ahogyan valaki él olyasmi, amivel együtt tudsz élni, akkor ez soha nem lesz probléma.

Dain és én megosztunk egy házat. Nem „együtt élünk", mert nem vagyunk egy pár, habár sokan azt gondolják, hogy igen. A karácsonyi bulinkon azt kérdezte az egyik szomszéd, hogy „Srácok, ti házasok vagytok?"

Azt mondtam, hogy „Nem, mi csak két hetero pasi vagyunk, akik osztoznak egy házon és egy üzleten és a legtöbb dolgot együtt csinálják."

Dainnek megvan a saját szobája és úgy dekorálja, ahogy választja. Úgy tűnik én dekorálom a ház többi részét. Semmi másért, mert ez így egyszerűbb neki. Ő kényelmesen érzi magát azokkal a dolgokkal, amiket én választok a házba. Időnként azt mondja, hogy „Az a dolog ott elég ronda", és én azt mondom „oké", és megszabadulok tőle. Miért? Mert Dainnel komfortos együtt élni. Nyolc millió gépe van, amik mindenféle dolgokat csinálnak. Van egy margarita masinánk, egy eszpresszó gépünk és egy Vitamix mixer. Mindössze annyit kell tennem, hogy kitalálom melyik szekrénybe tudom betenni őket.

Komfortos vele élni, mert szereti, ha a dolgok tiszták és rendezettek, legalábbis kívülről. Ha lomos a fiók vagy a szekrény belseje, az rendben van neki. Ez rendben van így nekem is. Mindaddig, amíg a vizuális effektus jó, nem zavar, hogy mi van a szekrényben, mert nem gondolok rá.

Amikor először találkoztam Dainnel, saját lakása volt. Bementem a házába és kényelmesen éreztem magam. Mi az, ha kényelmesen érzed magad valamivel kapcsolatban? Ez az energia, amit az emberek megteremtenek az életükben, ami átjárja a bútoraikat és dolgaikat is. Arra használják a körülöttük lévő dolgokat, hogy a béke érzetét teremtsék meg az életükben. Ha komfortosan vagy azzal a személlyel, akivel vagy, akkor valószínűleg csodás kapcsolatotok lesz.

## MIKOR KERÜL BE A MEGENGEDÉS A KÉPBE?

A kedvességet és a törődést akarod látni egy emberben. Azt akarod tudni, hogy mi érdekli őket és mi nem érdekli őket. A megengedés akkor kerül bele a képbe, amikor látod, hogy olyan dolgokat szeretnek, amiket te nem. Például, Dain íjászkodni kezdett és céllövöldének rendeztük be a garázsunkat. Bábukat tettünk ki az udvarra, hogy ezekre lőjön. Nagyon mókás volt ez nekem, mert Dain pokolian jól szórakozott. Engem nem érdekelt az íjászat, de örültem, hogy ő jól érzi magát. Itt jön be a másságra vonatkozó megengedés. Felismered, hogy amiket a másik szeret csinálni, az nem feltétlenül az, amit te szeretsz, és örülsz, hogy azt csinálja. A nagylelkű kedvességeddel boldoggá tesz, hogy van valamijük, amit annyira értékelnek és annyira érdekli őket.

*Szalon Résztvevő:*
Ma ráébredtem, hogy az igazi kedvesség a teljes megengedés.

*Gary:*
Igen. Az igazi kedvesség a teljes megengedés. De még ennél is több. Az igazi kedvesség az a hajlandóság is arra, hogy

több legyél, hogy többet kapj. Ez annak a felismerése, hogy kedvesnek kell lenned magaddal – nem másokkal. Ha reggel felkelsz, belenézel a tükörbe és megítéled magad vagy a tested, akkor kedves vagy? Nem, de a legtöbben ezt teszik. Olyanokat mondanak, hogy „Annyira öreg vagyok. Olyan tespedt vagyok, annyira nyúzott." Mi köze ennek a teremtéshez? Azt kell kérdezned, hogy „Ah, mi kellene ahhoz, hogy ez megváltozzon?"

Rájöttem, hogy vannak olyan időszakok, amikor negyven évesnek nézek ki és tíz perc múlva már hetvennek. Hogy a pokolba történik ez? Ez azt jelenti, hogy van közünk a testünk kinézetének teremtéséhez? Igen, van!

## A HUMANOID NŐ MEG AKARJA HÓDÍTANI A VILÁGOT

*Szalon Résztvevő:*
Beszélnél a női humanoid testről és hogyan élvezzük igazán és használjuk az előnyünkre?

*Gary:*
Először is, humanoid nőként, meg akarod hódítani a világot. Szóval a tested oly módon tervezték, hogy bárkit meg tudsz hódítani – ha hajlandó vagy megengedni magadnak, hogy nőies humanoid tested legyen. Tedd fel a kérdést: Kit hódíthatok meg ezzel a testtel? Majd nézz körül és vedd észre, hogy ki hajlandó feladni magát érted. Mindig vannak olyan férfiak, akik feladják magukat érted, ha hajlandó vagy meghódítani őket.

*Szalon Résztvevő:*
>Mit értesz az alatt, hogy meghódít?

*Gary:*
>Hódítónak lenni annyit tesz, hogy kontrollálni kontrollálás nélkül, más lehetőségre invitálni követelés nélkül, és hogy a meghódított korlátain túl teremteni. Ezért érdemes tudnod, hogy kit hódíthatsz meg ma. A „Kit hódíthatok meg ezzel a testtel?" kérdés elkezdi megmutatni neked azt a típusú embert, aki hajlandó lenne az életed része lenni. Ez nem feltétlenül azt jelenti, hogy ez az a személy, akit akarsz. Ez azt jelentheti, hogy ez az a típusú személy, akivel leginkább sikeres lehetsz.
>
>Meghódítani azt jelenti, hogy tiéd a domináns tér-űr, de nem kell dominálnod a másik választásait. A hódító megjelenik, és lehetővé teszi, hogy az legyél, ami vagy, de megváltoztatja az alappilléreit annak, ahogy minden működik.
>
>A humanoid nők meg akarják hódítani a világot. Uralni akarják a világot. Ez az, amit ti, humanoid nők, akartok csinálni. A humanoid nők nem gyengék, nem szánalmas törmelékkupacok, akik vissza akarnak vonulni és semmit nem csinálni. Ha hajlandó vagy hódítani, akkor valami nagyszerűbbet teremthetsz.
>
>Más részről, az ember nők kontrollálni akarják a kakasülőt, de nem akarnak hódítani. Ki akarják herélni a pasikat.
>
>Volt már olyan férfi vagy nő az életedben, akit teljesen uraltál? Ez tetszett neked? Nem, mert beletörődőek voltak. Belenyugodtak vagy feladták. Ez nem hódítás.
>
>Kérlek, ismerd fel, hogy parancsoló képességed van – de az igazi vezető nem parancsol. Akik parancsolnak, azok kö-

vetelnek. Arra van szükségük, hogy mások behódoljanak nekik. Behódolni annyit tesz, hogy feladni, megadni magát, felvonni a fehér zászlót. Te, mint humanoid nő, mindig kiakadsz, amikor az emberek behódolnak, mert nem szereted azokat, akik beadják a derekukat neked. Azokat sem szereted, akik harcolnak veled, de nem akarsz olyanokat, akik feladják, mert ha túl könnyen feladják, akkor értéktelenek. A hajlandóságuk, hogy ne adják be a derekukat, ez teszi őket értékessé.

*Szalon Résztvevő:*
Ha az ember nők ki akarják herélni a férfiakat, akkor mit tesznek az ember férfiak a nőkkel?

*Gary:*
Az ember férfiak úgy bánnak a nőkkel, hogy semmibe veszik és érvénytelenítik őket. Poláris ellentétekként teremtik meg a nőket; ezzel hozzák létre a vonzalmat az ellenkező nem iránt. Az emberi valóság a másik nem megítéléséről szól. Azt mondják az ember férfiak, hogy „Nők – nem tudsz velük élni és nem tudsz nélkülük élni."

*Szalon Résztvevő:*
Az egyik legnagyobb kihívás számomra az, hogy kognitívan szavakba tudjam önteni a tudásom anélkül, hogy felsőbbrendűnek tűnnék. Mi kellene ahhoz, hogy megerősítsem ezt a képességet?

*Gary:*
Csend. Hajlandónak kell lenned nem elmondani az embereknek vagy kognitívan szavakba önteni azt, amire éber

vagy. Az éberséged magadnak kell megtartanod és nem bárki másnak. Csak nekem, csak buliból, és soha nem mondom el senkinek.

## HOGYAN KÖZELEDJÜNK EGY FÉRFIHOZ

*Szalon Résztvevő:*
Ha valamit meg akarsz beszélni egy férfival, akkor hogyan közelíted ezt meg?

*Gary:*
Ha valamit meg akarsz beszélni egy férfival, mondd azt, hogy „Kedvesem, gondolkodtam…."

Soha ne úgy közelíts egy férfihoz, hogy „Beszélnünk kell", vagy „Szeretnék beszélni veled", mert ez halálra rémít minden férfit. A „Kedvesem, beszélnünk kellene" azt jelenti, hogy „Nemsokára le fogják nyisszantani a golyóidat. Hibáztál és fizetni fogsz érte."

Ha azzal kezded, hogy „Gondolkodtam. Neked mi a véleményed?", akkor ezzel létrehozhatsz egy beszélgetést, és ezt kell tenned. Meg kell teremtened a beszélgetést.

Ne adj a férfinak korai figyelmeztető lövést, ami az, hogy „Beszélnünk kell." A férfiaknak más jelzéseik vannak, mint a nőknek. Egy férfinak ez a jel azt jelenti, hogy a harc nemsokára kezdődik, tehát ideje elővenni a fehér zászlót. Meg kell adnod magad, mert te vagy a férfi és hibáztál. Ez így működik a férfiak világában. Ezt tudnod kell, ha olyasmit akarsz teremteni, ami működik neked egy olyan férfival, akivel igazán együtt kívánsz lenni.

Dain az én férfim. Mindketten azt csináljuk, hogy „Gondolkodtam....." így a másik nem hiszi azt, hogy meg kell ragadnia a fehér zászlóját. Ne menj neki a pasidnak egy ilyennel, hogy „Beszélnünk kell". Ehelyett menj a hátsó ajtóhoz. Lopakodj be azzal, hogy „Kedvesem, gondolkodtam ezen. Te mit gondolsz? Hogy érzel ezzel kapcsolatban?"

Egy másik jó trükk az az, hogy „Gondolkodtam ezen, de úgy érzem valamit nem értek. Látsz valami olyasmit, amire én nem néztem rá itt?" Ezzel bevonod a férfit, hogy ránézzen valamire, ahelyett, hogy szembesítenéd vele. A legtöbben megpróbálnak konfrontálódni a kapcsolatokban, azt gondolván, hogy ezzel tudnak rávenni valakit arra, hogy őszinte legyen. A konfrontációból soha nem kapsz őszinteséget. Vitát kapsz. A társalgást azzal tudod elérni, hogy „Én azt gondolom... Te mit gondolsz?" Ha konfrontációt teremtesz, szegény fiúnak harcolnia kell veled, és ennek nincs két iránya.

## AZ ÉLETED ÁLMAI, RÉMÁLMAI, KÖVETELMÉNYEI, VÁGYAI ÉS SZÜKSÉGLETEI

*Szalon Résztvevő:*

Gyors-menetes szexuális életem van a velem lakó barátommal. Azt mondja, hogy túl követelőző vagyok és túl sok időre és simogatásra van szükségem a külső orgazmushoz. Most már majdhogynem kerülöm a szexet. Mit tehetek, hogy ez megváltozzon és újra orgazmikus szexben legyen részem?

*Gary:*

Szabadulj meg tőle. Egy idióta. Keress egy új barátot.

Olyan férfit akarsz, aki tápláló an törődni kíván a testeddel és a lelkeddel.

*Szalon Résztvevő:*
Mit tehetek, hogy csak a behatolástól orgazmusom legyen?

*Gary:*
Erre nem sok esély van. A nők testét nem arra tervezték, hogy a behatolástól orgazmusuk legyen. A legtöbb orgazmus a csiklóból ered, nem pedig a vagina belsejéből, ami nem olyan szörnyen érzékeny. Van néhány pont a vaginában, ami érzékeny, de nem az egész. Így van tervezve a tested, hogy kibírd a szülést és ki tudj préselni egy bowling golyót a vaginádból.

Találj egy olyan férfit, aki tudja, hogyan kezeljen jól egy nőt. Nincs sok olyan férfi, aki tanulmányozza a női testet. Tegyél fel neki kérdéseket, mielőtt ágyba bújtok. Kérdezd meg, hogy „Mi a kedvenc részed a szexben?" Ha nem azt mondja, hogy „Végigmenni a testeden és kényeztetni", akkor van rá esély, hogy soha nem lesz csodás szerető, mert alapvetően úgy csinálja a szexet, hogy „Beillesztem és boldog lesz." És ez általában egy nőt sem tesz boldoggá.

*Szalon Résztvevő:*
Tizennégy órát dolgozik egy nap. Én tizenkét órát dolgozom, gyerekeim vannak és egy házam, amiről gondoskodnom kell. Azt akarja, hogy hagyjam abba, amit csinálok, és menjek vele lefeküdni, amikor ő megy, amit én nem teszek meg. A testem nem élvezi az érintését. Nem tápláló számára.

*Gary:*
A tested nem élvezi az érintését, mert ő ítélkezik. Az az ítélete, hogy nem jól csinálod – ő viszont igen. Amikor ítélkezőkkel vagy egy kapcsolatban, akkor a tested hajlamos visszahúzódni tőlük, és nem kívánja megérinteni őket.

Találj valaki mást az életedben. Ez a férfi nem fog teljesíteni. Ha nem érdekli az, hogy táplálóan gondoskodó legyen a testeddel, és azt akarja, hogy akkor feküdj le, amikor ő, akkor mindössze annyit csinál, hogy egy kontrolláló femme fatale-ként létezik.

Egy szeretőnek, barátnak és egy életed társának milyen fizikai aktualizálását vagy most képes generálni, teremteni és intézményesíteni? Mindent, ami ezt nem engedi, hogy megjelenjen, isten tudja hányszorosan, elpusztítanád és nemteremtetté tennéd? Helyes Helytelen, Jó Rossz, POD POC, Mind a 9, Rövidek, Fiúk, és Túlontúl.

Milyen hülyeséget használsz, hogy megteremtsd az életed álmait, rémálmait, követelményeit, vágyait és szükségleteit, amit választasz? Mindent, ami ez, isten tudja hányszorosan, elpusztítanád és nemteremtetté tennéd? Helyes Helytelen, Jó Rossz, POD POC, Mind a 9, Rövidek, Fiúk, és Túlontúl.

Vannak álmaid arról, hogy milyennek kellene lennie valaminek. Vannak rémálmaid arról, hogy hogyan jelennek meg a dolgok. Vannak követelményeid, és azt gondolod, hogy „Oh, amint ezt teljesítem, minden jó lesz". Vannak dolgok, amikre vágysz másoktól, amit valójában ritkán teljesítenek. És vannak szükségleteid. Ezek mindazok a dolgok, amikről azt gondolod, hogy meg kell tenned őket, amiket nem igazán akarsz megtenni, de úgy véled, hogy meg kell tenned ezeket, mert azt mondták neked.

*Szalon Résztvevő:*
Ez csak annyi, hogy kérdezzük meg, hogy „Minek kell lennem itt?"

*Gary:*
Ez az, ahol a szükségből szükséglet lesz. Ez az, ahol a dolgok nem úgy jelennek meg, ahogy szeretnéd. Ez az, ahol megteremtesz egy álmot, rémálmot, követelményt, vágyat vagy szükségletet. Ezek mindazok a dolgok, amiket csinálunk az életünkben, mintha ez mind megvalósulna.

A lányom, Grace, hazajött látogatóba a kisbabájával és arra gondoltam, hogy „Ez olyan sok munka. Ő semmit nem takarít el. Nem csinál semmit."

Ezután vigyáztam a gyerekre öt órán keresztül. Megláttam, hogy az a tény, hogy ez a lány kikel az ágyból, az egy csoda. Gyereket szülni.... lenyűgöző számomra, hogy ti hölgyeim ezt csináljátok. Nem tudom, hogy csinálja ezt. Nincs senkije, aki gondoskodna róla és ő mindig gondoskodik a gyerekről. Hirtelen minden, amiről azt hittem, hogy kiborít, eltűnt, mert átláttam, hogy mi volt ez. Lehet, hogy érdemes ezt futtatnod: Milyen energia, tér-űr és tudatosság lehetek, ami teljes átlátást és könnyedséget nyújt nekem ezzel, az örökkévalóságon át?

*Szalon Résztvevő:*
Olyan, mintha a másik valósága ki lenne vetve a tiedre. De ha megkérdezed, hogy mire van szükségük, akkor könnyebbé válik?

*Gary:*
 Éber lettem arra, hogy neki mire volt szüksége, amikor az ő feladatát végeztem egy kicsit. Éber lettem arra, hogy mi mozgatja azt a szükségletét, hogy meglegyen neki az az érzet, hogy valaki hajlandó törődni vele. Azóta jobban hajlandó vagyok törődni vele. Valamint arra is hajlandó vagyok, hogy ott vagyok neki oly módokon, amire szüksége van, amiről nem is tudott.

 Ha azt kérdezed, hogy „Milyen energia, tér-űr és tudatosság lehetek, ami teljes átlátást és könnyedséget nyújt nekem ezzel, az örökkévalóságon át?", akkor ez elkezd kigombolyítani néhány olyan helyet, ahol össze vagy zavarodva. Egyenlőtlenség van aközött, amit befogadunk és gondolunk, és aközött, amit érzünk, és ami valójában végbe megy. Vannak furcsa helyeink, ahol megpróbáljuk egyenlő valamivé tenni, ami egyenlőtlen, azért hogy következtetésre juthassunk, ahelyett hogy észrevennénk, hogy az egyenlőtlenség az a másság aközött, hogy önmagunk vagyunk, és hogy nem vagyunk önmagunk.

 Hány egyenlőtlenséged van aközött, hogy mi lennél, és mit gondolsz, mit kívánnak meg tőled, és mi az, amit megkövetelnek tőled, amit nem értesz? Mindent, ami ez, isten tudja hányszorosan, elpusztítanád és nemteremtetté tennéd? Helyes Helytelen, Jó Rossz, POD POC, Mind a 9, Rövidek, Fiúk, és Túlontúl.

 Milyen hülyeséget használsz, hogy megteremtsd az élet álmait, rémálmait, követelményeit, vágyait és szükségleteit, amit választasz? Mindent, ami ez, isten tudja hányszorosan, elpusztítanád és nemteremtetté tennéd? Helyes Helytelen, Jó Rossz, POD POC, Mind a 9, Rövidek, Fiúk, és Túlontúl.

## MI AZ, AMI LEHETSÉGES ITT, AMIT MÉG NEM VETTEM FONTOLÓRA?

*Szalon Résztvevő:*
A működés operatív állapotáról beszélsz?

*Gary:*
Minden akarsz lenni, ami vagy, és úgy működni ennek a valóságnak a struktúráiban, hogy ne legyenek rád hatással a struktúrák. Ennek több köze van a valószínűség struktúrákhoz, mint bármi másnak.

Ha megpróbálsz elkerülni egy veszekedést, akkor a veszekedés valószínűség struktúráira nézel rá azokat próbálod elkerülni, ahelyett, hogy megkérdeznéd: Mi más lehetséges itt, amit még fontolóra sem vettem? Ha tényleg meg akarsz változtatni valamit, akkor tedd fel ezt a kérdést. Ez arról szól, amire még nem néztél rá. Én ezt csináltam Grace-szel.

Amikor vigyáztam a gyerekre, akkor felismertem, hogy Grace a nap 24 órájában gondoskodik róla segítség nélkül. Senki nincs ott neki, és azt kell éreznie, hogy gondoskodnak róla. Azt kell éreznie, hogy törődnek vele; azt kell éreznie, hogy lehet szabadideje, amikor nem kell „bekapcsolva" lennie. Így minden tőlem telhetőt megtettem, hogy vigyázzak a gyerekre. Továbbra is ezt fogom tenni, mert felfogom, hogy ez mennyire szükségszerű a lányomnak.

Milyen hülyeséget használsz, hogy megteremtsd az élet álmait, rémálmait, követelményeit, vágyait és szükségeit, amit választasz? Mindent, ami ez, isten tudja hányszorosan, elpusztítanád és nemteremtetté tenné? Helyes Helytelen, Jó Rossz, POD POC, Mind a 9, Rövidek, Fiúk, és Túlontúl.

*Szalon Résztvevő:*
Ez a tisztítás kitisztítja azt a fantáziát is, hogy egy férfi majd gondoskodni fog rólad?

*Gary:*
Remélem. Valahol van egy olyan hely, ahol a nők úgy gondolják, hogy „Egy napon majd eljön a hercegem". Figyeltem őket, folyton ezt csinálják. Nem hinném, hogy bárki is igazán gondoskodni fog rólunk. Nekünk kell gondoskodnunk bármiről, amiről gondoskodnunk kellhet magunkról.

Két barátom megházasodik. A férfinak mindig az volt a nézőpontja, hogy valaki gondoskodni fog róla. A nőnek az a nézőpontja, hogy valaki majd gondoskodni fog róla. Nem tudom, hogy fog ez a kapcsolat működni, ha mindketten arra vágynak, hogy valaki gondoskodjon róluk. Érdekes lesz figyelni, hogy mi történik majd.

## MI AZ, AMIT VALÓBAN AKARSZ?

*Szalon Résztvevő:*
A felnőtt életemben mindig gondoskodtam magamról. Senkire nem volt szükségem, hogy ezt megtegye nekem. Most egy olyan ponton vagyok, amikor valami ilyesmit szeretnék beinvitálni az életembe. Jó lenne, ha valaki segítene nekem a kertben és elmosogatna, amikor én nem akarok.

*Gary:*
Ezt hívják szobalánynak és kertésznek. Alkalmazhatsz ilyeneket. Mi az, amit valóban akarsz?

*Szalon Résztvevő:*
　Egy partnert.

*Gary:*
　Tényleg egy partnert akarsz? Értem, hogy azt gondolod, hogy azt akarod.

*Szalon Résztvevő:*
　Hogyan jössz rá, hogy mit akarsz?

*Gary:*
　Ilyenkor kell kérdezned:
　✦ Ha együtt lennék valakivel, hogy nézne ki az életem?
　✦ Milyennek szeretném, hogy kinézzen az életem öt év múlva?
　✦ Tíz év múlva?
　✦ Milyennek szeretném, hogy legyen az életem?
　✦ Milyennek szeretném, hogy legyen az életem öt év múlva?
　✦ Tíz év múlva?
　✦ Milyennek szeretném, hogy kinézzen az életem?
　Ez nem az elképzelése annak, hogy milyen lesz. Ez az energiájáról való éberség.
　Nézz szét és keress valakit, akiben megvan az, amit szeretnél a másikban. Láttál már olyan kapcsolatot, amilyet szeretnél? Nem. Akkor meg kell teremtened magadnak. Kezdd ezzel: Milyennek szeretném az életem egy partnerrel?
　Elég pénzt keresel. Megengedhetnéd magadnak, hogy bérelj egy partnert. Hajlandó vagy fizetni egy játék fiúért? Már eleve arra a következtetésre jutottál, hogy ez nem lenne

mókás, ahelyett, hogy megkérdeznéd: Mi az, amit itt teremteni és generálni szeretnék?

Valószínűleg ez a legőrültebb témakör a Föld bolygón. Ezért csináljuk a hívásokat.

Milyen hülyeséget használsz, hogy megteremtsd az éberség teljes nem éberségét arról, hogy mit választhatnál, amit választani szeretnél, amit ha választanál, egy olyan kapcsolatot teremtene, ami a te választásod lenne? Mindent, ami ez, isten tudja hányszorosan, elpusztítanád és nemteremtetté tennéd? Helyes Helytelen, Jó Rossz, POD POC, Mind a 9, Rövidek, Fiúk, és Túlontúl.

Ránéztem azokra a kapcsolatokra, amilyeneket azt hittem, hogy én is szeretnék. Láttam olyanokat, akiknek nagyszerű, számukra működő kapcsolatuk van, de ezek a kapcsolatok nem olyanok, amilyet én szeretnék. Nem abból a nézőpontból keresünk, hogy: Mi lenne nekem egy nagyszerű kapcsolat?

Végül rájöttem, hogy olyasvalaki kellene az életembe, aki hajlandó hagyni, hogy utazgassak világszerte, és nincs nézőpontja arról, hogy visszajövök vagy nem. Hányan lennének ezt hajlandóak megtenni? Valószínűleg senki. Olyasvalakinek kellene lennie, aki megengedi nekem a teljes szabadságot, hogy bármi legyek és bármit tegyek, amit csak akarok. Sajnos, az egyetlen ember, aki ennek megfelel, az Dain, de szexuálisan mégsem felel meg, mert azt nem tenné meg.

*Szalon Résztvevő:*
Amikor így nézel a dologra, akkor hogyan tudod elkerülni, hogy belemenj abba a következtetésbe, hogy soha nem fogsz találni egy kapcsolatot?

*Gary:*

Miért érdekelne ez? Ha belemész abba a következtetésbe, hogy soha nem lesz kapcsolatod, akkor pontosan ez fog történni. Soha nem lesz kapcsolatod. Számít ez?

Folyamatosan azon vagyunk, hogy számítsanak olyan dolgok, amik lehet, hogy nem is számítanak. Ahhoz, hogy egy kapcsolat működjön, valami olyasminek kell lennie, ami lehetővé teszi minden egyes személynek, hogy teljesen önmaga legyen, és más lehetőségeket teremtsen. Tudnod kell, hogy mit szeretnél teremteni az életedként. Tisztában vagy azzal, hogy milyennek szeretnéd az életed öt év múlva. Kezdd ezzel:

- Milyennek szeretném az életem öt év múlva?
- Tíz év múlva?
- Húsz év múlva?
- Valóban szeretném, hogy legyen valaki velem ezen az úton?

Felfedeztem, hogy engem nem igazán érdekel, hogy van-e bárki velem ezen az úton. Felismertem, hogy én menni fogok, akár jön valaki velem, akár nem. Tehát most olyan emberek vannak az életemben, akik máskor és más-más területeken akarnak velem csinálni dolgokat. Ez valahogy kitölti a kapcsolat szükségének érzetét, mert azokban a tíz másodpercekben van kapcsolatom. Ilyen módon lehet kapcsolatod másokkal anélkül, hogy úgy éreznéd, szükséged van egy kapcsolatra. Valamint, megvan az alkalmad arra, hogy valami mást teremts.

Tedd fel a kérdést: Ha lesz egy kapcsolatom, milyennek szeretném? Nagyon kevés olyan kapcsolatot láttam, amiről azt gondoltam, hogy igazán nagyszerűek. Vagy egy barátom, akinek minden szempontból nagyszerű kapcsolata van, kivéve, hogy soha nem szexelnek. Vannak olyan barátaim, akiknek óriási a szexuális kapcsolatuk és állandóan veszekednek. Vannak olyan barátaim, akiknek mindenük megvan az életben, amit szeretnének, de nem boldogok. Ez nem túl izgalmas. Mindent előre kitaláltak. Az élet kiszámítható. Nagyon sokan azt gondolják, hogy a kiszámíthatóság az a kapcsolat, amit szeretnének. A megváltoztathatóság az, ami közelebb áll ahhoz, amilyennek én szeretnék egy kapcsolatot – ahol a lehetséges a változás állandó állapota.

A második feleségem változtatható volt, de nem volt hajlandó olyan pénzügyi valóságra, amiben benne volt a pénz birtoklása. Csak olyan pénzügyi valóságra volt hajlandó, ami elköltötte a pénzt. Ez ölte meg a kapcsolatot, mert én nem tudtam pénz nélkül élni és azzal, hogy az egyetlen választás az, ha elmegyek dolgozni. Ott volt a szüksége annak, hogy dolgoznom kell, mert mindig, mikor elfordultam, kifogytunk a pénzből. Nem szerettem azon a peremen élni. Őt nem zavarja. Neki ez rendben van.

Szóval kezdj el ránézni erre:
+ Milyennek szeretném az életem öt év múlva, tíz év múlva, húsz év múlva?
+ Mit szeretnék, hogy végbe menjen az életemben?
+ Van olyan a világon, akivel szórakoztató lenne ezt csinálni, vagy ez lenni?

Ne is foglald bele a kapcsolat elképzelését. Azt kérdezd, milyennek szeretnéd az életed. Ha abba, amit a jövődként kérsz teremteni, benne van a kapcsolat, akkor lesz kapcsolatod. Ha ebbe nem lehet benne egy kapcsolat, akkor nem lesz. A kapcsolat azt fogja teremteni, amit kapni szeretnél.

Nem fog egy másik személy belépni a képbe és gondoskodni rólad, vagy bármi másról. Ez arról szól, hogy teremtsd meg azt, amit szeretnél. Amikor ezt csinálod, egy teljesen más valóság kezd felbukkanni neked.

Majd kérdezd ezt: Mi legyek vagy mit tegyek ma, hogy azonnal megteremtsem azt a valóságot?

Azt tudom rólad, H., hogy valami olyasmit szeretnél, ami kényelmes és könnyű, valamit, ami elég pénzt nyújt neked ahhoz, hogy bármit megtegyél, amit akarsz. Ez nagyjából már meg is van neked. Szóval, ha kapcsolatod lesz, akkor olyasvalakivel kell összejönnöd, aki ezzel egy hullámhosszon van veled, valakivel, aki nem várja el tőled, hogy ezt megadd neki. Ha ezt várja tőled, akkor bosszús leszel. Nem akarsz te nyújtani mindent. Érdemes letisztázni magadban, hogy mi az, ami működni fog, és mi az, ami nem fog működni neked. Nem arról van szó, hogy valami jó vagy rossz. Csak arról, ahogyan az életed és a kapcsolataidat akarod teremteni. Ha elkezded ezt letisztázni magadban, akkor minden könnyebben fog működni.

Emlékezz arra, hogy kényelmet, keresel, könnyedséget keresel és bármit, amivel működik az életed. Kezd azzal, hogy kérdezel:

+ Milyennek szeretném az életem öt év múlva?
+ Tíz év múlva?
+ Húsz év múlva?

Ha elkezdesz innen ránézni, és megvan az energiája annak, hogy ez milyen lesz, akkor megkapod az elemeit annak, amit teremteni kívánsz. Ha ezekben az elemekben egy kapcsolat is benne van, akkor képes leszel megteremteni.

Köszönöm, hogy itt vagytok ezen a híváson.

# 5
# Pragmatikus választás

Rá kell nézned a minden pillanatban meglévő pragmatikus választásodra. Ha elkezdesz ránézni a pragmatikus választásra, egy más lehetőség jelenik meg.

*Gary:*
Helló hölgyeim. Kezdjük néhány kérdéssel.

## KOMFORT ÉS MEGNYUGTATÁS KERESÉSE MAGADON KÍVÜL

*Szalon Résztvevő:*
Nagyon komfortosnak és megnyugtatónak találom, amikor egy férfi a karjaiban tart. A jelenlegi baráton nem tart a karjaiban eleget. Aközött vacillálok, hogy egyrészt bebeszélem magamnak, hogy ez az én buta szükségletem és nem kellene ezt rávetítenem, hogy ezt teljesítse, másrészt viszont ott az az érzés, hogy ha valaki a karjaiban tart, az tápláló

energia nekem. Mi történik itt és valójában milyen energiát keresek?

*Gary:*

Azt keresed, amit mondtál, „Komfortosnak és megnyugtatónak találom."

Milyen hülyeséget használsz, hogy megteremtsd a komfortot és megnyugtatást, amit választasz? Mindent, ami ez, isten tudja hányszorosan, elpusztítanád és nemteremtetté tennéd? Helyes és Helytelen, Jó és Rossz, Pod és Poc, Mind a 9, Rövidek, Fiúk, és Túlontúl.

Ha teljesen jelen vagy önmagadként és teljesen ott vagy magadnak, akkor az a komfort és megnyugtatás, amit valaki karjaiban érzel, már nem szükségszerű. Sajnos ez azt jelenti, hogy lesz egy pasid, aki állandóan ölelgetni akar és ez bosszantó lesz számodra.

Vannak olyanok, akik az ételben találják meg a komfortot. Vannak olyanok, akik a szexben. Mások az alkoholban. Nagyon sok komfort és megnyugtatás van különböző dolgokban. Ezért választottam ezt a bizonyos témát.

*Szalon Résztvevő:*

A támogatás és a gondoskodás hasonlít a komfortra és megnyugtatásra?

*Gary:*

A támogatás és gondoskodás része a komfortnak és megnyugtatásnak. A nők vigasztalják és megnyugtatják egymást azzal, hogy megosztanak egymással dolgokat, pl. együtt járnak a mosdóba és együtt vásárolnak. Kb. még 25 más dolog van, amit együtt kell csinálniuk. Ezt az együtt levés érzetét keresik az emberek komfortként és megnyugtatásként. Ha igazán hajlandó vagy ott lenni magadnak, lényként, teljességben, akkor semmire nincs szükséged magadon kívül, ami komfortot vagy megnyugvást nyújt neked. Csak a létezéssel komfortban és megnyugvásban vagy. Ez az egész elképzelésnek a lényege.

Hogyan jutunk el arra a pontra, ahol a létezésből fakadóan megvan nekünk a komfort és a megnyugtatás, nem pedig az alapján, amit tennünk kell vagy bármely más őrültség miatt, ami az emberek szerint szükségszerű?

*Szalon Résztvevő:*
Mi a támogatás?

*Gary:*
A támogatás egy foglalkozás megnevezés és egy választás. Lehetsz támogató egyén, ami azt jelenti, hogy vagy egy szuszpenzor vagy, vagy egy melltartó. Melyik testrészt akarod tartani a támogatásoddal? Vagy esetleg arra törekednél, hogy hogyan lehetnél megerősítő? A támogatás a megerősítés lehetőségeinek nem átölelésére utal; ehelyett valaki támasztéka vagy.

A múltat használod a komfortra és megnyugtatásra. Referencia pontokat használsz, a családodat használod, és a gyerekeidet. Ezernyi dolgot használsz. Az emberek gyakran mondják, hogy „Annyira komfortos, amikor a családom közelében vagyok". Nem igazán. Ez sokkal több munkát jelent.

A munkát használod a komfortra. Vannak olyanok, akik komfortosan érzik magukat, ha túl sok a tennivalójuk. Vannak olyanok, akik a gyógyszereiktől érzik magukat komfortosnak. Vannak olyanok, akik a ruháiktól érzik magukat komfortosnak. Vannak komfort ruháik. Olyan, mintha olyasvalamit keresnének, ami átveszi a helyét annak, amilyennek Anya és Apa kellett volna, hogy legyen számukra, amilyenek valószínűleg nem voltak. Vagy ha ők vigaszt nyújtóak voltak, akkor ez az a hely, ahol megnyugszol vagy vigasztalódsz úgy, ahogyan a szüleid tették.

*Szalon Résztvevő:*
Olyan, mintha mindig magamon kívül keresnék valamit, ahelyett, hogy önmagam lennék.

*Gary:*
Pontosan. Ez az egész elképzelés lényege. Amikor magadon kívül keresed a komfortot és a megnyugtatást, akkor soha nem vagy elég jelen ahhoz, hogy megkérdezd:
+ Valóban akarom ezt?
+ Ez valóban szükséges?
+ Valóban érdekel?
+ Valóban ez az, amire szükségem van?

Vannak olyan helyek, ahol komfortot és megnyugtatást teremtettél, mintha ez egyenlő lenne a biztonsággal. Az emberek a biztonságot keresik. Ez az az elképzelés, hogy van egy szilárd hely, ahol állhatsz, a létezés szilárdsága helyett, ami lehetővé teszi neked, hogy bárhol és mindenhol úgy állj, hogy ne legyen olyan érzeted, hogy nem létezhetsz és nem tarthatod meg a pozíciód.

Mindenki egy pozíciót próbál teremteni. Ez egy pozicionálós világ. Mindig megpróbáljuk megtalálni, hogy hova tartozunk, mihez tartozunk, és kihez tartozunk. Mit megfelelő birtokolni? Mit megfelelő tenni? Kivel megfelelő beszélni? Kivel megfelelő lenni? Mindez a pozícionálási hierarchia, amit azért teremtünk, hogy egy olyan fix nézőpontot határozzunk meg, ami megadja nekünk a szilárd és biztonságos valóság komfortját és megnyugtatását. A komfort és megnyugtatás része a bizonyosság univerzumnak egy olyan érzet teremtéséért, hogy van egy hely, ahol lehetsz, ahelyett, hogy az a tér-űr lennél, ami vagy, amiben mindig önmagad vagy és soha nincs szükséged változásra.

A minap beszélgettem valakivel, aki azt mondta, hogy „Ez a nő annyira lenyűgöző. Olyan, mintha egy személy lenne, amikor gyerekekkel van, másik személy, amikor szülőkkel van, és megint más, amikor egy tanfolyamon van. Más személy, amikor velem van, és más, amikor processzekkelel dolgozik."

Azt mondtam erre, hogy „Igen. Üdv a világban."

Azt kérdezte, hogy „Ezt hogy érted?"

Azt mondtam, hogy „Folyamatosan igazodnia kell, mert az ő nézőpontjából az, aki ő, az nem elég."

*Szalon Résztvevő:*

Beszéltél a hülyeségről, ahol a múltból visszahozunk dolgokat. Ennek köze van a komfortzónához?

*Gary:*

Igen, mindig megpróbálod visszahozni azt a komfort érzetet, amid korábban megvolt. Azt kérdezik az emberek, hogy „Mi a helyzet a múltammal? Mi a helyzet a sztorimmal?" Ezek azok a dolgok, amik visszatérnek az emberek univerzumába. A sztorijuk érvényesítése. A helyes dolog, amit tenni kell. Annak a szüksége, hogy önmaguk érzetét visszaszerezzék. Annak a szüksége, hogy az én érzetét visszaszerezzék.

Milyen hülyeséget használsz, hogy megteremtsd a komfortot és megnyugtatást, amit választasz? Mindent, ami ez, isten tudja hányszorosan, elpusztítanád és nemteremtetté tennéd? Helyes és Helytelen, Jó és Rossz, Pod és Poc, Mind a 9, Rövidek, Fiúk, és Túlontúl.

*Szalon Résztvevő:*
A komfort és megnyugtatás energiák – vagy csupán gondolkodásmódok?

*Gary:*
Többnyire gondolkodásmódok, mert arra tanítottak minket, hogy az életnek a komfortról és táplálásról, gondoskodásról kell szólnia. Ha felteszed a kérdést, hogy „Tudja ez a személy azt a komfortot, táplálást és megnyugtatást nyújtani nekem, amire vágyom?" egy nemet fogsz kapni. Ő nem adhatja meg neked azt, amire vágysz. Csak azt nyújthatja, amire ő vágyik. Csak ezt látja.

Ti azt mondjátok, hogy „Azt akarom, hogy átkaroljanak, és az annyira csodás lesz." De ha olyan pasid van, aki tudja, hogy mi az átölelés a te nézőpontodból, akkor valószínűleg egy mangina lesz, egy olyan férfi, aki annyira érzékeny, hogy elsírja magát minden egyes alkalommal, amikor szexeltek. Azt fogod mondani, hogy „Ez annyira unalmas. Ki akarok ebből szállni."

## „EZ TÉNYLEG KELLEMES VOLT, KEDVES"

Te vagy az egyetlen, aki látja, hogy mi számodra komfortáló és megnyugtató. Te vagy az egyetlen. Senki más nem láthatja. Ki kell derítened, hogy az, akitől kéred, hogy megtegye ezt neked, tudja-e ezt úgy nyújtani, ahogyan vágysz rá. Ha nem úgy nyújtja neked, ahogyan szeretnéd, akkor hajlamos leszel megítélni őt. Abban a pillanatban, hogy ítélkezésbe mész, megölöd a kapcsolatot.

Viszont, amikor 5 percig azt kapod tőle, amire vágysz, és ha azt mondod neki, hogy „Ez tényleg kellemes volt, kedves. Annyira jól érzem magam tőle. Köszönöm. Nagyon hálás vagyok," akkor legközelebb akár 6 percet is kaphatsz belőle. És ha a 6 perc után azt mondod, hogy „Ez annyira csodálatos volt. Imádom, amikor átölelsz," akkor talán 7 percet is kaphatsz belőle legközelebb.

De ha belemész abba, hogy „Nem ölelsz elég ideig!", akkor ezek után 3 percig fog tartani. Meg kell tanulnod, hogy hogyan teremts meg egy olyan szituációt, ami bátorítja a pasit, ahelyett, hogy panaszkodnál, ami kinyírja őt. Ha egy csődört akarsz az ágyban, akkor jobb, ha nem zsémbeskedsz a konyhában.

Ha elkezded nyaggatni a pasit, akkor egy herélt lovat kapsz. Minden egyes alkalommal, amikor nyaggatod, levágod a golyóit. A nyaggatás nem segít a férfiaknak, hogy felálljon nekik. Ha azt akarod, hogy felálljon neki, meg kell fékezned a nyelved.

## A FÉRFIAK ELNYOMJÁK AZ ÉRZÉKENYSÉGÜKET

*Szalon Résztvevő:*
A férfiak mindig sokkal érzékenyebbek voltak a nőknél? Ez valójában pont az ellenkezője annak, aminek látszik?

*Gary:*
Igen. A férfiak mindig sokkal érzékenyebbek voltak, mert már az első naptól kezdve el kellett nyomniuk az érzékenységüket. A nőknek megengedett kifejezni az övéket, visítással, kiabálással, sírással, toporzékolással, vagy valami mással. A férfiaknak mindig le kell nyomniuk az érzékenységüket. Ettől nem lesznek kevésbé érzékenyek. Ugyanúgy meg lehet bántani őket, mint a nőket. A különbség az, hogy a nők azt fogják mondani, hogy „Megbántottál." A férfiak pedig elcsendesednek és visszahúzódnak.

*Szalon Résztvevő:*
Mi a helyzet azokkal a nőkkel, akik elfojtanak dolgokat?

*Gary:*
Olyanok lesznek, mint a férfiak. Megvan az érzékenységük, de nem tudják kifejezni, nem tudnak ezzel együtt élni, és nem tudnak mit kezdeni ezzel. Szóval hajlamosak visszahúzódni. Ha olyasvalaki vagy, aki érzékeny, de nem volt megengedett kifejezni ezt, akkor minden egyes esélyt viszszautasítasz, mert azt gondolod, hogy így tudod megvédeni magad és másokat.

Megengedésben kell lenned magaddal. A megengedésnek hány százalékát teszed lehetővé magadnak? Kevesebb mint tíz százalékot? A megengedésnek hány százalékát teszed lehetővé másoknak? Több mint ötven százalékot? Több mint ötven százalékot engedsz meg másoknak és kevesebb mint tízet magadnak. Ez nem a legjobb választásod, mégis mindannyian ebből működünk. Ha nekünk nincs megengedésünk önmagunk felé, hogyan várhatjuk el másoktól, hogy megengedésben legyenek velünk? Hogyan várhatjuk el bármitől az életben, hogy olyanok legyenek, mint amilyennek szeretnénk őket?

Milyen hülyeséget használsz, hogy megteremtsd a megengedés elnyomását, amit választasz? Mindent, ami ez, isten tudja hányszorosan, hajlandó lennél elpusztítani és nemteremtetté tenni? Helyes és Helytelen, Jó és Rossz, Pod és Poc, Mind a 9, Rövidek, Fiúk, és Túlontúl.

A nőknek kiöntöd a lelkedet, mert vigasztalónak és megnyugtatónak tartod azt, hogy képes vagy kibeszélni magadból a dolgokat. A férfiaknak nem komfortáló és megnyugtató kibeszélni magukból dolgokat. Ez számukra nyomasztó. Szeretném azt mondani, hogy vannak olyan férfiak, akikkel tudsz erről beszélni. De nincsenek. Nem ezt tanítják nekik a kezdetektől.

*Szalon Résztvevő:*

Azt akarod mondani, hogy a férfiak teljesen a bátorítás kereséséből működnek és bármilyen visszajelzéstől, ami nem hálának tűnik, visszahúzódnak?

*Gary:*

Igen, visszahúzódnak és elmennek. Ez olyasmi, ami kisfiú koruk óta létrejött a férfiakban. Amikor gyerek voltam, azt mondták nekem, hogy „Erősnek kell lenned, csendben kell lenned, és nem szabad sírnod." A nem sírás volt a legfontosabb dolog a férfilétben. Az érzelmek nem kimutatásáról szólt és arról, hogy ne legyünk érzelmileg bevonva semmibe. Ez nem sokat változott.

A férfiak sokkal gyengédebbek a megélésük energetikájának tér-űrjében, mint a nők, mert a nőknek van valaki, akivel megoszthatnak dolgokat – egy másik nő. A nők megosztják az „érzelmeiket". A nők megosztják azt, ami velük történik. A nők beszélnek a dolgokról. A férfiak soha. Nem mondanak olyan dolgokat, mint „A feleségem megbántott tegnap este." Soha nem említik meg ezeket a dolgokat. Visszafogják ezeket. Többnyire azt tanulják az életben, hogy visszahúzódjanak. Kisfiúként ezt tanítják nekik.

Néha a nők azt mondják, hogy „Csak meg kellene mondanod annak a férfinak, hogy mit csináljon." Ezzel nem fogod elérni azt, amit akarsz. Amikor ezt mondják neked az emberek, akkor ők a barátaid – vagy az ellenségeid? Ez nehéz a nőknek. A férfiak mindenkiről azt feltételezik, hogy ellenség, amíg be nem bizonyítják, hogy barátok. A nők mindenkiről azt feltételezik, hogy barát, amíg be nem bizonyítják azt, hogy ellenségek. És még akkor sem képesek elhinni.

A legtöbb férfinak azt tanítják, hogy semmilyen érzékenység nem megengedett, és ha bármennyi is van bennük, akkor azt vissza kell tartaniuk. Azonban vannak olyan férfiak, akiknek azt tanítják, hogy érzékenyek legyenek, ők az Új Kor pasijai. A legtöbbjük parancsra sír az eredmény manipulálásának érdekében, pont mint a nők. A nők megtanulták, hogy ha a megfelelő pillanatban sírnak, a férfiak megteszik, amit akarnak. Szóval ezt teszik. Ez nem egy rossz vagy jó dolog.

Ez csupán így működik. Ennek a pragmatikáját szeretném megérteni, nem pedig a tökéletes kapcsolatra vágyom. Nincs tökéletes kapcsolat. Vannak olyan kapcsolatok, amik működnek, és vannak olyanok, amik nem. Vannak olyan kapcsolatok, amik jobbak lesznek, és vannak olyanok, amik nem. Hajlandónak kell lenned ránézni arra, hogy hogyan használhatod a dolgokat arra, hogy megkapd, amit akarsz.

Nem arról szól, hogy legyünk pozitívak. Arról szól, hogy legyünk jelen ítélkezések nélkül. Ez a manipuláció. Mi ebben a rossz? Nem szomorú, hogy nem tanították meg ezt neked, amikor 12 éves voltál? Nem tette volna ez az életedet könnyebbé?

A konfrontáció nem működik. Mindössze arra jó, hogy ebben a másiknak vitáznia kell, vagy megadnia magát. Amikor az emberek megadják magukat, és szolgává vagy rabszolgává válnak, belemennek a neheztelésbe és ezzel elveszítitek a kapcsolatot és a kapcsolódást. Ha veszekedésig fajul a dolog, akkor mindenáron küzdeniük kell a nézőpontjuk helyességéért. Az életben ezzel a kicsitől a semmi terjedelméig tudsz elérni valamit. Mit szeretnél elérni az életedben a kapcsolatokkal?

Kérlek, próbád ezt ki. Működik.

## KÖZÖSÜLÉS ÍTÉLKEZÉS NÉLKÜL

*Szalon Résztvevő:*

Hogy néz ki az ítéletmentes közösülés? A testeink tudják, hogy hogyan ne ítélkezzenek? Vagy a testünk tudatossága megítéli a partnerünket is?

*Gary:*
Nem. A tested nem ítélkezik. Te, a lény vagy az, aki meghatározza, hogy mi a megfelelő szex játszma, ami ítélkezésen alapul.

Milyen hülyeséget használsz, hogy megteremtsd a szex játszmát, amit választasz? Mindent, ami ez, isten tudja hányszorosan, hajlandó lennél elpusztítani és nemteremtetté tenni? Helyes és Helytelen, Jó és Rossz, Pod és Poc, Mind a 9, Rövidek, Fiúk, és Túlontúl.

A legtöbben nem a szex játékossága miatt szexelünk. A nők hajlamosak a kapcsolat megteremtése érdekében szexelni. A férfiak hajlamosak a szex miatt kapcsolatba lépni. De senki nem a játékossága miatt szexel. Ha a játékossága miatt csinálnánk, és egy örömteli játékos dolognak vennénk, más lehetőségek jelenhetnének meg.

Van köztetek olyan, aki úgy gondolja, hogy a szex a romantikáról szól, rózsaszirmokról és gyertyákról? A szex játék szólhat csupán valaki más testének az élvezetéről. Nagyszerű élmény egy olyan helyet találni valaki testén, ami annyira érzékeny, hogy egyre inkább orgazmus előtti állapottá válik minden egyes alkalommal, amikor úgy érinted meg, ahogyan megköveteli, ahogyan kívánja, és ahogyan vágyik rá. Valószínűleg még soha nem próbáltad meg felismerni a tested azon képességét, hogy más testekkel tud kommunikálni és megkérdezni tőlük, hogy:

+ Test, mit szeretnél megtapasztalni?
+ Mit szeretnél, ami megteremti számodra a legélvezetesebb, orgazmikus szexuális lehetőséget, amiben valaha volt részed?

Amikor felteszek egy ilyen kérdést, akkor hirtelen elindul egy gondolat a másik testében valahol, és elkezdem azt megérinteni.

A szexuális izgalomnak egy helyről kell léteznie? Vagy inkább egy tér-űrnek kellene lennie? Amikor egy tér-űrből jön, akkor elkezded azt csinálni, amire az emberek teste vágyik, ítéletek nélkül. Amikor nincsenek ítéleteid, akkor szétbomlik a hely, és elkezdődik a tér-űr. Sajnos sokakkal ez így nem működik. Kevesebb és kevesebb alkalmuk van a dologra. Ezekkel a hívásokkal több alkalmat és lehetőséget szeretnék kreálni neked és mindenkinek, akivel kapcsolatba kerülsz.

Milyen hülyeséget használsz, hogy megteremtsd a szex játékot, amit választasz? Mindent, ami ez, isten tudja hányszorosan, hajlandó lennél elpusztítani és nemteremtetté tenni? Helyes és Helytelen, Jó és Rossz, Pod és Poc, Mind a 9, Rövidek, Fiúk, és Túlontúl.

## "HAHÓ, AKARSZ SZEXELNI?"

*Szalon Résztvevő:*

Időnként azon kapom magam, hogy elfordulok, ha találkoznak a szemeim egy férfiéval. Meg tudjuk ezt változtatni?

*Gary:*

Igen. Lehetsz meleg pasi. Egy meleg férfi mindig intenzíven bámulja azt a férfit, akivel szexelni szeretne. Soha nem kapja el a tekintetét, ami azt jelenti, hogy „Hahó, akarsz szexelni?" Azok a férfiak, akik nem akarnak meleg szexet, addig néznek egy másik pasit, amíg rá nem jönnek, hogy ő szexelni szeretne, és akkor elfordítják a tekintetüket.

Amikor nem fordítod el a tekinteted, és mélyen a pasi szemébe nézel, az a nézőpontja, hogy ezzel azt mondod, hogy szexelni akarsz.

Milyen hülyeséget használsz, hogy elkerüld az ezen a valóságon túllépő jövő teremtését, amit választasz? Mindent, ami ez, isten tudja hányszorosan, hajlandó lennél elpusztítani és nemteremtetté tenni? Helyes és Helytelen, Jó és Rossz, Pod és Poc, Mind a 9, Rövidek, Fiúk, és Túlontúl.

Milyen energia, tér-űr és tudatosság lehetsz te és a tested, ami lehetővé teszi, hogy olyan kapcsolatod legyen, ami nagyszerűbb bármilyen valóságnál? Mindent, ami nem engedi, hogy ez megjelenjen, isten tudja hányszorosan, hajlandó lennél elpusztítani és nemteremtetté tenni? Helyes és Helytelen, Jó és Rossz, Pod és Poc, Mind a 9, Rövidek, Fiúk, és Túlontúl.

Milyen hülyeséget használsz, hogy megteremtsd a férfit, akit választasz? Mindent, ami ez, isten tudja hányszorosan, hajlandó lennél elpusztítani és nemteremtetté tenni? Helyes és Helytelen, Jó és Rossz, Pod és Poc, Mind a 9, Rövidek, Fiúk, és Túlontúl.

## SZEXUÁLIS ZAKLATÁS

*Szalon Résztvevő:*
Beszélnél a szexuális zaklatásról és lehurrogásról?

*Gary:*
A szexuális zaklatással és lehurrogással a férfiak megpróbálnak szexuálisan megfélemlíteni. Nőként túl-félemlítheted bármelyik férfit. Csak nézz rá leereszkedően és mondd

azt, hogy „Sajnálom, hogy ez a darab szar nem elég nagy", és sétálj el. Azzal töltötted az egész életed, hogy elkerüld, hogy ribanc legyél.

Milyen hülyeséget használok, hogy feltaláljam a ribancként létezés hiányát, amit választok? Mindent, ami ez, isten tudja hányszorosan, elpusztítanád és nemteremtetté tennéd? Helyes és Helytelen, Jó és Rossz, Pod és Poc, Mind a 9, Rövidek, Fiúk, és Túlontúl.

Csak Amerikában érezzük azt, hogy rossz nőnek lenni? Nem, mindenhol a világon az van, hogy a férfiak kinéznek maguknak, zsákmányul ejtenek és megítélnek. Mindenhol így van a bolygón. Szexuálisan megfélemlítőnek kell lenned, és ez az egyik dolog, amire nem vagy hajlandó.

A fizikailag megfélemlítőként létező ribanc lehetőségének milyen fizikai aktualizálását vagyok most képes generálni, teremteni és intézményesíteni? Mindent, ami ez, isten tudja hányszorosan, elpusztítanád és nemteremtetté tennéd? Helyes és Helytelen, Jó és Rossz, Pod és Poc, Mind a 9, Rövidek, Fiúk, és Túlontúl.

Ha nagy melleid vannak, akkor sokkal inkább vagy szexuális célpont. De nem számít, hogy nagyok a melleid vagy kicsik, a férfiak idióták. Mindig be akarják bizonyítani, hogy szexre vágynak – pedig kilencven százalékuk nem vágyik rá. Félnek tőle. Nézz rájuk és mondd azt, hogy „Ha nem hagyod ezt abba, akkor az a nézőpontom, hogy kicsi a farkad." Csak annyit kell tenned, hogy legyél hajlandó megfélemlítőbb lenni, mint amennyire ők hajlandóak lenni, és abbahagyják a zaklatást.

## PRAGMATIKUSNAK LENNI A VÁLASZTÁSAIDDAL

*Szalon Résztvevő:*
Van egy kérdésem egy régi szerelmemmel kapcsolatban. Tesz bizonyos dolgokat azért, hogy kapcsolatban legyen a fiammal és velem, de végül mégsem akar szexelni. Csak haza akar menni. Mégis tudom, hogy szeretne szexelni. Én szeretnék vele szexelni és nem jelentőségtelivé tenni.

*Gary:*
Ez a pasi kapcsolatot akar teremteni és családot, nem szexet.

*Szalon Résztvevő:*
Pontosan. És én ezt nem értem.

*Gary:*
Ő egy nő. Kapcsolatot akar.

*Szalon Résztvevő:*
Tudom. Furcsa. Nem akar szexelni. Mi történik?

*Gary:*
Egy családi állapotot akar létrehozni. A családról és kapcsolatról alkotott elképzelésében nincs benne a szex. Ő csak ebből működik. Ez van a pragmatikus választásaiddal. Mindenki az ő nézőpontjából jön. Ha pragmatikusan kezeled a választásaidat, akkor felteheted a kérdést: Tényleg ide akarok eljutni?

*Szalon Résztvevő:*

Szóval ne kíséreljem meg kimozdítani abból, hogy onnan működjön, mert ez az ő választása, és ezt akarja? Csak legyek megengedésben ezzel?

*Gary:*

Megengedésben lehetsz vele, és felismerheted, hogy ő nem az a férfi, akit te akarsz.

*Szalon Résztvevő:*
Más férfiakkal fekszem le, mert vele nem működik.

*Gary:*

Ez egy nagyszerű igazolás, hogy „mert vele nem működik".

*Szalon Résztvevő:*

Egyértelművé tettem, hogy szexelni akarok vele. Ő nem akarja.

*Gary:*
A fiadnak szüksége van rá?

*Szalon Résztvevő:*

Igen, a fiamnak szüksége van rá. Nagyon közel állnak egymáshoz, és én nem akarom ezt megszakítani. De nem tudom leállítani a szexuális vágyaimat. Az egész napot együtt töltjük, vacsorát vesz, ebédet vesz, mindent ő fizet, és ezután csak haza akar menni. Ez furcsa.

*Gary:*
Ekkor hívod fel a játék fiúdat és azt mondod neki, hogy „Szeretnél átjönni? Tüzes vagyok és mérges".

*Szalon Résztvevő:*
Ezt teszem.

*Gary:*
Mi ebben a rossz? Miért teszed ezt rosszá? Bármit megkaphatsz, amit csak akarsz. Ezt nevezik pragmatikus választásnak.

*Szalon Résztvevő:*
Szerintem akar szexelni. Csak fél belevágni.

*Gary:*
Megkérdezheted tőle, hogy „Milyen elköteleződést kell meghoznom érted, hogy képes legyél szexelni velem?"

*Szalon Résztvevő:*
Az egy furcsa hely, hogy oda menjünk.

*Gary:*
Ha szexelni akarsz ezzel a pasival, akkor ezt kell választanod. Ez a pragmatikus megoldás. Ki kell derítened, hogy mit akar a másik. Amit te akarsz, az rendben van és nagyszerű és csodálatos, és semmit nem jelent a másiknak. Nyers vagyok. Sajnálom.

A másik személynek van elképzelése arról, hogy mit akar. Ha bármelyik részét meg tudod adni neki, azt fogja mondani, hogy „Rendben. Megkapom, amit akarok." Ő nem is látja, hogy te mit akarsz. Nem képes rá. Nem tud olvasni az elmédben. Nincs tudatában annak, amit te akarsz, még akkor sem, ha minden nőtől, akit valaha ismertél azt tanultad, hogy a férfiaknak képesnek kell lennie olvasni a gondolataidban. Nem képesek erre. Azt tanították nekik, hogy ha ezt teszik, akkor rosszak. Szóval ehelyett inkább csak összezavarodnak.

## HELYREHOZNI A DOLGOKAT AZ EXSZEL

*Szalon Résztvevő:*
Még mindig szeretném helyrehozni a dolgokat az ex-férjemmel.

*Gary:*
Nem tudtál javítani a dolgokon, amíg vele voltál. Miért hoznád helyre akkor, amikor nem vagy vele? Különbség van a helyrehozásban és abban, hogy éber vagy arra, hogy érdekel valaki. Én törődöm az ex-feleségeimmel. Tudom, hogy nem hozhatom helyre a dolgokat velük. Tudom, hogy nem tehetem jobbá az életüket. Tudom, hogy nem lesz többé kapcsolatom velük. Szóval meg sem próbálom. Miért? Mert pragmatikusan ez nem képes megtörténni.

Milyen hülyeséget használsz, hogy megteremtsd a férfiak helyrehozását, amit választasz? Mindent, ami ez, isten tudja hányszorosan, hajlandó lennél elpusztítani és nemteremtetté tenni? Helyes és Helytelen, Jó és Rossz, Pod és Poc, Mind a 9, Rövidek, Fiúk, és Túlontúl.

Ez egy gyakori tévedés a női fajnál – az elképzelés, hogy meg tudják javítani a férfit és utána rendben lesznek. Nem a javíthatósága miatt szedsz fel egy férfit. Azért választod, amit neked tud megjavítani. Egész életében ezt a feladatot kapta. „Anya imádni fog, ha ezt megjavítod nekem". Így hangolták bele ebbe a valóságba.

Ne arra nézz rá, hogy hogyan tudsz megfogni és megjavítani egy férfit. És keress egy olyan férfit, aki meg tud szerelni dolgokat neked – és nem pedig téged szerel meg. Semmi nincs elromolva benned. Sajnos látok olyan nőket, akik hajlamosak nem a szerelő pasit választani. Mindig olyan férfit választanak, akik őket javítják meg, és ettől begurulnak a nők. Ha egy humanoid férfit választasz és eldöntöd, hogy őt helyre kell hozni, akkor mindent meg fog tenni azért, hogy bebizonyítsa neked, hogy ez nem így van. És te bármit meg fogsz tenni azért, hogy bebizonyítsd, hogy ez pedig így van.

Milyen hülyeséget használsz, hogy megteremtsd a javítható férfit, amit választasz? Mindent, ami ez, isten tudja hányszorosan, hajlandó lennél elpusztítani és nemteremtetté tenni? Helyes és Helytelen, Jó és Rossz, Pod és Poc, Mind a 9, Rövidek, Fiúk, és Túlontúl.

## MEGENGEDÉS

*Szalon Résztvevő:*

A jelenlegi kapcsolatomban nem hallok soha „köszönöm"-öt vagy nem érzékelem a partnerem elismerését a kis dolgokért, amiket érte teszek, pl. apró ajándékokat veszek, vagy a mindennapos házimunka, amit a háztartásunk érdekében csinálok. Ez elkezdett irritálni. Lehet, hogy nem vagyok a megengedés helyén.

*Gary:*
A megengedés helye. Az ott valahol Arkansas mellett van, igaz?

*Szalon Résztvevő:*
Hogyan lehetne ekörül kevesebb irritációm?

*Gary:*
Azzal, hogy felismered mi is valójában a megengedés. Milyen hülyeséget használsz, hogy megteremtsd a megengedés mértékeit, amit választasz? Mindent, ami ez, isten tudja hányszorosan, hajlandó lennél elpusztítani és nemteremtetté tenni? Helyes és Helytelen, Jó és Rossz, Pod és Poc, Mind a 9, Rövidek, Fiúk, és Túlontúl.

## SZALON RÉSZTVEVŐ:

Egy kapcsolatban hogy tudom megmondani, hogy mikor van az, amikor elválok önmagam részeitől, és mikor az, hogy ellenállásban vagyok azzal, amit egy férfi mond vagy kér tőlem?

*Gary:*
Bármikor, amikor ellenállásban vagy valamivel, akkor elválsz önmagadtól, mert nem vagy kérdésben. Feladod az éberséged a következtetés javára. Fel kell tenned a kérdéseket:
+ Valóban ezt akarom csinálni?
+ Ez mókás?
+ Ez az, amit kapni szeretnék?
+ Mi az, ami a legnagyszerűbb hatással van az életemre és a legszórakoztatóbb?

♦ Mi az, amit mindennél jobban szeretnék az életben? Ezekre a helyekre érdemes eljutnod.

## „MEGIJESZT A HÁZASSÁG"

*Szalon Résztvevő:*
Észrevettem egy mintát. Másfél évig vagyok kapcsolatban egy férfival, aztán elhagyom.

*Gary:*
Ez egy hosszú távú kapcsolat.

*Szalon Résztvevő:*
Milyen kérdést tehetek fel, ami megállítja ezt a mintát? Nem szeretem az elköteleződést – és a házasság megijeszt.

*Gary:*
Megijeszt? Halálra kellene rémítenie! Nem te vagy az egyetlen.

Milyen hülyeséget használsz, hogy megteremtsd a házasságot és a szent esküket, amit választasz? Mindent, ami ez, isten tudja hányszorosan, hajlandó lennél elpusztítani és nemteremtetté tenni? Helyes és Helytelen, Jó és Rossz, Pod és Poc, Mind a 9, Rövidek, Fiúk, és Túlontúl.

*Szalon Résztvevő:*
Van egy kérdésem az 1-2-3 szabállyal kapcsolatban, amikor azt mondod, hogy ha már háromszor szexeltél valakivel, akkor házasok vagytok. Mi az a házasság, amiről beszélsz?

*Gary:*

Az első alkalom után hajlamos vagy azt mondani, hogy „Ez mókás volt. Később találkozunk." A második után azt mondod, hogy „Csináljuk újra." A harmadik után pedig belementek valami olyasmibe, mint a házasság. A házasság az a hely, amiben elköteleződtél. Azt gondolod, hogy ha háromszor lefeküdtél valakivel, akkor elköteleződtél.

Nem is tudod, hogy mihez köteleződtél el, mert nem kérdezed meg tőle, hogy „Pontosan mit fogsz elvárni tőlem? Pontosan milyennek szeretnéd ezt a kapcsolatot? Mit szeretnél következő lépésként?"

*Szalon Résztvevő:*

Kinézhet bárhogyan is ez az elköteleződés, ha kérdezel?

*Gary:*

Igen. Kérdezd meg tőle, hogy „Mit szeretnél következő lépésként?" Akár magadtól is megkérdezheted, hogy „Elvár tőlem valamit?"

Te semmit nem vársz el tőle, mert nem egy normális kapcsolatot keresel. Lepedőakrobata akarsz lenni. Már van 2,5 gyereked. Nem akarod ezt újra csinálni. Viszont ez nem azt jelenti, hogy a férfinak nincsenek ilyesfajta elvárásai. Sok olyan férfi van olyan elvárásokkal, hogy meg kell találniuk a megfelelő génállománnyal rendelkező személyt, akivel érdemes családot alapítaniuk. Ez őrültség.

## KAPCSOLAT EGY BIPOLÁRIS FÉRFIVAL

*Szalon Résztvevő:*
Egy nagyon édes pasival vagyok együtt, aki bipoláris, és gyógyszereket szed. Azt gyanítom, hogy humanoid, mivel elég intuitív.

*Gary:*
Nem az intuíció a humanoidok jellemvonása. Sok embernek is vannak megérzéseik. Sok ember médium is. Tarot kártyával, asztrológiával és más metafizikus modulokkal foglalkoznak. De azért csinálják, hogy bebizonyítsanak valamit.

*Szalon Résztvevő:*
Küzdök azzal, hogy közel érezzem magam hozzá.

*Gary:*
Nem érezheted magad közel olyanhoz, aki bipoláris, mert amikor közel kerülnek valakihez, akkor fenyegetve érzik magukat, ami előidéz egy bipoláris epizódot, ami pedig elkülönüléshez vezet közte és a partnere között. Ez megakadályoz abban, hogy bármennyire is közel kerülj hozzájuk. Igazából ez annak az eredménye, hogy ők hogyan látják a világot, és hogy milyennek szeretnék azt.

*Szalon Résztvevő:*
Nehezemre esik felfogni, hogy ő honnan működik. A korábbi kapcsolataimban sokkal könnyebb volt megértenem, hogy a partnerem honnan működik.

*Gary:*

Belemenni következtetésekbe arról, hogy valaki honnan működik és jelen lenni vele ott, ahol van, ez két különböző univerzum.

*Szalon Résztvevő:*

Szeretnék kapcsolódni vele. Egy működő kapcsolatot akarok. Mit kell tennem?

*Gary:*

Ilyen nem lehetséges valakivel, aki bipoláris. A bipoláris emberek egy pozitív világot hoznak létre, ami semmi máson nem alapszik, mint pozitív polaritáson. Majd létrehoznak egy negatív világot, ami semmi máson nem alapszik, mint negatív polaritáson. El akarják kerülni az egyiket, és a másikat választani, de nem tudják. Tényleg olyan közel kell lenned – vagy tudod élvezni azokat a részeit, amiket élvezel? Csak élvezd a férfit, akivel vagy.

A bipolárisoknak, Aspergereseknek és autistáknak nehéz könnyedén kapcsolódni másokkal és közel lenni hozzájuk. Elkülönülést teremtenek, mert ez az egyetlen módja, hogy fenntartsák a tér-űrt, amiben vannak, anélkül, hogy azért kellene aggódniuk, hogy mások szükségletei, követelései vagy vágyai ezt összezúzhatnák. Ők csupán innen működnek.

## SZÜLŐNEK LENNI

*Szalon Résztvevő:*

Az jön, hogy szülőnek lenni része ennek a biztonság dolognak, ahol önmagamon kívülre tekintek a biztonságért, amit szeretnék.

*Gary:*
Amikor szülő leszel, akkor elköteleződsz a gyerekeidhez az egész életükre vonatkozólag. Ők nem köteleződnek el feléd. Ha szerencsés vagy, soha nem fognak elköteleződni feléd. Azt akarják, hogy elköteleződj feléjük, mert ez a te feladatod.

A komfortról és megnyugtatásról is szól ez.

Milyen hülyeséget használsz, hogy megteremtsd a biztonságot, amit választasz? Mindent, ami ez, isten tudja hányszorosan, elpusztítanád és nemteremtetté tennéd? Helyes és Helytelen, Jó és Rossz, Pod és Poc, Mind a 9, Rövidek, Fiúk, és Túlontúl.

*Szalon Résztvevő:*
Van egy különleges bánásmódot igénylő gyerekem. Azt mondták, hogy bizonyos dolgok segítenek neki. Használjam azokat a dolgokat ahelyett, hogy csak megpróbálok az az energia lenni, amire neki szüksége van?

*Gary:*
Hajlandónak kell lenned bármit megtenni a gyerekedért. Ez a feladatod. Amint szülővé váltál, eldöntötted, hogy ideiglenesen feladod az életed az övékért. Feladod bizonyos részeidet, hogy biztosítsd számukra az életüket. Ez a pragmatikus dolog. Milyen választásaid vannak itt? Tényleg van olyan választásod, hogy ne gondoskodj a gyerekedről? Nem. Választottál. Gyereked van. Most pedig:
+ Hogyan lehet ez szórakoztató?
+ Hogyan teremtsem az életem, amíg róla gondoskodok?

Amint gyerekeid lesznek, elköteleződsz. Hajlandónak kell lenned elvégezni ezt a feladatot, és örömmel tenni ezt, nem azért, mert ezt kell tenned, hanem mert ez az, amit választottál. A probléma az, hogy a legtöbb nő eljut oda, hogy szülővé válnak, és aztán elveszítik az életüket.

Milyen hülyeséget használsz, hogy megteremtsd az anyaság életet, amit választasz? Mindent, ami ez, isten tudja hányszorosan, hajlandó lennél elpusztítani és nemteremtetté tenni? Helyes és Helytelen, Jó és Rossz, Pod és Poc, Mind a 9, Rövidek, Fiúk, és Túlontúl.

És amikor azt választod, hogy nem leszel anya, akkor ítélkezel magadon emiatt. Nyomorult vagy, ha ezt teszed, és akkor is, ha nem.

*Szalon Résztvevő:*

A gyerekekről való gondoskodás feladata más a férfiaknál és a nőknél?

*Gary:*

A férfiakat arra tanítják, hogy keressenek pénzt és fizessenek a gyerekekért. A nőket arra tanítják, hogy táplálják a gyerekeket, gondoskodjanak róluk, cseréljék ki a pelenkájukat, és végezzék el az összes munkát.

Ez olyan, amit valaha is csinálni akartál? Nem. Humanoid nőként inkább meghódítanád a világot. Végül te lettél a kenyérkereső és arra tanítod a gyerekeidet, hogy gondoskodjanak magukról.

*Szalon Résztvevő:*

Az apjuk visszautasítja, hogy gondoskodjon róluk, és hogy a családfenntartó legyen.

*Gary:*
   Soha nem fogja ezt csinálni. Azért választottad őt, mert el fog menni. És a gyerekeid azért választottak téged és őt, mert ő el fog menni. A lányok tudni akarták, hogy nem kell férfival lenniük, ha nem akarnak. Majd rájöttek, hogy hogyan gondoskodjanak magukról, tekintet nélkül arra, hogy van-e férfi az életedben, vagy nincs. Erre tanítottad őket.

## MI A ROSSZ ABBAN, HA MEGADOD AZ ANYÁDNAK AZT, AMIRE VÁGYIK?

*Szalon Résztvevő:*
   Mi történik akkor, ha az egyik szülődnek táplálásra van szüksége, és kikészít téged, ha ezt nem tőled kapja meg?

*Gary:*
   Mi a rossz abban, ha megadod ezt neki? Milyen lenne, ha megadnád ezt neki? Mit követel tőled? Ez egy hatalmas dolog? Abban a kérdésben kell lenned, hogy „Anya, mit tehetek érted, amivel tudni fogod, hogy mennyire törődöm veled?" Az esetek kilencven százalékában, amikor a szülők azt mondják, hogy táplálásra és törődésre van szükségük, csak azt akarják, hogy elmondd nekik, hogy szereted őket. A szülők szeretik tudni, hogy szeretik őket.

*Szalon Résztvevő:*
   Úgy tűnik, azt akarja, hogy vele együtt küzdjek.

*Gary:*
   Néhányan ezt megnyugtatónak gondolják. De ha vele

együtt küzdesz, akkor nézőpont nélkül tedd ezt, és akkor nem fogsz kiborulni. Azt fogod mondani, hogy „Hű, ez mókás volt." A nővérem szeret küzdeni. Szóval, amikor azt akarom, hogy tudja, hogy törődöm vele és szeretem, akkor felhívom, és azt mondom neki, hogy „Azok az átkozott filteresek!" A nővérem gyűlöli őket. Kb. húsz – harminc percig pörgetem a témát, amikor azt mondja, hogy „A mindenit! Nagyon szórakoztató volt veled beszélni."

Azt mondom erre, hogy „Remek! Köszi, hugi!" Engem egy cseppet sem érdekelnek, de nagyon élvezetes számomra, hogy filtereseknek (fordítói megjegyzés: az eredeti szó, a 'teabaggers' politikai értelemben a Tea Partyhoz, azaz a republikánusokhoz kötődő emberekre vonatkozik) hívom őket, mert ő nem tudja, mit jelent a filterezés. Ha ti sem tudjátok, hölgyeim, hogy mi a filterezés, akkor elmondom, hogy az az, amikor a férfi golyóit a szátokba veszitek, és finoman, gyengéden szopogatjátok.

*Szalon Résztvevő:*
Melyek az alapvető, általánosan közös vonásai annak, amit mi, humanoid nők egy kapcsolatban keresünk?

# A HÁLA HOZZÁÁLLÁSA

*Szalon Résztvevő:*
Hatalmas hála van bennem a természet és az állatok felé; viszont küzdök azzal, hogy hálás legyek azokért az emberekért, akik leginkább törődnek velem, beleértve a családomat és a barátomat is. Mi annyira más a hálában az emberekkel és a természettel és állatokkal kapcsolatban? Van köze ah-

hoz, hogy az állatok és a természet nem ítélkezik? Milyen lehetőségek vannak arra, hogy több hálám legyen a saját emberi fajommal szemben?

*Gary:*
Ne törődj vele. Rendben van, ha nem vagy hálás értük. Lehet, hogy sok emberrel akarsz kapcsolatot. Ez nem azt jelenti, hogy ez működni fog. Ez nem azt jelenti, hogy egyszerű lesz. Ez nem azt jelenti, hogy az lesz, amire igazán vágysz. Ez csak azt jelenti, hogy kapcsolatot akarsz. Ha nem ítélkezel, akkor nem lesz problémád.

*Szalon Résztvevő:*
Úgy nőttem fel, hogy folyamatosan azt hallottam az anyukámtól, hogy hálásnak kell lennem mindenért. Hálásnak kell lennem a borsóért a tányéromon, pedig utáltam a borsót. Mindig azt mondták, hogy legyen meg bennem a hálához való attitűd. Nem arról van szó, hogy nem vagyok hálás, de hogyan tudnám felfokozni a hálára irányuló képességem?

*Gary:*
Anyád belekényszerített a hála attitűdjébe, a hála lehetőségeinek öröme helyett. Nem tanított téged. Kényszerített. „Hálás leszel. Edd meg azokat a nyavalyás borsókat, és legyél hálás értük." Ez egy olyan helyet teremt számodra, ahol az ellenállás az egyetlen választásod. Sajnos azt mondta ezzel neked, hogy „Azt csináld, amit mondok". Beletette a saját lendületét is, „Hálásnak kellene lenned", ez inkább egy rejtett ítélkezés arról, hogy nem vagy hálás, mint a felismerése annak, ami valójában voltál, ami egy gyerek volt, aki

nem szerette a borsót.

Anyád az ő anyjától tanulta, hogy hogyan hibáztassa a gyerekeit. Hát nem remek? Nem igazán a háláról beszélt. Arról beszélt, hogy „Értékelned kellene a tényt, hogy ezt adtam neked." Egyáltalán nem a háláról szólt a dolog. Félrealkalmaztad és félreazonosítottad, hogy a hála az kötelesség. Könnyebbé teszi a dolgokat, ha felismered, hogy mi a hála és mi a kötelesség.

Oké hölgyeim. Akkor a következő alkalomkor beszélünk. Azt akarom, hogy felfogjátok, hogy komfortban kell lennetek egy férfival. Szükséges, hogy legyen pragmatikus választásotok. Meg kell kérdezned: Milyen pragmatikus választásom van itt, ami nagyobbat, kiterjesztőbbet és szórakoztatóbb könnyedséget teremt az életemben? A Te életedben – nem az övékében! Sok nőt arra tanítanak, hogy a férfiért kell tenniük, a férfiért tenniük, a férfiért tenniük és boldognak kell lenniük. A legtöbb férfit, akit ismerek arra tanították, hogy a nőért kell tenniük, a nőért tenniük és boldognak kell lenniük. Kivéve, hogy soha senki nem boldog. Miért? Mert mindenki csak csinál, de senki sem élvezi. Valójában senki nem fogadja be a csinálást, amit a másik ember tesz. Rá kell nézned a pragmatikus választásodra minden pillanatban. Ha elkezded nézni a pragmatikus választást, egy más lehetőség jelenhet meg.

Köszönöm mindenkinek. Kérlek, használjátok ezeket az eszközöket. Szeretném, ha nagyobb szabadságotok lenne ezen a területen, ahol úgy teremthettek és generálhattok kapcsolatot és szexet, ahogyan ez működik nektek. Annyira erőteljes és lenyűgöző nők vagytok. Nem kellene problémáitoknak lennie ezen vagy bármilyen területen, de 'kevesebb, mint'-nek teremtitek meg magatok, hogy legyenek problémáitok. Megteszek minden tőlem telhetőt, hogy eljuttassalak arra a helyre, ahol nincs megoldandó problémád, hanem ahelyett inkább lehetőséget teremtesz új választásként, ami új lehetőséget teremt, új választást, új kérdést, és új hozzájárulást, ami lehetsz, és amit befogadhatsz. Efelé tartunk.

# 6
# Ti vagytok a jövő teremtői

Ha nem ismered el, hogy a jövő teremtője vagy,
ha nem ismered el, hogy előre látod a jövőt, és ezen módosíthatsz, megváltoztathatod, soha nem leszel minden, ami vagy.

*Gary:*
Helló hölgyeim. Van valakinek kérdése?

## A NŐK A FORRÁSA EGY MÁS VALÓSÁG TEREMTÉSÉNEK

*Szalon Résztvevő:*
Beszélnél az erőszakról, háborúról, szex kereskedelemről, és gyerekmolesztálásról? Hallok olyan nőkről, akiket elrabolnak és szexuálisan bántalmaznak. Mit tehetünk ez ellen? Meg tudjuk változtatni? Hogyan tudjuk megváltoztatni?

*Gary:*
Nőként olyan lehetőséget teremtettél, hogy te vagy a

forrása annak, hogy a férfiaknak más lehetőséget teremts. Ezért lettél nő, és nem férfi.

Ez az, amit ti nők nem fogtok fel magatokkal kapcsolatban. Ránéztek arra, hogy a férfiak hogyan kényszerítenek titeket, hogy megtegyetek dolgokat, hogy van erőszak, hogy milyen szörnyű ez, és hogy nem kellene ilyennek történnie. De ahhoz, hogy bármelyik megtörténhessen, valamilyen éberséget ki kell kapcsolni. A valóság az, hogy neked nőként megvan a képességed arra, hogy megváltoztasd az emberiséget. Azért jöttél ide, hogy ezt tedd, és ez az, amit nem csinálsz.

Milyen hülyeséget használsz, hogy elkerüld azt az éberséget, hogy te vagy az egész emberiség megváltoztatásának katalizátora, amit választasz? Mindent, ami ez, isten tudja hányszorosan, hajlandó lennél elpusztítani és nemteremtetté tenni? Helyes és Helytelen, Jó és Rossz, Pod és Poc, Mind a 9, Rövidek, Fiúk, és Túlontúl.

## A FÉRFIAK AZÉRT JÖTTEK IDE, HOGY FENNTARTSÁK A STATUS QUÓT

*Szalon Résztvevő:*
Ugyanezt mondanád a férfiakról is?

*Gary:*
A férfiak azért jöttek ide, hogy megteremtsék a status quót. Nem ismerik fel ezt. A status quo az, hogy a férfiak háborúzni mennek, meghalnak, és a nők megteremtik a jövőt. A nehézség az, hogy a nők nem teremtik a jövőt, pedig ezért jöttek ide.

A teljesen más valóság és az ezen a valóságon túllépő jövő teremtő lényének milyen fizikai aktualizálását vagy most képes generálni, teremteni és intézményesíteni? Mindent, ami nem engedi, hogy ez megjelenjen, isten tudja hányszorosan, hajlandó lennél elpusztítani és nemteremtetté tenni? Helyes és Helytelen, Jó és Rossz, Pod és Poc, Mind a 9, Rövidek, Fiúk, és Túlontúl.

A legjobban így tudnám szemléltetni: Vannak gyógyítók, akik nem ismerik el. Nem engedik meg maguknak, hogy belépjenek a képességükbe és kapacitásukba. Folyamatosan úgy próbálnak működni, mintha nem lennének gyógyítók. Bezárnak dolgokat a testükbe és ezzel bántják a testüket.

Ugyanez van veled is, mint a jövő teremtőjével. Ha nem ismered el, hogy a jövő teremtője vagy, ha nem ismered el, hogy előre látod a jövőt és módosítani és megváltoztatni is tudod, akkor soha nem leszel az, aki vagy.

Mindent, ami nem engedi, hogy érzékeld, tudd, az legyél és befogadd mindazt, ami valójában vagy, hajlandó lennél elpusztítani és nemteremtetté tenni? Helyes és Helytelen, Jó és Rossz, Pod és Poc, Mind a 9, Rövidek, Fiúk, és Túlontúl.

*Szalon Résztvevő:*
Ez az alapja a nemek harcának?

*Gary:*
Ezt tették velünk, hogy megteremtsék az elkülönülést a végtelen lénytől. Tedd a férfiakat a status quo szállítóivá, tedd a nőket a jövő teremtőivé, majd mondd azt nekik, hogy a teremtés egyedüli módja az, ha gyerekük lesz, nem mintha

nem lenne meg nekik a jövőteremtő képességük. Így folyton azt gondolják, hogy a gyerekvállalással teremtik a jövőt, pedig nem.

*Szalon Résztvevő:*
Ha a férfiak tartják fenn a status quót és sok „vezető" férfi van, ez egy módja annak, hogy rávegyük őket, hogy ne nézzenek rá a jövőre? Az egész visszafelé van.

*Gary:*
Ez az egész valóság visszafelé van. A férfiak a vezetők. De hogy működik ez? Nem működik. Férfi vezetőkkel a politikai rendszerünk erről szól: „Meg kell változtatnunk a dolgokat változtatás nélkül. Jobbá kell tennünk a dolgokat anélkül, hogy megváltoztatnánk őket, vagy olyan picit változtassunk rajtuk, amilyet csak tudunk. Jobbá kell tennünk a dolgokat, de ezt úgy tesszük, ahogy mindig is tettük eddig. Nem csinálunk teljesen mást."

Ha ti nők nem ismeritek el azt a tényt, hogy megvan a képességetek egy olyan jövő teremtéséhez, ami még eddig nem létezett a bolygón, akkor nem vagytok az az erő, amik vagytok. A humanoid nők ki akarnak törni, csatázni és meghódítani a világot. Ezt akarjátok tenni, mert tudjátok, hogy van egy olyan lehetséges jövő, ami még nem létezett eddig a bolygón.

Mindent, amit azért tettél, hogy megtagadd, ne tudd, ne lásd, ne legyél az, ne érzékeld, és ne fogadd be mindazt, amit képes vagy megváltoztatni, és azt ahogyan képes vagy megváltoztatni és egy más valóságot teremteni a bolygón, hajlandó lennél elpusztítani és nemteremtetté tenni? Helyes és Helytelen, Jó és Rossz, Pod és Poc, Mind a 9, Rövidek, Fiúk, és Túlontúl.

Ha hajlandó lennél 990%-ban az lenni, aki vagy, hajlandó lennél meglátni azt is, hogy hogyan tudod ezt megváltoztatni. Hajlandó lennél meglátni, hogy hogyan teremthetsz egy más lehetőséget. Úgy tűnik, hogy én egy nő vagyok egy férfi testben, mert mindig hajlandó vagyok meglátni, hogyan lehet megváltoztatni a dolgokat, és hogyan lehet más a jövő. Hajlandó vagyok meglátni egy olyan lehetőséget, ami más, mint amit eddig érzékeltünk, tudtunk, azok voltunk, vagy befogadtunk. Szükségszerűen fel kell ismernünk, hogy azért jöttünk a Föld bolygóra, hogy egy olyan valóságot teremtsünk, ami még eddig soha nem létezett.

Az érzékelés, tudás, létezés, és befogadás emberi verzióját kicsinyes és hátbaszúrós módon csinálod. Ha versenyképes lennél egy olyan valóság teremtésében, ami még eddig soha nem létezett, és hajlandóbb lennél versenyezni valami nagyobb teremtéséért, mint ami jelenleg van, megváltoztatná azt, ami történik az életedben? Megváltoztatná azt, ahogy egymással működtök? Megváltoztatná azt, amit szeretnél teremteni és generálni?

## EGY JÖVŐ, AMIBE MÉG NEM LÉPTÜNK BELE

*Szalon Résztvevő:*
Egy olyan jövőről beszélsz, amiben az emberek éberek arra, hogy meggyógyítják magukat?

*Gary:*
Nem tudom milyen az a jövő, amiről beszélek. Csak azt

tudom, hogy elérhető számunkra egy olyan jövő, amibe még nem léptünk bele.

Milyen generatív kapacitását vagy képes generálni, teremteni és intézményesíteni az elemek azonnali valóságba szilárdításának a kvantum összefonódások által, ami egy olyan jövő érzékeléseként, tudásaként, létezéseként, és befogadásaként teljesedik be, ami a jelenleg teremtődő jövőn túli jövőt teremt? Mindent, ami nem engedi, hogy ez megjelenjen, isten tudja hányszorosan, hajlandó lennél elpusztítani és nemteremtetté tenni? Helyes és Helytelen, Jó és Rossz, Pod és Poc, Mind a 9, Rövidek, Fiúk, és Túlontúl.

Nem vagy hajlandó a jövőt teremteni. Nem akarsz felelős lenni azért, amit a jövő teremt. Ha felelős lennél azért, ami a jövőben teremtődik, akkor felelősnek kellene lenned akkor is, amikor a bolygó népessége felének meg kell halnia a jövő alapján, amit teremtettél. Ez könnyű vagy nehéz lenne neked? Mit nem vagy hajlandó megtenni és mi nem vagy hajlandó lenni? A legtöbb azért történt, mert nem vagy hajlandó csinálni valamit vagy valami lenni.

Mi nem vagy hajlandó lenni és mit nem vagy hajlandó csinálni, amire ha hajlandó lennél, egy olyan jövőt teremtene, amit az emberiség soha nem tudna megtagadni? Mindent, ami ez, isten tudja hányszorosan, hajlandó lennél elpusztítani és nemteremtetté tenni? Helyes és Helytelen, Jó és Rossz, Pod és Poc, Mind a 9, Rövidek, Fiúk, és Túlontúl.

Egy olyan jövőt, ami még soha nem volt, nem lehet definiálni. Ebben a valóságban a teremtés az, amikor olyat teremtünk, amit mindenki más ért – ami már megvan nekik, vagy meg kellene lennie, vagy illene, hogy meglegyen. Nem erről beszélek. Én azt kérdezem: Mit akarsz teremteni?

*Szalon Résztvevő:*

Mi van, ha nincs definícióm a jövőre? Tudom, hogy könnyedség és térűr van benne. Ott van, de nincs definícióm rá. Nem az, hogy „százmillió dollárt akarok teremteni."

*Gary:*

Százmillió dollár teremtése az ezen a valóságon alapuló jövő definíciója. Mi lenne, ha az a jövő, amit teremthetsz, tíz milliárd dollárt adna neked? Ezt tudnád definiálni? Folyamatosan próbálod definiálni azt, hogy mi is a jövő teremtése ahelyett, hogy éber lennél arra, hogy a jövő teremtése a lehetőségeken – nem konklúzión – alapuló meghatározhatatlan valóság teremtése. A meghatározhatatlan valóság annak a felismerése, hogy „Amit én szeretnék, az valami más. Amit én tudok teremteni, az valami más. Fogalmam sincs mi az. Ha fogalmam sincs arról, hogy mit tudok teremteni, akkor mit teremthetek?"

*Szalon Résztvevő:*

Számít, hogy milyen a jövő? Nem több az, amikor mindenki éber arra, hogy mit választ, akkor választhatják is, meg nem is? Nincs szükség egyik ilyen problémára sem.

*Gary:*

De igen, de inkább foglalkozol a problémával, mert inkább vagy a problémamegoldó. Inkább van egy problémád, amit megoldhatsz, vagy valami konkrét dolgod, mint hogy egy olyan jövőből élj, amiben semmilyen szilárdság nincs.

## „ANNYIRA UNTAT"

*Szalon Résztvevő:*
Annyira untat az MTVSS futtatása. Segítenél ebben?

*Gary:*
Nem követelted meg, hogy teremthetsz egy olyan jövőt, ami még eddig nem létezett. Amikor ezt nem követeled meg, akkor untatod magad azzal, ami nem vagy hajlandó lenni, és amit nem vagy hajlandó csinálni.

Milyen hülyeséget használsz, hogy megteremtsd az unalmat és önmagad beszűkítését, amit választasz? Mindent, ami ez, isten tudja hányszorosan, hajlandó lennél elpusztítani és nemteremtetté tenni? Helyes és Helytelen, Jó és Rossz, Pod és Poc, Mind a 9, Rövidek, Fiúk, és Túlontúl.

Amit az Access Consciousnessben csinálunk az nem az, hogy választ adunk. Ezek arról szólnak, hogy kinyitják az ajtót arra, amit még nem ismertél el, nem érzékelted, nem tudtad vagy nem akként léteztél. Az Access megadja neked a lehetőséget, hogy ezt teremtsd és válaszd.

Tisztáznod kell azt, hogy mire vagy képes. Folyamatosan megpróbálsz úgy tenni, mintha valahogy akadályozna ez a valóság, megállítana ez a valóság, kontrollálna ez a valóság, és korlátozna az, amit mások nem választanak.

Nőként választhatsz olyat, amit mások nem. Közületek hányan éltétek úgy az életeteket, úgy teremtettetek, mintha nem lenne jövő? Pedig ti vagytok a jövő forrása, és ti adjátok a férfiaknak a jövő forrását. Most már értem, hogy miért dolgozik nekem ennyi nő.

Milyen hülyeséget használsz, hogy megteremtsd a nincs

jövőt, amit választasz? Mindent, ami ez, isten tudja hányszorosan, hajlandó lennél elpusztítani és nemteremtetté tenni? Helyes és Helytelen, Jó és Rossz, Pod és Poc, Mind a 9, Rövidek, Fiúk, és Túlontúl.

Ha el kellene ismerned, hogy te vagy a jövő teremtője, el akarnád ezt ismerni – vagy megpróbálnál okot találni arra, hogy miért nincs jövő, hogy ne kelljen teremtened?

Nem arra kérlek titeket, hogy a múlt alapján teremtsétek a jövőt. Arra kérlek titeket, hogy olyan jövőt teremtsetek, amilyen eddig még soha nem létezett itt. Észreveszitek, hogy amikor felteszem ezt a kérdést, akkor egy olyan könnyedség van az univerzumotokban, amit nem lehet definiálni? Ez azért van, mert a definiálható dolgok területét nem lehet definiálni.

Mindannyian, akik megpróbáltok nem teremteni, hogy ne kelljen jövőt teremteni, és felelősnek lenni a teremtett jövőért, mert úgy gondoljátok, hogy a múlt szívás, hajlandóak lennétek mindezt elpusztítani és nemteremtetté tenni? Helyes és Helytelen, Jó és Rossz, Pod és Poc, Mind a 9, Rövidek, Fiúk, és Túlontúl.

*Szalon Résztvevő:*
Egy olyan jövő teremtéséről beszélsz, amilyen még nem létezett ezelőtt és egy olyanról, ami ezen a valóságon túllép. Van különbség a kettő között?

*Gary:*
Nem igazán. Ha ezen a valóságon túli jövőt teremtesz, akkor olyannak kell lennie, amilyen eddig még nem létezett. Eddig csak kiszámítható jövőt teremtettek itt a múlt alap-

ján – ez a valószínűség struktúrája ennek a valóságnak.

## A BIZONYÍTVÁNYOK LÉNYEGE

*Szalon Résztvevő:*
Úgy adtam a Bars kezeléseket, hogy nem kértem értük pénzt, azt remélve, hogy ez megváltoztatja valaki univerzumát. De ekkor azt mondják, hogy nincs semmilyen képességem életvezetési tanácsadóként.

*Gary:*
Reméltél és imádkoztál – viszont nem vetted számításba, hogy mi az, ami valójában lehetséges. Mondd azt az embereknek, hogy „CFMW" („MKCsM") minősítésed van. Csak állítsd ezt. Nem fogják megkérdezni, hogy mi ez. Feltételezik, hogy ezt tudniuk kellene.

Igazolást keresel arra, hogy amit teszel, az helyes, ahelyett, hogy hajlandó lennél a hogyan teremthetsz más jövőt ébersége lenni.

Azért mondják az emberek, hogy nincs bizonyítványod, mert nem kérsz pénzt azért, amit csinálsz. A bizonyítványok lényege a Föld bolygón a fizetség megkövetelésének hajlandósága. Minél többet kérsz, annál jobbnak gondolnak az emberek. Ha valamit ajándékba próbálsz adni, az pont annyit ér, amennyit fizetnek érte. Semmit. Pénzt kell kérned a dolgokért, ha azt akarod, hogy értékeljék, amit adsz. Jövőt próbálsz teremteni. Nem vagy hajlandó megkérni az árát annak, ami megteremti, hogy hajlandóak legyenek elfogadni azt a fajta jövőt.

*Szalon Résztvevő:*

Amikor a pénzre gondolok, olyan bizonytalannak, megfoghatatlannak tűnik.

*Gary:*

Azt választod, hogy ne legyen neked, ezért próbálod elajándékozni az Access Consciousnesst azzal, hogy ingyen futtatod mások Barjait. Megpróbálod egy vallásos tapasztalattá tenni az Accesst ahelyett, hogy egy kreatív tapasztalássá tennéd. Az Access Consciousness nem vallásos. Ez nem olyan, amit imádnod kell. Nem olyan, amit csinálnod kell. Nem olyan, amit nálad nagyobbá kell tenni. Olyan, amit egy más lehetőség lehetőségeként kell látnod, egy olyanét, ami még eddig nem volt lehetséges ebben a valóságban.

*Szalon Résztvevő:*

Az Access Consciousness egy olyan energiához beszél, amiről mindig is tudtam, hogy lehetséges.

*Gary:*

Igen, tudom. Megpróbálod definiálni ehhez a valósághoz, ezért is próbálod elajándékozni ahelyett, hogy elég pénzt kérnél érte ahhoz, hogy mások értékeljék. Semmit nem értékelnek az emberek, amit ingyen kapnak. Hagyd abba, hogy ezt megosztod másokkal. A nők megosztani próbálnak. Túl kell lépned azon, hogy nő vagy. Meglátod, hogy mi az, ami megváltoztatná az embereket – de hajlandónak kell lenned várni és figyelni arra, hogy mit kérnek tőled.

## „ARRA VÁGYNAK, AMIT ÉN NYÚJTHATOK?"

*Szalon Résztvevő:*
Szeretnék több éberséget hozni minden ismerősöm életébe.

*Gary:*
Nem kérdezted, hogy ők akarják-e ezt. Nem abból a kérdésből működsz, hogy „Arra vágynak, amit én nyújthatok nekik?" Olyan vagy, mint a déli anyák, akik megfőzik a grízt és azt mondják, hogy „Edd meg. Ez jót tesz neked." Nem számít, hogy a másik szereti-e a grízt vagy nem. A tény, hogy elkészítette azt jelenti, hogy a másiknak meg kell ennie.

*Szalon Résztvevő:*
Nem értem.

*Gary:*
Mi az etnikai háttered?

*Szalon Résztvevő:*
Kambodzsai vagyok.

*Gary:*
Mi a legnépszerűbb mártás Kambodzsában?

*Szalon Résztvevő:*
Erjesztett hal mártás.

*Gary:*
Megcsinálod az erjesztett halszószt és azt mondod valakinek, hogy „Itt van egy kis erjesztett halmártás neked.

Mindenre ráteszem, amit enni fogsz. Na és most élvezd."
Azt próbálod mondani, hogy „Ez a tudatosság a tökéletes erjesztett halmártás. Edd meg."
A másik azt mondja, hogy „De én nem szeretem az erjesztett halmártást."
Te: „Semmi baj. Ez jót tesz neked. Edd meg."
Az a következtetés, hogy jó. Megpróbálsz arra következtetni, hogy mit kellene teljesítened, ahelyett, hogy feltennéd a kérdést, hogy Mit képesek ezek az emberek meghallani? Ezzel éber vagy arra, hogy mit képesek meghallani és mit nem – nézőpont nélkül.

A jövő egy meghatározhatatlan valóság – de megpróbálod definiálni. Azt mondod, hogy „Ameddig van rajta halszósz, addig oké," ahelyett, hogy „Lehet olyan valóságom, amelyikben a halmártás létezik, vagy nem létezik. Egy olyan jövőt fogok teremteni, ami máshogy működik, mint ahogyan itt bárki is valósnak látja, mert ez az, ami működik nekem."

Nem tudod milyen lesz a jövő, de megpróbálod az alapján teremteni, amilyennek eldöntötted, hogy megfelelő lenne ahelyett, hogy azt kérdeznéd: Mi létezhet jövőként, amire még nem is gondoltunk?"

## A KÉPESSÉGED, HOGY MEGVÁLTOZTASD A VALÓSÁGOT

*Szalon Résztvevő:*
Mik lehetnek, vagy mit tehetnek a nők, hogy több férfit hívjanak meg az Accessbe?

*Gary:*
Azért van több nő, mint férfi az Accessben, mert a férfiak megpróbálják fenntartani a status quót. Erre tanították őket. Az első naptól fogva arra tanították őket, hogy „Ezt meg kell szerelned és nem megváltoztatnod."

A nőket arra tanították, hogy meg kell változtatniuk a ruhatárukat, mert ez a változás. Természetesen ez csak a képet változtatja meg róluk. Mi lenne, ha nem a magadról alkotott képet változtatnád meg, hanem magadat?

A valóság megváltoztatásának örökös kapacitásának milyen fizikai aktualizálását vagy most képes generálni, teremteni és intézményesíteni? Mindent, ami nem engedi, hogy ez megjelenjen, isten tudja hányszorosan, hajlandó lennél elpusztítani és nemteremtetté tenni? Helyes és Helytelen, Jó és Rossz, Pod és Poc, Mind a 9, Rövidek, Fiúk, és Túlontúl.

A következő néhány híváson a valóság-megváltoztató képességedről fogok beszélni. A hajlandóságod ehhez és az, hogy ez legyél, megköveteli azt az elköteleződést, hogy feladj mindent, amit ebben a valóságban valósnak vagy jónak definiáltál, legyen szó arról, hogy családban kell élned, mások szükségleteiért kell élned, tökéletes kapcsolatban kell lenned, vagy valakit teremtened kell az életedben. Van egy pont, ahol hajlandónak kell lenned egy olyan jövőt alkotni, amilyen még eddig nem létezett, ami módosítja azt, ahogyan minden megjelenik az életedben.

Rá kell nézned arra, hogy milyennek szeretnéd az életed, és onnan teremteni, tehát ha neked működik az, hogy van egy férfi az életedben, akkor legyen. Ha nem működik, akkor ne legyen. Nem arról szól, hogy az alapján teremtsd az életed, hogy "Hogyan kaphatom meg azt a kapcsolatot, amire szükségem van?" hanem arról, hogy "Hogyan kaphatom meg azt az életet, amilyet szeretnék?"

Most arra kérlek, hogy menj egy lépéssel előrébb. Kérdezd meg: Milyen jövőt szeretnék, amilyenről még nem is tudom, hogy lehetséges? Százmillió dollárra gondoltál? Igen. Nem gond. De miért is ne engednéd ezt meg? A valóság az, hogy fogalmad sincs.

Mindent, amit azért tettél, hogy kirekeszd a százmillió dollárt, ami meglehetne neked, azért mert _____, hajlandó lennél elpusztítani és nemteremtetté tenni? Helyes és Helytelen, Jó és Rossz, Pod és Poc, Mind a 9, Rövidek, Fiúk, és Túlontúl.

Meghatároztad, hogy milyen jövőt teremthetne neked a százmillió dollár. Eldöntötted, hogy "Ha lenne százmillió dollárom, akkor az azt jelentené, hogy ezt, meg ezt, meg ezt csinálom." Mi van, ha a saját magadról alkotott definíciód része annak a korlátozottságnak ahonnan működsz? Csak azért nincs százmillió dollárod, mert olyannak definiáltad magad, akinek nincs.

Milyen hülyeséget használsz, hogy megteremtsd önmagad definícióját, amit választasz? Mindent, ami ez, isten tudja hányszorosan, hajlandó lennél elpusztítani és nemteremtetté tenni? Helyes és Helytelen, Jó és Rossz, Pod és Poc, Mind a 9, Rövidek, Fiúk, és Túlontúl.

## RÁ KELL NÉZNED ARRA, HOGY A FÉRFIAK HOGYAN MŰKÖDNEK

*Szalon Résztvevő:*
A férjem és én 15 és 17 éves korunk óta együtt vagyunk. Lenyűgöző változásokon mentünk keresztül a kapcsolatunkban. Amikor mindketten sebezhetőek vagyunk és öszszekapcsolódunk, akkor működik a kapcsolatunk. De van egy probléma. Úgy tűnik, hogy amikor minden csodálatos, akkor a férjem belemegy a traumába és drámába valamivel kapcsolatban, amit csinálok. Nem húzom fel magam rajta, de úgy tűnik, hogy minél kevésbé idegesít ez engem, ő annál inkább bedühödik. Visszahúzódik és falakat állít fel.

*Gary:*
Ez azért van, mert fenn kell tartania a status quót.

*Szalon Résztvevő:*
Amikor legutóbb ez történt, olyan erősen húzta vissza az energiáit, hogy szó szerint eltűnt a szemeim elől. Több napra vagy egy hétre elvágta magát tőlem. Végül újra kapcsolódni akart úgy, mintha ez soha meg sem történt volna. Segítenél tisztán látni ebben?

*Gary:*
Próbáld meg ezt kérdezni: Milyen energia, térűr és tudatosság lehetek, hogy teljesen más valóságot teremtsek? Lehet, hogy nem azonnal fog megtörténni. Az univerzumnak beletelik egy kis időbe, hogy újrarendezze a dolgokat.

*Szalon Résztvevő:*
Próbálok beszélni vele erről, de az nem működik.

*Gary:*
Rá kell nézned arra, hogy a férfiak hogyan működnek. Onnan működnek, hogy „Ha meg kell beszélnünk, akkor valami rossz és nekem meg kell javítanom." Ha valóban meg kell beszélnetek valamit, akkor mondd azt, hogy „Drágám, gondolkodtam erről. Mit gondolsz?" Majd hagyd békén két-három napig. Eljut majd valamilyen következtetésig, amivel megérted, hogy mivel kell foglalkoznod, és mit kell megváltoztatnod, hogy más legyen.

Soha ne mondd azt, hogy „Mondd el, mit akarsz." Fogalma sincs. Egy férfinek le kell ülnie és tévéznie kell 27 órán át, majd következtetésre jut. Nem tud azonnali következtetést levonni a dologról. Nem tudja, hogyan ossza meg. Soha nem tanították neki, hogy hogyan kell. Fogalma sincs, hogy mit jelent a megosztás. Ti nők folyamatosan azt kérdezitek, hogy „Megosztod velem az érzelmeidet?". Nem tudja megosztani az érzelmeit, mert arra tanították, hogy az egyetlen dolog, amit tennie kell, amikor érez valamit, az az, hogy elhúzódik attól. Ha arra próbálod rávenni, hogy megossza veled a dolgokat, akkor az olyan, mintha közvetlenül herén csapnád. Nem így érdemes kapcsolatot létrehozni.

Újra és újra ugyanolyan férfiakat választasz ahelyett, hogy egy olyan kapcsolatot választanál, ami működik. A probléma egy részét az képezi, hogy szabványaid és elképzeléseid vannak arról, hogy milyennek kellene lennie egy férfinek. Azok, akik nem felelnek meg a követelményeknek, ők adnák meg neked azt, amit akarsz, és nem azt, amit kapsz.

Szeretném, ha megértenétek, hogy nem kell gyűlölnötök a férfiakat. Nem kell eltolnotok őket. Nem kell őket választanotok. Csak hajlandónak kell lennetek megengedni a férfiaknak, hogy pontosan azok legyenek, akik, nézőpont nélkül. Az érdekes nézőpont más valóságot teremt.

Az öröme annak, hogy nő humanoid vagy az, hogy megvan a képességed a jövő teremtésére. Ez az egyik dolog, amit a legtöbben nem vagytok hajlandóak elismerni.

Milyen hülyeséget használsz, hogy megteremtsd a jövő teremtésének totális elkerülését, amiről tudod, hogy lehetséges, amit választasz? Mindent, ami ez, isten tudja hányszorosan, hajlandó lennél elpusztítani és nemteremtetté tenni? Helyes és Helytelen, Jó és Rossz, Pod és Poc, Mind a 9, Rövidek, Fiúk, és Túlontúl.

Ez a valóságon túli valóság teremtéséről szól. Nem arról, hogy túlteremts azon, amit tudsz. Tudod, hogy lehetséges egy más valóság, és örökké megpróbálod kitalálni, hogy milyen az. Nem vetted még észre? Hozzájárul bárki is, hogy ez lehetővé váljon? Nem vagy hajlandó meglátni, hogy mire vagy képes, amire mások nem képesek.

Milyen hülyeséget használsz, hogy megteremtsd a jövő generatív kapacitásának és éberségének a hiányát, amit választasz? Mindent, ami ez, isten tudja hányszorosan, hajlandó lennél elpusztítani és nemteremtetté tenni? Helyes és Helytelen, Jó és Rossz, Pod és Poc, Mind a 9, Rövidek, Fiúk, és Túlontúl.

## KONTEXTUSON KÍVÜL LENNI

*Szalon Résztvevő:*
Úgy tűnik, hogy ahhoz, hogy a jövő generatív képességét és éberségét válasszuk, ki kell lépnünk bármilyen kontextusból. Igaz?

*Gary:*
Ha nőként definiálod magad, az kontextus? Igen, az. Megteremti azoknak a paramétereit, ahogyan mindenhez és mindenkihez kapcsolódsz. Amit a nőként létezésről tanultál, ebből hány dolog utal arra, hogy csupán egy hatalmas támogatónak kellene lenned, a valóság gerince, nem pedig egy valóság létrehozója? Ez igaz? Vagy ez az, amit igaznak vettél be, és ami korlátoz téged?

Mindent, amit igazként bevettél arról, hogy milyen egy nő, egy feminista, és egy női személy, ami nem igaz, visszaküldenéd a feladónak tudatossággal? Helyes és Helytelen, Jó és Rossz, Pod és Poc, Mind a 9, Rövidek, Fiúk, és Túlontúl.

## A VÁLASZTÁSAIDDAL EGY MÁS JÖVŐT TEREMTESZ

*Szalon Résztvevő:*
Néztem a Jane Eyre-t és sírva fakadtam a végén. Rájöttem, hogy nem azért, mert Mr. Rothschildre vártam. Inkább azért, mert mindig, amikor kapcsolatban voltam valakivel, akkor az volt a követelményem, hogy intimitásban legyek azzal a személlyel, mindennel, és mindenkivel. Meg-

láttam, hogy mennyire vágytam az intimitásra. Ha ezzel az energiával megyek, akkor az más jövőt teremt?

*Gary:*
Igen. Ez a valóság nem a lehetőség intimitásán alapul. Azon a távolságon alapul, amit egymás között teremthetünk, hogy ezzel soha ne legyünk olyan közel egymáshoz, hogy valóban olyat teremtsünk és generáljunk, ami dinamikusan megváltoztat mindent körülöttünk.

*Szalon Résztvevő:*
Ha követem az energiáit azoknak a helyeknek, ahol az intimitást kerestem, az más jövőt teremt?

*Gary:*
Igen. A választásaiddal más jövőt teremtesz. Ez az, amit tehetsz. Így teremthetsz egy olyan jövőt, ami itt nem létezik.

Milyen hülyeséget használsz, hogy elkerüld azt a jövőt, amit teremthetnél és választhatnál, amit választasz? Mindent, ami ez, isten tudja hányszorosan, hajlandó lennél elpusztítani és nemteremtetté tenni? Helyes és Helytelen, Jó és Rossz, Pod és Poc, Mind a 9, Rövidek, Fiúk, és Túlontúl.

A választásaiddal más jövőt teremthetsz. Ez egyszerűbb a nőknek, mint a férfiaknak, mert a férfiakat arra tanították, hogy fenn kell tartaniuk azt, ami van. Dolgozniuk kell és mindent megjavítaniuk; nem kell megváltoztatniuk a dolgokat. Téged arra tanítottak, hogy legalább a ruháidat cseréld le. Ez egy teljesen más tér, ahonnan működhetsz.

Amikor valami nem úgy sül el, mint amire számítottál, akkor belemész ennek a megítélésébe. De ha hajlandó vagy teremteni a jövőt, akkor nem tudod megjósolni, hogy hogyan fognak megtörténni a dolgok. Ez nem egy valószínűség struktúra. Ez egy lehetőség rendszer. Azzal próbáljuk meg elkerülni az elvesztést, hogy valószínűségeket hozunk létre arról, hogy mi fog nyerni és mi fog veszíteni. Ez teremt? Nem. Ez csak fenntart. Erre tanították a férfiakat – fenntartás a valószínűségek alapján: „Ha nem beszélek, az emberek nem gyűlölnek. Ha nem hibázok, a nők nem lesznek dühösek rám. Ha ezt nem rontom el, a nők boldogok lesznek velem." A férfiak egy olyan valószínűség struktúrából működnek, ami bele van bolondítva és betonozva a valóságukba egy olyan intenzitással, hogy ritkán jutnak igazi választáshoz. De amikor ezt választják, akkor ugyanúgy, mint te, képesek egy más lehetőséget teremteni.

## EZ EGY VÁLASZTÁS, MAJD MÉG EGY

*Szalon Résztvevő:*
Azt akarod mondani, hogy nem ma kell ezt az egészet megteremteni? Egy választás, aztán még egy, aztán még egy?

*Gary:*
Igen, egy választás. Azt választani, hogy meghallod, amikor nem akarod meghallani. Azt az egy dolgot választod, ami felemészt, ameddig nem választod. Ébernek lenni arra, amire éber vagy, még akkor is, ha nem akarsz éber lenni arra, hogy mennyire éber vagy. Tudod, hogy meg kell tenned. Tudod, hogy képes vagy rá. Tudod, hogy valami lehetséges. Milyen más választásod van?
Egy teljesen más valóság és teljesen más jövő milyen fi-

zikai aktualizálását vagy most képes generálni, teremteni és intézményesíteni? Mindent, ami nem engedi, hogy ez megjelenjen, isten tudja hányszorosan, hajlandó lennél elpusztítani és nemteremtetté tenni? Helyes és Helytelen, Jó és Rossz, Pod és Poc, Mind a 9, Rövidek, Fiúk, és Túlontúl.

## LEHET MÁS VALÓSÁGOD

*Szalon Résztvevő:*
Mostanában ezzel a kérdéssel ébredtem: „Milyen lenne, ha a mai nap más lenne?"

*Gary:*
Mi van, ha a ma másabb lehet, mint ahogy eddig elképzeltem? Választanod kell, hogy valami olyat teremts, ami jövő. Ez valami mást fog teremteni, mint ami eddig itt volt. Most minden arra hivatott, hogy elpusztítsa a Földet.

*Szalon Résztvevő:*
Gyerekkorom óta bármikor, amikor más valóságot próbáltam teremteni, lehülyéztek.

*Gary:*
Felfogod, hogy te vagy az egyik olyan ember, aki más jövőt képes teremteni, ha azt választja? Más jövőt teremthetsz az embereknek az életedben a választásaiddal, amiket akkor hozol, amikor velük vagy. Minden választásoddal egy más jövőt teremthetsz, mint amilyet gondolsz, hogy teremthetsz. Ki kell jönnöd ebből a valóságból és el kell kezdened észrevenni, hogy lehet más valóságod, egy olyan, ami a tiéd,

tekintet nélkül arra, hogy bárki mit gondol erről. Mindig van valamilyen ítélkezés. Mindig van valaki, aki hülyének hisz. De azon túl, hogy bárki mit gondol, van egy más jövő.

## A DEFINÍCIÓ A PUSZTÍTÓ

*Szalon Résztvevő:*
Egy olyan jövőről beszélsz, ami meghatározhatatlan és arra kérsz minket, hogy legyünk meghatározhatatlanok. Bárhol, ahol definíció van, ez az, ahol a pusztító megjelenik a teremtésben, hogy azt visszacsinálja?

**Gary:**
Igen. Bárhol, ahol megpróbálod meghatározni, hogy milyen a jövő teremtése, elpusztítod a jövőt a jelen egy más verziójának javára.

Ha nem tudnád definiálni, hogy amit gondoltál az jó dolog-e a jövőre nézve, akkor meg kellene teremtened azt, ami egy olyan jövőt teremtene, ami nagyszerűbb lenne, mint képzeled? Mi van, ha a jövő teremtésekor a lehetséges választás nem az, amire gondoltál, hanem nagyszerűbb, mint amilyen eddig lehetett? Ha definiálod, hogy a nagyszerű jövő teremtése az, hogy százmillió dollárt teremtesz, akkor ilyennek definiáltad a nagyszerű jövőt. Mi van, ha ez egy korlátozott jövő, nem pedig egy nagyszerű jövő? Mi van, ha ez az, ami akadályoz, nem pedig az, ami teremt?

## MI A CÉLOM ITT A FÖLD BOLYGÓN?

Az Access Consciousnesst túlteremtettem azon, amit

mindenki mondott erről a valóságról. A kezdetektől fogva mindenki azt mondta, hogy rosszul csinálom. Minden, amit tettem, rossz volt. Ezzel azt teremtettem, hogy ez rossz. A struktúrája volt rossz. A rendszer, amit választottam, volt rossz. Nem azokat a dolgokat tettem, ami egy tökéletes kultusszá tette volna. Nem úgy teremtettem, ami mindenkit idevonzott volna és itt is maradtak volna. De nem ez volt a célom.

El kell kezdened ránézni erre:
- Mi a célom itt a Föld bolygón?
- Szeretnék kapcsolatot és családot és boldog életet, valaki más „boldogan éltek, míg meg nem haltak" valósága szerint?
- Vagy szeretnék valami mást teremteni?
- Mi az, ami nekem működne, ami másnak nem feltétlenül működne?

Rendelkezésedre áll az a képesség, hogy egy olyan jövőt teremts, amit senki más nem láthat, ami senki más nem lehet, amit senki más nem választhat, és senki más nem tartaná értékesnek – de neked mindig értékes lesz. Létezik egy más lehetőség itt. De választanod kell.

Látnod kell olyan nőként a képességed, amilyen vagy. Megvan a képességed arra, hogy egy olyan jövőt teremts, ami eddig nem létezett. Ezért jöttél ide. Ezért vagy itt. Ez az, amiről tudod, hogy lehetséges. Ez az, amit még nem választottál, hogy ez legyél, vagy ezt csináld. Megpróbáltad ezt választani aszerint, hogy ebben a valóságban mi számít helyesnek.

Mi van, ha ez volt a legrosszabb és nem pedig a legjobb formád? Úgy próbálsz ránézni a legjobb formádra, mintha a legrosszabb lenne a legjobb formád. Hát nem az. Annyira sokkal több elérhető még magadból. Sajnálom, hogy nem tudom mindet ezen a híváson odaadni nektek.

*Szalon Résztvevő:*
Beszélnél arról, hogy mi a különbség az értékes és a jelentőségteli között?

**Gary:**
Más emberek valóságai alapján teszed értékessé a dolgokat, mert amit mások jelentőségtelivé tesznek, arról azt hiszed, hogy azt kell teljesítened. Tehát ami a legkevésbé jelentőségteli neked, az a legértékesebb benned.

A fajok népszerűsítésén alapuló jövő nem ezen a valóságon túli valóságot teremt. Újra és újra ezt a valóságot teremti meg, mintha más eredményt kaphatnál. A gyerekeid jobbak lesznek, mint amilyen te vagy? Személyes tapasztalatból azt mondanám, hogy nem. A gyerekeid azok lesznek, akik. Nem várhatod el tőlük, hogy jobbak legyenek nálad. Csak azt várhatod el tőlük, hogy azok legyenek, akik. Ha végül jobbnak bizonyulnak, mint te, az lenyűgöző.

*Szalon Résztvevő:*
De a gyerekeimet magamnál jobbnak látom.

Nem. Jobbnak ítéled meg őket. Ez más. Megpróbálod magadnál jobbnak tenni őket ahelyett, hogy meglátnád, hogy micsoda ajándékot adtál nekik – annak a képességét, hogy valami olyat válasszanak, ami lehetséges lehet. Ez nem teszi őket jobbá nálad. Mássá teszi őket, mint amilyen te vagy, mert neked ezt nem tanították. Ezt te magad gyűjtötted össze egyedül.

Milyen lenne, ha te lennél az az ajándék, ami jobbá teszi az életüket ahelyett, hogy azt gondolnád, hogy ők azok az ajándékok, amik a te életedet teszik jobbá?

Milyen jövőt próbálsz teremteni??

Köszönöm, hölgyeim. Alig várom, hogy újra beszéljünk jövő héten.

# 7
# Megadni másoknak a lehetőség birodalmát

*Az igazi gondoskodás az, ha nem teszünk meg mindent másokért.
Az, hogy megadjuk másoknak a lehetőség birodalmát.*

Gary:
Üdvözöllek titeket, hölgyek. Szeretnék néhány kérdéssel indítani.

## MI AZ, AMI LEHETŐVÉ TESZI, HOGY MINDENT KÖNNYEDÉN KEZELJÜNK?

*Szalon Résztvevő:*
A 12 éves örökbefogadott fiamnak magzati alkohol szindrómája van, figyelemhiányos hiperaktivitás-zavara, és érzelmi kihívásai. Küszködtem vele és nagyon sok streszszben volt részem egyedülálló anyaként. Nemrég kirúgták

az iskola utáni programból. Ez okot adott neki arra, hogy az apjával éljen. Arra gondoltam, hogy talán másféle fegyelmezésre volt szüksége, mint amit én nyújtottam neki, és ő többször is azt állította, hogy az apjával akar élni. Mégis ezután a döntés után úgy érezte, hogy elhagytam őt.

*Gary:*
Ezt manipulációnak hívják kedves, nem valóságnak.

*Szalon Résztvevő:*
Többnyire úgy tűnik, hogy megfelel neki az apukájával élni. Csak 15 percre lakik tőlem, és gyakran találkozunk. Mindezek után elvégeztem néhány Access Consciousness tanfolyamot és néha bűnösnek érzem magam, mert olyan eszközöket tanulok, amik hasznosak lehetnek vele, de sokkal kevésbé férek hozzá a fiamhoz, hogy Barsszal vagy más eszközökkel dolgozhassak rajta. Az elmúlt 6 hónapban csökkent a bűntudat, de még mindig történnek olyan dolgok, amik eszembe juttatják. Például mostanában a 15 éves lányomtól azt hallottam, hogy az édesapja azt mondta másoknak, hogy én elhagytam a fiúnkat.

*Gary:*
Nem hagytad el a fiadat. Az apa így tűnteti fel magát jó színben és téged rosszban. Jobbá próbálja tenni magát nálad; versenyezni próbál veled, hogy bebizonyítsa, hogy ő jó szülő, te pedig rossz szülő vagy. Hosszú távon nem fog neki működni, de neked igen, ha ezt nem veszed be.

*Szalon Résztvevő:*
Tudom, hogy nem mond igazat, de zavar. Bűntudatom

van és olyan érzésem, hogy nem teszek eleget, pedig aktívan részt veszek a fiam életében és olyan dolgokra törekszem, ami szerintem a hasznára válik. Nagyon sok új éberségem van azokról a képességekről, amik a birtokában vannak. Azt kérdezem magamtól, hogy „Az egység-közösség milyen energetikai szintézise lehetek, hogy az a szülő legyek, akire a gyerekeimnek szüksége van?"

*Gary:*
Nem, nem, nem. Ezt kell kérdezned: Az egység-közösség milyen energetikai szintézise lehetek, hogy megengedjem, hogy mindez teljes könnyedséggel történjen? Ne vedd fel azt a nézőpontot, hogy megpróbálod kielégíteni a gyerekeid szükségleteit. Ha beveszed ezt a nézőpontot, akkor már következtetésbe, döntésbe és ítélkezésbe mentél, kiről is? Magadról!

Soha nem érdemes azt kérdezni, hogy mire van szüksége a gyerekeidnek, hogy ki legyél, mert a gyerekek mindig olyasvalakit szeretnének, aki megtesz mindent, amit akarnak anélkül, hogy egy morzsányi éberséget fel kellene mutatniuk. Ne azt kérdezd, hogy mi lehetsz a gyerekeidnek. Kérdezd azt, hogy: Mi az, amivel mindent könnyedén lehet kezelni?

## IGAZI GONDOSKODÁS KONTRA GONDJÁT VISELÉS

*Szalon Résztvevő:*
Köszönöm. Azt mondhatom, hogy ahogy a dolgok most állnak, egy jobb valóságot teremtettem a lányommal. Sok-

kal boldogabb és teljesebb kamasz, mint amilyen egy éve volt.

*Gary:*
Igen, mert a fiad már nincs ott, hogy lekösse minden energiádat.

*Szalon Résztvevő:*
Azt hallottam, hogy a fiam sincs rosszul, és a kerület legjobb speciális szükségletű gyerekekkel foglalkozó iskolájában van. Az apukája is ott dolgozik. Szóval milyen hülyeség tart benne a bűntudatban és az érzelmi lökésekre való fogékonyságban, amit az apja hoz létre azzal, hogy azt mondja, hogy lemondtam róla?

*Gary:*
Nem mondtál le róla, drágaság. Nem mondtál le róla. Még mindig ott vagy neki. Semmiről nem mondtál le. Törődő vagy.

Közületek nők közül hányan nem akarjátok felismerni, hogy mennyire gondoskodóak vagytok? Mindent, amit azért tettetek, hogy megtagadjátok a gondoskodásotokat, hajlandóak lennétek elpusztítani és nemteremtetté tenni? Helyes és Helytelen, Jó és Rossz, Pod és Poc, Mind a 9, Rövidek, Fiúk és Túlontúl

Ismerd fel, hogy az igazi gondoskodás, törődés a részed; ez nem a gondját viselés. Ha felismered, hogy a jövő teremtője vagy és hajlandó vagy ezt a jövő lehetőségeivel törődés érzetéből tenni, akkor nem esel bele a „gondját kell viselnem", „csinálnom, csinálnom, csinálnom kell", „fel kell adnom magam a férfiaknak", „vissza kell csinálni magam" csapdáiba Ezekből egyik sem fog megtörténni.

A gondját viselés egy találmány, ami szerint ha valamit teszel másokért, akkor gondoskodó vagy. Ez a gondoskodás találmánya. Eszerint amit másokért teszel az egyenlő azzal, hogy gondoskodsz. Ebben a valóságban a gondoskodás az, hogy „Gondjukat viselem, ami bizonyítja, hogy gondoskodó, törődő vagyok." Mindent megteszel valakiért, hogy bebizonyítsd, hogy gondoskodó vagy, ahelyett, hogy felismernéd mi is valójában a gondoskodás.

Az igazi gondoskodás lehet az, hogy „Ha még egyszer megcsinálod, megöllek." A gondoskodás néha az, ha elvágod az embereket és nem támogatod őket, függetlenül a szituációtól. Volt idő, amikor a kisebbik fiam sokat ivott, és amikor ivott, akkor nagyon visszataszító volt. Gondoskodásom ebből állt: „Ne gyere a közelembe ha iszol, mert ilyenkor nem kedvellek."

Ennek következtében visszafogott az ivásból. Nagyrészt fel is adta és sokkal inkább a kezében tartja az életét. A gondoskodásom az volt, hogy azt mondtam neki: „Nem vagy jó fej ha iszol, seggfej leszel tőle. Ne igyál, ha a közelemben vagy."

Azt kérdezte: „Apa, hol van a megengedésed?"

Azt mondtam, hogy „Ez megengedés, mert a) nem jelentettem a rendőrségnek, b) nem öltelek meg, és c) elég sokáig elviseltem a szarságod. Most, hogy ezen túljutottam, meg kell változnod." Néha az a gondoskodás, ha arra kérsz valakit, hogy változzon meg. Vannak ezek a jeleink, pecsétjeink, emblémáink és jelentőségeink a gondoskodásról, de ebből egyik sem igazi gondoskodás.

Milyen hülyeséget használsz, hogy megteremtsd a jeleit, pecsétjeit, emblémáit és jelentőségét a gondoskodásnak, mint a helytelenségnek, kételynek, hülyeségnek és őrültségnek, amit választasz? Mindent, ami ez, isten tudja hányszorosan, hajlandó lennél elpusztítani és nemteremtetté tenni? Helyes és Helytelen, Jó és Rossz, Pod és Poc, Mind a 9, Rövidek, Fiúk és Túlontúl.

Az igazi gondoskodás az, ha nem teszel meg mindent a másikért. Az, hogy megadod a másiknak a lehetőségek birodalmát. Arra tanítottak, hogy ha mindent megteszel valakiért, azzal bebizonyítod, hogy gondoskodó vagy. De miért kellene bebizonyítanod, hogy gondoskodsz? Nem úgy nézünk a gondoskodásra, mint a lehetőségek birodalmának nyújtására, mert arra tanítottak, hogy ahhoz, hogy bebizonyítsuk, hogy törődünk, meg kell tennünk x, y, z-t, amiből egyiknek sincs semmi köze a valódi választáshoz és valódi lehetőséghez.

## FEL KELL ISMERNED, HOGY MI VAN

*Szalon Résztvevő:*
Elmondhatjuk ugyanezt a szerelemről is, mint abban, hogy „Ha szeretsz, megteszed ezt nekem"?

*Gary:*
Ez csupán manipuláció. Egyszer egy Access Consciousnesszel foglalkozó nő azt mondta nekem, hogy „Szeretnék kapcsolatot veled, de nem tudnék Dainnel kapcsolatban lenni, mert bántana engem." Elmondtam Dainnek, hogy ez volt a hölgy nézőpontja.

Ezután összejöttek. A nő gonosz és csúnya dolgokat tett

vele, és Dain nem adhatta ezeket vissza, mert be akarta bizonyítani, hogy soha nem bántaná meg. A nő majdnem megölte!

*Szalon Résztvevő:*

Szóval azzal, hogy felvette a „Nem bánthatom meg" nézőpontot, minden tőle telhetőt megtett azért, hogy ne bántsa meg, beleértve azt is, hogy megöli magát?

*Gary:*

Igen, és ez nem teremt lehetőségeket. Fel kell ismerned, hogy mi van, ahelyett, hogy azt látnád, amiről azt gondolod, hogy van.

A lehetőség birodalma az a tér, ahol felismered, hogy valójában mi lehetséges, ami a lényege a jövő teremtésének. Beszéltem erről a legutóbbi hívásunkon. A nők azt gondolják, hogy gyereket szülni és anyának lenni jelenti a jövő teremtését. Ez nem az. A jövő teremtése az, hogy felismerjük, hogy az emberek választásai az egyetlen módja a jövő teremtésének.

*Szalon Résztvevő:*

Nekem azt tanították, hogy a jövő az, ami, és nem tudom megváltoztatni.

*Gary:*

Nem a jövő megváltoztatásáról van szó; hanem a teremtéséről.

*Szalon Résztvevő:*

Ez egy blokk nekem. Soha nem mondták nekem, hogy a

jövő az teremtés. Azt tanították, hogy az az, ami.

## TEREMTÉS ÉS TALÁLMÁNY

*Gary:*
A probléma egy részét az képezi, hogy azt tanítják nekünk, hogy egy valaminek a vizuális valóságát teremtsük meg, és beleragadunk abba az elképzelésbe, hogy a teremtés és találmány ugyanazok.

*Szalon Résztvevő:*
Mi a különbség?

*Gary:*
Így tudom legjobban megmagyarázni: Egyszer Latin-Amerikában voltam, és épp TV-t néztem. Minden spanyolul volt, és nem teljesen értettem. A csábításról és a szenvedélyről beszéltek, és a szenvedély szemléltetéséhez megmutatták, ahogy egy bugyi valakinek ráesik a bokájára. Ez a valaki, akinek nagy lábai voltak, tenisz cipőt és tenisz zoknit viselt. Lehetett volna a férfi öve, ahogy leesik, vagy a nőé, de bármi is volt, nem volt benne szenvedély. A szenvedély vizuális valóságának kellett volna lennie. Találmány volt.

*Szalon Résztvevő:*
Beszélnél a vizuális valóságokról, amiket kitalálunk?

*Gary:*
Hányszor mondod, hogy „Látnom kell milyen lesz" vagy „Látnom kell, hogyan működik"? Mintha azzal, hogy azt

gondolod, hogy ha van arról egy vizuális megjelenésed, hogy hogyan fog működni, akkor életre keltheted.

*Szalon Résztvevő:*
Tudod hova mentem, Gary? Belementem a vizualizálásba. Látom a kanapémat. Annyira szilárddá teszem ezt a kanapét, hogy megalkotom. Ha nem használnám a vizualizálást, akkor megváltoztathatnám a kanapé energiáját, ahogy most ráülök.

*Gary:*
Ez valószínűleg igaz. Ha valamit a vizuális aspektusból próbálsz tenni, akkor csak azt láthatod, ahogy kinéz, nem azt, ami.

*Szalon Résztvevő:*
Így látom ezt az egész valóságot. A vizuális eszközöket használom. Innen jövök és szeretném, ha megjelenne valami más.

*Gary:*
Szóval, ennek a valóságnak mekkora része az, amit valósnak találtál ki, ami valójában nem az?

*Szalon Résztvevő:*
Az egész.

*Gary:*
Beszéltem már a gondolatokról, érzésekről, érzelmekről, szexről és no szexről, amik az érzékelés, tudás, létezés és befogadás alacsonyabb harmóniái. Azt tanuljuk, hogy érzelmeket találjunk ki valami olyan körül, ami nem is létezik.

Milyen lenne, ha nem próbálnál feltalálni dolgokat? Milyen hülyeséget használsz, hogy megteremtsd a jeleit, pecsétjeit, emblémáit és jelentőségét a gondoskodásnak, amit választasz? Mindent, ami ez, isten tudja hányszorosan, hajlandó lennél elpusztítani és nemteremtetté tenni? Helyes és Helytelen, Jó és Rossz, Pod és Poc, Mind a 9, Rövidek, Fiúk és Túlontúl.

Gondolatokat, érzéseket, érzelmeket, szexet és no szexet találsz fel, hogy bele tudj illeni ebbe a valóságba. Korábban beszélgettem egy nővel, akinek bűntudata volt azzal kapcsolatban, hogy nem jó anyja a fiának. Valójában anya vagy? Vagy egy végtelen lény vagy, aki kitalálta, hogy ezek a gyerekek hozzád kapcsolódnak? Minden kapcsolat egy találmány, nem teremtés. Amikor a találmányból teremtésbe mész, akkor mindig megnyitod az ajtót a lehetőségnek. Máskülönben a találmány mindig következtetést teremt.

Milyen hülyeséget használsz, hogy feltaláld az anyát, az apát, a fiút, a Szent Lelket, a lányt, és minden kapcsolatot, amit választasz? Mindent, ami ez, isten tudja hányszorosan, hajlandó lennél elpusztítani és nemteremtetté tenni? Helyes és Helytelen, Jó és Rossz, Pod és Poc, Mind a 9, Rövidek, Fiúk és Túlontúl.

*Szalon Résztvevő:*
Ez azonnal rengeteg ítélkezést vesz le rólunk.

*Gary:*
Igen, mert minden találmányt arra terveztek, hogy valamilyen következtetés legyen belőle. És mire kell legtöbbször következtetned? Hogy mennyire rossz vagy. Mennyire vagy

megítélhető. Hogyan hibáztál.

*Szalon Résztvevő:*
Igen, hogy mennyire nem vagyok elég jó.

*Gary:*
Szóval, mennyi a találmány azokból, amiket rosszá teszel? Mind, néhányuk, vagy totálisan mind?

*Szalon Résztvevő:*
Mind az összes.

*Gary:*
Mindent, ami ez, isten tudja hányszorosan, hajlandó lennél elpusztítani és nemteremtetté tenni? Helyes és Helytelen, Jó és Rossz, Pod és Poc, Mind a 9, Rövidek, Fiúk és Túlontúl.

*Szalon Résztvevő:*
Innen van az, hogy „A szükség a találmány anyja"?

*Gary:*
Igen. Mert mindig megpróbáljuk kitalálni, hogy hogyan feleljünk meg.

*Szalon Résztvevő:*
Szükségessé tesszük magunkat.

*Gary:*
Igen. Ha nem lennél szükséges, valójában mit csinálnál vagy mi lennél, amit nem voltál hajlandó megcsinálni vagy az lenni?

*Szalon Résztvevő:*
Úgy lépjünk ki az anyaság és a szülőség találmányából, hogy legyünk teljesen jelen és csak legyünk azzal, ami történik?

*Gary:*
Ha valójában ott lennél, éber lehetnél a lehetőségre, és arra, hogy milyen választások elérhetőek a lehetőség megteremtéséhez? Nagyszerűbb dolog lenne, mint amit jelenleg választasz?

*Szalon Résztvevő:*
Sokkal nagyszerűbb.

*Gary:*
Ezért érdemes oda eljutni.

## ANNAK AZ ENERGIÁNAK KELL LENNED, AMI MEGMUTATJA A LEHETŐSÉGEKET

*Szalon Résztvevő:*
Mi van a körülötted lévő gyerekekkel és emberekkel, akik nem látják, amit te látsz, és akik az ítélkezések csapdájába ejtik magukat?

*Gary:*
Csak akkor ejthetik magukat az ítélkezések csapdájába, ha nem vagy hajlandó jövőt teremteni. Annak az energiának kell lenned, ami megmutatja a lehetőségeket, ami megadja nekik azokat a választásokat, amik a lehetőségeket teremthetik és generálhatják. Ezután megjelenik egy más valóság.

Mindent, ami ez, isten tudja hányszorosan, hajlandó lennél elpusztítani és nemteremtetté tenni? Helyes és Helytelen, Jó és Rossz, Pod és Poc, Mind a 9, Rövidek, Fiúk és Túlontúl.

Annak, ahogy látod a szüleiddel való kapcsolatot, mekkora része alapul olyan vizuális valóságon, ami teljesen találmány?

*Szalon Résztvevő:*
Mind az összes.

*Gary:*
Mindent, ami ez, isten tudja hányszorosan, hajlandó lennél elpusztítani és nemteremtetté tenni? Helyes és Helytelen, Jó és Rossz, Pod és Poc, Mind a 9, Rövidek, Fiúk és Túlontúl.

A szexnek és közösülésnek mekkora része alapul a vizuális találmányon?

*Szalon Résztvevő:*
Ó Istenem, az egész!

*Gary:*
Mindent, ami ez, isten tudja hányszorosan, hajlandó lennél elpusztítani és nemteremtetté tenni? Helyes és Helytelen, Jó és Rossz, Pod és Poc, Mind a 9, Rövidek, Fiúk és Túlontúl.

## MELYIK SZERINT ÉLSZ – A VALÓSÁG VAGY AZ ILLÚZIÓ SZERINT?

Néztem egy TV műsort, amelyikben egy nő egy pohár pezsgővel ült egy ágyon, amire rózsaszirmok voltak szórva. Bejött a szeretője egy fegyverrel a zsebében. Dühös volt a nőre valamiért és készen állt arra, hogy lepuffantsa. Ez egy példa a kapcsolatok, a szex, érzések és romantika találmányaira az életedben. Kitalálják az életed illúzióját, nem pedig a valóságát. Melyik szerint élsz? A valóság vagy az illúzió szerint?

Az életed illúziójának mekkora részét találtad ki, ami valójában nem is működik? Mindent, ami ez, isten tudja hányszorosan, hajlandó lennél elpusztítani és nemteremtetté tenni? Helyes és Helytelen, Jó és Rossz, Pod és Poc, Mind a 9, Rövidek, Fiúk és Túlontúl.

*Szalon Résztvevő:*

Használhatom előnyömre ezt a vizuális valóságot?

*Gary:*

Mindössze annyit kell tenned, hogy kérdezel:
* Ebből mennyi valós?
* Ebből mennyi találmány?

Nézz rá azokra a kapcsolatokra, amikben most vagy. Nézz rá a fiaddal való kapcsolatodra. Ebből a kapcsolatból mennyi valós és mennyi találmány?

*Szalon Résztvevő:*

Semmi nem valós belőle. Minden találmány.

*Gary:*

Mindent, amit azért tettél, hogy kitaláld a kapcsolatot, hajlandó lennél elpusztítani és nemteremtetté tenni? Helyes és Helytelen, Jó és Rossz, Pod és Poc, Mind a 9, Rövidek, Fiúk és Túlontúl

Ha kitalálod a kapcsolataidat, akkor elérhető egyáltalán az igazi gondoskodás?

*Szalon Résztvevő:*

Nem.

*Gary:*

Miért?

*Szalon Résztvevő:*

Mert nincs benne éberség és választás. Ott semmi nem valós.

*Gary:*

Az igazi gondoskodás éberségen alapul. Nem vizuális találmányon.

## MIT SZERETNÉL JÖVŐKÉNT TEREMTENI?

*Szalon Résztvevő:*

Hűha! Hogyan jutunk el oda Gary?

*Gary:*

Erre akarlak rávenni titeket. Első lépésként fel kell ismerned, hogy te vagy a jövőd teremtője – és ez nem azt jelenti, hogy szülsz egy gyereket. Milyen lenne, ha hajlandó lennél érzékelni, tudni, az lenni és befogadni, hogy milyen lenne a jövő teremtése?

A jövő teremtőjének milyen fizikai aktualizálását vagy most képes generálni, teremteni és intézményesíteni? Mindent, ami ezt nem engedi, isten tudja hányszorosan, elpusztítom és nemteremtetté teszem. Helyes és Helytelen, Jó és Rossz, Pod és Poc, Mind a 9, Rövidek, Fiúk és Túlontúl

Hölgyeim arra kérlek titeket, hogy vegyétek ezt fel végtelenített lejátszásra és hallgassátok éjjel nappal. Ide kell eljutnotok, ha valóban más világot akartok teremteni.

*Szalon Résztvevő:*

Köszönöm, Gary. Ez annyira felszabadító. Felismertem, hogy arra figyeltem, hogy mit csinálnak az emberek és olyan kérdéseket tettem fel, mint „Mi a munkája? Hogyan élik túl ezek az emberek azt, amit az életükben tesznek?" De már látom, hogy meg kell teremtenem a saját valóságomat.

*Gary:*

A világon a legtöbb ember kitalálja az életét. Az eddigi életednek mekkora része volt találmány – nem pedig teremtés?

Mindent, amit azért tettél, hogy megteremtsd a találmányt, hajlandó lennél elpusztítani és nemteremtetté tenni? Helyes és Helytelen, Jó és Rossz, Pod és Poc, Mind a 9, Rövidek, Fiúk és Túlontúl.

Valójában hogyan teremtesz? Azzal az energiával kezded, amilyennek az életedet szeretnéd, hogy legyen. Hogy legyen. Nem azt, amit csinálni szeretnél. Milyennek szeretnéd, hogy legyen. Ezután úgy kezded el megteremteni, hogy fizikailag aktualizálod azt az energiát, amiről azt érzékelted, hogy lehetséges választani. Itt jön számításba a lehetőség és a választás.

*Szalon Résztvevő:*
Kezdem látni vagy kezdek az az energia lenni. Szeretnék a második lépésről kérdezni, a fizikai aktualizálásról.

*Gary:*
Szeretnék arról beszélni többet, hogy ti nőként hogyan vagytok a jövő teremtői. A férfiak a most fészekrakói és teremtői. A férfiak minden problémát próbálnak megoldani, hogy minden könnyű lehessen. Egy olyan szituációt akarnak teremteni, amiben megvan a lehetőség fészkének érzete. A béke érzetét akarják megteremteni.

*Szalon Résztvevő:*
Korábban azt kérdezted, hogy „Mi kellene ahhoz, hogy nőként megéld a megtestesülés örömét? Azt mondtam, hogy „Nem is tudom, hogy mit jelent az, hogy segítsünk a nőknek abban, hogy ezt felismerjék."

*Gary:*
Ezt próbálom tenni. Nem élhetitek át a megtestesülés örömét, ha nem ismeritek fel, hogy ti vagytok a jövő teremtői. Nőként ezt a feladatot vettétek fel, amikor ide jöttetek; azt, hogy a jövő teremtői legyetek, és ezt a gyerekszülés alsóbb harmóniájának szintjére csökkentettétek.

Fel kell tennetek a kérdéseket:
+ Mit szeretnék teremteni jövőként?
+ Milyen lehetőségek és választások jönnek létre, mint

fizikai aktualizálás az alapján a jövő alapján, amit hajlandó vagyok teremteni és generálni?

*Szalon Résztvevő:*

Gyakran azt mondod, hogy „jövő teremtése", én pedig azt, hogy „a jövő teremtése."

*Gary:*

Amikor azt mondod, hogy „a jövő", akkor megpróbálod definiálni a jövőt, ami nem lehetséges. Jövő a lehetőségek és választások sokasága, ami valami nagyobbat képes teremteni és generálni, mint amit ismerünk.

*Szalon Résztvevő:*

Szóval, amint azt mondom, hogy „a jövő", akkor tudom, hogy valamivel beragasztom?

*Gary:*

Amikor azt mondod, hogy „a jövő", akkor ez olyan, mintha csak egy lenne.

*Szalon Résztvevő:*

Ez egy definíció, mintha meg lenne határozva.

*Gary:*

Ez része annak, amit elhitettek velünk – hogy mindannyiónk számára van egy jövő, mintha csak egy sorsunk lenne, és minden előre el lenne döntve. Ez valóság, vagy találmány?

*Szalon Résztvevő:*

Találmány.

*Gary:*

A végzetednek mekkora része felalált és nem pedig teremtett? Mindent, ami ez, isten tudja hányszorosan, hajlandó lennél elpusztítani és nemteremtetté tenni? Helyes és Helytelen, Jó és Rossz, Pod és Poc, Mind a 9, Rövidek, Fiúk és Túlontúl.

## VÁLASZTÁS A TEREMTÉS DOMINÁNS FORRÁSA

*Szalon Résztvevő:*

Ha azt választjuk, hogy a találmányok illúzióján túl és ezen a valóságon túl teremtünk, akkor ezzel elintézzük a múlt esküit és fogadalmait?

*Gary:*

Igen. A választás a teremtés domináns forrása itt, de ezt nem ismertük el. Folyamatosan megpróbálunk arra ránézni, hogy mit kell jól csinálnunk, hogy meglegyen az az érzetünk, hogy a választásaink a legjobb választások és a megfelelő választások, és azokra a választásokra, amiket meg kellene hoznunk, meg fogunk hozni vagy illene meghoznunk, ahelyett, hogy mit teremtünk azzal a választással, amit ma hozunk.

Amikor meghozol egy választást, tedd fel a kérdést: Milyen valóságot teremtek azzal, hogy ezt választom?

Én mindig ebből működök. Sokszor, mikor fogalmam sincs, hogy mi ez, akkor ezt kérdezem: Választom ezt? Igen. Tudom, hogy miért választom ezt? Nem. Tudom, hogy a választásom teremteni fog valamit? Igen. Tudom, hogy mit fog teremteni? Nem.

Hajlandó vagyok a jövő teremtője lenni, valamint a jelené is, ami könnyedséget teremt. Hajlandó vagyok a férfi és a nő lenni; nem vagyok hajlandó csak az egyik lenni. Remélem, hogy néhányan hajlandóak vagytok átölelni ezt a lehetőséget is.

*Szalon Résztvevő:*
Amikor az emberek elvesznek vagy lopnak tőled, még akkor is a saját valóságodban mozogsz és a jövődet teremted?

*Gary:*
Tudnak valóban lopni tőled vagy csak szimplán megállítják a jövőbeni lehetőségeiket? Amikor lopnak tőled, csupán annyit tesznek, hogy ellopják a jövőbeni lehetőségüket. Befejeznek mindent, amit teremthettek és generálhattak volna miattad és veled.

A pénz mi alapján értékes? Miért nem nézel rá arra, hogy mit teremtenek az emberek? Én ránézek arra, hogy az emberek hogyan próbálják megteremteni az életüket és megkérdezem, hogy:

+ Hogyan értékes ez?
+ Hogyan fog ez működni?
+ Mi fog itt történni?

*Szalon Résztvevő:*
Gary, azt mondod így működsz, de te egy másik valóságban létezel.

*Gary:*
Az én valóságom jövő teremtésről, választásokról, lehető-

ségekről, könnyedségről, és kényelemről szól ebben a valóságban. Az én valóságom körülöleli mindezt. Mi lenne, ha hajlandó lennél a jövő teremtője lenni és azt kérdezni, hogy: Ezzel a választással milyen jövőt fogok teremteni?

Lehet, hogy a jövő nem úgy sül el, ahogy gondoltad. Ki kell venned a pénzt és más dolgokat a számításból. Fel kell tenned a kérdéseket:

- Ez a választás milyen jövőbeni lehetőséget teremt?
- Milyen választások lesznek elérhetőek számomra és mindenki számára a választásom eredményeként?

A választásaimat soha nem valami beteljesüléseként látom. Meghozok egy választást, ami mindenféle ember számára más lehetőségeknek nyitja meg az ajtót.

Kezditek felfogni, hogy mennyire kapcsolódik egymáshoz a gondoskodás és jövő?

*Szalon Résztvevő:*
Én nem igazán.

*Gary:*
Mondd el melyik részeket érted.

*Szalon Résztvevő:*
Értem, hogy a választásaim jövőt teremtenek, akár ismerem azt a jövőt, akár nem.

*Gary:*
Fel kell tenned a kérdést: Milyen jövőt teremtek azzal a választással, amit ma hozok meg? Nem tudod nem ezt tenni.

## „MOST AKAROM"

*Szalon Résztvevő:*
Nagyon frusztrált voltam az elmúlt néhány héten.

*Gary:*
Mi a frusztráció? A frusztráció, amikor eldöntötted, hogy egy bizonyos eredményre van szükséged, és a választásaid nem ezt teremtik. Amikor eldöntöd, hogy egy bizonyos eredményre van szükséged, a kitalált végeredmény is rátesz majd egy idővonalat. „Most akarom. Jövő héten akarom." Időt veszel bele a választásaid eredményének számításába – és ezt nem teheted.

Amikor ezt teszed, akkor megállítod azt az energiát, ami meg fogja teremteni a választást és a lehetőséget. Megállítod a jövőt a jelen javára, aminek szerinted meg kell történnie. Most az nem csak a mai nap; most az jövő hét és jövő hónap is. A jövő, amit hajlandónak kell lenned megteremteni az valami olyasmi, ami túlmegy az élettartamodon. Ez a jövő, amit hajlandónak kell lenned megteremteni.

*Szalon Résztvevő:*
Nem látom ennek túl nagy jelentőségét, tehát nem tudom milyen lesz a jövő.

*Gary:*
Hallottál már arról a parancsolatról, hogy „Nincs forma, nincs struktúra, nincs jelentőség"?

*Szalon Résztvevő:*
Igen, Úgy érzem, hogy szó szerint körbe-körbe járok és

eltűnök a szélben.

*Gary:*
És ez miért is lenne rossz?

*Szalon Résztvevő:*
Azért mert nem vagyok itt, nem élek könnyed, luxus életet vagy nem teremtem valahogy az életem.

*Gary:*
Ez egy következtetés, édesem, és nem egy kérdés. Már előre eldöntötted, hogy a jövő úgy néz ki, hogy x, y, z, ami azt jelenti, hogy egy találmány. Megpróbálod látni, hogy milyen ez, ami egy találmány.

Mindent, amit azért tettél, hogy mindezt felaláld, hajlandó lennél elpusztítani és nemteremtetté tenni? Helyes és Helytelen, Jó és Rossz, Pod és Poc, Mind a 9, Rövidek, Fiúk és Túlontúl.

Miért aggódnál ezért a valóságért? Megpróbálod kitalálni, hogy ebben a valóságban dolgozol, beleillesz és ebben működsz?

*Szalon Résztvevő:*
Igen.

*Gary:*
Mindent, ami ez, isten tudja hányszorosan, hajlandó lennél elpusztítani és nemteremtetté tenni? Helyes és Helytelen, Jó és Rossz, Pod és Poc, Mind a 9, Rövidek, Fiúk és Túlontúl.

A családoddal és férjeddel való hibás működésed mekkora része találmány?

*Szalon Résztvevő:*
Az egész. De hova menjek innen?

*Gary:*
Ne menj bele a de megszokásába! Minden egyes alkalommal, amikor azt mondod, hogy de, akkor visszaragasztod a fejed a seggedbe.

Mindent, ami ez, isten tudja hányszorosan, hajlandó lennél elpusztítani és nemteremtetté tenni? Helyes és Helytelen, Jó és Rossz, Pod és Poc, Mind a 9, Rövidek, Fiúk és Túlontúl.

Azt gondolod, hogy a „Hova menjek innen?" egy kérdés. Nem kérdés; következtetés, hogy nem tudod hova menj. Következtetsz arra, hogy fogalmad sincs hova tartasz – de a jövőt nem az alapján teremted, hogy tudod hova tartasz, hogy érzékeled, hogy hova tartasz, vagy hogy következtetsz arra, hogy hova tartasz. Úgy teremted a jövőt, hogy befogadod bármi is jelenik meg az életedben és felismered a választásokat, amiket hozol, a lehetőségeket, amiket teremtesz a kérdéseket, amik manifesztálódnak, és a hozzájárulást, ami létezik, amikor nem következtetsz.

## A JELENBEN ÉLÉS PROBLÉMÁJA

*Szalon Résztvevő:*
Az az elképzelés, hogy a jelenben élés az minden, az egy csapda? Fókuszáltam a jelenben élésre és kérdéseket tettem fel, amik úgy tűnik, segítenek a közvetlen jövőben, de nem

látok túl a közvetlenen.

*Gary:*

Igen. Ez az, amit tanítottak és amire rávettek, hogy ez legyen a nézőpontod ebben a valóságban?

*Szalon Résztvevő:*

Igen.

*Gary:*

Ez igaz és valós – vagy ez egy találmány?

*Szalon Résztvevő:*

Találmány

*Gary:*

Szóval minden találmányt, amit ezzel kapcsolatban teremtettél, hajlandó lennél elpusztítani és nemteremtetté tenni? Helyes és Helytelen, Jó és Rossz, Pod és Poc, Mind a 9, Rövidek, Fiúk és Túlontúl

*Szalon Résztvevő:*

Sokunkról kiderült ez? Ezt tanították nekem.

*Gary:*

Ez működik?

*Szalon Résztvevő:*

Azt hiszem eddig működött, de most, hogy erről beszélsz, ez meghiúsulni látszik.

*Gary:*

A jelenben élés és a mostra fókuszálás működik egy szintig – de egy szintig való működés nem egy jövőbeni valóság teremtéséről szól. Bevetted azt a nézőpontot, hogy a most teremtése az egyetlen értelmes dolog. A mostban élés az a tér, ahol minden arra hivatott, hogy megadja annak az érzetét, hogy most kell megkapnod az eredményeid. A jelenben élés az, hogy „Ez meg fogja nekem adni azt az eredményt, amit holnap akarok." Ez nem az a kérdés, hogy „Mit fog ez teremteni hosszútávon?". Hanem az, hogy „Mit fog ez teremteni és generálni a jövőben?"

Mindig a jövő teremtése és generálása alapján nézek minden választásomra. Érdekes módon, néhány éve elkezdtek érdekelni a costa ricai lovak. Elkezdtem vásárolni és tenyészteni őket, és ezután túl sok lett belőlük. Azt gondoltam, hogy „el kell adnom őket, valamit tennem kell velük," és ezután egy kis szerencsével felismertem, hogy „Hűha, costa ricai lovaim vannak az Egyesült Államokban és mindenféle ember jön majd Costa Ricára a következő pár évben azért, hogy costa ricai lovas kalandokban legyen részük. Miután lovagoltak rajtuk, costa ricai lovakat akarnak majd Amerikában, és nekem lesznek. Nem azzal a nézőponttal kezdtem, hogy „Így fogom teremteni a jövőt," de láttam, hogy a costa ricai lovaim a jövő teremtése. Fogalmam sem volt, hogy hogyan teremtettem egy jövőt. Most látom csak, hogy hogyan fog ez működni.

## BÍZZ MAGADBAN, MINT JÖVŐTEREMTŐBEN

*Szalon Résztvevő:*
Ehhez bíznod kell, igaz? Bíznod az univerzumban vagy

bíznod az energiában?

*Gary:*
Nem, bíznod kell magadban, mint a jövőd teremtőjében. Ha nem látod magad a jövő teremtőjének, akkor mindenki más valóságának hordalékává válsz.

*Szalon Résztvevő:*
Gondolom ez az, ami feltartóztat engem.

*Gary:*
Közületek hányan találtátok ki, hogy nem bízhattok magatokban? Mindent, ami ez, isten tudja hányszorosan, hajlandó lennél elpusztítani és nemteremtetté tenni? Helyes és Helytelen, Jó és Rossz, Pod és Poc, Mind a 9, Rövidek, Fiúk és Túlontúl.

Vannak olyanok, aki azt mondják, hogy „Ezt fogom teremteni, és ez nagyszerű lesz." Ez teremtés, generálás vagy találmány?

*Szalon Résztvevő:*
Inkább találmány. Ahhoz, hogy teremtés legyen, meg kell tartanod az éberséged is.

*Gary:*
Találkoztam az építésszel, aki azt a helyet tervezi, amit Costa Ricán próbálunk létrehozni. Azt mondtam neki, hogy „Nagyszerrű lenne ezt modern nézőpontból létrehozni, viszont tíz év múlva már elavult lesz. Olyat szeretnék létrehozni, ami elég klasszikus és tradicionális ahhoz, hogy az emberek 100 év múlva is értékesnek tartsák."

Az építész válasza az volt, hogy „Mi?"

Én: „Nem azért teremtem ezt, hogy holnap szétessen. Azért teremtem, hogy még 100 év múlva is itt legyen és az emberek lássák az értékét."

Az építész azt mondta, hogy „Óó!". Ez egy teljesen más valóság volt, mert manapság az emberek nem a jövőnek építenek. Valami olyanért építenek, ami azonnali pénzt hoz nekik. A mostért. Minden a mostban élésről szól, és nem arról, hogy mi teremthet fenntartható lehetőségeket.

Érdekes, hogy mindenki azt mondja, hogy fenntartható projektjeik és épületeik vannak. Vannak ezek az úgy nevezett zöld dolgaik, aminek 90%-a nem zöld. Nem fenntartható és nem lesz itt 100 év múlva.

## BÍZNI AZ ÉBERSÉGBEN, AMI VALÓJÁBAN VAGY

*Szalon Résztvevő:*

Említetted a bizalmat. Mi a bizalom? Nekem a bizalom olyan, mint egy ítélkezés vagy egy korlát.

*Gary:*

A bizalom nem a vak hit. A bizalom az, hogy az emberek pontosan azt fogják tenni, amit tenni fognak. Akkor teszik meg, ha azt választják, hogy azt teszik.

*Szalon Résztvevő:*

Szóval a bizalom az a tudás? A létezés?

*Gary:*
  A bizalom a tudásról és a befogadásról szól.

*Szalon Résztvevő:*
  Ez könnyebb, mint az, hogy csak bízzak magamban.

*Gary:*
  Miért bíznál magadban? Minden, amit eddig tettél az az volt, hogy kitoltál magaddal olyan gyakran, amennyire csak lehetséges. Ehelyett, mi lenne, ha hajlandó lennél bízni abban az éberségben, ami igazán vagy?
  Mi lenne, ha hajlandó lennél bízni a képességedben, hogy érzékelsz, tudsz, az vagy és befogadsz? Mindent, ami nem engedi, hogy ez megjelenjen, isten tudja hányszorosan, hajlandó lennél elpusztítani és nemteremtetté tenni? Helyes és Helytelen, Jó és Rossz, Pod és Poc, Mind a 9, Rövidek, Fiúk és Túlontúl.
  Tedd ezt végtelenített lejátszásra:
  A teljes érzékelés, tudás, létezés és befogadás teljes éberségének, mint a bizalom az éberségben, ami valójában vagyok, milyen fizikai aktualizációját vagyok most képes generálni, teremteni és intézményesíteni? Mindent, ami nem engedi, hogy ez megjelenjen, isten tudja hányszorosan, hajlandó lennél elpusztítani és nemteremtetté tenni? Helyes és Helytelen, Jó és Rossz, Pod és Poc, Mind a 9, Rövidek, Fiúk és Túlontúl.

## AZ IGAZI VAGYON

*Szalon Résztvevő:*
Gary, mit kell feladnom a pénzzel kapcsolatban?

*Gary:*
Fel kell adnod azt az elképzelést, hogy kontrollálhatod. Ha felismered, hogy képes vagy a jövőt teremteni, akkor, igazság, teremtenél olyan jövőt, amelyikben nincs pénzed?

*Szalon Résztvevő:*
(Nevet)

*Gary:*
Ez egy nem! Nem teremtenél pénz nélküli világot. Ez nem egy valóság neked. Egy olyan világot fogsz teremteni, ahol elég pénzed van ahhoz, hogy azt tedd, amit kell, amikor kell, és ahol szeretnéd.

Itt egy példa a saját életemből. Kb. 5 millió dollárt keresek évente azokkal a dolgokkal, amiket csinálok. És közben meg ezt mondtam: „Nincs semmi pénzem. Miért használnak engem ezek az emberek és vesznek el dolgokat?"

A barátom, Claudia ezt mondta: „De Gary, te gazdag vagy".

Én: „Nem, nem vagyok gazdag!"

Ő: „De igen, az vagy."

Én: „Nem, nem vagyok. Egyáltalán nincs készpénzem."

Megkérdezte, hogy „És hány olyan dolgod van, ami pénzt ér?"

Azt mondtam, hogy „Az nem számít. Nincs készpénzem!"

Erre ő: „Haver, te gazdag vagy."

Én: „Az nem lehet igaz. Csak egy átlagos fickó vagyok."

Amikor végre ránéztem, azt mondtam, hogy „Igen, gazdag vagyok". Megláttam azt a nézőpontomat, hogy ha nem vagyok gazdag, akkor az emberek nem használnak ki, ami azt jelenti, hogy kivásároltam magam a készpénzből, hogy ne lehessek gazdag. A dolgokra nem vagyonként néztem, és a végeredmény az volt, hogy nem néztem rá arra a tényre, hogy gazdag lehetek, vagy hogy gazdag vagyok. Megpróbáltam szegénnyé tenni magam.

Lényként gazdagabb vagyok bárkinél, akit ismerek azért az éberségért, gondoskodásért, kedvességért, és ajándékért, amit mindenkitől minden nap kapok. És azért az ajándékért, ami az univerzum nekem állandóan.

Milyen hülyeséget használsz, hogy megteremtsd a gazdagság hiányát, amit választasz? Mindent, ami ez, isten tudja hányszorosan, hajlandó lennél elpusztítani és nemteremtetté tenni? Helyes és Helytelen, Jó és Rossz, Pod és Poc, Mind a 9, Rövidek, Fiúk és Túlontúl.

A világban az igazi vagyon a képesség a lehetőségre és választásra. Ez a valódi vagyon. Nem az, amit el tudsz költeni. Az az elképzelés, hogy a vagyon olyasmi, amit el tudsz költeni olyan, mint mikor ledobod a bugyid, hogy bebizonyítsd, hogy szenvedélyes vagy. Ez a vizuális találmány.

A pénznek, ami nincs meg az életedben, mekkora része alapul azokon a vagyonról alkotott vizuális találmányokon, amit nem tudsz elképzelni, hogy az lehetsz? Mindent, ami ez, isten tudja hányszorosan, hajlandó lennél elpusztítani és nemteremtetté tenni? Helyes és Helytelen, Jó és Rossz, Pod és Poc, Mind a 9, Rövidek, Fiúk és Túlontúl.

# ÖNBIZALOM

*Szalon Résztvevő:*
Szeretnék egy kicsit más témáról beszélni. Önbizalom vagy az önbizalom hiánya. Ez egy energia? Ez egy szellemi beállítottság? Azzal vádoltak, hogy nincs önbizalmam, és azon tűnődöm, hogy egyetértek-e ezzel.

*Gary:*
Az emberek csak olyanokkal vádolnak meg, amiket ők is tesznek. Hallottad már ezt?

*Szalon Résztvevő:*
Igen, hallottam, és azt hiszem, egyetértek ezzel.

*Gary:*
Nem, kitalálod, hogy egyet kell értened. Kitalálod, mert ha valaki ezt mondja, akkor ez bizonyára igaz.
Mindent, ami ez, isten tudja hányszorosan, hajlandó lennél elpusztítani és nemteremtetté tenni? Helyes és Helytelen, Jó és Rossz, Pod és Poc, Mind a 9, Rövidek, Fiúk és Túlontúl.

*Szalon Résztvevő:*
Akkor mi az önbizalom? Ez csak a hit önmagadban? Ha ez csak egy hit, akkor ez ostobaság. A hiedelmek baromságok.

*Gary:*
Miért törődsz azzal, aki ezt mondta neked?

*Szalon Résztvevő:*
Ez egy olyasvalaki, akihez úgy döntöttem, hogy közel állok.

*Gary:*

Remek. Más szóval, mivel kedveled, megengeded neki, hogy bántalmazzon.

*Szalon Résztvevő:*

Ah, oké. Akkor csak engedjem el és mondjam azt, hogy „Ennek számomra nincs jelentősége"?

*Gary:*

Igen. Először is, ez valódi – vagy megpróbálod valódivá tenni, mert kedveled ezt a személyt?

*Szalon Résztvevő:*
Megpróbáltam megérteni az ő nézőpontját.

*Gary:*

Az én nézőpontom az, hogy csak azért mert kedvellek, nem azt jeleni, hogy nem vagy egy seggfej. Amikor seggfej vagy, akkor seggfej vagy. Ennyi.

Mindent, ami ez, isten tudja hányszorosan, hajlandó lennél elpusztítani és nemteremtetté tenni? Helyes és Helytelen, Jó és Rossz, Pod és Poc, Mind a 9, Rövidek, Fiúk és Túlontúl.

*Szalon Résztvevő:*

Imádok olyan műsorokat nézni, amiben hírességek vannak, mert imádom nézni, ahogyan kifejezik a tehetségüket. Helytelenül azonosítottam és helytelenül alkalmaztam ezt, mert nekik van önbizalmuk, így kifejezik a tehetségüket? Vagy mire vagyok éber, amikor őket nézem, ha nem az önbizalom?

*Gary:*
Marilyn Monroe kifejezte a tehetségét. Volt önbizalma?

*Szalon Résztvevő:*
A nem a könnyebb.

*Gary:*
Helyes. Nem volt önbizalma. Azt gondolta, hogy ha felépíti azt, amit felépített, akkor valaki végül majd szeretni fogja. Ez nem önbizalom. Kitalálod, hogy ezek az emberek azt mondják neked, hogy rossz vagy szerelemnek?

*Szalon Résztvevő:*
Az igen a könnyebb.

*Gary:*
Mindent, ami ez, isten tudja hányszorosan, hajlandó lennél elpusztítani és nemteremtetté tenni? Helyes és Helytelen, Jó és Rossz, Pod és Poc, Mind a 9, Rövidek, Fiúk és Túlontúl.

*Szalon Résztvevő:*
Ebben a valóságban, ha a hangoddal vagy a jelenléteddel kapcsolatban sebezhető vagy, akkor az emberek azt feltételezhetik, hogy nincs önbizalmad.

*Gary:*
Ez tényleg az önbizalom hiánya – vagy ez az a hely, ahol kitaláltad, hogy nem bízhatsz magadban?

*Szalon Résztvevő:*
Szóval apró csapdákat állítunk magunknak, mint pl.

hogy „Nem fogok bízni magamban, mert nincs önbizalmam" és mindenféle más gondolatunk, ami erről van.

*Gary:*
Ezt a tisztítást végtelenített lejátszásra teheted:
Milyen hülyeséget használok, hogy megteremtsem az önmagamban bízást, amit választok? Mindent, ami ez, isten tudja hányszorosan, hajlandó lennél elpusztítani és nemteremtetté tenni? Helyes és Helytelen, Jó és Rossz, Pod és Poc, Mind a 9, Rövidek, Fiúk és Túlontúl.

Az egyetlenegy személy, aki tudja, hogy mi a jó neked, az te vagy. Mindenki más bármit mondhat neked, de nem hihetsz nekik. Én senkinek nem hiszek. Miért? Mert ők csak a saját korlátozott nézőpontjukból látnak.

## SENKI NEM LÁTHAT TÉGED, CSAK TE

*Szalon Résztvevő:*
Mi az a pont, Gary, amikor semmi nem mozdul, lesz egy nagy eltolódás, ahol ki tudok szabadulni annak a jelentőségéből, hogy mit mondanak mások és én erről mit gondolok?

*Gary:*
Miért értékes neked, hogy az ő szavaikon gondolkodj?

*Szalon Résztvevő:*
Azon tűnődöm, hogy igazuk van-e.

*Gary:*
Úgy érted, hogy inkább kételkedsz magadban, mint hogy hinnél magadban?

*Szalon Résztvevő:*
    Hűha, igen.

*Gary:*
    Ez nem éppen a legokosabb pillanatod, kedves.

    Mindent, ami ez, isten tudja hányszorosan, hajlandó lennél elpusztítani és nemteremtetté tenni? Helyes és Helytelen, Jó és Rossz, Pod és Poc, Mind a 9, Rövidek, Fiúk és Túlontúl.

    Az első dolog, amit fel kell ismerned, hogy senki nem láthat téged, csak te. Senki! Te vagy az egyetlen, akinek megvannak a valóságod darabkái. Te vagy az egyetlen, akinek megvannak az éberség darabkái. Te vagy az egyetlen, aki láthatod minden szempontját annak, ami vagy. Ha továbbra is megpróbálod elhinni, hogy mások láthatják bizonyos részeidet, akkor akár egy pisztolyt is tehetsz a szádba és lelőheted magad. Ezt teszed minden alkalommal, amikor valaki más nézőpontját beveszed magadról. Fegyvert szorítasz ezzel a fejedhez. Az egyetlen dolog, amit tudok, hogy azt a részt látják bennem az emberek, ami megegyezik azzal a részükkel, amiről azt akarják hinni, hogy valóság.

*Szalon Résztvevő:*
    Oké, ennek így van értelme.

*Gary:*
    Csak ennyi van meg nekik. Szóval, bízhatsz bennük?

*Szalon Résztvevő:*
    Nem.

*Gary:*

Akkor miért bízol inkább bennük, mint magadban? Ez arról szól, hogy magadban bízz.

*Szalon Résztvevő:*
Oké, értem.

*Gary:*
Mindent, amit azért tettél, hogy kitaláld, hogy másokban bízz magad helyett, aki az egészedet látja, isten tudja hányszorosan, hajlandó lennél elpusztítani és nemteremtetté tenni? Helyes és Helytelen, Jó és Rossz, Pod és Poc, Mind a 9, Rövidek, Fiúk és Túlontúl.

*Szalon Résztvevő:*
Köszönöm, Gary!

*Gary:*
Köszönöm mindannyiótoknak, hogy annyira lenyűgözőek vagytok, mint amilyenek vagytok. Vigyázzatok magatokra! Sziasztok.

# 8
# Teremtsünk békét háború helyett

A dolgok azért nem változnak ebben a valóságban, mert harcolunk az ellen, ami van, mintha ez békét teremtene. Azt akarom, hogy megértsétek, hogy az, ami jelenleg folyik a bolygónkon, problémát teremt. Mindaddig, amíg folyamatosan felcseréljük a férfi és női szerepeket, fenntartjuk a konfliktust.

*Gary:*
Hello, hölgyek.

## FÉRFI ÉS NŐI SZEREPEK FELCSERÉLÉSE

Arról a tényről fogok beszélni, hogy ezen a bolygón a nőktől azt várják el, hogy békéltetők legyenek, a férfiak pedig harcosok, valójában pedig ez pont fordítva van. Fel vannak cserélve a szerepek. Valójában a nők a harcosok és a férfiak a békéltetők.

A férfiakat arra tanítják, hogy ők legyenek az agresszorok, a támadók, menjenek el dolgozni, és az ágyútűzben haljanak meg. Ezen a bolygón eléggé el vannak cseszve a dolgok, mert olyan férfiakkal van tele, akik a békéért igyekszenek harcolni. Egész történelmünk során a békéért háborúztunk.

Ha békét óhajtanánk teremteni háború helyett, és a nők harcolnának a jövőért, sokkal jobb helyzetben lennénk. Ha női valóságot találsz fel, akkor inkább elpusztítanál dolgokat a jövő teremtéséért – vagy valami mást teremtenél? Valami mást teremtenél! Nem valami ellen harcolnál, hanem a jövőért.

A dolgok nem attól változnak meg ebben a valóságban, mert az ellen harcolunk, ami van, mintha ez teremtene békét. Szeretném, ha megértenétek, hogy az, ami most van a bolygónkon, az problémát szül. Mindaddig, amíg a női és férfi szerepeket felcserélve tartjuk, létezésben tartjuk ezzel a konfliktust. El kell kezdened egy más helyről nézned a dolgokra. Kérdezd a következőket:

Milyen hülyeséget használsz, hogy megteremtsd a női valóság találmányát, amit választasz? Mindent, ami ez, isten tudja hányszorosan, hajlandó lennél elpusztítani és nemteremtetté tenni? Helyes, Helytelen, Jó, Rossz, POD POC, Mind a 9, Rövidek, Fiúk és Túlontúl.

Milyen hülyeséget használsz, hogy megteremtsd a férfi valóság találmányát, amit választasz? Mindent, ami ez, isten tudja hányszorosan, hajlandó lennél elpusztítani és nemteremtetté tenni? Helyes, Helytelen, Jó, Rossz, POD POC, Mind a 9, Rövidek, Fiúk és Túlontúl.

A férfi és női szerepek felcserélése állandó konfliktusban

tart téged azzal, ami valójában igaz neked, ami azt jelenti, hogy mástól kell várnod jóváhagyásra. Fel kell találnod, hogy ki és mi vagy, ahelyett, hogy az lennél, aki és ami vagy. Figyelned kell arra, hogy mások látnak-e, mert ha ők látnak, akkor talán te is meglátod magad. Kivéve, hogy ez nem igazán működik. Bárminek a látása egy találmány.

Milyen hülyeséget használsz, hogy megteremtsd a női valóság találmányát, amit választasz? Mindent, ami ez, isten tudja hányszorosan, hajlandó lennél elpusztítani és nemteremtetté tenni? Helyes, Helytelen, Jó, Rossz, POD POC, Mind a 9, Rövidek, Fiúk és Túlontúl.

Milyen hülyeséget használsz, hogy megteremtsd a férfi valóság találmányát, amit választasz? Mindent, ami ez, isten tudja hányszorosan, hajlandó lennél elpusztítani és nemteremtetté tenni? Helyes, Helytelen, Jó, Rossz, POD POC, Mind a 9, Rövidek, Fiúk és Túlontúl.

*Szalon Résztvevő:*
Amíg fiatal voltam, volt egy érzetem arról, hogy kik is a férfiak. Ők voltak a professzorok. Olyan értelemben volt jövőjük, hogy ők a professzorok és ők adják a papírokat. A nőknek szinte semmilyen identitásuk nem volt. Ők csak a professzorok feleségei voltak és nem volt jövőjük.

## A CSATÁD EGY JÖVŐ TEREMTÉSÉÉRT

*Gary:*
Nos, volt jövőjük a nőknek, de a férjüktől függött. Valószínűleg akkor nem vetted észre, de én felismertem később, hogy a nőknek volt feladatuk, és inkább harcoltak más em-

berek ellen, minthogy egy jövő teremtéséért szálltak volna harcba. Sajnos így működnek az emberek. Ez nem a legjobb választás, de jelenleg ezt választják.

Ha ti, hölgyeim, felismernétek, hogy a csatátok a jövő teremtéséért van – és nem bárki ellen – akkor talán abbahagynátok, hogy egymás ellen harcoltok. Ez az egyik legnehezebb dolog, az emberek harcolnak egymással. Várj egy percet, ez a nő nem az ellenséged, hanem te tetted ellenségeddé. Ez azért van, mert ő egy kis ribanc, te meg nem vagy az?

*Szalon Résztvevő:*
Pontosan.

*Gary:*
De nézzünk rá a valóságra. Mindannyian ribancok vagyunk, mindannyian elfajzottak vagyunk, mindannyian seggfejek vagyunk. Miért nem néztek rá arra, hogy mi van, ahelyett, ami valaki szerint van? Ez az a hely, aminek meg kell változnia. Ha ti, hölgyeim, elkezdtek egy jövő teremtéséért harcolni ahelyett, hogy az ellen küzdenétek, ami van, ez a világ megváltozhat. Meg van a képességetek ehhez.

*Szalon Résztvevő:*
Segítenél ezzel? Hogy néz majd ki a jövő teremtése? Ausztráliában gyakran tapasztalom ezt a pasis dolgot, a férfiak világa dolgot, ahol durvaság van és képtelenek arra, hogy beengedjék a gyengédséget és a kedvességet. Szerintem a nőknek védelmező szerepük van és ehhez igazodó lénységet vesznek fel. Én úgy látom, hogy ha megengedjük a lágyságot és a kedvességet és a gyengédséget, akkor ez megijeszti és megfélemlíti az embereket.

*Gary:*

Ez megijeszti őket vagy a valóságukat fenyegeti?

## A HARCOS NŐVÉ VÁLÁS

Ha gyengéd próbálsz lenni, ezzel fenyegeted a valóságukat. Ha elkezdesz harcolni a jövő teremtéséért, akkor hajlandó vagy azért harcolni, ami valójában a jövő lehet, ami azt jelenti, hogy ahelyett, hogy oltalmazó lennél, a harcos nő lesz belőled. Olyan dolgokat mondanál, mint pl. „Mondd még egyszer seggfej, és azonnal lenyisszantom a golyóidat."

*Szalon Résztvevő:*

Te ezt csinálod?

*Gary:*

Igen, ezt teszed, ha hajlandó vagy más valóság teremtéséért harcolni. Miért nem vagy önmagad, ahelyett az érzékeny lény helyett, aki próbálsz lenni? Ez az, amikor megmondod, hogy mi van, ahelyett, hogy küzdenél ellene.

Beszélgettem egy hölggyel, aki azt mondta, hogy „Őszintén meg akarom mondani az embereknek azt, hogy mi van."

Nem ezt kell tenned. Nem kell nyíltan elmondanod az embereknek azt, hogy mi van. A harcosok megvárják a megfelelő pillanatot, amikor is beszúrhatják a késüket, ami megnyitja az utat a jövő egy más lehetőségének. Azt gondolod, hogy agresszívabbnak kell lenned, vagy olyat kell tenned, ami szükségtelen. Valamiért harcolni más, mint valami ellen harcolni.

Jelenleg a legtöbben a férfiak és nők között lévő ellenségeskedés ellen próbáltok harcolni – mert van néhány férfi, aki értékeli a nőket és van néhány nő, aki értékeli a férfiakat. Ez helyessé vagy helytelenné teszi a történéseket – vagy nyitás-e ez más lehetőségre?

*Szalon Résztvevő:*
Gary, magyarázd meg, hogy mire gondolsz, mikor azt mondod, hogy „egy nyitást eredményez más lehetőség felé". Ez hogy néz ki? Hogyan csinálnád ezt?

*Gary:*
Ha értékelnéd a lusta fiad azért, mert egy lusta naplopó, akkor csak nyugodtan szundítanál egyet. Ez megváltoztatná a kapcsolatod vele?

*Szalon Résztvevő:*
Igen. Ez mindent megváltoztatna.

*Gary:*
Ez az a hely, ahol várod a nyitást, ami lehetővé teszi neked, hogy valamit beleillessz a dologba, hogy más jövőt teremtsen. Nem veheted rá az embereket, hogy úgy csinálják a dolgokat, ahogy te akarod. Bízz bennem. Megpróbáltam és nyomorultul elbuktam – újra és újra. Nagyon jól tudok elbukni.

*Szalon Résztvevő:*
Pompás! Milyen kérdést tehetünk fel, hogy meglegyen az éberségünk arra, hogy mikor tegyük ezt?

*Gary:*
Mi lenne, ha ezt futtatnád: Milyen energia, tér-űr és tudatosság lehetek, hogy az a harcos legyek, aki igazán vagyok?

A harcos tudja, hogyan csinálja a dolgokat. A harcos hajlandó a harcra a megfelelő pillanatban. Megvárja a nyitást, hogy bevihesse azt az ütést, ami egy más jelenetet teremt, a csata egy más elemét hozza létre. Ha folyamatosan küzdeni próbálsz, az olyan, mintha hiába sikítoznál. Hogy működik ez?

*Szalon Résztvevő:*
Nem működik!

## HARCOLNI VALAMIÉRT KONTRA HARCOLNI VALAMI ELLEN

*Gary:*
Ha elkezdesz békére invitálni egy férfit ahelyett, hogy megpróbálod olyanná teremteni, akivel harcolnod kell, akkor egy más lehetőség jelenhet meg.

Harcolhatsz valami ellen vagy valamiért. A legtöbb nő, ha gyereke van, harcol, hogy megvédje a gyerekeit. Ez egy harc valamiért vagy valami ellen?

*Szalon Résztvevő:*
Ez egy harc valami ellen.

*Gary:*
Igen. Ha értük harcolnál, akkor megpróbálnád kitalálni, hogy mit tehetsz vagy mondhatsz vagy mi lehetsz, ami megadja nekik mindazt, amire szükségük van.

*Szalon Résztvevő:*
Hol jön ide a könnyedség?

*Gary:*
A könnyedség az, amikor hajlandó vagy erre a csatára.

## LEHETŐSÉGEK ÉS VÁLASZTÁSOK

*Szalon Résztvevő:*
Mi van a harcon túl?

*Gary:*
A választás. Ha harcolsz valamiért, akkor egy jövő teremtéséért harcolsz. Hajlandó vagy ránézni minden választásra, ami bármely pillanatban elérhető számodra. A nehézség ebben az, hogy arra tanítottak minket, hogy azt higgyük, csak két választásunk van – és ez nem igazán igaz.

Azt mondták neked, hogy ha a megfelelő választást hozod meg, akkor azt az eredményt kapod, amit szeretnél. De nem erről van szó. Látnod kell a választások lehetőségeit és azt, hogy ezek hogyan teremtenek és generálnak valami mást. Ez nagyon különbözik attól, amikor két- vagy három választásos opciót próbálsz teremteni.

Csak gondolj most erre: Egy olyan jövőt akarsz teremteni, amelyikben három év múlva az életed jobb és kiterjedtebb, mint amiről valaha tudtad, hogy lehetséges. Hány választást és lehetőséget teremtettél most csak azzal, hogy erre gondoltál? Százakat, ezreket, milliókat?

*Szalon Résztvevő:*
Igen, ezreket, sokat.

*Gary:*

Sokat, sokat, sokat. Épp most teremtettél 100.000 választást – és mindegyiket választhatod, hogy egy csekély variációt teremtsen a jövőben, amit létrehozol. Amikor elkezdesz a jövő teremtéséért harcolni, akkor ránézel arra, hogy hogy teremt minden egyes választásod egy jövőt. Azt mondod, hogy „Oh, inkább ezt választom a másik helyett, mert a másik kisebb jövőt teremt, mint ez" és ezzel elkezded meglátni a jövőt, és azt, hogy mi fog teremtődni. Meg kell tanulnod elkezdeni ezt a folyamatot. Ez olyan, amit meg kell tanulnod. Nem történik csak úgy automatikusan.

Ha lehetőségekből működünk ahelyett, hogy ezt más dolgokból tennénk, egy teljesen új korszak nyílik meg előttünk.

*Szalon Résztvevő:*

Hogyan csináljuk ezt?

*Gary:*

Ez nem egy hogyan. Kezdd ezzel: Az a feladatom, hogy harcos vagyok és a jövő teremtéséért küzdjek. Amikor elkezdesz ebből működni, akkor nem gondolsz többé arra, hogy valaki megsértett-e vagy sem. Azt fogod mondani, hogy „Sajnálom, a sértésed semmit nem jelent; csak meg kell, hogy öljelek. Oké, szia!"

*Szalon Résztvevő:*

Beszélnél arról, hogy a harc és a választás hogyan játszanak együtt és pragmatikusan ez hogy néz ki?

*Gary:*
    Tegyük fel, hogy van 500.000 dollárod. Van választásod, hogy a jövő teremtéséért harcolj, milyennek szeretnéd ezt a jövőt? Ha megpróbálod megvédeni ezt a pénzt és nem elveszíteni, akkor a jövőért harcolsz vagy a jövő ellen?

*Szalon Résztvevő:*
    Ellene.

*Gary:*
    Fel kell tenned a kérdést: Milyen választásaim vannak itt, amik azt a jövőt generálják és teremtik, amit valójában szeretnék? Ezután elkezded meglátni, hogyan valósíthatod meg ezt a jövőt.

*Szalon Résztvevő:*
    Oké, itt jön be a könnyedség a képbe.

# HÓDÍTÁS

*Szalon Résztvevő:*
    Mondanál több részletet arról, hogy hogyan hódítsunk és néhány pragmatikus példát arról, hogy ez hogyan működik?

*Gary:*
    A hódítás kezdete az, hogy felismerd azt a helyet, ahol te vagy az a harcos, aki csatába száll a jövő teremtéséért. Ha csatába szállsz a jövő teremtéséért, akkor hajlandó leszel meghódítani a férfit, ha ő egy olyan személy, akit szeretnél, hogy a jövő része legyen, vagy olyan, aki megteremti neked a jövőt.

Nemrég beszélgettem egy fiatal hölggyel. Ő nagyon fiatal és nagyon csinos. Bemutatták egy kicsit idősebb férfinak, aki egy picit pocakos és nem igazán jóképű. Azt mondta, hogy „Oh, nem tudom, hogy szeretnék-e vele randizni."

Azt mondtam, hogy „Nos, tudod mit? Olyasvalakit kértél, aki bálványoz téged?"

Azt felelte, hogy „Igen, de ő nem néz ki jól."

Azt mondtam neki, hogy „Egy jóképű férfi soha nem bálványozna; ő azt akarja, hogy őt bálványozzák."

Azt mondta „Micsoda?"

Erre én: „A világon minden jóképű pasi azt akarja, hogy bálványozzák, mert azt gondolják, hogy ez jár nekik. Azt akarod, hogy bálványozzanak, pedig nem tartod csinosnak magad. Olyasvalakit szeretnél, aki bálványoz és totálisan beléd szeret. Ez a férfi pont megfelelő életkorú, nem elég jóképű, nem csúnya, és teljesen rajongani fog érted. Vedd fontolóra ezt a lehetőséget, édes."

Azt mondta, hogy „Oké."

Én: „Nem kell hozzá menned feleségül és gyerekeket szülnöd neki. Mindössze annyit kell tenned, hogy felismerd, hogy ő egy lépés abba az irányba, hogy olyasvalakit akarsz, aki rajong érted. Lehet, hogy bemutat majd valakinek, aki még jobban rajong érted. Ki tudja? Hajlandónak kell ránézned erre a jövő teremtésének szemszögéből."

Vagy mondjuk egy olyan férfival vagy, aki megpróbál megjavítani. Azok a férfiak, akik meg akarnak javítani, eldöntötték, hogy amint megjavítottak, te leszel számukra a megfelelő ember. Ha ez történik az életedben, akkor érdemes ezt mondanod: „Nagyon köszönöm mindazt, amit hajlandó vagy megtenni értem. Menjünk vásárolni." Vásároljatok hat órán keresztül, és ez lesz az utolsó alkalom, amikor bármit is meg akar tenni érted. Ez hat óra fájdalom és szenvedés neked, hogy meg tudj teremteni hat órányi fájdalmat és szenvedést, hogy ezzel megszabadulhass tőle. Ez a helyzet meghódítása – az, hogy tudod mit kell tenned.

## „SZERETNÉM HA EGY FÉRFI EGYSZER AZ ÉLETEMBEN ELCSÁBÍTANA!"

*Szalon Résztvevő:*

A dolgaim határozottan megváltoztak, mióta megcsináltam veled a 2-es és 3-mas szintű tanfolyamokat, valamint számos telekurzust. A libidó hiányától eljutottam addig, hogy állandóan be vagyok indulva. Folyamatosan a szexelésre gondolok, főleg Garyvel és Dainnel, és olyan férfiakkal, akik tudják hogyan játszanak egy nővel szexuálisan érzéki módon. Férjnél vagyok és nem vágyok szexre a férjemmel, mert ő az a fajta erélyes és gyors típus, akit a pornófilmekben látsz. Szeretném, ha egy férfi egyszer az életemben elcsábítana!

*Gary:*

Futtasd ezt:

Milyen energia, tér-űr és tudatosság lehetünk a testem és én, ami lehetővé teszi számunkra, hogy elcsábítsanak és teljességben szexszel telítettek legyünk az örökkévalóságig? Minden, ami nem engedi, hogy ez megjelenjen, isten tudja hányszorosan, hajlandó lennél elpusztítani és nemteremtetté tenni? Helyes, Helytelen, Jó, Rossz, POD POC, Mind a 9, Rövidek, Fiúk és Túlontúl.

*Szalon Résztvevő:*

Hogyan taníthatom meg a férjem arra, hogy lassú legyen, érzéki, tápláló, és mindenféle jó dolog? Kihívás számomra, hogy megkérjem arra, amit szeretnék.

*Gary:*

Megveheted a Szex Nem Egy Négy Betűs Szó (Sex Is Not a Four Letter Word) című könyvet, kiteheted a fürdőszobába, és úgy csinálhatsz, mintha azt olvasnád. Így, amikor elmegy a fürdőszobába, felveszi majd és elkezdi olvasni. Ha egyre több időt kezd el a fürdőszobában tölteni, akkor hamarosan megkapod, amit akarsz.

## MÁS EMBEREKÉRT ÉLNI

*Szalon Résztvevő:*

Kiskoromtól kezdve az utóbbi időkig érzelmileg a szüleim szülei voltam. Próbáltam megvédeni őket és gondoskodni róluk.

*Gary:*

Az utóbbi időkig? Még mindig ezt teszed. Ezért vagy te a szüleidnek. Olyasvalakit akartak, aki gondoskodik róluk, hogy valóssá és jóvá tegye az életüket. Nagyon sokan nem ismeritek fel, hogy a szüleiteknek azért kellettetek, hogy tudják, hogy valaki gondoskodik róluk. Téged választottak azért, hogy legyen valakijük, aki gondoskodik róluk, amíg ők nem figyelnek eléggé magukra. Az a feladatod, hogy ezt megtedd helyettük. Ők nem tudtak rólad gondoskodni, mert arra próbáltak rávenni, hogy te gondoskodj róluk.

Mindenhol, ahol nem voltál hajlandó érzékelni, tudni, az lenni és befogadni ezt, hajlandó lennél elpusztítani és nemteremtetté tenni? Helyes, Helytelen, Jó, Rossz, POD POC, Mind a 9, Rövidek, Fiúk és Túlontúl.

Itt egy tisztítás, amit elég sokan futtathattok. Ez a tisztítás a beküldött kérdéseitek eredményeképp született. Azt szeretném, hogy ezt futtassátok:

Milyen hülyeséget használok, hogy megteremtsem a másoktól, másokért és másokból élés követelményének és kívánalmainak találmányát, amit választok? Mindent, ami ez, isten tudja hányszorosan, hajlandó lennél elpusztítani és nemteremtetté tenni? Helyes, Helytelen, Jó, Rossz, POD POC, Mind a 9, Rövidek, Fiúk és Túlontúl.

*Szalon Résztvevő:*
Van ennek köze a jóváhagyás szükségéhez?

*Gary:*
Nem. Azt gondolod, hogy köze van a jóváhagyás szükségéhez. Ha jóváhagyást keresel, akkor nem vagy hajlandó felismerni magad. Ez a felismerése annak, hogy egy olyan harcos vagy, aki a jövő teremtéséért küzd. Ha elkezdesz ebből működni, akkor nagyobb érzékelésed lesz önmagadról, mint eddig valaha volt. A férfi és női szerepek felcserélése egy állandó konfliktusba helyez téged azzal, ami valójában igaz neked, ami azt jelenti, hogy valaki más jóváhagyását várod. Meg kell nézned, hogy ők látnak-e téged, mert ha látnak téged, akkor talán te is láthatod magad. Kivéve, hogy ez nem igazán működik. Bármi látása egy találmány.

Mindent, ami ez, isten tudja hányszorosan, hajlandó lennél elpusztítani és nemteremtetté tenni? Helyes, Helytelen, Jó, Rossz, POD POC, Mind a 9, Rövidek, Fiúk és Túlontúl.

## VIZUÁLIS ÁBRÁZOLÁS ÉS TALÁLMÁNY

*Szalon Résztvevő:*
Elmagyaráznád jobban, kérlek, hogy lehet a látás találmány?

*Gary:*
A múltkori hívásban beszéltem arról az időről, amikor TV-t néztem. A szenvedély vizualizálása az volt, hogy valakinek a földre hullt a bugyija. Ennek kellett volna a szenvedélynek lennie. Ez nem szenvedély volt; ez az volt, hogy a bugyi leesett a földre. Az a nézőpontunk, hogy a világ vizuális ábrázolása a világ igazsága.

Milyen hülyeséget használsz, hogy megteremtsd a vizuális valóság találmányát, mint ennek a valóságnak az igaz valóságát, amit választasz? Mindent, ami ez, isten tudja hányszorosan, hajlandó lennél elpusztítani és nemteremtetté tenni? Helyes, Helytelen, Jó, Rossz, POD POC, Mind a 9, Rövidek, Fiúk és Túlontúl.

Megpróbálod úgy látni a dolgokat, ahogyan mások vizuálisan ábrázolják őket. Vegyünk egy intellektuális személyt New York Cityből. Terjedelmesen beszél arról, hogy mit jelenthet egy könyv sora. Mindenféle feltételezéseket kreál arról, hogy mi lehetett az író nézőpontja. Ha ránézel a sorra, amiről beszélt, az esetek kilencven százalékában világossá válik, hogy amivel az intellektuális személy előállt, az az, amit ő próbált meglátni. Ez egy találmány volt és nem valóság. Ezt csináljuk a világunkban is. Próbálunk olyasmit feltalálni, ami nincs.

*Szalon Résztvevő:*
Gyerekként annyi bajom volt azzal, hogy ezt láttam.

*Gary:*
Azért, mert tudtad, hogy ez egy találmány, de az emberek azt mondták, hogy ez a valóság. Az emberek valóságként teremtik a találmányokat. Felismerted valaha azt, hogy amikor az emberek beszélnek, néha olyan, mintha filmekből idéznének? Oly módon fejezik ki magukat, amik annyira nem olyanok, akik ők. Te tudod, hogy ez egy feltalált valóság nekik. Ez egy vizuális ábrázolása annak, akiknek lenniük kellene, nem pedig egy éberség arról, amik ők.

Milyen hülyeséget használsz, hogy megteremtsd a vizuális valóság találmányát, mint ennek a valóságnak az igazságát, ami az egyetlen olyan valóság, amit választhatsz, amit választasz? Mindent, ami ez, isten tudja hányszorosan, hajlandó lennél elpusztítani és nemteremtetté tenni? Helyes, Helytelen, Jó, Rossz, POD POC, Mind a 9, Rövidek, Fiúk és Túlontúl.

Azt javaslom, hogy legyél okos és ismerd fel azt a helyet, ahova nézőpontokat zársz be arról, hogy mit kellene tenned, amik találmányok és nem teremtések. Ha harcos leszel, aki a jövő teremtéséért harcol, akkor meg kell szabadulnod a találmánytól. Mekkora része találmány annak, amit jelenleg az életedben teszel a kapcsolataiddal? Sok, kevés, vagy megatonnányi?

*Szalon Résztvevő:*
　　Megatonnányi.

*Gary:*
　　Mindent, ami ez, isten tudja hányszorosan, hajlandó lennél elpusztítani és nemteremtetté tenni? Helyes, Helytelen, Jó, Rossz, POD POC, Mind a 9, Rövidek, Fiúk és Túlontúl. Mekkora része találmány annak, amit ezekben a kérdésekben problémának látsz?
　　Mindent, amit azért tettél, hogy ezt feltaláld, isten tudja hányszorosan, hajlandó lennél elpusztítani és nemteremtetté tenni? Helyes, Helytelen, Jó, Rossz, POD POC, Mind a 9, Rövidek, Fiúk és Túlontúl.
　　Hajlandónak kell lenned meglátni, hogy a kapcsolatod mekkora részét találtad fel problémaként. Olyan vagy, mint az a nő, aki azt mondta, hogy kihívás számára azt kérni, amit az ágyban szeretne kapni? Nem vagy hajlandó elveszíteni a férjed? Ha hajlandó lennél elveszíteni a férjed, az más lehetőséget teremtene neked, és akkor valóban megkérhetnéd arra, amit akarsz? Úgy tűnik, ez mindenkire vonatkozik ezen a híváson.
　　Mindent, ami ez, isten tudja hányszorosan, hajlandó lennél elpusztítani és nemteremtetté tenni? Helyes, Helytelen, Jó, Rossz, POD POC, Mind a 9, Rövidek, Fiúk és Túlontúl.

*Szalon Résztvevő:*
　　Mi a találmány?

*Gary:*
　　A találmány ez: A TV-ben nézz meg két embert, akik csókolóznak. Arról kellene szólnia, hogy mennyire törőd-

nek egymással, mennyire akarják egymást. Ez igaz vagy találmány? Minden gondolat, érzés, érzelem, szex és no-szex az találmány.

*Szalon Résztvevő:*
Mindent úgy látok, mint egy találmány.

*Gary:*
Nagyon sok dolog az, kivéve, amikor valójában jövőt teremtesz. Nagyon nagy része találmány annak, amit az életedben tettél. Megpróbálod feltalálni azt, aki vagy. Megpróbálod feltalálni a pénzügyi helyzetedet. Megpróbálod feltalálni a kapcsolataidat és azt, hogy hogyan kellene mindennek kinéznie mások számára. Arról szól, hogy minden milyennek tűnik, és nem arról, hogy milyen. Minden az ellenkezője annak, aminek tűnik és semmi nem az ellenkezője annak, aminek tűnik. Ez mind találmány.

Mindent, ami ez, isten tudja hányszorosan, hajlandó lennél elpusztítani és nemteremtetté tenni? Helyes, Helytelen, Jó, Rossz, POD POC, Mind a 9, Rövidek, Fiúk és Túlontúl.

*Szalon Résztvevő:*
Köszönöm ezt a hívást, Gary. A valóságomnak ez a része olyan poshadt energiájú, mégis annyi minden történik itt, és egy új lehetőség nyílik meg.

*Gary:*
Ezért akarlak rávezetni arra, hogy ismerjétek fel, hogy feltaláljátok ezeket a dolgokat ahelyett, hogy teremtenétek. Ha eldöntöd, hogy szerelmes vagy valakibe, akkor ez egy igazság, egy teremtés vagy egy találmány?

*Szalon Résztvevő:*
 Találmány.

*Gary:*
 Igen, mert ez egy gondolat, egy érzés, egy érzelem.

## VÁLASZTÁSBÓL, LEHETŐSÉGBŐL, KÉRDÉSBŐL ÉS HOZZÁJÁRULÁSBÓL TEREMTENI

*Szalon Résztvevő:*
 Akkor hogy néz ki a teremtés? Nem fogom fel.

*Gary:*
 Találmányon keresztül teremtettél. Nem választásból, lehetőségből, kérdésből és hozzájárulásból.

*Szalon Résztvevő:*
 Ez olyan, mint egy generatív energia?

*Gary:*
 Amikor energiából működsz, az generatív és teremtő. Kezdj el abból generálni és teremteni, hogy harcos vagy, aki a jövő teremtéséért küzd. Szó szerint érezd a szilárdságot annak az energiájában, hogy „Harcos vagyok, aki a jövő teremtéséért harcol." Nincs kétely az univerzumodban, amikor ezt mondod. Hirtelen eltűnik a kétely és tudod, mit kell tenned. Nagyon pragmatikussá és intézményesítővé válik. Mindaddig, amíg ebbe az irányba haladok, tudom, hogy hova tartok.

*Szalon Résztvevő:*

Hogyan legyünk harcosok, gyógyítók és hódítók bántalmazás nélkül és azon túl?

*Gary:*

Továbbra is arra nézel rá, hogy mi történik ezen a bolygón úgy, ahogyan a férfiak teremtették. Ez probléma, mert a férfiaknak béke iránti vágyukkal szembe kell szállniuk azért, hogy háborúzzanak, és hogy ezt megtegyék, haragot, dühöt, tébolyt és gyűlöletet teremtenek valósnak (ez mind zavaró beültetés) azért, hogy véghez vigyék a föld hódítója és pusztítója missziójukat, amiknek szerintük lenniük kell.

Ha egy másik helyről teremtesz, a „Hogy tudom ezt kiterjeszteni és jövőt teremteni?" helyéről, akkor nem csinálsz pusztítást, haragot, tébolyt és gyűlöletet, hogy ide eljuss. Ekkor kérdést, választást, lehetőséget és hozzájárulást csinálsz.

*Szalon Résztvevő:*

Hűha, ez remek. Köszönöm.

## NE ZÁRD KI A HARAGOT

*Szalon Résztvevő:*

Hallgattam egy CD-t, amiben a nincs kizárásról beszélsz – és arról, hogy ne zárjuk ki a haragot. Azt mondod, hogy a harag egy zavaró beültetés. Beszélnél erről egy kicsit többet, kérlek?

*Gary:*

Igen, a harag egy zavaró beültetés. Az egyetlen alkalom, amikor a harag valós és nem zavaró beültetés az az, amikor valaki hazudik neked.

Be kell venned a haragot a buliba. Nem a zavaró beültetést kell bevenned, de hajlandónak kell lenned belefoglalni a dolgokba a haragot egy olyan szintig, hogy vedd észre, ha valaki zavaró beültetésként használja. Ha megpróbálod megsemmisíteni vagy kizárni a zavaró beültetéseket, akkor megpróbálod azt látni, hogy mennyire nincsenek jelen, ahelyett, hogy meglátnád, hogy mikor vannak jelen.

*Szalon Résztvevő:*

Nekem az a nézőpontom, hogy gyűlölök mérges lenni. Begurulok, ha haragosnak érzem magam, és nem nagyon tudom, mit tegyek ezzel.

*Gary:*

Ha belefoglalod a dolgokba a haragot, akkor egy olyan dolog lehet a harag, ami bevillan – aztán túlteszed magad rajta. Vagy amikor bevillan, akkor megkérdezheted, hogy „Ez a személy hazudott nekem?" Ha igent kapsz, akkor a harag elmegy. Amikor elnyomod a haragot, akkor felrobban, és ez fájdalmat okoz neked. Fájdalmat okoz a testednek és téged pedig kiborít, hogy ez történik. A leírásod alapján úgy tűnik, hogy megpróbálod elnyomni a haragod és nem engeded, hogy megtörténjen. Így, amikor megtörténik, akkor ez egy hatalmas robbanás, ami nem igazán segít. És fájdalmas is.

*Szalon Résztvevő:*

Megrémülök attól, hogy mi fog történni a fiam felé irányuló haraggal, ha nem nyomom el.

*Gary:*

Be kell venned a fiad felé irányuló haragot is, és mondd azt neki, hogy "Ha ezt még egyszer megcsinálod, akkor beletömöm a fejed a WC csészébe és lehúzom." Én ma ezt tettem a gyerekemmel. Mindig felhív és azt mondja, hogy „Találkozzunk egy italra, vacsorázzunk együtt." Mindig találkozni akar. Hihetetlenül szeret engem, mert őszinte vagyok vele. Ma nem nyomtam el a haragomat; kifejeztem, de nem robbantottam rá teljesen, amit olyan sokan megtesznek.

*Szalon Résztvevő:*

Szóval, hogy csináljam? Mit kell kérdeznem, mielőtt felrobbanok?

*Gary:*

Milyen energia, tér-űr és tudatosság lehetek, ami megengedi nekem, hogy belevegyem a haragot a valóságomba az örökkévalóságon át?

## „ÉN CSAK EGY NAIV KISLÁNY VAGYOK"

*Szalon Résztvevő:*

Egy ideje már van valami, amit mindig elkerülök feltárni vagy megbeszélni. Azt gondolom, hogy többnyire azt választom, hogy barátságos vagyok, örömteli, szexuálisan nyitott, bátorító, bátor, és még ennél is több, köszönet ezért az

Access Consciousnessnek és neked, Gary. Úgy tűnik, hogy mindez a férfiakat és néha a partnereiket oda vezeti, hogy félremagyarázzák a szándékomat, és érzékelem a kivetítéseket, elvárásokat, elkülönüléseket, ítéleteket és visszautasításokat. Nem vagyok éber arra, hogy mi történik.

*Gary:*
Nem ébernek lenni annyit tesz, hogy naiv vagy. A kivetítések, elvárások, elkülönülések, ítélkezések és visszautasítások nem befogadása egy mód arra, hogy fenntartsd az „Én csak egy naiv kicsi lány vagyok"-ot. Ez oda juttat téged, hogy olyan dolgokat teszel, mint pl. nem a megfelelő időben nevetsz vagy kuncogsz, olyan dolgokat teszel, amiket nem akarsz, és olyan emberek vannak az életedben, akiknek nem tudod hogyan mondj nemet.

Amikor nem vagy éber arra, hogy mi történik, akkor kérdezd ezt: Milyen hülyeséget használok, hogy megteremtsem a naivitást, amit választok?

Harcos leszel a jövő teremtéséért. Más nézőpontod fog megjelenni, és nem fogsz dolgokon kuncogni, hogy megkapd, amit akarsz.

## KIHEZ TARTOZIK? AZ ENYÉM?

*Szalon Résztvevő:*
Amikor éber leszek arra, hogy valaki vonzódik hozzám, elég kényelmetlenül kezdem el érezni magam. Néha elkezdek kuncogni, vagy falakat húzok fel vagy még akár viszonzom is a flörtölést, hogy rosszul érezzék magukat, vagy kellemetlenül.

*Gary:*
Megkérdezted már valaha, hogy: Kihez tartozik ez? A férfiak a legbizonytalanabb emberek a bolygón, hölgyeim. Ha bizonytalannak érzitek magatokat, akkor 99% esély van arra, hogy ez egy férfi nézőpontja. Nagyon kevés férfiban van teljes bizonyosság. Akikben van, ők elég félelmetesek mindenki számára. Ha megfélemlítenek emberek, az valószínűleg azért van, mert kellemesen érzik magukat a bőrükben, és ha te nem érzed jól magad a bőrödben, az azért van, mert éber vagy – és nem azért, mert problémád van. Szeretlek – és ezen túl kell tenned magad.

*Szalon Résztvevő:*
Valahol valósként bevettem mindenki kivetítését, elvárását, elkülönülését, ítélkezését és visszautasítását. Rosszá tettem magam, hibáztattam magam, lebénultam és falakat húztam fel. Szeretnék tisztábban rálátni erre.

*Gary:*
Hűha, micsoda pompás találmány.

Közületek hányan találtok fel módokat arra, hogy hogyan kezeljétek a férfiakat, a nőket és a kapcsolatokat? Mindent, ami ez, isten tudja hányszorosan, hajlandó lennél elpusztítani és nemteremtetté tenni? Helyes, Helytelen, Jó, Rossz, POD POC, Mind a 9, Rövidek, Fiúk és Túlontúl.

Tisztán kell látnod azzal a ténnyel kapcsolatban, hogy 99,000%-a ennek a cuccnak nem tartozik hozzád. El kell kezdened kérdezni, hogy: Ez az enyém? Amikor ezt teszed, rá fogsz jönni, hogy egyik sem a tied. A bizonytalanság és mindaz a cucc nem tartozik hozzád. Nem tartozik hozzád, hogy nem akarod, hogy visszautasítsanak. Fogd fel kérlek, édesem, hogy ez nem a tiéd. Neked nincsenek ilyen nézőpontjaid.

## KIZÁRÓ KAPCSOLATOK

*Szalon Résztvevő:*
Köszönöm ezeket a hívásokat. Felfogtam, hogy teljesen rendben van, ha csak szeretőm van. Nem kell mindent teljesítenie – és most igazán lenyűgöző életet élek.

*Gary:*
Igen, meg kell lennie az éberségednek arról, hogy nem szükséges, hogy egy személy teljesítsen mindent, amire vágysz. Egy végtelen lénynek csak egyvalaki lenne az életében? A kizáró kapcsolatoknak az az elképzelése, hogy kizárjon mindenkit, kivéve azt az egyet, és amikor ezt csinálod, akkor a „mindenkiben" te is sokkal inkább benne vagy, mint nem. Elkezded kizárni magad ahelyett, hogy felismernéd, hogy „Oké, ebbe beleveszem magamat is". Nem kérdezed meg, hogy:

* Mi az, amit valóban szeretnék?
* Mi kellene ahhoz, hogy szórakoztatóvá tegyem az életem?

Nem mondod azt, hogy: Csak nekem, csak mókából, és soha ne mondd el senkinek!

## LÉTEZÉS KONTRA CSINÁLÁS

*Szalon Résztvevő:*
Tisztázásra van szükségem a létezés kontra csinálással kapcsolatban. Azt hiszem, hogy csinálással próbálok sikeres lenni, de úgy érzem, hogy nem vagyok megfelelő, sikertelen vagyok, és ragaszkodom a végeredményhez. Mi történik? Segítenél nekem egy tisztítással, amit futtathatok?

*Gary:*
Milyen hülyeséget használok, hogy találmányt teremtsek a csinálással, amit választok? Mindent, ami ez, isten tudja hányszorosan, hajlandó lennél elpusztítani és nemteremtetté tenni? Helyes, Helytelen, Jó, Rossz, POD POC, Mind a 9, Rövidek, Fiúk és Túlontúl.

Felfogtad ezt? A csinálással feltalálsz, úgy, mintha csinálnál, azzal valóban teremtenél, ami nem így van.

## VISSZAJÖVÜNK, HOGY ELRENDEZZÜK A DOLGOKAT?

*Szalon Résztvevő:*
Azt hallottam, hogy gyakran reinkarnálódunk újra és újra, hogy bizonyos emberekkel lehessünk. Neked mi az éberséged erről? Ezt előszeretettel csináljuk, csakúgy, mint azt, hogy megragadjuk az alkalmat arra, hogy elengedjük a korlátainkat bizonyos emberekkel kapcsolatban?

*Gary:*
Nem, általában olyasvalakiket választasz, akikkel van-

nak korlátaid, hogy megölhesd őket ebben az életedben. Ha nagyon vonzódsz valakihez, vagy szenvedélyt érzékelsz valaki felé, akkor többnyire ez a szenvedély azon az elképzelésen alapul, hogy ebben az életedben meg kell ölnöd vagy neki kell megölnie téged.

Szóval azért jövünk vissza, hogy elrendezzünk dolgokat? Úgy tűnik, hogy nem! Amikor a metafizikai fázisomban voltam, akkor azt mondták nekem, hogy azért választasz bizonyos embereket, hogy megszabadulhass a korlátozásaidtól, de eddig még ezt nem találtam igaznak. Amikor labilis kapcsolatban vagy valakivel, akkor ez azért van, mert oda-vissza gyilkoltátok egymást évszázadokon át, és most azt keresed, hogy ki van soron ebben az életben.

## SZERELEM ELSŐ LÁTÁSRA

*Szalon Résztvevő:*
Létezik valójában a szerelem első látásra?

*Gary:*
Igen, mert annyi fogadalmad, esküd, hűbéresküd, hűségesküd és elköteleződésed van más életekből, hogy amikor találkozol valakivel, akihez elköteleződtél más életedben, akkor hirtelen felidézed mindet. Nem a személy fizikai formája az, ami ezt a választ eredményezi; hanem az energetikai formájuk. Hirtelen szerelmes leszel belé.

Az összes fogadalmat, esküt, hűbérésküt, hűségesküt, elköteleződést és ígéretet, amit bárkinek tettél bármely életedben, bármely életedből, ami még mindig fennáll, hajlandó lennél elpusztítani és nemteremtetté tenni mindezt? Helyes, Helytelen, Jó, Rossz, POD POC, Mind a 9, Rövidek, Fiúk és Túlontúl.

A jó hír az, hogy ti nagyon sok ilyet csináltatok. A rossz hír az, hogy ti nagyon sok ilyet csináltatok!

## A CÍMKÉK KORLÁTOZZÁK A LEHETŐSÉGEKET

*Szalon Résztvevő:*
Egyszer csináltam egy olyan kísérletet, hogy eldöntöttem, hogy egy napon át nem a barátomként gondoltam a barátomra, hanem úgy, mint egy jó barátra. Észrevettem, hogy aznap más volt a viselkedésem felé. A közöttünk lévő interakció kevésbé volt kontrolláló és játékosabb volt. Gyanítom, ennek van köze a barát szó jelentéséhez. Beszélnél erről? A szavak jelentése és címkéi tényleg ilyen erőteljesek?

*Gary:*
Igen. Mindig, amikor felcímkézed azt, hogy mi neked valaki, akkor többé nem tudod megnyitni az ajtót nagyszerűbb lehetőségnek, mint az a címke. Minden egyes címkével, amit másokra aggatsz, korlátozod a lehetőségeket. Ezért kérem azt az emberektől, hogy a kedvelt személyt nevezzék a jelentéktelen másiknak, nem pedig a jelentőségteli másiknak. Mert ha ez a személy a jelentéktelen másik, akkor több a lehetőség. Ha a jelentőségteli másik, akkor ezt fontossá kell tenned, jelentőségtelivé, kontrollálóvá – és semmi esetre sem szórakoztatóvá.

Mindent, amit azért tettél, hogy feltaláld ezeket, mint

nagyon fontos dolgokat, hajlandó lennél elpusztítani és nemteremtetté tenni? Helyes, Helytelen, Jó, Rossz, POD POC, Mind a 9, Rövidek, Fiúk és Túlontúl.

## VALÓJÁBAN TUDSZ BÁRMIT IS KONTROLLÁLNI?

*Szalon Résztvevő:*
Beszélnél a kontroll elképzeléséről? Ez egy energia vagy egy mentális képzet? Nekem az jön, hogy bele vagyok ragadva a polaritásba, és küzdök aközött, hogy tudom mikor kontrolláljak és mikor engedjek el. A kontroll képzetét potensebbé teszem, mint magamat.

*Gary:*
A kontroll többnyire találmány. Egy tudatos kapcsolatban lenne bármekkora kontroll? Nem. Valójában tudsz bármit is kontrollálni? Próbáld meg kontrollálni az energiát a szobában. Tudod? Nem. Miért? Azért, mert az energiát nem lehet kontrollálni. A partnered energia? Igen. Ha megpróbálod kontrollálhatóvá tenni, a valóságának mekkora összeszűkülését kell létezésbe tenned ehhez? Mennyire kell összeszűkítened az egész életét, megélését, és a testét, hogy kontrollálni tudd? Nagyon, kicsit, vagy túlságosan? Túlságosan!

Mindent, ami ez, isten tudja hányszorosan, hajlandó lennél elpusztítani és nemteremtetté tenni? Helyes, Helytelen, Jó, Rossz, POD POC, Mind a 9, Rövidek, Fiúk és Túlontúl.

## A SZERETET/SZERELEM ÖNMAGÁBAN EGY TALÁLMÁNY

*Szalon Résztvevő:*
Mi van a szerelmesnek lenni találmányán túl?

*Gary:*
A szerelem önmagában egy találmány. Valószínűleg ez az egyike azoknak, amit a legnehezebb felfogni az embereknek. Azt mondják az emberek, hogy „Ez a személy szeret téged." Ő szeret téged? Vagy valamire vágyik tőled – vagy mi? A szüleid szeretnek. Az apád és az anyád ugyanúgy szeretnek? Teljesen máshogy. Az egyik vagy a másik szeretet – vagy ez mind találmányai annak, ami a szeretet?

*Szalon Résztvevő:*
Találmányok.

*Gary:*
Igen, a szeretet/szerelem találmány. Az anyád vagy az apád iránt van benned több hála?

*Szalon Résztvevő:*
Az anyám iránt, mert megszült – és az apám iránt, mert vele jobban kijövök.

*Gary:*
Hálás vagy az apádért és tolerálod az anyádat.

*Szalon Résztvevő:*
Pontosan, köszönöm.

*Gary:*
Úgy kell neveznetek a dolgokat, ahogy vannak. Ha tolerálod az anyád, az rendben van. Ha hálás vagy valakiért, az más. A hálában nincs ítélkezés; a szerelemben van. Ezért mondom azt, hogy a szerelem találmány. Ha igazi szerető gondoskodás lenne, akkor nem lenne benne ítélkezés. Az igazi szerető gondoskodás egy folyamatos kifejezésmódja a lehetőségnek. Megvan a különbség?

*Szalon Résztvevő:*
Előnyös egy más jövőt teremteni, ha tudatos kapcsolatunk van minden lénnyel?

*Gary:*
Ha hajlandó vagy megteremteni a valóságodat, akkor mindenkivel, akivel találkozol, más lesz a kapcsolatod. Nyitottabb leszel a nagyobb lehetőségek felé, mint mások. Ez azt jelenti, hogy be fogják fogadni azt, amit mondanod kell? Nem. Befogadnak téged? Nem. Azt jelenti, hogy meg fogjuk változtatni az emberi/humanoid fajt a bolygón? Egy kis szerencsével, igen. Csak továbbra is kedveld magad, mert te vagy az, aki lehetőségeket fog teremteni.

## MINDEN KAPCSOLAT EGY TALÁLMÁNY

*Szalon Résztvevő:*
A kapcsolat nem csupán egy másik találmány?

*Gary:*
De, minden kapcsolat egy találmány. A kapcsolat, ahogy

itt teremtik, egy találmány.

*Szalon Résztvevő:*

Úgy tűnik, hogy mindenhol, ahol a kapcsolattal harmóniában vagyok-ból működök, az egy találmány. Nem értem, hogy hogyan működjek ezen kívül, és végül azt választom, hogy egyáltalán nem megyek el addig, mert az az éberségem erről, hogy ez hülyeség.

*Gary:*

Ez éberség vagy következtetés?

*Szalon Résztvevő:*

Nem tudom. Ez nem világos nekem.

*Gary:*

Ez inkább egy következtetés. Mi lenne, ha feltennéd ezeket a kérdéseket:
- Ez működne?
- Ez szórakoztató és érdekes lenne nekem?
- Ez olyasvalami lenne, ami többet teremtene és generálna az életemben?

Ha onnan kezdesz el működni, ahol az a harcos vagy, aki a jövőért fog küzdeni, akkor meglátod, hogy „Oh! Azért nem választom, hogy ezzel a személlyel vagyok, mert az nem olyan jövőt teremtene, ami hozzájárulás lenne nekem, vagy ahol én lehetek az a hozzájárulás, aki akarok lenni". Megvan a különbség?

*Szalon Résztvevő:*

Igen. Kell tisztítanom arra, hogy megszabaduljak a kapcsolatok körül lévő trutyimtól?

*Gary:*
Igazság, valóban szeretnél kapcsolatot?

*Szalon Résztvevő:*
Nem.

*Gary:*
Akkor nincs probléma!

*Szalon Résztvevő:*
De ezeken a hívásokon mindenki kapcsolatokról beszél. Semmi másról. Mindenki ezt csinálja.

*Gary:*
Nem csak erről. Nem arról beszéltem, hogy a valódi feladatod az, hogy jövőt teremts?

*Szalon Résztvevő:*
Igen, ez klassz.

*Gary:*
Megpróbállak arra az éberségre rávezetni, amiért itt vagy, és arra, ami valójában lehetséges számodra. Ha kapcsolatot szeretnél, akkor megteszek minden tőlem telhetőt, hogy ezt megkapd. Valamint azt is szeretném, hogy mindannyian, akik nem vágytok-, nincs szükségetek kapcsolatra és nem akartok kapcsolatot, tudjátok, hogy nem kell kapcsolatban lennetek. Ez csak választás kérdése. Valójában mindannyiunknak így kell működnünk.

Gary Douglas

# EGY HARCOS HAJLANDÓ BÁRMIT MEGTENNI HOGY MEGNYERJE A CSATÁT

*Szalon Résztvevő:*
Van egy kérdésem arról, hogy harcos vagyok. Úgy gondolok a harcosokra, mint olyan lényekre, akik mindent egyedül csinálnak. Amikor ránézek egy olyan jövő teremtésére és generálására, ami működne nekem, akkor úgy tűnik, hogy egyre jobban és jobban együttműködök másokkal. Mintha a jövőink átfednék egymást. Ez miről szól? Beszélnél a harcosként létezésről és az együttműködésről?

*Gary:*
Egy harcos bármire hajlandó azért, hogy megnyerje a csatát. Ha ez azt jelenti, hogy szorosan egymás mellett haladsz valakivel a hihetetlen furcsaságokkal szemben, akkor ezt kell tenned. Ha azt jelenti, hogy támadsz, akkor azt kell tenned. Amikor valóban harcos vagy, akkor felszántod a földet is, ha ez teremti meg a jövőt, amire szükséged van. A kardodat fogod használni ültetéshez. A fegyvereiddel fogsz barikádot csinálni a megszállók ellen. Bármit megteszel, amit kell. A harcos nem aprít, hajlít, öl és csonkít. Egy harcos bármit megtesz, hogy eljusson oda, ahova tart.

Ezért próbállak folyamatosan rávezetni titeket hölgyeim, hogy harcosok vagytok – mert bármit megtesztek azért, hogy haladjatok. Nem haboztok megtenni bármit, kivéve, ha belementek a kivetítésbe, elvárásba, visszautasításba, elkülönülésbe, ítélkezésbe, vagy egy olyan helyre, ahol úgy érzitek, hogy rosszak vagytok. Kijöttök ebből és felismeritek, hogy „Harcos vagyok, aki a jövő teremtéséért küzd."

## ÉRDEKES NÉZŐPONT

Amikor van egy éberséged magadról, akkor úgy állsz, mint egy kőszikla az áramlásban. Elér hozzád a polaritás, majd megkerül, és egy érdekes nézőpont vagy. Amikor hajlandó vagy felismerni, hogy hol állsz a dolgok áramlásában, akkor egy harcos vagy, aki a jövő teremtéséért küzd.

Ebben van egy szilárdság; és nincs benne stagnálás. A legtöbb szilárdság stagnálássá válik. Ha azt mondod, hogy „Én egy harcos vagyok", akkor ez egy stagnáló állapot lesz ebből és mindenkivel mindig harcolnod kell, hogy bebizonyítsd az igazad. Ez az a hely, ahol élni szeretnél?

Van egy szilárdság az „érdekes nézőpont"-ban, ami lehetővé teszi minden polaritásnak, őrültségnek és találmánynak, hogy körülötted keringjenek, és mégse legyenek hatással rád, mert te tudod, hogy hova tartasz. Ebből a tér-űrből csatázhatsz a jövő teremtéséért.

*Szalon Résztvevő:*

Nagyon köszönöm ezt a hívást. És köszönöm minden csodálatos nőnek ezen a híváson. Először érzékelek békét a férfiak és nők között és úgy általában a velük való kapcsolatomban. Annyi harag, gyűlölet, és bizalmatlanság volt eddig az emberekkel való kapcsolatban, de most ezekkel a hívásokkal, ez már nem is számít. Tudom kezelni.

*Gary:*

Igen, pont ezért csináltam ezt a hívást. Ezt szerettem volna teremteni, hogy te teremtsd meg a valóságod. Ez megadja majd a békének azt az érzetét, ami lehetőséget és választásokat teremt. Köszönöm hölgyeim.

# 9
# Egy fenntartható jövő teremtése

Talán abba kellene hagynod, hogy túlélni próbálsz, és elkezdeni ránézni arra, hogy mi kellene ahhoz, hogy gyarapodj.

*Gary:*
Helló, hölgyeim. Kezdjük néhány kérdéssel.

## GYEREKVÁLLALÁS

*Szalon Résztvevő:*
Azt mondtad, hogy a legtöbb nőnek a jövő teremtése azt jelenti, hogy gyerekeket vállal, és hogy a gyerekszülés a jövő teremtésének alacsonyabb rezgésű harmóniája. Lehetsz a jövő teremtőjének harcosa – valamint választhatod-e ugyanekkor önmagad és a gyerekeket is?

*Gary:*
Igen. A legtöbben eldöntötték, hogy a jövő a gyerekek-

ről szól, és nem arról, hogy hosszú távú eredményeket teremtsünk a világban. Ezért látják a gyerekeket hosszú távú eredménynek a világban – de nem ők az egyedüli hosszú távú eredmények. Minden választásodnak meg kell lennie. Minden választásnak elérhetőnek kell lennie számodra.

*Szalon Résztvevő:*
Azt választottam, hogy gyerekeket invitáltam az univerzumomba és ez végtelenül kiterjesztette a megélésem. Mi egyéb lehetséges, amikor ezt választom?

*Gary:*
Rá kell nézned erre a választásra és megkérdezni: Ha ezeket a gyerekeket választom, egy nagyszerűbb vagy egy kisebb jövőt fog ez teremteni nekem és nekik?

A jövő nem azt jelenti, hogy ez csak neked szól, hanem ez te és ők. A legtöbben abból a nézőpontból csinálnak gyereket, hogy „Most már lesz valaki, aki gondoskodik rólam", vagy „Lesz valakim, aki örökké szeretni fog." Képesnek kell lenned arra, hogy felismerd, hogy amikor belelépsz a te és mások jövője teremtésének terébe, más lehetőség bukkanhat fel. Olyan jövőt kell teremtened, ami nem egy szilárd nézőponton alapul; egy olyan jövőt kell teremtened egy fenntartható valósággal, ami túlmegy ezen a valóságon.

*Szalon Résztvevő:*
Azt mondtad, hogy hódítók vagyunk és jövőért harcolunk, és amikor meglátjuk a bejáratot, akkor azon menjünk át.

*Gary:*

Meg fogod látni a helyet, ahol megnyílik a bejárat, mert hajlandó vagy ezen a valóságon túli más jövőt teremteni. Elérkezik hozzád egy megnyílás és azt mondod majd, hogy „Oh! Oda kell mennem!" Tudod, mert hajlandóbb vagy a tudásodból működni, mint bármi másból.

## NEM ARRÓL VAN SZÓ, HOGY SZÁLLJUNK KI EBBŐL A VALÓSÁGBÓL

*Szalon Résztvevő:*

Annyira csalódott vagyok, hogy egy olyan mostohafiú mostohaanyja vagyok, aki úgy döntött, hogy újra hazaköltözik. Nem tudom, hogyan foglaljam ezt szavakba. Hogyan ne legyek a gyerek mostohaanyja?

*Gary:*

Azt kérdezed, hogy „Hogyan szálljak ki ebből a valóságból?" De nem arról van szó, hogy szálljunk ki ebből a valóságból. Ha ez megteremtene mindent, amire vágysz, akkor a kiszállás könnyű lenne. Érdemes azt kérdezned, hogy: Hogyan teremtsek olyan valóságot ezen a valóságon túl, ami valójában működne nekem?

*Szalon Résztvevő:*

Hogyan csináljam ezt?

*Gary:*

Mondd azt neki, hogy „Most, hogy visszajöttél, már túl öreg vagy ahhoz, hogy az anyád vagy mostohaanyád legyek.

Szóval, hogy legyünk barátok és teremtsünk működő kapcsolatot lakótársakként?"

*Szalon Résztvevő:*

Ezt tettem. Azt mondta nem verbálisan, hogy b---am meg magam, és továbbra is azt csinálja, amit akar.

*Gary:*

Szóval, miért nyugszol ebbe bele?

*Szalon Résztvevő:*

Igen, miért nyugszom bele? El akarok menekülni otthonról.

*Gary:*

Miért nem mondod meg neki, hogy „Vagy összeszeded magad, vagy mehetsz innen"?

*Szalon Résztvevő:*

Megtenném, de én a mostohaanya vagyok. Ha ezt mondom, akkor az a zsémbes személy leszek, aki soha nem akartam lenni.

*Gary:*

Ha a férjed nem támogat a gyerekkel kapcsolatban, akkor mondd azt neki, hogy „Válassz. Én, vagy a gyerek. Az egyikünknek mennie kell". Leültél már a férjeddel és elmondtad neki, hogy „Beszélnünk kell"?

*Szalon Résztvevő:*

Ma este fogunk beszélni. Én, mint humanoid nő, nem tudom ezt már kezelni. A harcos kezd előjönni.

*Gary:*
   Ez nem igaz. Te, mint humanoid nő, tudod kezelni. Egyszerűen csak nem vagy hajlandó belenyugodni ebbe többé.

*Szalon Résztvevő:*
   Nem, már nem.

*Gary:*
   Mindössze annyit kell mondanod a férjednek, hogy „Észrevetted, hogy a fiad szarba sem néz engem? Azt akarod, hogy így kezeljen engem?"

*Szalon Résztvevő:*
   Felfogtam.

*Gary:*
   Majd azt kell mondanod, hogy „Vagy megváltozik a fiú, vagy elmegyek. Mit szeretnél?"

*Szalon Résztvevő:*
   Pontosan itt vagyok.

*Gary:*
   Mindössze csak annyit tegyél, hogy mondd ezt. Harag és töltet nélkül. Csak annyit, hogy „Erről van szó. Nem kívánok többé ezzel foglalkozni. Csordultig vagyok érzelmekkel, éberséggel, és mindennel. Ennek meg kell változnia, vagy nekem el kell mennem. Te melyiket szeretnéd?" Ha ő nem tudja, hogy a fia így kezel téged, akkor tényleg akarsz ezzel foglalkozni?

*Szalon Résztvevő:*
> Tudja. Csak nem foglalkozik vele. Ez az a helyzet, amivel nem akar foglalkozni. Egy golfklubba is belépett – én pedig otthon vagyok.

*Gary:*
> Ez így működik neki. Neked működik?

*Szalon Résztvevő:*
> Nekem nem működik. Még több dolog van így rajtam. Én vagyok felelős minden megváltoztatásáért.

*Gary:*
> Állj. Az „Ezt tesz velem" egy hazugság, amit bebeszélsz magadnak. Semmi és senki nem vehet rá arra, hogy bármi legyél, vagy bármit csinálj, csakis te.

*Szalon Résztvevő:*
> Értem, magamat teszem felelőssé. Én csinálom ezt.

*Gary:*
> Van választásod. Vagy azt csinálod, ami működik neked – vagy nem.
>
> Beszélgettem egy hölggyel, aki azt mondta, hogy „Anynyira mérges vagyok az unokámra azért, mert nem takarít maga után. Kuplerájt csinál, és ez engem megőrjít. Megmondom neki, hogy takarítania kell maga után, de nem teszi meg."
>
> Azt kérdeztem, hogy „Kiért takarítod a házat? Magadért vagy érte?"
>
> Azt mondta, hogy „Magamért. Mit jelent ez?"
>
> Azt feleltem, hogy „Nem takarít, mert nem akarja ezt

megtenni érted. Sütit eszik, és nem takarítja el a morzsákat és a piszkot, amit csinál. Tehát, vidd be a sütiket a te szobádba, kulcsold be az ajtót, és menj el. Nem lesz képes megtalálni a sütit." Pragmatikusnak kell lenned azzal kapcsolatban, hogy hogyan érd el, hogy ez a dolog működjön.

*Szalon Résztvevő:*
Nagyon köszönöm.

## MIÉRT NEM VAGY ÖNMAGAD?

*Szalon Résztvevő:*
A múltkori híváson azt kérdezted, hogy „Miért nem vagy önmagad?" Korábban is többször feltetted ezt a kérdést. Gondolom, ez arról szól, hogy legyünk azok a harcosok, akik a jövőért küzdenek, akik hajlandóak kedvesség, gyengédség, táplálás és gyógyítás lenni minden egyes pillanatban teljes jelenléttel és megengedéssel. Ez így helyes?

*Gary:*
Abszolút. Brutálisan őszintének kell lenned magaddal arról, hogy mit szeretnél teremteni.

*Szalon Résztvevő:*
Néha annak az ébersége, hogy mi vagyok valójában, annyira hatalmas, hogy túl soknak tűnik a fizikai valóságba átültetni.

*Gary:*
Ez így van. De nem átültetni próbálod a fizikai valóságba. Megpróbálod ebbe a fizikai valóságba terjeszteni. Ha át

akarod ültetni, akkor megpróbálod beleilleszteni ebbe az univerzumba ahelyett, hogy egy számodra elérhető választássá tennéd

## FENNTARTHATÓ VALÓSÁG EZEN A VALÓSÁGON TÚL

*Szalon Résztvevő:*

Hogy néz ki az ezen a valóságon túli fenntartható valósággal rendelkező jövő teremtése?

*Gary:*

Jelenleg mindannyian ennek a valóságnak a jobb változatát választjátok. De ez a valóság nem fenntartható úgy, ahogy most működik. Ezért kell egy fenntartható valóságot teremtenünk ezen a valóságon túl. Minden, amit jelenleg csinálunk, az mind a Föld bolygó életképességének a végéhez vezet. Valaminek meg kell változnia. Minek? Nincs erre jó válaszom, és pragmatikusan nem tudom, hogy mit jelent, kivéve azt, hogy a másságként kell élned.

*Szalon Résztvevő:*

Mondanál többet a fenntartható valóságról ezen a valóságon túl? Azt mondtad, hogy jelenleg csak olyat tudunk teremteni vagy generálni, ami jobb, vagy csak egy kicsit más.

*Gary:*

Kétségbeesetten próbállak rávenni titeket, hogy meglássátok, más választásaitok vannak, mint valaha is gondoltátok volna, és mégis egy jobb verzióját próbáljátok választani ennek a valóságnak. „Jobb életet csinálok magamnak" nem ugyanaz, mint „Valami annyira mást fogok teremteni, amihez hasonló még nem volt itt." Nem tudok más jó példát adni erre, mint amit az Access Consciousnesszel csináltam. Tudtam, hogy olyasmit kell tennem, ami még soha nem létezett itt eddig. Olyasmit kellett csinálnom, ami más lehetőséget és más valóságot teremtett.

*Szalon Résztvevő:*

Beszéltél arról, hogy milyen gyakran használod a jövő szót, anélkül, hogy elé tennéd, hogy 'egy' vagy 'a', mert nem kívánod ezzel definiálni vagy korlátozni, mintha csak egy dologról lenne szó. Én úgy használom, hogy 'a' jövő, vagy 'egy' jövő', ami korlátozza és megszilárdítja. Megpróbáltam a jövőt teremteni, és ez az, amit megpróbálsz lerombolni. Így van?

*Gary:*

Nem, egy hajlandóságot próbálok adni arra, hogy egy fenntartható jövőt teremts ezen a valóságon túl. Megpróbáltál jövőt teremteni, de ez össze van húzódva, mert az alapján nézel egy jövőre, amid már megvan, és hogy hogyan tudnád ezt jobbá tenni.

*Szalon Résztvevő:*

Ez így van. Már eldöntöttem, milyennek kell lennie a jövőnek, mi lehet az, stb.

*Gary:*

Hány dologról döntötted el az életedben, hogy megfelelő? Mindent, ami ez, isten tudja hányszorosan, elpusztítanád és nemteremtetté tennéd? Helyes, Helytelen, Jó, Rossz, POD POC, Mind a 9, Rövidek, Fiúk és Túlontúl.

Tegyük fel, hogy volt egy olyan elképzelésed, hogy három millió dollárodnak kell lennie ahhoz, hogy biztonságban legyél az életben. Szóval, van három millió dollárod, hogy egy olyan jövőt teremts, ami ezen a valóságon túl van, és fogalmad sincs, hogy mi is lenne az, kivéve, ha több pénzről van szó.

*Szalon Résztvevő:*
Ez így van. Négy millió dollárt teremtettem. Ennyi volt számomra. Nem tudom, hogy mi van ezen túl.

*Gary:*
Nem ezen túli valóságot próbálsz teremteni. Olyan valóságot próbálsz létrehozni, ami megtartja azt, amiről eldöntötted, hogy helyes, hogy ragaszkodni tudj hozzá. Mindent, amihez próbálsz ragaszkodni a múltból, hajlandónak kell lenned elengedni. Hajlandó vagy elengedni, hogy négy millió dollárod legyen?

*Szalon Résztvevő:*
Igen.

*Gary:*
Igazság?

*Szalon Résztvevő:*
Igen.

*Gary:*
Hajlandó vagy elengedni? Pont most hazudtál.

*Szalon Résztvevő:*
Nem látom, hogy hol hazudok.

*Gary:*
Hajlandó lennél mindet elveszíteni?

*Szalon Résztvevő:*
Ha azt mondod, hogy nem, akkor bízom benned. Kérlek, segíts meglátnom.

*Gary:*
Azt mondod, hogy igen, mert azt feltételezed, hogy ehelyett majd többet kapsz. Mi lenne, ha a pénz lenne az az egyik dolog, ami a nem fenntartható jövő helyét teremtené meg? Valami mást kellene választanod? Hogy nézne ki a „más"?

*Szalon Résztvevő:*
Elmegyek, elmegyek a pénz nélküli jövőbe. És a „pénz nélkül"-ön nem az energiáját értem, hanem magát a papírt.

## TÚLÉLÉS KONTRA FENNTARTHATÓSÁG

*Gary:*
Várj csak. Abból a létezés helyéből mész jövőbe, ahol vagy. Belemész abba az elképzelésbe, hogy „Nem élhetem túl." A túlélés nem teremt fenntartható jövőt. Hajlandónak kell lenned elveszíteni a túlélést. Hajlandónak kell lenned elveszíteni a túlélést, mert a túléléssel töltötted az életed, és csupán ritkán a gyarapodásoddal. A körülményektől függetlenül mindig is tudtad, hogy megkaphatod ezt ebben a valóságban.

Mindent, ami ez, isten tudja hányszorosan, elpusztítanád és nemteremtetté tennéd? Helyes, Helytelen, Jó, Rossz, POD POC, Mind a 9, Rövidek, Fiúk és Túlontúl.

*Szalon Résztvevő:*
Mi a túlélés?

*Gary:*
A túlélés az, hogy bármi is történjen, te folytatod.

*Szalon Résztvevő:*
Ezt elhiszem. Azt kéred tőlem, hogy ezt adjam fel? Erről van szó? Miért adnám fel?

*Gary:*
Mi van, ha az igazi fenntarthatóság nem túlélés?

*Szalon Résztvevő:*
Ennek nincs értelme.

*Gary:*
Nem kell, hogy legyen értelme. Bármit túlélhetsz. De a túlélés az egyik dolog, amit fel kell adnod, ha fenntarthatóságot akarsz teremteni. A túlélés és fenntarthatóság nem ugyanaz. Még akkor is, ha a növényzet haldoklik, te igazodhatsz a dolgokhoz úgy, hogy tovább tudd folytatni.

*Szalon Résztvevő:*
Mit vigyek magammal, hogy hozzájáruljak ahhoz, hogy fenntartható lényem legyen?

*Gary:*
A „Mit vigyek magammal?" nem az a hely, ahonnan fenn-

tartható valóságot teremthetsz ezen a valóságon túl. Ez az, ami megöl téged.

*Szalon Résztvevő:*
A fenntartható azt jelenti számomra, hogy több hozzájárulás van. Hol nem engedek meg több hozzájárulást?

*Gary:*
Mit értesz a hozzájárulás alatt? Amit mások adhatnak neked, amit te adhatsz másoknak, vagy amit mindkét irányból kaphatsz?

*Szalon Résztvevő:*
Amik mások lehetnek nekem, és ami én lehetek nekik.

*Gary:*
Miért tartod értékesnek az embereket?

*Szalon Résztvevő:*
Azért, mert úgy gondolom, hogy minden dolog az életemben hozzájárulás nekem – kivéve az embereket.

*Gary:*
Mi lenne, ha nem lennének emberek? Akkor rendben lennél?

*Szalon Résztvevő:*
Igen!

*Gary:*
Jó. Fel kell ismerned, hogy van egy más lehetőség.

*Szalon Résztvevő:*

Belemennél abba, hogy mi a túlélés és a fenntarthatóság, kérlek?

*Gary:*

A túlélés az az elképzelés, hogy megtarthatod a dolgokat a körülményektől függetlenül. Ha a túlélést csinálod, akkor a körülményektől függetlenül is képes leszel létezni. Ha az a célod, hogy folytasd a létezést a körülményektől eltekintve, az teremtés?

*Szalon Résztvevő:*
Nem.

*Gary:*

Szóval akkor hajlandónak kell lenned elveszíteni a túlélést, még ennek egy halvány elképzelését is a világodban.

Mindent, amit azért tettél, hogy a túlélést valósággá tedd magadnak, elpusztítanád és nemteremtetté tennéd? Helyes, Helytelen, Jó, Rossz, POD POC, Mind a 9, Rövidek, Fiúk és Túlontúl.

A fenntarthatóság azt jelenti, hogy bármiről is van szó, az folyamatosan fog növekedni és kiterjedni. Ha valami fenntarthatót csinálsz, továbbra is gyarapodni fog, kiterjedni és gondoskodni magáról. Amikor egy fenntartható valóságot teremtesz ezen a valóságon túl, akkor fontolóra veszed a kérdést: Milyen lenne, ha nem halna meg itt minden? Most, ha körülnézel, nagyon sok dolog haldoklik.

*Szalon Résztvevő:*

Félrealkalmaztam a fenntarthatóságot túlélésként?

*Gary:*

Igen, félreazonosítottad és félrealkalmaztad a túlélést és a fenntarthatóságot.

Mindent, amit ezért tettél, hogy ezt megteremtsd, elpusztítanád és nemteremtetté tennéd? Helyes, Helytelen, Jó, Rossz, POD POC, Mind a 9, Rövidek, Fiúk és Túlontúl. Milyen lenne egy fenntartható világot teremteni? Ránézek arra, hogy mi folyik a világon, és azt látom, hogy ha továbbra is ugyanebbe az irányba haladunk, mint most, akkor az emberek még 100 évig túlélnek és utána a bolygó teljesen elhasználódik.

*Szalon Résztvevő:*

Az emberek túlélnek, de nem lesz fenntarthatóság. Nagy különbség van a kettő energiájában.

*Gary:*

Igen, ezt akarom, hogy felfogjátok. Ha a túlélésre törekszel, ha ragaszkodsz a túlélés elképzeléséhez, akkor olyan vagy, mint az a hölgy, aki a mostohafiáról mesélt. Túlélte a helyzetet, de ez nem egy fenntartható valóság volt neki. Bármit túlélhetsz. Ne akard túlélni ezeket a helyzeteket; akarj olyat tenni, ami fenntartható valóságot teremt. Hogy nézne ki, ha a valóságod fenntartható lenne?

*Szalon Résztvevő:*

Van egy kérdésem. Amikor feladjuk a túlélést, akkor csak teremtünk?

*Gary:*

A túlélés a korlátja annak, amit képes vagy befogadni.

Olyan, mintha egy korlátot teremtettél volna annak, amit be tudsz fogadni, a túlélés alapján. Ez alapján elégedett vagy. Azt mondod, hogy „Csak ennyire van szükségem, hogy túléljem", vagy „Ilyen emberekre van szükségem, ha túlélem". Nem, ez nem így van!

Ha fenntartható valóságod lesz, vannak olyan emberek, akiknek meg kell változniuk és választaniuk kell, hogy mások legyenek a fenntarthatóság megteremtésének érdekében. A fenntarthatóság teremtés, a túlélés pedig intézményesítés a jelenleg létező dolgok létezésben tartásának megtartására.

Milyen hülyeséget használsz, hogy megteremtsd a találmányát a túlélésnek, mint alapvető választásnak, amit választasz? Mindent, ami ez, isten tudja hányszorosan, elpusztítanád és nemteremtetté tennéd? Helyes, Helytelen, Jó, Rossz, POD POC, Mind a 9, Rövidek, Fiúk és Túlontúl.

*Szalon Résztvevő:*
A férjemmel elkezdtünk a pénzről beszélgetni, és a következő dolog, amit tudom, hogy mondtam az az volt, hogy „Ez nem elég nekem. Ez nem működik." A túlélés, amit választottam, és nem választottam, az nem működik nekem, mégis ez történik.

*Gary:*
Túlélted a gyerekkorod?

*Szalon Résztvevő:*
Igen, voltak benne pillanatok, amikor éltem.

*Gary:*
Eldöntötted, hogy mivel azt túlélted, egy túlélő vagy?

*Szalon Résztvevő:*
Igen.

*Gary:*
Mindent, amit ezzel együtt eldöntöttél, és az összes döntést, ítélkezést, következtetést és számítást, ami ezt megteremti, elpusztítanád és nemteremtetté tennéd? Helyes, Helytelen, Jó, Rossz, POD POC, Mind a 9, Rövidek, Fiúk és Túlontúl.

Túlélőként tolerálod a helyzetet, és a tőled legjobban telhetőt megteszed azért, hogy élj, tekintet nélkül arra, hogy mi történik. De ez nem a fenntartható jövő teremtésének a helye.

*Szalon Résztvevő:*
Fenntartható vagy nem, nem éri meg.

*Gary:*
Ez egy ítélkezés. Miért mész bele az ítélkezésbe? Az ítélkezés és következtetés olyan rendszerek, amik megteremtik a túlélést. Következtetésre és ítélkezésre kell jutnod; számítasz és döntesz, hogy meglegyen számodra a túlélés.

Minden döntést, ítélkezést, következtetést és számítást, amit arra használsz, hogy megteremtsd a túlélésed, elpusztítanád és nemteremtetté tennéd? Helyes, Helytelen, Jó, Rossz, POD POC, Mind a 9, Rövidek, Fiúk és Túlontúl.

Nem lényeges, hogy van négy millió dollárod; belemész a döntésekbe, ítélkezésekbe, következtetésekbe és számításokba azért, hogy túlélj. Ezek szimbolikusan, szisztematikusan és leegyszerűsítve a túléléshez szükséges elemek. Olyan következtetésekre jutsz, mint „Ezt nem tudom tovább csinálni", „Nem élem túl", „Ez nem működik", „Ez nem elég". Ezek ítélkezések.

Az éberség az, hogy „Nem akarok így élni. Valaminek meg kell változnia." Aztán kérdezel.

Az ezen a valóságon túli fenntartható jövő milyen fizikai aktualizálását vagy most képes teremteni, generálni és intézményesíteni? Mindent, ami ezt nem engedi, isten tudja hányszorosan, elpusztítanád és nemteremtetté tennéd? Helyes, Helytelen, Jó, Rossz, POD POC, Mind a 9, Rövidek, Fiúk és Túlontúl.

*Szalon Résztvevő:*

A függőségek világában ez úgy tűnik, hogy a Tizenkét Lépés Program a túlélés és a Neked Megfelelő Felépülés program a fenntarthatóság. Ez így pontos?

*Gary:*

Igen, a Neked Megfelelő Felépülés olyan eszközök és technikák összessége, ami lehetővé teszi az embereknek, hogy egy fenntartható jövőt teremtsenek.

*Szalon Résztvevő:*

Amikor Access Consciousness eszközöket alkalmazunk bármire, akkor fenntarthatóságot teremtünk?

*Gary:*

Igen, a kérdés olyan jövőt teremt, amiben van fenntarthatóság. Mindaddig, amíg döntést, ítélkezést, következtetést és számítást csinálsz, addig kreatív módban vagy.

## EGY FENNTARTHATÓ MONETÁRIS JÖVŐ TEREMTÉSE

*Szalon Résztvevő:*
Inkább pénzre van szükségünk, hogy túléljünk, mint egy fenntartható életerőre.

*Gary:*
De nem teremtettél pénzt fenntartható jövőként magadnak, igaz? Belementél a következtetésbe, hogy nincs szükséged pénzre, vagy nem akarsz pénzt, vagy hogy a pénz nem old meg dolgokat, vagy a pénz nem teremtett valamit neked. Az embereknek nagyon sok elképzelésük van arról, hogy mi a pénz és mi nem a pénz.

*Szalon Résztvevő:*
Bevadulok és mérges leszek attól, hogy ennek a valóságnak a fókuszában leginkább a pénz van.

*Gary:*
Igen, de nem kell a te valóságodnak is a fő fókuszának lennie. Az én valóságomnak soha nem a pénz a fókusza. Az én fókuszom: Hogyan változtatom meg a dolgokat?

Beszélgettem ma a lányommal, és mesélt egy barátnőjéről, akinek a férje elmondta, pont a méheltávolítása után, hogy van egy barátnője Mexikóban. Elmondta a feleségének, hogy el akarja hagyni őt, de nem tudja, mert nincs elég pénze. Az volt az elképzelése, hogy a feleség dolgozzon többet azért, hogy ő el tudja hagyni!

Azt mondtam a lányomnak, hogy „Vajon mennyi pénzre lenne szüksége, hogy megváltoztassa a dolgokat, és kirúgja azt a faszfejt az életéből. Én odaadom neki. Ez a pasi gonosz és megérdemli, hogy meghaljon!" Ez nem olyasmi, amit akkor mondasz valakinek, amikor egy műtét közepén van.

*Szalon Résztvevő:*
Hogy nézne ki a pénz teremtése fenntartható jövőként? Teremtenél pénzt?

*Gary:*
Azt kérem mindenkitől, hogy tegyen félre tíz százalékot minden pénzből, ami bejön. Amikor ezt teszed, akkor fenntartható monetáris jövőt teremtesz. Azt mondod az univerzumnak, hogy „Szeretném, ha elég pénz jönne be, hogy eltehessek tíz százalékot."

*Szalon Résztvevő:*
Ezt már csinálom, szóval valami többet akartam. Segíts ebben kérlek.

*Gary:*
Igen, de nem tetszett a válasz.

*Szalon Résztvevő:*
Nem tetszett, mert már ezt csinálom.

*Gary:*
Hajlandó vagy felismerni azt, ahol teremted a fenntartható jövőt azzal, amit választasz?

Amikor ezt megteszed, akkor elkezdesz fenntartható jövőt teremteni. Az Access Consciousnesst üzletnek teremtettem, és ha holnap meghalok, ez akkor is folytatódik. Ez egy fenntartható jövő. Annyi dolgot hozok létre, amennyit csak lehet, hogy pótolható legyek. Pótolhatóvá tetted magad a jövőben, vagy megpróbálsz nélkülözhetetlen lenni?

*Szalon Résztvevő:*
Leginkább megpróbálok nélkülözhetetlen lenni.

*Gary:*
Ez nem egy fenntartható jövő teremtése.

*Szalon Résztvevő:*
Mi van azzal, hogy örökséget hagyjunk?

*Gary:*
Ez nem egy fenntartható jövő. Ez csak pénz, amit másoknak hagysz, hogy elszórják, mert nem ők keresték meg.

*Szalon Résztvevő:*
Mi kellene ahhoz, hogy fenntartható jövőt teremtsek azzal a képességgel, amim van, és amiként létezek a pénzzel?

*Gary:*
Egyáltalán nem néztél rá erre. Kezdj el ránézni, mielőtt egy jövőt intézményesítesz.

Egy fenntartható jövő teremtésének milyen fizikai aktualizálását vagyok most képes teremteni, generálni és intézményesíteni? Mindent, ami ezt nem engedi, isten tudja hányszorosan, elpusztítanád és nemteremtetté tennéd? Helyes, Helytelen, Jó, Rossz, POD POC, Mind a 9, Rövidek, Fiúk és Túlontúl.

*Szalon Résztvevő:*
Köszönöm, Gary.

## SENKI SEM TEHET SENKI MÁST BOLDOGGÁ

*Szalon Résztvevő:*
A kapcsolatom furcsa pályán köröz. A férjemmel gyakran beszélünk házasságról és válásról. Olyan dolgokat mond, hogy „Ha nem kellene pénzt adnom neked, akkor elhagynálak" és „Ha nem lennének a gyerekek, akkor elmennék." Én erre azt mondom, hogy „A gyerekekkel minden rendben lesz, nekem pedig nem kell pénzt adnod," de mégsem megy el, és minden napot boldogtalanul töltünk. Szeretném ezt megváltoztatni.

*Gary:*
Nem igazán akar ő elmenni.

*Szalon Résztvevő:*
Ezt felfogom, de oly sok harag, hibáztatás és szégyen van benne. Folyamatosan POC-PODolom a zavaró beültetéseket. Nincs vágy a szexre. Mi ez az őrültség?

*Gary:*
Hajlandó vagy megváltozni és működővé tenni számára a kapcsolatot?

*Szalon Résztvevő:*
Azt kéri tőlem, hogy legyek háziasszony és keressek pénzt. Mindkettőt csinálom, és semmi nem teszi boldoggá.

*Gary:*
   Senki nem tud senkit boldoggá tenni.

*Szalon Résztvevő:*
   Hol kezdjem el választani a saját életem?

*Gary:*
   Már választottad a saját életed. Mi lenne, ha elkezdenél kérdezni: Mi kellene ahhoz, hogy fenntartható jövőt teremtsek magamnak, a gyerekeimnek és a férjemnek?

*Szalon Résztvevő:*
   Kérdeztem ezt.

*Gary:*
   Nem, nem kérdezted. Még soha nem adtam neked ezt a kérdést.

*Szalon Résztvevő:*
   Azt mondtam neki, hogy „Változtassuk ezt meg. Mi kell ehhez? Mit szeretnél? Mi működne neked?" és végigmentünk különböző forgatókönyveken. Ez őrület. Az első naptól fogva ezt csinálom – ezt az őrültséget választom.

## TÚLÉLÉS KONTRA GYARAPODÁS

*Gary:*
   Ez érdekes. „Az első naptól fogva ezt csinálom." Ez azt jelenti, hogy ezekkel a döntésekkel, ítélkezésekkel, következtetésekkel és számításokkal mentél bele a házasságba?

*Szalon Résztvevő:*
    Igen.

*Gary:*
    Amikor döntést, ítélkezést, következtetést, és számítást csinálsz, akkor mindössze csak a túlélést csinálod. Nem tudsz fenntartható jövőt teremteni.
    Belemész a következtetésbe azzal kapcsolatba, amit feltételezel, hogy tenned kell, ahelyett, hogy belemennél az éberségbe arról, hogy mit tehetnél. Át kell látnod, hogy jelenleg az élet számodra a túlélésről szól. Talán abba kellene hagynod a túlélést és ránézni arra, hogy mi kellene ahhoz, hogy gyarapodj.
    Milyen hülyeséget használsz, hogy megteremtsd az élet, mint túlélés találmányát, amit választasz? Mindent, ami ez, isten tudja hányszorosan, elpusztítanád és nemteremtetté tennéd? Helyes, Helytelen, Jó, Rossz, POD POC, Mind a 9, Rövidek, Fiúk és Túlontúl.
    Mi lenne, ha nem találnál fel döntéseket, ítélkezéseket, következtetéseket és számításokat?

*Szalon Résztvevő:*
    Imádom a fenntarthatóság elképzelését. Az elmúlt tizenkét hónapban egy vagyont költöttem arra, hogy létrehozzak egy kertet. Észrevettem, hogy bárki, aki belép a kertbe, megváltozik, még a szomszédaim is. A lovaik versenyeken nyernek. Lenyűgöző látni a varázslatot, ami itt történik. Látom, hogy hol teremtek fenntartható jövőt, de csak ez nem elég nekem.

*Gary:*

Pénzügyileg nem teremtesz fenntartható jövőt. Amikor a volt férjeddel dolgoztál, akkor együtt teremtettetek. Fontolóra vetted, hogy amit teremtettetek az egy fenntartható jövő volt?

*Szalon Résztvevő:*

Igen.

*Gary:*

Ő még mindig azt csinálja, vagy belemegy a döntésekbe, ítélkezésekbe, következtetésekbe és számításokba?

*Szalon Résztvevő:*

Ő elpusztítja a jövőjét. Oh, tehát itt van a haragom és az összezavarodásom! Nem úgy teremtek, mint ahogy vele tettem.

## MIT TEREMTHETEK FENNTARTHATÓ JÖVŐKÉNT?

*Gary:*

Rendben. Valami mással kell ezt tenned. Találj valamit, ami olyan fenntartható jövőt teremt, amire még eddig nem gondoltál.

*Szalon Résztvevő:*

Mindig erre a helyre juttatsz el, és nem tudok ezen átnyomakodni.

*Gary:*

Dehogynem tudsz.

*Szalon Résztvevő:*
De nem akarok?

*Gary:*
Igen. Futtasd ezt:
A teljesen fenntartható jövő teremtésének milyen fizikai aktualizálását vagyok most képes teremteni, generálni és intézményesíteni? Mindent, ami ezt nem engedi, isten tudja hányszorosan, elpusztítanád és nemteremtetté tennéd? Helyes, Helytelen, Jó, Rossz, POD POC, Mind a 9, Rövidek, Fiúk és Túlontúl.

Megpróbállak eljuttatni arra a szintre, amikor nem vagy hajlandó a múltba menni. Szeretném, ha mindannyian elkezdenétek ránézni erre: Egy harcos vagyok, aki csatába megy, hogy olyan jövőt teremtsen, ami még eddig nem volt.

Amint ezt megtetted, nem fogsz semmi ellen küzdeni, mert amint egy helyzet ellen vagy, abbahagyod azt, hogy olyasvalamiért küzdesz, ami még eddig nem volt. Ha belevágsz egy fenntartható jövő teremtésébe, akkor nagyszerűbb választásaid lesznek.

Próbáld meg kérdezgetni:
+ Mi hoz nekem örömöt?
+ Mi az, amit örömteli tennem, és ami örömteli lennem?

Innen kell ránéznetek a jövőtökre: Mit teremthetek fenntartható jövőként? Ezt mindenféle utalás nélkül kell tenned arra vonatkozóan, hogy milyennek kellene kinéznie. Sokan megpróbáljátok eldönteni, hogy milyennek fog kinézni, még mielőtt elmennétek az útra. Menjetek el az útra, és majd meglátjátok milyen, amikor odaértek.

Rendben, ennyi volt mára. Köszönöm hölgyeim. Lenyűgöző volt.

# 10
# Tudatos kapcsolatok

Ahelyett, hogy aktív és tudatos lennél, amikor a kapcsolataidat teremted, egy olyan tudattalan helyet keresel, ahol az úgynevezett „Szeretem és ő is szeret engem" kapcsolatot teremtheted meg.
Hány ilyen kapcsolat működött jól neked?

**Gary:**
Üdv hölgyeim. A kérdéseitek hangneméből azt gondolom, hogy az az éberségetek, hogy valami hatalmassal járulhattok hozzá az élethez – és ez nagyon klassz. Ez nagyon boldoggá tesz.

## A TUDATOS KAPCSOLATOK HAT ELEME

*Szalon Résztvevő:*
Beszélnél a tudatos kapcsolatok teremtéséről, és hogy hogyan néz az ki működő lehetőségként? Mi a pragmatikája?

*Gary:*
A tudatos kapcsolatnak hat eleme van:
1) A személy, akit választasz (Ki választ? Te!) legyen független, miközben azt hiszi, hogy elcseszett. Miért? Azért, mert ez azt jelenti, hogy pont olyanok, mint te!

*Szalon Résztvevő:*
(Nevet).

*Gary:*
2) Azt akarod, hogy elismerjenek, és soha nem azt, hogy szükség legyen rád.
A másik valószínűleg olyasvalakit szeretne, aki gondoskodik róla, miközben tudják, hogy ha ráveszik arra, hogy gondoskodj róluk, akkor elhagynak. Miért? Nem az van, hogy mindig elmész, amikor nem kapod meg, amit igazán akarsz – és nem akarod, hogy szükség legyen rád?
A másik személynek el kell hinnie, hogy veled akar lenni. Olyasvalakit akar az életében, aki gondoskodik róla, de ugyanakkor túlságosan független ahhoz, hogy még csak gondoljon is erre, mint ahogy te is. Te nem csinálod a függőséget, ugye?

*Szalon Résztvevő:*
Egyáltalán nem.

*Gary:*
Pocsék vagy a függőségben. Még csak színlelni sem tudod! A „Szükségem van valakire" nem tartozik a legbizonytalanabb valóságodba sem. A legtöbb ember megpróbálja kitalálni, hogy hogyan szerezhetnének valakit, akinek szük-

sége van rájuk, miközben valójában gyűlölnék, ha valakinek szüksége lenne rájuk – megfulladnának tőle.

*Szalon Résztvevő:*
Ezt nem értettem. Olyan, mintha kínaiul beszélnél. Fogalmam sincs, hogy mit mondtál. Csodás lenne, ha meg tudnád ismételni.

*Gary:*
Mindig azt akarod, hogy gondoskodjanak rólad, igaz?

*Szalon Résztvevő:*
Igen.

*Gary:*
És mindig, amikor ez történik, akkor kidobod őket.

*Szalon Résztvevő:*
Pontosan.

*Gary:*
Erről beszélek. Ha találnál valakit, aki gondoskodni akarna rólad, milyen gyorsan szabadulnál meg tőle?

*Szalon Résztvevő:*
Már bele sem kezdenék.

*Gary:*
Igen, tudom. De ez az a típus, akivel igazán csodásan érzed magad. Azt hiszed, hogy a másik azt akarja, hogy gondoskodjanak róla és felismered, hogy nem igazán a gondoskodást akarják. Csak azt akarják, hogy megerősítsd őket.

*Szalon Résztvevő:*
   Igen, oké. Valaki olyan, mint én.

*Gary:*
   Igen. Ahelyett, hogy aktív lennél és tudatos a kapcsolataid teremtésében, azt a tudattalan helyet keresed, ahonnan a „Szeretem és ő is szeret" kapcsolatot teremtheted. Hány ilyen kapcsolat működött jól neked?

*Szalon Résztvevő:*
   Egy sem.

*Gary:*
   Miért?

*Szalon Résztvevő:*
   Mindegyikből kisétáltam. Nem volt tápláló és nem volt kiterjedő. Semmi nem volt.

*Gary:*
   Erről beszélek.
   3) Minden, amit teszel vagy mondasz, megerősíti őket abban, hogy mindazok legyenek, amik, és nem arról szól, hogy téged válasszanak.
   Győződj meg róla, hogy soha ne függjenek tőled. Mert ha függnek tőled, akkor ki kell csesrniük veled. Ezt kell tenniük. Szóval meg kell erősítened őket, bármiről is legyen szó.
   A minap beszélgettem egy fiatalemberrel, aki mérges volt a barátnőjére. Másokkal együtt voltak nyaralni és minden könnyedén ment az utolsó éjszakáig, amikor mindketten kissé túlzásba vitték a tömény alkoholfogyasztást. Egy másik srác elkezdett nyomulni ennek a pasinak a barátnőjé-

re, és megpróbált problémákat teremteni közöttük. A lány, mivel ő békeszerető volt, megpróbálta kibékíteni őket és lenyugtatni a barátját, amiből a srác semmit nem fogott fel. Be volt csípve és mérges lett rá és azt mondta neki, hogy „Azt kell tenned, amit én akarok!"

Amikor valaki azt mondja nektek, hogy azt kell tennetek, amit ők akarnak, hányan mondjátok azt, hogy „B--- meg, én kiszálltam"? Egyikőtök sem akar parancsokat kapni. Ezt észrevettétek valaha? Ez azért van, mert vadul függetlenek vagytok. Lehet, hogy azt gondoljátok, hogy olyasvalakit szeretnétek, aki hajlandó gondoskodni rólatok, de nem igazán akarjátok, hogy valaki gondoskodjon rólatok, mert tudjátok, hogy képesek vagytok gondoskodni magatokról. Olyasvalakire vágysz, aki megerősít téged abban, hogy tudd, amit tudsz, és hálás azért, ami vagy.

4) Ez soha nem rólad szól.

Nehéz erről a helyről megközelíteni, mert arra tanítottak, hogy kérned kell, amit valóban akarsz. Ez működik?

*Szalon Résztvevő:*
Nem!

*Gary:*
Miért ne próbálnál ki valami újat, ami igenis működik? Dainnek és nekem tudatos kapcsolatunk van. Nem szexelünk. Ha szexelni akarnék és ő nem, az lekorlátozná a kapcsolatunkat és elpusztítaná, így nem fogom azt kérni, hogy szexeljünk, mert tudom, hogy elpusztítaná a kapcsolatot az ő nézőpontjából.

Milyen lenne, ha hajlandó lennél ránézni egy kapcsolatra

nem a te nézőpontodból vagy a másik személy nézőpontjából, hanem a dolgok választásából? Mi lenne, ha úgy néznél rá arra, amit szeretnél, hogy választásból teremts?

*Szalon Résztvevő:*
Tudnál erről többet mondani, kérlek?

*Gary:*
Ne feltételezz egy nézőpontot; teremtsd meg a nézőpontodat. Mindenhova meghívom Daint, ahova megyek. Soha nem várom el tőle, hogy bárhova is jöjjön velem. Nem várom el tőle, hogy meghívjon mindenhova, hogy menjek vele. Ez egy tudatos kapcsolat.

5) Mindig legyél elérhető, de soha ne legyenek válaszaid, csakis kérdéseid. Amikor bármikor elérhető vagy, amikor problémájuk van az embereknek, csodás, hogy mennyire hamar hajlandóak lesznek figyelni rád.

6) Engedd, hogy a másik vezessen a szexben. Ha azt mondják, hogy „Szexelni akarok", akkor legyél elérhető. Engedd, hogy megmondják neked, hogy mit akarnak, különben bajban leszel. Annyira kontrollálónak kell lenniük, mint amennyire te vagy szexuálisan, különben soha nem fog neked működni.

## A SZEX EGY KREÁLT VALÓSÁG

*Szalon Résztvevő:*
Valami eszembe jutott. Amikor ágyba bújunk és a férjem rámmászik odafordul és azt mondja, hogy „Helló Édes", akkor már nem nagyon érdekel a dolog. Tudom, hogy

POD-POC-olhatnám magam, amíg nem válik izgatóvá, de.....

*Gary:*

Tényleg azt gondolod, hogy a szex nem egy kreált valóság?

*Szalon Résztvevő:*

Szerintem ez egy spontán dolog. Kell, hogy legyen kedvem hozzá.

*Gary:*

„Kell, hogy legyen kedvem hozzá. Hol van a romantika? Hol van a bor?"

Fel kell fognod, hogy a szex egy választás, mint minden más. Ha hajlandó vagy te a tudatos fél lenni a kapcsolatban, akkor elképesztő kapcsolatot tudsz teremteni. Abból a nézőpontból kell csinálnod, hogy „Oh, szexelni szeretnél? Remek! Vágjunk bele."

Nem arról, hogy „Nincs hozzá kedvem", „Nem tudom mi a problémád", vagy „Miért mindig akkor akarod, amikor én nem?"

*Szalon Résztvevő:*

Azt akarod mondani, hogy bármit meg tudunk változtatni?

*Gary:*

Igen. Bármit meg tudsz változtatni. Bármi lehetsz – de hajlandónak kell lenned bármit megváltoztatni és teremteni.

*Szalon Résztvevő:*

Ha a szex egy kreált valóság, akkor bármit teremthetünk abban a pillanatban?

*Gary:*

Igen.

*Szalon Résztvevő:*

Szóval, az ellenállásom abból fakad, hogy nem akarom azt tenni, amit mondanak nekem?

*Gary:*

Igen. Soha nem vagy jó abban, hogy megmondják mit csinálj, igaz? Gyakran ki akarod nyírni, aki ezt teszi.

*Szalon Résztvevő:*

Igen, ez nem túl jó hely a szex teremtéséhez.

*Gary:*

Pontosan. Ez nem túl jó hely a szex teremtéséhez! A gyilkos energia a szexben határozottan kinyírja a hangulatot.

*Szalon Résztvevő:*

Hogyan tudom ezt megváltoztatni?

*Gary:*

Nézz rá ezekre:
- Mit akarok én valójában teremteni itt?
- Egy olyan helyet akarok teremteni, ahol a férjem, a szeretőm, vagy a jelentőségteli másik fél valójában boldog?

Van választásod: a nézőpontod helyessége – vagy a boldogság.

„Sajnálom, nincs hozzá kedvem. Nem vagyok felkészülve rá". Tényleg fel kell rá készülnöd?

*Szalon Résztvevő:*
Én mindig azt hittem, hogy igen.

*Gary:*
Azt hitted, vagy ez az, amit bevettél?
Hányan vettétek azt be, hogy olyan hangulatban kell lennetek, mielőtt szexelnétek? Mindent, ami ez, isten tudja hányszorosan, hajlandó vagy elpusztítani és nemteremtetté tenni? Helyes, Helytelen, Jó, Rossz, Pod és Poc, Mind a 9, Rövidek, Fiúk, és Túlontúl.
Elég sok szarságot vettetek be ezzel kapcsolatban.

*Szalon Résztvevő:*
Az, hogy fel vagy készülve, nem azt jelenti, hogy van óvszer a táskádban?

*Gary:*
Ez sokkal közelebb áll ahhoz, hogy felkészültek legyünk! Csináljunk egy kis tisztítást erre:
Milyen hülyeséget használsz, hogy megteremtsd a találmányát és mesterséges intenzitását a szükség démonjainak, mint a kapcsolatok forrásának, amit választasz? Mindent, ami ez, isten tudja hányszorosan, hajlandó vagy elpusztítani és nemteremtetté tenni? Helyes, Helytelen, Jó, Rossz, Pod és Poc, Mind a 9, Rövidek, Fiúk, és Túlontúl.

## MÓKÁS LESZ MOST SZEXELNI?

A 'nem vagy felkészülve a szexre' elképzelés az, hogy „Hangulat kell hozzá", „Szükséges, hogy jó illatom legyen, jó ízem legyen, és minden más." Ez nem az a kérdés, hogy „Mókás lesz most szexelni?"

*Szalon Résztvevő:*
Nem hiszem, hogy feltettem volna valaha ezt a kérdést, Gary.

*Gary:*
Garantálhatom, hogy még soha nem tetted fel. Soha nem mondták el nekünk, hogy van választásunk arról, hogy szexelünk vagy nem. Az egész arról szól, hogy „Nincs hozzá hangulatom", vagy „Fáj a fejem", és bármiről, csak a hajlandóságról nem, hogy felismerd, hogy ez egy választás és nem szükség.

*Szalon Résztvevő:*
Van választásunk, de ezt mi teremtjük, és bármit létrehozhatunk, amit csak akarunk.

*Gary:*
Pontosan, mert mi is vagy?

*Szalon Résztvevő:*
Egy végtelen lény.

*Gary:*
Egy nő vagy, aki jövőt teremt!
Milyen hülyeséget használsz, hogy megteremtsd a talál-

mányát és mesterséges intenzitását a szükség démonjainak, mint a kapcsolatok forrásának, amit választasz? Mindent, ami ez, isten tudja hányszorosan, hajlandó vagy elpusztítani és nemteremtetté tenni? Helyes, Helytelen, Jó, Rossz, Pod és Poc, Mind a 9, Rövidek, Fiúk, és Túlontúl.

*Szalon Résztvevő:*

„Mókás lenne most szexelni?" Azt mondom, hogy ez egy nagyszerű kérdés!

*Gary:*

Igen, „Mókás lenne most szexelni?" ahelyett, hogy „Nincs hozzá kedvem és különben sem csináltad végig az összes előjátékot és az egész jelenetet." Ezek közül melyik a kérdés? A férfiak cukik. Mindaddig, amíg az ágy kényelmes, készen állnak a szexre. Ha az ágy kemény, mint a kő, ők akkor is készen állnak. A legtöbb esetben a nők a szex tartozékaként teremtették meg a kapcsolatot, mint a választásuk és szükségletük teremtésének forrását. Nekik inkább szükségük van a kapcsolatukra és szexelnek.

*Szalon Résztvevő:*

Móka az, ami feljött erre. Inkább szükségem van, mint móka.

*Gary:*

Ez az egész dolog, amit a női titokzatossággal kapcsolatban kreáltak – az elképzelés, hogy egy nőnek nincs szüksége szexre és egy férfinak igen. Nos, a férfinak nincs szüksége szexre; ő szereti a szexet.

Hányan próbáltátok megteremteni a kapcsolatok szükségét a kapcsolatok örömtelisége helyett? Mindent, ami ez, isten tudja hányszorosan, hajlandó vagy elpusztítani és nemteremtetté tenni? Helyes, Helytelen, Jó, Rossz, Pod és Poc, Mind a 9, Rövidek, Fiúk, és Túlontúl.

Vannak ezek a nézőpontjaink. Miből gondolod, hogy szeretet van a kapcsolatokban? Kapcsolatod volt a szüleiddel, az szerető gondoskodó volt? Nem. Vannak barátaid; ők szerető gondoskodóak?

*Szalon Résztvevő:*
Nem.

*Gary:*
A kapcsolatok célja az, hogy legyen valaki, aki biztosítja a pénzt, valaki, aki hagyja, hogy azt csináld, amit szeretnél, és amikor szeretnéd, és valaki, akivel jó szexelni.

*Szalon Résztvevő:*
Rendben voltam az utolsó kettővel, de az elsőnél, a pénzzel „Aaahh…"

*Gary:*
Igen, drága, mert annyira független vagy, hogy nem akarod, hogy bárki úgy gondoskodjon rólad, hogy több pénze van, mint neked.

*Szalon Résztvevő:*
Szeretném ezt megváltoztatni.

*Gary:*
Ez rendben van, ha hajlandó vagy venni pénzért egy játék pasit. Mindent, amit azért tettél, hogy te legyél az, aki a

pénzt adja, elpusztítanád és nemteremtetté tennéd?

*Szalon Résztvevő:*
Már túl vagyok rajta. Hajlandó vagyok nagyon nagyon sok pénzt birtokolni.

*Gary:*
Hadd kérdezzek tőled valamit. Mit jelent az, hogy „túl vagyok rajta"?

*Szalon Résztvevő:*
Azt jelenti, hogy „jártam már ott, kipróbáltam már".

*Gary:*
Ebben van kérdés?

*Szalon Résztvevő:*
Nincs.

*Gary:*
Ez egy következtetés?

*Szalon Résztvevő:*
Abszolút. Még több is, mint következtetés. Olyan, mintha kipipálnám egy listán, vagy valami ilyesmi.

*Gary:*
Igen, eldöntötted, hogy ezeket a dolgokat érdemes birtokolni. Amint kipipáltad mindet, nem kell a következtetéseden túl teremteni vagy generálni. Így vágod el a kreativitásod.

*Szalon Résztvevő:*
Igen, mindent megállít, és senkit nem foglal magába. Megállít minden lehetőséget azzal, hogy legyen húsz játék pasim.

*Gary:*
Vagy, hogy legyen valakid, akivel szexelhetsz és szórakozhatsz, és akivel lóghatsz. Valaki, akinek annyi pénze van, mint neked és nincs jobban szüksége rád, mint neked rá. Valaki, aki lehetővé teszi számodra, hogy megkapj mindent, amit akarsz és bármikor, amikor akarod. Ez elég szörnyű lenne, mert akkor nem tudnád igazolni és nem lenne kifogásod arra, hogy az a szerencsétlen szarkupac legyél, amit eldöntöttél, hogy vagy.

Mindent, ami ez, isten tudja hányszorosan, hajlandó vagy elpusztítani és nemteremtetté tenni? Helyes, Helytelen, Jó, Rossz, Pod és Poc, Mind a 9, Rövidek, Fiúk, és Túlontúl.

## MI LENNE, HA SOHA NEM AKARNÁD, HOGY MÁS BÁRMIT IS CSINÁLJON?

Ebben ez a kreatív-teremtés: Megengeded neki, hogy önmaga legyen és megtegyen mindent, amire vágyik. Meghívod őt az életedbe, és meghívod magad az ő életébe. Nem teszed őt kontrollálóvá vagy felelőssé a te életedért, és nem kell csinálnia semmit. Te nyújtasz mindent, ami működik.

A legtöbben kiborultok, amikor a másik nem azt adja, amit akarsz. Mi lenne, ha soha nem is akarnád, hogy bármi mást is csináljon?

Mindent, amit azért raktál össze, hogy eljuss azokhoz a szükségletekhez, amikre másoktól szükséged lehet, hogy ezzel tudd, hogy eléggé szűkölködsz ahhoz, hogy megkapd, amit akarsz, annyira rohadtul szűkölködsz, elpusztítanád és nemteremtetté tennéd? Mindent, ami ez, isten tudja hányszorosan, hajlandó vagy elpusztítani és nemteremtetté tenni? Helyes, Helytelen, Jó, Rossz, Pod és Poc, Mind a 9, Rövidek, Fiúk, és Túlontúl.

Teljesen kiütöttetek!

Mi van, ha soha nem is akartad, hogy a másik bármit is csináljon? Most a kivetítésekből, elvárásokból, elkülönülésekből, ítélkezésekből és visszautasításokból éltek – nem pedig a választásból, vágyból, kérdésből és mókából. Kinek a nézőpontjából akartok kapcsolatot teremteni? Az anyukátokéból, apukátokéból, a barátaitokéból, a testvéretekéből, a jelentőségteli másikéból.

Mindent, ami ez, isten tudja hányszorosan, hajlandó vagy elpusztítani és nemteremtetté tenni? Helyes, Helytelen, Jó, Rossz, Pod és Poc, Mind a 9, Rövidek, Fiúk, és Túlontúl.

Ti hölgyek folyamatosan gondoskodtok a pasitokról, mert időlegesen a gyereketek anyukája akartok lenni. A gyerek szerepébe helyezitek a férfit és csodálkoztok, ha nem jó az ágyban. „Azt fogod csinálni, amit én akarok, mert én ezt akarom" – ez a legtöbb ember definíciója a gondoskodásról. Ti, humanoid nők, nem akarjátok, hogy gondoskodjanak rólatok – de úgy tesztek, mintha ezt akarnátok, hogy kiverhessétek a szart is abból a pasiból, aki gondoskodik rólatok.

Ennek a valóságnak a nézőpontjából a gondoskodás azt jelenti, hogy kontrollálni valakit. Nekem a gondoskodás azt jelenti, hogy megerősíteni valakit. Ha igazán törődni akarsz valakivel, akkor néha kicsit fel kell pofoznod. Tegyél fel neki kérdéseket. Ne próbáld megoldani a problémájukat.

A nőket arra hangolták, hogy azt higgyék problémákat kell megoldaniuk. Szóval úgy próbálod megoldani a problémát, hogy végül beszélsz róla.

## EGYEZSÉG ÉS TELJESÍTÉS

A kapcsolat egy üzleti egyezség, tehát meg kell csinálnod az „egyezség és teljesítést" ugyanúgy, mint bármilyen üzletnél. Tedd fel ezeket a kérdéseket, amikor kapcsolatot kezdesz valakivel:
- Mi az egyezség?
- Mit fogsz teljesíteni?
- Mit vársz tőlem, hogy teljesítsek?
- Pontosan hogy fog ez kinézni, és hogy fog működni?
- Minek kell lennem érted?

Itt a többi része az „egyezség és teljesítésnek":
- Soha ne konfrontálódj. Ehelyett mondd azt, hogy „Össze vagyok zavarodva. Segítenél, kérlek?" Ezzel bármi energiáját meg tudod változtatni, mivel nem te fogsz kontrollálni.
- Soha ne érvényesíts. Ne mondd azt, hogy „Ó, tudom, hogy nagyon elfoglalt vagy. Sajnálom, hogy ezt kell kérnem." Nem sajnálod, hogy ezt kell kérned. Azt reméled, hogy a másik felismeri, hogy neki kellene és ő tudja is teljesíteni a dolgot.
- Soha ne magyarázkodj vagy igazolj. Azt csinálod, amit csinálsz; ennyi. Ha megpróbálsz igazolni vagy magyarázkodni, akkor megpróbálod az egészet helyessé tenni. Ez nem egy jó hely élni. Ha megpróbálod igazolni egy választásod, akkor jelen vagy? Nem. Választasz?

Nem. Megpróbálod helyessé tenni, hogy választást hoztál. Mi a különbség aközött, hogy meghozol egy választást, és hogy helyessé teszed, hogy meghoztál egy választást? Ha megpróbálod helyessé tenni és igazolni azzal álcázva, hogy igazolhatod, akkor azt hiszed, hogy a másiknak ezt el kell fogadnia. De ez nem így működik.

Ha megpróbálod elkerülni az érvényesítést, magyarázást, vagy az igazolást, akkor alkalmazkodnod kell egy magadról alkotott imázshoz, ahelyett a valóság helyett, amit egyezségként akarsz teremteni. Az, hogy úgy csinálsz, hogy „Én csak egy nő vagyok", az egy magyarázkodás? Igen. Egy igazolás. Megerősíti a választást, amit meghoztál. Egyik sem hajlandó éber lenni arra, hogy mit lehet teremteni a választásoddal.

*Szalon Résztvevő:*
Tudatában vagyok annak, hogy az alapvető „egyezség és teljesítés" közted és közted van, és nem igazán lehet egyezség és teljesítést eszközölni mással, ha nem látod át, hogy neked mi az.

*Gary:*
Pontosan. Remélem, ezt mindannyian felfogjátok majd ebből a kurzusból.

## A MÁSIK SZEMÉLYNEK IS TUDATOSNAK KELL LENNIE?

*Szalon Résztvevő:*
Egy tudatos kapcsolatban a másiknak is tudatosnak kell lennie? Vagy arról van szó, hogy tudatos maradsz, hogy megkapd tőlük azt, amit akarsz?

*Gary:*
Ha tudatos maradsz, akkor nem lesz kivetítésed, elvárásod, elkülönülésed, visszautasításod vagy ítéleted. A tudatos kapcsolatban egyik sincs benne.

*Szalon Résztvevő:*
Mi van, ha a másik pont ezekből működik?

*Gary:*
Ez rendben van mindaddig, amíg te nem.

*Szalon Résztvevő:*
Szóval, te tudatos maradsz és megengeded a másiknak, hogy onnan működjön, ahonnan működik?

*Gary:*
Igen. Egy tudatos kapcsolatban éber vagy arra, hogy mi történik a partnereddel. Hajlandó vagy felismerni, hogy azt kell választanod, ami működni fog neked, nem a vele való kapcsolatban, hanem miattad – és nem miatta.

Folytassuk néhány kérdéssel.

# BOLDOGULNI NŐKÉNT

*Szalon Résztvevő:*
Beszélnél a nőként boldogulásról?

*Gary:*
Nőként boldogulni az, hogy felismered hogyan használd a női ravaszságod. Például a nőknek megvan a képességük, hogy meggondolják magukat. A férfiaknak ugyanilyen esélyeik vannak? Nem igazán. Azt a férfit, aki meggondolja magát, gyenge akaratúnak és lényegtelennek tartják. Azt a nőt, aki megváltoztatja a nézőpontját, kreatívnak és titokzatosnak tartják. Ő olyasvalaki, akit nem lehet behatárolni, keretbe foglalni, vagy kalitkába zárni.

Meg kell tanulnod, hogy hogyan használd mindazt, ami nőként van neked. Kérdezd meg, hogy „Kedves, megtennéd ezt nekem?" Egy barátomnak állandóan fájdalmai voltak. Azt mondtam neki, hogy „Meg kell kérned az embereket, hogy segítsenek neked." Megértette, és most már, ha a repülőtéren van, azt fogja mondani, hogy „Kedves, megtennéd ezt nekem?" és a pasik azt válaszolják, hogy „Persze édes, hozom a táskádat. Melyik a tied?" A férfiak hajlandóak megtenni neki dolgokat.

Nőként megvan a jogod ahhoz, hogy kérj a férfitől dolgokat. A férfinak van ilyen joga? Nem, kivéve, ha elköteleződött hozzád. El kellett döntenie, hogy el fog venni feleségül és boldogan éltek, amíg meg nem haltok azért, hogy kérhessen tőled dolgokat.

Ahhoz, hogy nőként boldogulj, minden világi vonzerődet használnod kell, és fel kell ismerned, hogy te vagy az a harcos, aki egy olyan jövőért száll harcba, amit senki más nem lát. Olyan képességeid vannak, amit mások nem látnak, s ez igazán lenyűgöző.

Nőként boldogulni azt jelenti, hogy felismered mindazt, amit kérhetsz, és semmit nem kell teljesítened. Ha használod a világi vonzerődet, és azt, amit isten fegyverként adott a kezedbe, akkor ráveheted a férfit, hogy megtegyen neked dolgokat. Hajlandónak kell lenned ezt tenni. De mivel annyira független vagy, folyamatosan megpróbálod bebizonyítani, hogy senkire nincs szükséged. Pontosan; senkire nincs szükséged – de miért is ne használnád a világi vonzerődet?

## LÁTNI A NEGATÍV VALÓSÁGOKAT

*Szalon Résztvevő:*
Kérdezhetnék arról, amikor olyan dolgokat látok, amiket más nem, és hogy jön a képbe a negatív valóságok meglátására irányuló nem hajlandóság?

*Gary:*
Azt próbálod meglátni, hogy minden jól alakul majd, különösen, ha döntésről, ítélkezésről, következtetésről és számításról van szó. Ez ítélkezés?

*Szalon Résztvevő:*
Igen.

*Gary:*
Meg kell kérdezned: Milyen negatív valóságra nem vagyok hajlandó itt ránézni?

Mielőtt összejöttem az ex-feleségemmel, írtam egy listát azokról a dolgokról, amiket akartam abban a személyben, akivel kapcsolatban vagyok. Benne mind megvolt. Amit nem csináltam, az egy olyan lista, amiben az szerepel, amit nem akarok abban a személyben. Szóval megkaptam mindent, amit akartam, és megkaptam mindent, amit nem akartam. Ez éberség volt vagy választás? Vagy nem voltam hajlandó ránézni a negatív valóságokra?

*Szalon Résztvevő:*
Nem voltál hajlandó ránézni a negatív valóságokra.

*Gary:*
Mindig hajlandónak kell lenned ránézni valakinek a negatív valóságára, ha teljes éberséget akarsz. Amint ezt megtetted, bárkivel teremthetsz kapcsolatot. De ha nem vagy hajlandó meglátni azt a negatív valóságot, amiből élnek, akkor csalódni fogsz, boldogtalan és nyomorult leszel. El fogod dönteni, hogy valami szörnyen rossz.

*Szalon Résztvevő:*
Beszélnél kicsit többet arról, hogy mi a negatív valóság?

*Gary:*
Vannak olyanok, akik következtetésben élnek. Ismerek egy olyan hölgyet, akinek az a valósága, hogy „Igazam van és az embereknek meg kell látniuk a nézőpontom helyességét." Ő az a fajta ember, aki leveleket ír a szerkesztőnek. Nemrégiben kirúgták a lakásából, mert eldöntötte, hogy a felső szomszédja nem volt tisztelettudó vele, és panaszkodott a szomszédra a lakás tulajdonosának. Nos, a felső szomszéd-

ról kiderült, hogy a tulajdonos unokája. Szóval a barátom nézőpontjának becsületessége, hogy a szomszéd volt a hibás és neki van igaza, és a szomszédnak kell elmennie, nem neki, nem igazán vált javára. Nem volt hajlandó ránézni a negatív hatásra, amit a választása eredményezhet. Hajlandónak kell lenned látni a negatív valóságot. Fel kell tenned a kérdést: Ha ezt választom, milyen valóságot teremt? Fel kell fognod, hogy a választásod pozitív vagy negatív valóságot fog teremteni a te világodban és mások világában.

## EZEN A VALÓSÁGON TÚL TEREMTENI

*Szalon Résztvevő:*
Megváltoztathatom az irányt? Nemrég olvastam egy könyvet a Viking időkről. Az volt benne, hogy amikor a vezért megválasztották, a jelölteknek meg kellett jelenniük egy 7-9 nőből álló csoport előtt, és elő kellett adniuk egy látomást arról, hogy milyen jövőt akarnak teremteni a következő generációknak. Ha a jelölt egy olyan látomással jött elő, ami tetszett a nőknek, akkor megválasztották vezérnek. Mit gondolsz erről a fajta együttműködésről a férfi és női energiák között?

*Gary:*
Ennek az együttműködésnek kellene meglennie, ami jelenleg nincs meg.

*Szalon Résztvevő:*
Igen, tetszett, amikor ezt hallottam.

*Gary:*
Tetszett? Vagy felismerted, hogy ez működne?

*Szalon Résztvevő:*
Tetszett a férfiak és nők közötti dinamika és hogy együttműködtek a hosszú távú cél érdekében. A mai kormány rövidtávra szól; a következő négy évre, a következő választásig szól.

*Gary:*
Nos, még addig sem. Arra gondolnak, hogy vajon megválasztják-e őket a következő tíz másodpercben.

*Szalon Résztvevő:*
Igen, természetesen. Csak gondoltam megemlítem, mert annyit beszélünk itt a férfi és női energiák közötti dinamikáról. Biztos vagyok abban, hogy valahol képesek vagyunk eljutni ide.

*Gary:*
Visszatolatnánk egy kicsit? Amiről meséltél az nem dinamika. Ez a teremtés. A dinamika egy adott nézőpont, „Ez így van, és ezen nem tudunk változtatni."

Amiről meséltél, az a teremtés. Ez az, ami teremtődne, ha az emberek hajlandóak lennének egy nagyobb valóságból működni, egy hatalmasabb globális nézőpontból. Az emberek nem néznek elég távol a jövőbe ahhoz, hogy meghatározzák mit fog teremteni a teremtésük. Én igen. Ránézek arra, hogy mit fognak teremteni az emberek a választásaikkal. Nincs köztetek olyan, akinek ne lenne meg a csodálatos képessége arra, hogy meglássa a nagyobb és nagyszerűbb lehetőséget, mint a körülöttetek lévő emberek kilencvenkilenc százaléka. De ahelyett, hogy ezt választanátok, folyamatosan megpróbáljátok visszahozni magatokat ebbe a valóságba azzal, hogy azt a férfit választjátok, aki tökéletessé teszi az életeteket, vagy a családotok helyreállítását választjátok, ami tökéletessé teszi az életeteket, vagy valami mást, ami tökéletessé teszi az életeteket.

Mi lenne, ha ezen a valóságon túl teremtenél és generálnál? Mindent, ami nem engedi, hogy ez megjelenjen, isten tudja hányszorosan, elpusztítanád és nemteremtetté tennéd? Helyes, Helytelen, Jó, Rossz, Pod és Poc, Mind a 9, Rövidek, Fiúk, és Túlontúl.

Ennek a valóságnak a jövőjén túli jövő teremtésének milyen fizikai aktualizálását vagy most képes teremteni, generálni és intézményesíteni? Mindent, ami ezt nem engedi, isten tudja hányszorosan, elpusztítanád és nemteremtetté tennéd? Helyes, Helytelen, Jó, Rossz, Pod és Poc, Mind a 9, Rövidek, Fiúk, és Túlontúl.

*Szalon Résztvevő:*

Annyira sokkal könnyebb, amikor futtatod ezt a tisztítást. Sokkal izgalmasabb.

*Gary:*

Nem izgalmas, mert az izgalom az az, amit arra használsz, hogy kilábalj a rosszkedvből. Ez a megélés lelkesedése.

*Szalon Résztvevő:*

Igen, értem. Jobban írod le az energiát szavakkal.

## HAJLANDÓSÁG A JÖVŐT LÁTNI

*Szalon Résztvevő:*
Korábban azt mondtad, hogy hajlandó vagy látni azt a jövőt, ami jóval túlmegy azon, amit mások hajlandóak látni. Beszélnél arról, hogy ez hogy néz ki a te univerzumodban és a mienkben?

*Gary:*
Nos, az én univerzumomban ez úgy néz ki, hogy felismerem azt, amit az emberek csinálni fognak – és nincs nézőpontom róla. Például, volt egy nő, aki nagyon aktív volt az Access Consciousnessben és kilépett az Accessből. Egy évvel azelőtt tudtam, hogy ez lesz, mielőtt megtörtént. Láttam, hogy mit fog neki ez teremteni, és hogy mit tesz vele, és reméltem, hogy nem ezt fogja választani. De ezt tette. Ránéztem a dologra és azt kérdeztem, hogy „Ez károsan fog hatni az én valóságomra?" Nem.

Rá kell nézned mások választásaira és arra, hogy ezek hogyan lesznek hatással a te valóságodra. Tedd fel a kérdést: Ez meg fogja változtatni a valóságom? Megváltoztatja? Igen. Negatív módon lesz hatással rá? Nem. De hajlandó vagyok feltenni a kérdést, hogy mi jelenhet meg, ahelyett, hogy következtetek vagy eldöntöm, vagy meghatározom, hogy mit kell tennem azért, hogy kezelni tudjam. Ez segít?

## A KOMFORT NEM A TUDATOSSÁGRÓL SZÓL

*Szalon Résztvevő:*
Igen. Hogyan jön a képbe a teljes éberség kényelmetlensége?

*Gary:*

A komfort nem az éberségről szól. A komfort a döntésről, ítélkezésről, következtetésről, és számításról szól, amik helyessé teszik a választásod. A kényelmetlenség a választásban élésről szól; a komfort a következtetésben élésről.

*Szalon Résztvevő:*

Beszélnél arról, hogy ez hogy kapcsolódik a nézőpont nélküliséghez és a mindenről ébernek levéshez?

*Gary:*

Ha nincs nézőpontod, akkor éber lehetsz mindenre. Ha van nézőpontod, akkor megsemmisítesz az éberségedben bármit, ami nem igazodik a nézőpontodhoz. És amikor ezt teszed, akkor eladod az erődet a következtetésnek. A következtetést teszed a guruddá a választás vagy lehetőség helyett.

Rá tudok nézni olyasmire, mint a nő választása, hogy elhagyja az Access Consciousnesst. Ez az, amit szeretnék? Nem, de ez az ő választása és hagyom, hogy az ő választása legyen. Ez megteremti mindazt, amit szerinte teremt? Nem. De bíznom kell abban, hogy ha ő el kívánja pusztítani magát, vagy problémát akar magának teremteni, akkor ez az ő választása, és ezt kell tennie. Hajlandó vagyok hagyni, hogy az emberek meghaljanak, ha ezt választják. Ha valaki olyasmit csinál, ami megöli őt, akkor hagyom, hogy ezt tegye. Nem fogom megállítani. Miért nem? Mert ez az ő választásuk, és nem az enyém.

*Szalon Résztvevő:*

Hacsak nem tesznek fel egy kérdést neked, Gary?

*Gary:*

Igen, hacsak nem tesznek fel egy kérdést nekem. De a legtöbben, akik elpusztítják magukat, nem kérdeznek. Elkerülik a kérdéseket, mert ezek megingathatják a döntéseiket, ítélkezéseiket, következtetéseiket és számításaikat, amivel megteremtették a következtetéseiket és a döntéseiket.

*Szalon Résztvevő:*

Amikor tudtad, hogy az a nő el fog menni, azt kérdezted, hogy „Hatással lesz ez rám?" Nem mentél bele következtetésbe. Nem mondtad azt, hogy „Na, most ezt helyre kell hoznom, vagy elérnem, hogy meggondolja magát". Amikor érzékelek valamit a jövőből, akcióba megyek.

*Gary:*

Ahelyett, hogy éber lennél, akcióba mész. Hajlandó vagy egy csinál-csinál világra, nem pedig egy létezés-létezés világra.

*Szalon Résztvevő:*

Néha ez nem egy negatív energia vagy egy negatív valóság, de tudod, hogy nem lesz boldog vége valaki számára. Még így is hajlandó vagy hagyni, hogy az a személy megtegye, amit tesz, mindaddig, amíg nincs hatással a tudatosságra?

*Gary:*

A tudatosságot nem lehet kiütni, bármi is történjen. Az ő távozásának lesz-e káros hatása arra a tudatosságra, amin dolgozom? Nem. Mert mindig azt fogja csinálni, amit csinálni fog.

A minap beszélgettem valakivel egy olyan rendszer létrehozásáról, ami támogatja a facilitátorokat, hogy még inkább ki tudjuk terjeszteni az Access Consciousnesst. Össze kell raknom egy rendszert, és nincs meg a puzzle minden eleme. Úgy döntöttem, hogy öt vagy hat emberrel kezdem el, amíg lesz egy olyan rendszer, ami működik.

Valaki felhívott és azt kérdezte, hogy „Miért zársz ki ebből engem?"

Azt mondtam, hogy „Nem zárlak ki. Olyasvalakire van szükségem, aki követi az utasításokat és abba az irányba halad, amerre tartaniuk kell a dolgoknak, hogy fel tudjuk állítani a rendszert. Azt viszont tudom rólad, hogy senkit nem fogsz követni. Mindig azt fogod tenni, amit akarsz."

Elkezdett nevetni és azt mondta, hogy „Igen, mindig azt csinálnám."

## LEHET IGAZAD VAGY LEHETSZ KÖNNYED

*Szalon Résztvevő:*
Gyakran akarok tőled olyasmit kérdezni, hogy „Milyen éberséged van rólam, ami felforgatná az univerzumomat és kiterjesztené az éberségemet?"

*Gary:*
Egy bizonyos fokig, sok döntést és következtetést alkottál az életedről, amik működnek. Igen vagy nem?

*Szalon Résztvevő:*
Igen.

*Gary:*
 Mi lenne, ha mindezt fel kellene adnod? Mindegyiket?

*Szalon Résztvevő:*
 Ez könnyű.

*Gary:*
 Igen, de ezt nem választod.

*Szalon Résztvevő:*
 Nem választom a könnyedséget?

*Gary:*
 Nem, mert van választásod. Lehet igazad, vagy lehetsz könnyed.

*Szalon Résztvevő:*
 Azt akarom mondani, hogy „Igen, feladnám."

*Gary:*
 Ne áltasd magad. Legyél őszinte ezzel kapcsolatban. Mi az igazság? Tedd fel a kérdést: A könnyedséget vagy az igazságot választanám? Legyél nyersen őszinte magaddal. Az egyetlen módja, hogy megteremtsd a jövődet az az, ha őszinte vagy magaddal.

 Volt egy olyan pont, amikor az Access Consciousness nem úgy volt sikeres, ahogy én szerettem volna. Nyersen őszinte voltam magammal, amikor ránéztem a dologra. Megváltoztattam azt, ahogyan a Bars facilitátorok működtek. Megszabadultam minden jogdíjtól, amit fizetniük kellett, ami szemben áll azzal, ahogyan ebben a valóságban csinálják a dolgokat. Eltávolítottam minden szükséget azzal kapcsolatban, amiért fizetniük kellett nekem. Azt tettem szükségessé, hogy több tudatosság legyen. Mindig, amikor valaki futtatja a barokat, 300.000 másik ember szabadul meg attól, amitől az a személy megszabadult abban a pillanatban. Ez volt ez eredeti célom az Access Consciousnesszel, hogy a bolygón mindenkinek szabadságot teremtsünk. Ezen még mindig dolgozom.

*Szalon Résztvevő:*
Szóval, nekem nincs célom?

*Gary:*
Igen, neked nincs célod. Következtetésbe kell menned azzal kapcsolatban, hogy elérted, amit kitűztél magad elé.

*Szalon Résztvevő:*
Mégis kérdéseket teszek fel.

*Gary:*
Amit nem vagy hajlandó megkérdezni magadtól, az az, hogy: Milyennek szeretném valójában teremteni az életemet? Ez a fenntartható jövőről szól. Fel kell tenned a kérdést: Milyen lesz az életem öt év múlva, ha ezt választom?

Nem lehet definiált nézőpontod és következtetésed, ebbe akarsz folyamatosan belemenni. Ez az energiáról való éberség. Ezt választással megtudhatod, onnan többet generálhatsz és teremthetsz.

*Szalon Résztvevő:*
Mi az, ami megakadályoz abban, hogy könnyedebben lássuk meg a jövőt?

*Gary:*
  Beveszed ennek a valóságnak a nézőpontját. Ha beveszed ennek a valóságnak a nézőpontját, akkor kicsi nőnek kell lenned, aki terhes és főz a pasijának. Ez mennyire jól működne neked?

*Szalon Résztvevő:*
  Egyáltalán nem. Már próbáltam.

*Gary:*
  Igen. Nagyobb hajlandóságodnak kell lennie ahhoz, hogy a világ meghódítója és a jövő teremtője legyél.

*Szalon Résztvevő:*
  Szóval akkor csak annyi, hogy bevesszük ennek a valóságnak a történeteit?

*Gary:*
  Igen, ez a valóság szart sem ér. Szereted? Nem. Tolerálod? Igen. Ezt akarom? Nem. Ezt akarod? Valószínűleg nem. De milyen választásod volt?

*Szalon Résztvevő:*
  Milyen választásaim vannak? Valami más?

*Gary:*
  Ez az, amire hajlandónak kell lenned. Valami másra.
  Ennek a valóságnak a jövőjén túli jövő teremtésének milyen fizikai aktualizálását vagy most képes teremteni, generálni és intézményesíteni? Mindent, ami nem engedi, hogy ez megjelenjen, isten tudja hányszorosan, elpusztítanád és nemteremtetté tennéd? Helyes, Helytelen, Jó, Rossz, Pod és

Poc, Mind a 9, Rövidek, Fiúk, és Túlontúl.

## HÓDÍTÁS KONTRA KIZÁRÁS

*Szalon Résztvevő:*
 Össze vagyok zavarodva a hódítást és kizárást illetően. Segítenél ebben?

*Gary:*
 A régi időkben, amikor valaki meghódított egy országot, akkor volt választásuk. Megölhettek mindenkit és megkaphatták az országot, vagy belevehettek mindenkit az ő valóságukba és valami nagyobb teremtésére használhatták őket.

*Szalon Résztvevő:*
 Én az elsőt csináltam.

*Gary:*
 Mindenkit megöltél?

*Szalon Résztvevő:*
 Szerintem igen.

*Gary:*
 A jó hír az, hogy megkaptad az országot. Az egész a tied, és nincs senki, akivel játszhatnál.

*Szalon Résztvevő:*
 Igen, ez az, ahol vagyok.

*Gary:*
 Tényleg ez áll az érdekedben?

*Szalon Résztvevő:*
Egyáltalán nem. Segítenél ezt megváltoztatni?

*Gary:*
Milyen hülyeséget használsz, hogy megteremtsd a hódítást, mint a kizárás módját, amit választasz? Mindent, ami ez, isten tudja hányszorosan, hajlandó vagy elpusztítani és nemteremtetté tenni? Helyes, Helytelen, Jó, Rossz, Pod és Poc, Mind a 9, Rövidek, Fiúk, és Túlontúl.
Úgy tűnik, nem te vagy az egyetlen, aki ezt tette.

*Szalon Résztvevő:*
Köszönöm!

*Szalon Résztvevő:*
Az tényleg úgy van, hogy ha valaki felsőbbrendűen viselkedik, akkor valójában azt hiszi, hogy mindenki jobb, mint ő? Vagy az ellenkezőjét akarja bebizonyítani? Bevesszük azt a hazugságot, hogy bárki is lehet nagyobb vagy kisebb, mint mi?

*Gary:*
Senki nem több vagy kevesebb, mint bárki más; csak különbözőek! Senkit nem látok többnek vagy kevesebbnek magamnál. Más tapasztalataid és éberséged van. Az én nézőpontom:
+ Mit tudsz, amit használhatok magamért?
+ Mit tudsz, amit használhatok másokért?
+ Mit tudsz, amit még nem mutattál meg nekem?

## „HOGYAN BIZONYÍTHATOM BE A HOZZÁJÁRULÁSOM?"

*Szalon Résztvevő:*
Valamiben megakadtam. Hosszú esszéket kell írnom az ügyvédeimnek az exemmel eltöltött tizenhárom évről, hogy bebizonyítsam a hozzájárulásomat a kapcsolathoz és a vállalkozáshoz, hogy többet kapjak a felajánlott harmincegy százaléknál. Már a felénél járok, és azon tűnődöm, hogy mi mást tehetek, vagy mi más lehetek a hozzájárulásom bizonyítása során. Nem tudom szavakba önteni a hozzájárulásomat, hogy az emberek láthassák.

*Gary:*
„A tündérmesék valóra válhatnak, veled is megtörténhet." Tündérmese, édes. Ha azt akarod, hogy mások elhiggyék.

*Szalon Résztvevő:*
Csak azt kell tennem, amire szükség van?

*Gary:*
Az igazat próbálod elmondani. Mesélj olyan tündérmesét, amit mindenki be akar venni.

*Szalon Résztvevő:*
Ez mit jelent?

*Gary:*
Ezért adtam neked ezt a dalt. Gondolj a dalra és írd újra.

*Szalon Résztvevő:*

Azt akarod mondani, hogy írjak egy olyan tündérmesét, ami nem is történt meg?

*Gary:*

Írnod kell egy tündérmesét arról, hogy mennyire szeretted és mennyi mindent veszítettél. Hogyan tettél meg minden tőled telhetőt, hogy támogasd, és az összes hosszú beszélgetéseitek, amik arról szóltak, hogy rávezesd őt arra, hogy meglássa, milyen nagyszerű.

*Szalon Résztvevő:*

Ezt csináltam. Miért akadtam el?

*Gary:*

Eldöntötted, hogy ez tündérmese és nem valóság. Azt a tündérmesét kell nyújtanod, amit az emberek képesek meghallani.

*Szalon Résztvevő:*

Oké.

*Gary:*

Mindent, amit ez felhozott, vagy leengedett mindenkinek, isten tudja hányszorosan, elpusztítanátok és nemteremtetté tennétek? Helyes, Helytelen, Jó, Rossz, Pod és Poc, Mind a 9, Rövidek, Fiúk, és Túlontúl.

## AZ LENNI, AMI NEKED IGAZ

*Szalon Résztvevő:*
Néha másokkal sokkal erélyesebben viselkedek, mint ahogyan szeretném. Nem tudom, hogy ezt hagyjam így, vagy változtassam meg. Gyakran van szorító érzésem a torkom körül. Mi ez?

*Gary:*
Ez az éberséged arról, ahova a világ többi része nem hajlandó elmenni. Mindig, amikor megnyitod a lehetőség tér-űrjét, érezni és érzékelni fogod a mások korlátainak aktualizálását.

Hajlandónak kell az lenned, ami neked igaz. Nem hazudok, ha valaki megkérdez valamiről. Az igazat mondom nekik. Nem fogok kibúvót keresni azért, mert felfedeztem, hogy mindig, amikor kibúvót kerestem és nem mondtam el nekik, hogy mi a helyzet, ez pont ugyanannyira volt jó, mint hazudni nekik. Nem vagyok érdekelt abban, hogy hazudjak az embereknek.

*Szalon Résztvevő:*
Van bármi más, ami segíthet nekem, hogy tudjam, mit mondjak, hogyan, kinek, mikor és hogyan mondjam potenciállal és egyértelműen?

*Gary:*
Kérdezd meg: Milyen hülyeséget használok, hogy megteremtsem a csend hiányát, amit választok?

Lehet, hogy nem mondasz semmit, de elég hangos a fejed, kedves. Át kell látnod a csendet és könnyedségben kell lenned a csenddel, annyira, mint bármi mással. Az esetek kilencvenkilenc százalékában a csend több kontrollt ad majd neked az emberek felett, mint a beszéd.

## A SAJÁT ÉLETED SZÁMÍTÁSÁBAN LENNI

*Szalon Résztvevő:*
Meg tudnád nekem mondani, hogy mit csinálok, hogy elpusztítsam az életem, megélésem és valóságom, amit ha megváltoztatnék egy fenntartható válóságot teremtene nekem?

*Gary:*
Ez nem arról szól, amit csinálsz; arról szól, amit nem csinálsz. Meg kell kérdezned:
Mi lehetek, és mit tehetek ma, hogy megváltoztassam az életem és jövőm egy fenntartható valósággá mindörökké? Minden, ami ez, isten tudja hányszorosan, hajlandó lennél elpusztítani és nemteremtetté tenni? Helyes, Helytelen, Jó, Rossz, Pod és Poc, Mind a 9, Rövidek, Fiúk, és Túlontúl.

Ez nem egy valami, aminek lenned kell, vagy amit csinálnod kell. Ez egy valami, amit választanod kell. Legtöbbünknek fogalma sincs róla, hogy mi az. Igazság, az életedből mennyit teremtettél önmagadat alapul véve?

*Szalon Résztvevő:*
Nulla százalékot.

*Gary:*
Kb. mindenki innen működik. Volt egy hölgy, aki segí-

tett nekünk az Access Consciousnessben és összekavart pár dolgot. Azt mondtam neki, hogy „Általában az emberek akkor rontanak el dolgokat, amikor nem akarnak bizonyos dolgokat csinálni. Szóval, igazság, már nem akarsz az Accessnek dolgozni?"

Azt mondta, hogy „Nem, nem akarok."

Azt kérdeztem tőle, hogy „Mit szeretnél csinálni? Mit szeretnél, milyen legyen az életed?"

Azt mondta, hogy „Fogalmam sincs."

Azt mondtam, hogy „Ez azért van, mert az egész életedet azzal töltötted, hogy a szüleidnek, a nagymamádnak, a férjednek, a vállalkozásodnak csináltál dolgokat – de semmit nem tettél magadért. Hogy lehet az, hogy nem vagy a saját életed számításában?" Nem mintha ez bárki másra vonatkozna ezen a híváson!

Milyen hülyeséget használsz, hogy megteremtsd a találmányát és mesterséges intenzitását annak, hogy nem vagy a saját életed számításában, amit választasz? Mindent, ami ez, isten tudja hányszorosan, hajlandó vagy elpusztítani és nemteremtetté tenni? Helyes, Helytelen, Jó, Rossz, Pod és Poc, Mind a 9, Rövidek, Fiúk, és Túlontúl.

## CSÁBÍTSD ŐKET, TANÍTSD ŐKET, ÉS ENGEDD ŐKET AZ ÚTJUKRA

*Szalon Résztvevő:*

Egyszer azt mondtad nekem, hogy „Csábítsd el őket, tanítsd őket és engedd őket útjukra". Lehet, hogy félreértelmeztem ezt, mint „tanítsd meg nekik a leckét" kifejezés, és bár lehet, hogy erre lenne szükség időnként, nem vagyok abban biztos, hogy így értetted-e. Megmagyaráznád ezt és kitérnél erre?

*Gary:*

A „Csábítsd el őket, tanítsd őket és engedd őket útjukra" az az elképzelés, hogy nem igazán akarsz kapcsolatot, kedvesem. Szórakozni szeretnél valakivel. A tanításuk azt jelenti, hogy taníts meg nekik mindent, ami jobb férfivá teszi őket; nem azt, hogy leckéztesd meg őket.

*Szalon Résztvevő:*

Mi a rossz abban, ha lenyisszantjuk a férfiak golyóit és kitesszük ezeket trófeának a falra?

*Gary:*

Nos, ez pompás, de ha ezt csinálod, akkor van rá esély, hogy nem lesz túl sok férfi látogatód. Ha meglátják a golyókat a falon, semmi dolguk nem lesz veled. Ezt szeretnéd teremteni a férfiakkal? Ezt a jövőt szeretnéd?

Nézz rá erre: Ha azt választom, hogy levágom ennek a pasinak a golyóit, milyen lesz az életem öt év múlva? Kiterjedtebb vagy inkább összehúzódóbb? Ha azt választom, hogy ennek a férfinak a golyóit a testén hagyom és simogatom őket és élvezem őket, és használom őt annyira, amennyire választom, hogy ezt teszem, milyen lesz az életem öt év múlva? Kiterjedtebb vagy kevésbé kiterjedt? Érezd az energiát és derítsd ki magadnak.

# A VALÓDI PRAGMATIKA

*Szalon Résztvevő:*
Beszélnél arról, hogy mi a pragmatikája annak, hogy átlássuk azt, amit valóban szeretnénk teremteni és hol vakítjuk el magunkat?

*Gary:*
A valódi pragmatika ez: Kezdd választással. Ha ezt választom, milyen lesz az életem öt év múlva?
Kérdezd meg:
+ Ha ezt választom, milyen lesz az életem öt év múlva?
+ Ha nem választom ezt, milyen lesz az életem öt év múlva?

Elkezded energetikailag érezni a különbséget választás és választás között, és lassan, de biztosan elkezded azt választani, ami működik neked. Érzékelni fogod, hogy milyenné teszi az életed öt év múlva.

Megkapod ennek az energiáját – viszont nem tudod definiálni. Ki kell szállnod abból, hogy definiálod azt, hogy milyennek szeretnéd az életed. Az emberek azt mondják, hogy „Dollármilliókat szeretnék, ezt szeretném csinálni, azt szeretném csinálni."

A „szeretném csinálni" nem ugyanaz, mint a teremtés és generálás.

## GENERÁLÁS, TEREMTÉS ÉS INTÉZMÉNYESÍTÉS

*Szalon Résztvevő:*
Hogy jön ebbe a játékba a funkcionalitás és intézményesítés? Amikor azt kérdezzük, hogy „Ha ezt választom, mit fog ez teremteni?", mi történik, hogy ez aktualizálódjon?

*Gary:*
Bele kell menned a kérdésbe. A kérdés rámutat azokra az energiákra, amikből teremteni szeretnél. A generálás az az energia, ami valamit elindít a létezésbe, a teremtés az, amikor aktualizálásba helyezed ezt, az intézményesítés pedig az, amit azért teszel, hogy megteremts egy platformot arra, hogy többet tudj teremteni.

Egy olyan rendszert adok neked, amivel átláthatod, hogy mit tudsz teremteni. Ez nem egy kognitív univerzum lesz. Ha kognitív nézőpont alapján tudnál univerzumot létrehozni, akkor már évszázadokkal ezelőtt megtehetted volna.

Fel kell ismerned, hogy az átlátás az éberségből ered, amit aköré teremtesz, amit a választásaid hoznak létre. A választás a teremtés forrása. Nem a döntések, ítélkezések, következtetések és számítások. Ha döntésekből, ítélkezésekből, következtetésekből és számításokból próbálsz működni, akkor inkább ítélkezésből teszed ezt, mint lehetőségekből.

Két választásod van: Megveheted ezt a széket, vagy eladhatod ezt a széket. Milyen lesz az életed öt év múlva, ha megveszed ezt a széket? Milyen lesz az életed öt év múlva, ha eladod ezt a széket? Érzed a különbséget az energiájában annak, amit ez teremt.

Ne add fel az éberséged a következtetésért. Használd ezt a processzt:
- Ha ezt választom, milyen lesz az életem öt év múlva?
- Ha nem választom ezt, milyen lesz az életem öt év múlva?

Érzékeled a különbséget az egyik választás között, ami kiterjedőbb és a másik választás között, ami összehúzódóbb. A fenntartható jövő teremtésének érdekében tanuld meg hogyan érezd a különbséget az energiájában annak, ami a választásaiddal teremtődik.

A meghozott választásaiddal tanulsz meg teremteni, mert minden választás teremt valamit.

Ha egy harcos nő vagy, aki harcba száll a fenntartható jövő teremtéséért, akkor ez egy más világ. Hajlandónak kell lenned ránézni, választani, az lenni, és hirtelen minden más a helyére fog csusszanni. Fogd fel, hogy a választásod teremt.

Oké hölgyeim. Menjetek és legyetek azok a nők, akik vagytok, akik fenntartható és fenséges jövőt tudnak teremteni. Ez az az ajándék, ami az emberiségnek vagytok.

# 11
# A választás és éberség erejében maradni

Bármikor, amikor az éberségen kívül másnak adsz erőt, meghívsz egy démont az életedbe.

**Gary:**
Helló hölgyeim. Beszéljünk arról, hogy mik a démonok, és hogyan kapcsolódnak hozzátok, mint harcos nőkhöz, akik egy fenntartható jövő teremtéséért küzdenek.

## DÉMONOK

A démon bármilyen lény vagy bármi más, ami kontrollt akar az életedben. Bármikor, amikor az éberségen kívül másnak adsz erőt, meghívsz egy démont az életedbe. Ha olyan kapcsolatot keresel, ahol valaki gondoskodni fog rólad és te lehetsz a követő, akkor démon energiákat invitálsz az életedbe – mert ahhoz, hogy követő legyél, fel kell adnod magad és az éberséged. A démonok és az entitások azt akarják, hogy követő legyél. Szóval ez az egyik módja annak, hogy meginvitáld őket. Szerencsére ti elég vacak követők vagytok! A démonok és entitások azt akarják, hogy követők legyetek. Abban sem vagytok jók, hogy három lépéssel a pasitok mögött járjatok.

A másik módja a démonok invitálásának az, hogy a következtetésnek adod az erődet – mert a következtetés az éberség ellentétje. Amikor van egy nézőpontod, akkor mindent megsemmisítesz az éberségedben, ami nem illik ebbe a nézőpontba. A következtetésnek adod az erődet az éberséged helyett.

Amikor nincs nézőpontod, akkor mindenre éber lehetsz. Akkor is megszabadulsz az erődtől, amikor feladod az éberséged valaki másért.

*Szalon Résztvevő:*
Nem nagyon érzékelem, hogy mik a démonok. Kifejtenéd?

*Gary:*
Kinek vagy minek adod oda az erődet?

*Szalon Résztvevő:*
Másoknak.

*Gary:*
Tényleg? Szerintem nem.

*Szalon Résztvevő:*
A következtetésnek.

*Gary:*

A következtetés az egyik. Pénz egy másik. A következtetés démonjai vannak az életedben, amik megmondják, hogy mit csinálj, vagy azt mondják, hogy problémád van a pénzzel. Azt mondják neked, hogy következtetésre kell jutnod.

Arról szól, hogy ismerd fel, hogy hol hívtál meg démonokat az életedbe, hogy kontrolláljanak neked dolgokat. A démonok megmondják neked, hogy milyen megfelelő dolgokat mondj vagy csinálj. Megpróbálnak rávenni, hogy add fel az életed annak javára, amit ők választanak. Bármikor, amikor következtetésbe mész, akkor meghívod a következtetés démonjait, hogy biztosítsák, hogy a megfelelő következtetésre jutsz, és arra következtetsz, ami helyes.

*Szalon Résztvevő:*

Mi kellene ahhoz, hogy átlássam, hogy hol engedem meg a démonoknak, hogy átvegyék a kontrollt a kapcsolatom vagy a szexuális életem felett? Mi kellene ahhoz, hogy megszabaduljak azoktól a démonoktól, amik elcseszik a barátságaimat és a férfiakkal való szexuális életemet?

*Gary:*

Itt egy tisztítás:

Milyen hülyeséget használsz, hogy megteremtsd a találmányt, mesterséges intenzitást, és a démonokat, amiktől meg kell szabadulnod, amit választasz? Mindent, ami ez, isten tudja hányszorosan, elpusztítanád és nemteremtetté tennéd? Helyes, Helytelen, Jó, Rossz, POD POC, Mind a 9, Rövidek, Fiúk és Túlontúl.

Ez működik!

A gondolatok, érzések, érzelmek, szex és no-szex mekkora része valójában a démon univerzum, amitől meg kell szabadulnod? Elég nagy része. Mindent, ami ez, isten tudja hányszorosan, elpusztítanád és nemteremtetté tennéd? Helyes, Helytelen, Jó, Rossz, POD POC, Mind a 9, Rövidek, Fiúk és Túlontúl.

A nőként létezés, nőiesként létezés, nőneműként létezés, la femmeként létezés összes démonától, akik azt követelik tőled, hogy kevesebbé tedd magad, megkérnéd most, hogy menjenek vissza oda, ahonnan jöttek és soha ne térjenek vissza hozzád vagy ebbe a valóságba, az örökkévalóságig? Mindent, ami ezt nem engedi, isten tudja hányszorosan, elpusztítanád és nemteremtetté tennéd? Helyes, Helytelen, Jó, Rossz, POD POC, Mind a 9, Rövidek, Fiúk és Túlontúl.

## DÉMONOKAT TEREMTESZ A VÁLASZTÁS HELYETT

Ez az a hely, ahol vannak a nőként létezés démonjai, a nőként létezés választásai helyett. Fel kell ismerned azt a helyet, ahol te nőként vagy az a személy, aki csatába megy a jövő teremtéséért. Ha ezt felfogod, akkor az életed célja az lesz, hogy futurista legyél, és nem olyasvalaki, aki hajlandó a múlt hatása lenni, mintha ez lenne a jövő teremtése. Mindenhol, ahol ez jelen van a világban, megteremted a nőiség-, a nőiessé tevés-, és a nőként megtestesülés démonjait.

A nőként megtestesülés hány démonját tudod most elpusztítani és visszaküldeni oda, ahonnan jöttek, hogy soha ne térjenek vissza ebbe a valóságba és hozzád, az örökkévalóságon keresztül? Mindent, ami ez, isten tudja hányszorosan, elpusztítanád és nemteremtetté tennéd? Helyes, Helytelen, Jó, Rossz, POD POC, Mind a 9, Rövidek, Fiúk és Túlontúl.

*Szalon Résztvevő:*
Azt mondtad a tisztításban, hogy „Menj vissza oda, ahonnan (angolul 'whence') jöttél és soha ne gyere vissza hozzám vagy ebbe a valóságba az örökkévalóságig". Mit jelent az, hogy whence (fordítói megjegyzés: whence jelentése 'időben és térben oda, ahonnan'. A fordításban nem teszünk különbséget a régies és jelenlegi alak között)?

*Gary:*
Ez az óangol megfelelője az ahonnan jöttél-nek. A hely, ahonnan jöttél.

## MI VAN, HA NINCS NAGYSZERŰBB ERŐFORRÁS NÁLAD?

*Szalon Résztvevő:*
Beszélnél a démon uralta Földről?

*Gary:*
Bármi, ami megteremti a démonok erejét, az ítélkezés. A démonoknak nincs erejük, hacsak nem igazodsz és értesz egyet, vagy ellenállsz és reagálsz az ítélkezéseikre. Az a feladatuk, hogy addig bőszítsék az ítélkezést, amíg eljutsz arra a helyre, ahol feladod az erődet és potenciálodat az ő nézőpontjuk érdekében. Bárhol, ahol ítélkezésből működsz, mint a helyesség és helytelenség érzeteként, démonokat

hívsz meg az életedbe, hogy bebizonyítsd a nézőpontod helyességét. Amikor nincs nézőpontod, nem lehet helyes vagy helytelen sem, és nem lehetnek ítélkezés démonok, hogy felbőszítsék és felfokozzák a helytelenségedet, bármilyen alakban vagy formában.

Mennyi energiát használsz arra, hogy megteremtsd saját magad hibáztatását, ami az ítélkezés démonjai által uralt dolog a Földön? Mindent, ami ez, isten tudja hányszorosan, elpusztítanád és nemteremtetté tennéd? Helyes, Helytelen, Jó, Rossz, POD POC, Mind a 9, Rövidek, Fiúk és Túlontúl.

Milyen hülyeséget használsz, hogy megteremtsd az abszolút találmányát és a teljes mesterséges intenzitását a démon forrásnak és a démon uralta Földnek, amit választasz? Mindent, ami ez, isten tudja hányszorosan, elpusztítanád és nemteremtetté tennéd? Helyes, Helytelen, Jó, Rossz, POD POC, Mind a 9, Rövidek, Fiúk és Túlontúl.

## AZ EMBEREK AZT HISZIK, HOGY A DÉMONOK AZ ERŐ FORRÁSA

*Szalon Résztvevő:*
Nagyon sok ember nővel dolgozom. Elég ádáznak tűnnek; hazudnak és csalnak, hogy megkapjanak bármit, amit akarnak. Ezek démonok?

*Gary:*
A humanoidok annak ismerik fel a démonokat, amik. Ellenben az emberek azt hiszik, hogy a démonok az erő forrásai. Az ember nők egy olyan helyre akarnak eljutni, ahol kontrollálhatják a férfiakat, így vagy úgy. Arra teszik fel az

életüket, hogy démonokat invitáljanak az életükbe, hogy ezzel kontrollálhassák a férfiakat. Közületek hányan invitáltatok démonokat, hogy ezzel kontrollt teremthessetek a férfiak felett?

Megkövetelnétek most, hogy menjenek vissza oda, ahonnan jöttek és soha többé ne térjenek vissza hozzátok vagy ebbe a valóságba? Mindent, ami ezt nem engedi, isten tudja hányszorosan, elpusztítanátok és nemteremtetté tennétek? Helyes, Helytelen, Jó, Rossz, POD POC, Mind a 9, Rövidek, Fiúk és Túlontúl.

Hölgyeim, az a célom, hogy eljuttassalak titeket arra a pontra, ahol nincs ítéleted magadról, vagy bármiről, amit választasz. Hogy eljuss oda, ahol teljes éberséged van arról, hogy a választásod hogyan teremti a jövőt, mert te vagy a forrása egy olyan jövő teremtésének, ami eddig még nem létezett ezen a bolygón – ha végre már meghozzátok azt a nyamvadt választást! Folyamatosan megpróbálsz nem választani, mintha arra várnál, hogy valaki majd eljön és választ helyetted és megmondja, hogy mit csinálj. Imádlak mindannyiótokat, és nincs köztetek olyan, aki nem képes valaki mást követni. Mi a pokolnak nem követed magad valaki más helyett? Miért próbálsz olyan férfit találni, akit követhetsz – vagy bárkit, akit követhetsz? A jó hír az, hogy soha nem fogom hagyni, hogy engem kövess, mert el fogok futni. Mindegy, milyen gyorsan futsz, nem tudsz elkapni.

Mindent, ami ez, isten tudja hányszorosan, elpusztítanád és nemteremtetté tenned? Helyes, Helytelen, Jó, Rossz, POD POC, Mind a 9, Rövidek, Fiúk és Túlontúl.

*Szalon Résztvevő:*

Nekem az jött fel, hogy az elmúlt négy trillió évben feladatot adtam a démonoknak. Az volt a feladatuk, hogy a helyükön tartsák az ítélkezést, kontrollt és nézőpontokat. Azt mondtam, hogy „Vigyetek magatokkal minden feladatot, amit rátok bíztam és soha ne gyertek vissza."

*Gary:*

Ezt kell mondanod: Menjetek vissza oda, ahonnan jöttetek és soha többé ne térjetek vissza hozzám vagy ebbe a valóságba, az örökkévalóságon át.

*Szalon Résztvevő:*

Számomra a démon mindig egy kis fekete alak volt, vagy valami ilyesmi. Most pedig az jön fel, hogy a démon olyan, mint egy ítélkezés.

*Gary:*

Igen, ezek az ítélkezések, amiket létrehoztál. Ha kicsi fekete alakoknak látod őket, vagy piros alakoknak szarvakkal és farokkal, vagy bármi ilyesmivel, akkor alkalmazkodsz ehhez a valósághoz. Ragaszkodsz ahhoz, hogy ez a valóság hordozza az igazságot a démonokról.

*Szalon Résztvevő:*

Az, hogy így láttam a démonokat, megakadályozott abban, hogy felismerjem hol hívtam be őket az életembe és hol használtam őket. Most egy teljesen más energia van ezeken a démonokon, és teljes hálában vagyok feléd.

*Gary:*

Beinvitáltad őket az életedbe, arra gondolva, hogy így

kaphatsz hatalmat valami felett. De az alapvető erő bármi felett az a teljes éberség. Mi lenne, ha nem lenne nagyszerűbb forrása az erőnek, mint te?

Minden, ami nem engedi, hogy ez megjelenjen, isten tudja hányszorosan, elpusztítanád és nemteremtetté tennéd? Helyes, Helytelen, Jó, Rossz, POD POC, Mind a 9, Rövidek, Fiúk és Túlontúl.

## AZ ÍTÉLKEZÉSSEL BEHÍVOD A DÉMONOKAT

*Szalon Résztvevő:*
Amikor korábban hozzám beszéltél, feljött egy köteg energia. Olyan „Nehogy elhallgattass" féle érzés volt. Az volt, hogy „Nem fogsz meghallgatni. Félreértettél." Furcsa volt.

*Gary:*
Úgy érzed, hogy félreértettek?

*Szalon Résztvevő:*
Igen.

*Gary:*
Mindenhol, ahol eldöntötted, hogy mit jelent a félreért, elpusztítanád és nemteremtetté tennéd? Helyes, Helytelen, Jó, Rossz, POD POC, Mind a 9, Rövidek, Fiúk és Túlontúl.

A megértés elképzelése az, hogy valakinek alattad kell állnia, hogy támogasson. (fordítói megjegyzés, angolul a 'megértés' az 'understand', ami szó szerint 'alá áll'-t jelent) Szeretsz az emberek tetején állni?

*Szalon Résztvevő:*

Nem igazán.

*Gary:*

Magas vagy nem magas sarkúban!

*Szalon Résztvevő:*

Hűha! Látom, hogy minden kérdésemmel megpróbáltalak rávenni arra, hogy a saját magamról alkotott ítélkezéseim helyessége mellé állj.

*Gary:*

Valahogy úgy. Sajnos nincs ítélkezésem rólad, így nehéz nekem az ítélkezésed mellé állni.

*Szalon Résztvevő:*

Amikor interakcióba kerülök valakivel, akkor megkeresem azokat az ítéleteiket, amik igazodnak valamihez velem kapcsolatban, hogy dühös lehessek rájuk.

*Gary:*

Nem, hogy dühös lehess magadra. Elhivatott vagy arra, hogy meglásd mi benned a rossz?

*Szalon Résztvevő:*

Észrevettem, hogy vannak ilyen ítéleteim.

*Gary:*

Mindent, amit azért tettél, hogy ezt megteremtsd, isten tudja hányszorosan, elpusztítanád és nemteremtetté tennéd? Helyes, Helytelen, Jó, Rossz, POD POC, Mind a 9, Rövidek, Fiúk és Túlontúl.

Milyen hülyeséget használsz, hogy megteremtsd az abszolút találmányát és a teljes mesterséges intenzitását a démoni forrásnak és a démon uralta Földnek, amit választasz? Mindent, ami ez, isten tudja hányszorosan, elpusztítanád és nemteremtetté tennéd? Helyes, Helytelen, Jó, Rossz, POD POC, Mind a 9, Rövidek, Fiúk és Túlontúl.

*Szalon Résztvevő:*
Nemrég azt választottam, hogy megcsinálok egy projektet, és elég sokat dolgoztam rajta. Aztán nem csináltam végig, és belementem abba, hogy hibáztatom magam. És csak most, amikor hallgatom, amit mondasz, éber lettem arra, hogy rossznak ítéltem meg magam emiatt.

*Gary:*
Hadd kérdezzek valamit. Mi az értékes abban, hogy megítéled magad?

*Szalon Résztvevő:*
Nincs benne érték.

*Gary:*
Kell lenni benne valami értékesnek, különben nem csinálnád. Az ítélkezésekkel démonokat invitálsz. Ezért ítélkeznek az emberek másokon. Az emberek mások megítélését használják arra, hogy átvegyék felettük az erőt. Azzal kontrollálnak másokat, hogy az ítélkezéseiket használják, hogy démonokat hívjanak meg, akik létrehozzák a kontrollt. Önmagad megítélésével teremted meg a meghívást.

Az összes helyet, ahol megítélted magad azért, hogy démonokat hívj meg, elpusztítanád és nemteremtetté tennéd és visszaküldenéd a feladónak? Helyes, Helytelen, Jó, Roszsz, POD POC, Mind a 9, Rövidek, Fiúk és Túlontúl.

Milyennek szeretnéd az életed, ha nem érdekelnének az ítélkezések?

*Szalon Résztvevő:*
Élvezetesnek.

*Gary:*
Mennyi energiát használsz, hogy értéket teremts azzal, hogy törődsz az ítélkezéssel? Mindent, ami ez, isten tudja hányszorosan, elpusztítanád és nemteremtetté tennéd? Helyes, Helytelen, Jó, Rossz, POD POC, Mind a 9, Rövidek, Fiúk és Túlontúl.

Az ítélkezéssel törődsz.

*Szalon Résztvevő:*
Mi kellene ahhoz, hogy ez megváltozzon és olyasvalami legyen, amit többé nem választok?

*Gary:*
Milyen hülyeséget használsz, hogy megteremtsd az ítélkezéssel való foglalkozás találmányát, mesterséges intenzitását, és démonjait, amit választasz? Mindent, ami ez, isten tudja hányszorosan, elpusztítanád és nemteremtetté tennéd? Helyes, Helytelen, Jó, Rossz, POD POC, Mind a 9, Rövidek, Fiúk és Túlontúl.

*Szalon Résztvevő:*
Azt mondtad a tisztításban, hogy „mesterséges intenzitás". Elmondanád, hogy mi ez?

*Gary:*
>Gondolj arra, aki ítélkezik feletted. Ennek melyik része intenzív? Egy kisebb része? Az egész? Vagy több?

*Szalon Résztvevő:*
>Az egész.

*Gary:*
>Azt gondolod, hogy az intenzitás értékesebb az éberségnél.
>Mindent, ami ez, isten tudja hányszorosan, elpusztítanád és nemteremtetté tennéd? Helyes, Helytelen, Jó, Rossz, POD POC, Mind a 9, Rövidek, Fiúk és Túlontúl.

*Szalon Résztvevő:*
>Gary, ahogy látlak titeket Dainnel dolgozni, egyre inkább felismerem, hogy megvan a képességetek és türelmetek ahhoz, hogy csak azt adjátok az embereknek, amit képesek meghallani, még akkor is, ha tudjátok, hogy valójában milyen befogadásra képesek megnyílni abban a pillanatban, és csak akkor van egy ablakotok arra, hogy tudjátok merre hajlandóak menni, amikor feltesznek egy kérdést.

*Gary:*
>Igen, hajlandó vagyok ránézni arra a jövőre, amit hajlandó vagy megkapni.

*Szalon Résztvevő:*
>A kérdésekkel, amiket felteszünk?

*Gary:*
>Igen.

*Szalon Résztvevő:*

Hajlamos vagyok az egész világot adni az embereknek, amikor feltesznek egy kérdést.

*Gary:*

Folyamatosan megpróbálsz következtetésre jutni azzal, hogy mit adhatsz nekik, ami lehetővé teszi nekik, hogy ítélkezzenek feletted úgy, ahogyan szerinted megérdemled, hogy megítéljenek.

*Szalon Résztvevő:*
Arról van szó, hogy egy értékes valaki vagyok?

*Gary:*

Azt jelenti, hogy a saját magadról alkotott ítélkezésed az értékes.

*Szalon Résztvevő:*

Bármerre is megy az ítélkezés, hova ragasztom itt be magam? Ez nehéz.

*Gary:*

Milyen hazugságot teszel valódibbá magadnál? Mindent, ami ez, isten tudja hányszorosan, elpusztítanád és nemteremtetté tennéd? Helyes, Helytelen, Jó, Rossz, POD POC, Mind a 9, Rövidek, Fiúk és Túlontúl.

## A „NÉZŐPONT NÉLKÜLISÉG" EGYSZERŰEN EGY VÁLASZTÁS

*Szalon Résztvevő:*
Lehetséges azt választani, hogy nincs nézőpontom és ezt nagyobbá tenni a döntésnél, ítélkezésnél, összeállításnál és következtetésnél?

*Gary:*
Igen.

*Szalon Résztvevő:*
Ez egyszerűen egy választás?

*Gary:*
Igen, ez egyszerűen egy választás.
Mi az, amit választásként teremtesz, ami nem választás, és ha nem választásként teremtenéd, akkor teljes éberségként aktualizálódna? Mindent, ami ez, isten tudja hányszorosan, elpusztítanád és nemteremtetté tennéd? Helyes, Helytelen, Jó, Rossz, POD POC, Mind a 9, Rövidek, Fiúk és Túlontúl.

*Szalon Résztvevő:*
Milyen választások érhetőek el számunkra, amivel egy teljesen más jövőt teremtünk?

*Gary:*
Borzasztó mennyiségű választás érhető el. Az a probléma, hogy egész életünkben megpróbálunk igazodni a nincs-választás univerzumhoz, a démonnal elárasztott univerzumhoz, ami egyenlő azzal, hogy valósak vagyunk eb-

ben a valóságban. Mi lenne, ha nem kellene többé valósnak lenned ebben a valóságban? Milyen választásaid lennének?

*Szalon Résztvevő:*

A tisztítás, amit futtattál, oly sok tér-űrt hozott létre a testemen keresztül. Éber vagyok valaki más összehúzódására a testemen keresztül, pedig ez nem hozzám tartozik.

*Gary:*

Ahelyett, hogy a testeden keresztül lenne, mi lenne, ha a testeddel lenne ez?

*Szalon Résztvevő:*

Mi a különbség?

*Gary:*

A testeden keresztül az az elképzelés, hogy a testednek van ébersége, neked nincs. A testeddel az az, amikor kiterjeszted azt, amire te és a tested éberek vagytok.

*Szalon Résztvevő:*

Ez a tisztítás nagyobb kiterjedést teremtett arról, amire a testem és én éberek vagyunk. Ez annyira pompás. Köszönöm.

*Szalon Résztvevő:*

Ez az, ami a több tér-űr a jövőhöz?

# SOHA NE VÁRJ SENKIRE VAGY SEMMIRE

*Gary:*

Igen, ilyen tér-űrnek kell lennie a jövőhöz.

Itt egy példa. Valaki készített nekünk egy gyönyörű logót, és mindenki megpróbálja eldönteni, hogy minden logónk egyforma legyen, vagy mindenkinek más logója legyen. Az emberek nem előre tartanak. Addig várnak, amíg elrendeződnek a dolgok. Továbbra is azt mondom, hogy „Soha ne várj semmire és senkire."

Fel kell fognotok. Ha jövőt fogtok teremteni, nem várhattok senkire – mert akkor más emberek jövőbeni időszerűségei alapján teremtenél, nem az alapján, amiről te vagy éber.

*Szalon Résztvevő:*

Amikor azt mondtad, hogy „Ne várj senkire", felismertem, hogy mennyire eltűnök, amikor másokra várok.

*Gary:*

Amint belemész a várakozásba, megszűnsz létezni. Megállítod magad. Olyan, mint amikor visszatartod a lélegzeted, és vársz, amíg újra vehetsz levegőt. Ez működik? Nem.

Amikor az emberek várnak valamire, akkor helyesen akarják csinálni. Ez az ítélkezésről szól. Mindent, amit tesznek, az azért van, hogy helyesen csinálják. Ez túl lassú.

Nemrég két művésszel foglalkoztunk, és amikor egy művésszel van dolgod, semmi nem lesz megfelelő vagy tökéletes, bármit is csinálsz. Mindig lehet javítani a dolgokon. A művészek soha nincsenek kérdésben azzal, amit csinálnak.

Mindig következtetésben vannak azzal, hogy milyennek kellett volna lennie, vagy megítélik azt, hogy mi nem az, amilyennek gondolták, hogy lesz.

Én soha nem várok senkire, csak folytatom a teremtést. Azt mondom, hogy „Tudod mit? Ez nagyszerű. Csináljuk."

Ha lassan haladsz, akkor ennek a valóságnak a helyes viselkedése alapján éled az életed. Ennek a valóságnak a helyes viselkedése az, hogy olyan lassan haladj, ahogyan csak tudsz, hogy nehogy hullámzást hozz létre. De ti hullámépítők vagytok. Amikor gyerekek voltatok és beültetek a kádba, akkor bizonyára ide-oda csapkodtátok a vizet és hullámokat verdestetek a kád széléig. Nem az volt a nézőpontotok, hogy nyugodtak legyetek a kádban. Hanem az volt, hogy „Milyen mókás ez? Mozgassunk meg mindent." Mozdulatlannak maradni nem a legtöbbetek valósága volt, mégis megpróbáltok mozdulatlanok lenni, mintha ezt meg tudnátok tenni. Az a helyzet – hogy nem tudtok. Soha ne várjatok senkire. Kezdjétek el, induljatok és teremtsetek. Ha vártok, kivonjátok magatokat a létezésből, amíg valaki más befejezi, amit csinál és kinyitja számotokra az ajtót, hogy létezzetek.

Milyen hülyeséget használok, hogy megteremtsem a várakozást, amit választok? Mindent, ami ez, isten tudja hányszorosan, elpusztítanád és nemteremtetté tennéd? Helyes, Helytelen, Jó, Rossz, POD POC, Mind a 9, Rövidek, Fiúk és Túlontúl.

Amikor vársz, akkor valaki más beteljesedése érdekében feladod az éberséged. Mi van, ha azok, akikre vársz, soha nem viszik véghez a dolgukat? Mikor létezhetsz te? Amikor meghalnak?

Ismerek olyanokat, akik arra vártak, hogy a szüleik meghaljanak, hogy megkapják a pénzüket, és a szülők még soksok éven át éltek. Amikor a gyerekek végre megkapták a pénzt, akkor kiderült, hogy nem akkora összeg volt, mint amire számítottak. Igazából semmit nem teremtett az életükben, és mérgesek voltak, mert nem volt több pénzük a szülőknek! Miért várnál az életed teremtésével az örökségre alapozva, vagy arra, hogy mit fogsz kapni, amikor megkapod? Miért nem teremted az életed most és érzed jól magad?

Mi az, amire vársz? Mindent, ami ez, isten tudja hányszorosan, elpusztítanád és nemteremtetté tennéd? Helyes, Helytelen, Jó, Rossz, POD POC, Mind a 9, Rövidek, Fiúk és Túlontúl.

Ismerek olyanokat, akik a nyugdíjas kort várják, azt gondolván, hogy majd ha nyugdíjba mennek, minden jó lesz. Egy barátom küldött nekem egy viccet: Valaki megkérdezi egy nyugdíjastól, hogy „Mit fogsz most csinálni, hogy nyugdíjas lettél?" A pasi azt válaszolja, hogy „Nos, kémikus mérnök voltam, és az egyik dolog, amit a legjobban élvezek az az, hogy a sört, bort és whiskeyt vizeletté alakítom át. Ez kitüntető, felemelő és kielégítő. Minden nap ezt csinálom, és nagyon élvezem!"

## FUTURISTÁNAK LENNI

*Szalon Résztvevő:*
　　Milyen futuristának lenni?

*Gary:*
　　Ahhoz, hogy futurista legyél, hajlandónak kell lenned

meglátni azt, amire képes vagy, amit még nem választottál. A jövő milyen teremtésére vagy képes, amit még nem választottál, nem kérdeztél rá és nem teremtetted meg lehetőségként? Mindent, ami ez, isten tudja hányszorosan, elpusztítanád és nemteremtetté tennéd? Helyes, Helytelen, Jó, Rossz, POD POC, Mind a 9, Rövidek, Fiúk és Túlontúl.

*Szalon Résztvevő:*
Beszélnél kérlek a sorsról, lélekről és végzetről?

*Gary:*
Ha te leszel a jövő, akkor hajlandónak kell lenned felismerni, hogy hol lehetsz a sors, a lélek és a végzet. Arról szól, hogy a jövő lehetőségeinek előhírnöke vagy.

Milyen hülyeséget használsz, hogy elkerüld azt, hogy a jövő lehetőségeinek előhírnöke legyél, amit választhatnál? Mindent, ami ez, isten tudja hányszorosan, elpusztítanád és nemteremtetté tennéd? Helyes, Helytelen, Jó, Rossz, POD POC, Mind a 9, Rövidek, Fiúk és Túlontúl.

*Szalon Résztvevő:*
Mi az előhírnök?

*Gary:*
Az előhírnök olyasvalaki, aki képes aktualizálni azt, ami létezhet. Olyan vagy, mint egy előrejelzője annak, ami lesz.

*Szalon Résztvevő:*
Az a kérdés, hogy „Ha ezt választom, milyen lesz az életem öt év múlva?" megváltoztatta az egész fókuszomat és a választásokat, amiket meghozok. Mindennel kapcsolatban

megkérdezem ezt, és sokkal éberebb vagyok arra, hogy milyennek szeretném az életemet és a megélésem.

*Gary:*
Pontosan. Ezért kell feltenned a kérdést. Ha nem teszed, akkor ugyanazt teremted, mint a múltadban. Nem azt kersed, hogy mi a terved, nem azt keresed, ami lehetővé teszi, hogy megteremtsd a jövőd. Nem fogod csak úgy választani. Szóval ez egy trükkös kérdés, ami rávesz, hogy azt tedd. Azért adom nektek, mert nem fogtok csak úgy választani. A tudatosságba csallak titeket. Sajnálom hölgyeim.

*Szalon Résztvevő:*
A jelenre fókuszálok és nem a jövőre. Bevettem azt az elképzelést, hogy jelen kell lennem, a pillanatban. Most kell léteznem. Szóval, hogy lesz ebből jövő?

*Gary:*
Hajlandónak kell lenned ránézni a mostra és a jövőre és fel kell ismerned, hogy a meghozott választásaid a jövő teremtése. Hajlandónak kell lenned teremteni a jövőt. Ha kizárólag a mostra összpontosítasz, akkor ezzel elkerülöd a teremtést és generálást.

*Szalon Résztvevő:*
Szóval, honnan vettem a pillanatban élés elképzelését?

*Gary:*
Valami seggfejtől!

*Szalon Résztvevő:*
Az volt a célom, hogy a jelenben éljek. Imádlak! Ez ha-

talmas számomra. A pillanatban élés valójában a jövő megállítása.

*Gary:*
Érdemes jelen lenni és azért élni, hogy megteremtsd a mostot és a jövőt. Ha nem ezt teszed, akkor mire elérsz a jövőbe, semmid nem lesz.

Ha a pillanatban élsz a jövő teremtése nélkül, akkor amikor elérsz a jövőbe, a pillanatban kell majd élned, hogy ne teremtsd a jövőt, hogy meglegyen számodra az a most, amiről eldöntötted, hogy ez egy jó most és nem pedig egy rossz most, ami azt jelenti, hogy ítélkezésben vagy. A jövő, amit teremtesz, az ítélkezés. Hogyan működik ez neked?

*Szalon Résztvevő:*
Nem működik. Köszönöm.

*Gary:*
Mindent, ami ez, isten tudja hányszorosan, elpusztítanád és nemteremtetté tennéd? Helyes, Helytelen, Jó, Rossz, POD POC, Mind a 9, Rövidek, Fiúk és Túlontúl.

*Szalon Résztvevő:*
Elmagyaráznád, hogy mi a meghódít a teremtés és egység kontextusában?

*Gary:*
Ha egységből és tudatosságból működsz, akkor a hódítás azt jelenti, hogy meghódítod a saját korlátaidat és nem másokat próbálsz hódítani.

Ebben a valóságban a hódítás mindig mások kontrollálásáról szól. Ez leginkább haraggal és ítélkezéssel történik. Szóval az ítélkezés és a harag két alapvető forrása a mások feletti kontroll megteremtésének

Hányan szenteltétek az egész életeteket az ítélkezésnek és haragnak, mint egy olyan módnak, amivel megszerezhetitek a kontrollt olyan személyek és dolgok felett, akin és amin nem tudtok uralkodni? Mindent, ami ez, isten tudja hányszorosan, elpusztítanád és nemteremtetté tennéd? Helyes, Helytelen, Jó, Rossz, POD POC, Mind a 9, Rövidek, Fiúk és Túlontúl.

## EGY VALÓSÁG VÁLASZTÁSA

*Szalon Résztvevő:*
Ebben a pillanatban minden megnyílik nekem. Azt érzékelem, hogy én teremtem az összes valóságom, egyet, ami majdnem működik nekem, és egyet, ami olyan, mint a régi valóságom.

*Gary:*
Ez nem majdnem. Két valóságod van. És most, mi van, ha azt választod, hogy ezen túllépsz?

*Szalon Résztvevő:*
Ez izgalmasnak tűnik.

*Gary:*
Egy más nézőpontot szeretnék itt teremteni. Az izgalom az az elképzelés, hogy kilépsz valamiből, hogy megteremtsd a megidézést, az intenzitást, amit izgalomnak definiáltál.

Ki a pangásból valami nagyszerűbb felé.

Próbáld meg inkább a lelkesedést használni. Kérdezd meg, „Mi az, amiért lelkesedek?", ne pedig azt, hogy „Mi izgalmas nekem?" Ha elkezdesz a dolgok lelkesedéséből működni, akkor folytatod, módosítod és megváltoztatod a lehetőségeket. Ha izgalomból működsz, akkor mindig véget kell érnie. Ami izgalmas, annak mindig szükséges véget érnie, mert az izgalom az mindig valamiből kivezet, nem pedig bele. A lelkesedés az egy bele univerzum.

*Szalon Résztvevő:*

Köszönöm. Ezt fogom tenni. Úgy érzem, az izgalomnak van valamilyen függőségi minősége. Kitisztítanád ezt?

*Gary:*

Nem függőség. Igazodás. Megtanultál izgatott lenni. Az izgalom olyan, amiről mindenki azt feltételezi, hogy ezzel jobbá teszi azt, amije van. Azt gondolják, ezzel kiszállhatnak egy korlátozásból. Ez a legtöbb embernek elég is. De az izgatottság nem egy végtelen lehetőség.

Mindent, amit azért tettél, hogy megteremtsd az izgatottságot, mint a korlátaidon javítást, a nagyszerűbb lehetőségekért lelkesedése helyett, elpusztítanád és nemteremtetté tennéd? Helyes, Helytelen, Jó, Rossz, POD POC, Mind a 9, Rövidek, Fiúk és Túlontúl.

*Szalon Résztvevő:*

Az izgatottság helyben tartja az ítélkezést, Gary? Mindenhol ítélkezést látok magam körül.

*Gary:*

Az izgatottság fenntartja az ítélkezést, mint a választásaid egy részét és parcelláját.

*Szalon Résztvevő:*

Szóval a régi valóságra már nincs szükség?

*Gary:*

Sajnos választanod kell, kedves. Kérdezd meg:
+ Ha ezt a valóságot választom, milyen lesz az életem öt év múlva?
+ És ha a másik valóságot választom, milyen lesz az életem öt év múlva?

Átlátod majd, hogy milyen a valódi terved és milyennek szeretnéd valójában teremteni az életed. Senki nincs ezen a híváson, akit valaha is arra bátorítottak volna, hogy olyasmit válasszon, ami jövőt teremt. Észrevette már ezt valaki?

*Szalon Résztvevő:*

Igen, imádom ezt. Az rendben van, ha egy valóságot teljesen elengedek?

*Gary:*

Igen, vagy elengedheted mindkét valóságot teljesen és akár találhatsz egy harmadikat is.

*Szalon Résztvevő:*

Pompás, akkor egyik sem valós.

*Gary:*

A valóság azt jelenti, hogy kettő vagy több ember összehangolódik és egyetért a nézőpontoddal.

*Szalon Résztvevő:*
Én még magammal sem hangolódok össze vagy értek egyet.

*Gary:*
Pontosan! Nem igazodok a nézőpontomhoz és nem értek egyet vele; tehát nincs nézőpontom; tehát mindig van választásom. Minden választás lehetőséget teremt, minden választás éberséget teremt és minden választás más lehetőség jövőjét teremti. Engem az érdekel, hogy milyen választásaim vannak, és milyen lehetőségeket tudok teremteni és generálni itt.

Mindenre ránézek az életemben és azt kérdezem:
+ Még mindig benne akarsz lenni az életemben?
+ Ez működik?
+ Ez azt aktualizálja, ami szeretnél lenni, és amit szeretnél tenni a világban?

Még a bútoraimmal kapcsolatban is szétnézek, és ezt csinálom. Ma eljött egy hölgy, hogy körülnézzen a házamban egy magazinnak való fotózás céljából, és elborzadt. Azt mondta, hogy „túl sok cucc van az otthonodban ahhoz, hogy le tudjuk fotózni".

Felismertem, hogy mindent annyira ritkásra, elszórtra akarnak csinálni, amennyire csak lehetséges; ezt tartják nagyszerű lehetőségnek. Ha nincs semmi a polcodon és nincs semmi a házadban, és ha csak egyetlen dologgal foglalkozol, akkor az azt jelenti, hogy elegáns vagy.

Kikészült, amikor azt mondtam, hogy „Imádom az antik dolgokat, mivel egy olyan időből származnak, amiben nagyszerűbb elegancia volt, mint ami manapság van. Az emberek nem szeretnek elegánsan élni. Elszórtan, szórványosan szeretnek élni". Ez nem tetszett neki.

Mielőtt elment azt mondta, hogy „Ősszel visszajövünk, mert akkor használjuk a beltéri területekről a felvételeket. Nyáron kinti terekről készítünk felvételeket."

Arra gondoltam, hogy „Hűha, nekem van kinti terem nyáron, tavasszal, télen és ősszel. Neked miért nincs?" De nem mondtam ezt. De ennek ellenére éber voltam rá, mert nekem nem arról szólt, hogy nézőpontom legyen bármiről is, ami megteremti a lehetőséget mindenre.

Szóval, mindenhol, ahol nézőpontokat vettél be azért, hogy megteremtsd és megsemmisítsd azt, amid lehetőségként meglehetne, elpusztítanád és nemteremtetté tennéd? Helyes, Helytelen, Jó, Rossz, POD POC, Mind a 9, Rövidek, Fiúk és Túlontúl.

Ez a hölgy egy vizuálisan korlátozott valóságot vett át azért, hogy megteremtse azt, amiről eldöntötte, hogy elfogadható az embereknek, akik majd összehangolódnak és egyetértenek a nézőpontjával. A világ túlnyomó része így működik. Megsemmisítik a jövőt, mint lehetőséget.

Hol hangolódtál össze és értettél egyet valaki más nézőpontjával, hogy megsemmisítsd a jövő lehetőségeit, amit választhatnál? Mindent, ami ez, isten tudja hányszorosan, elpusztítanád és nemteremtetté tennéd? Helyes, Helytelen, Jó, Rossz, POD POC, Mind a 9, Rövidek, Fiúk és Túlontúl.

## A NAGYSZERŰBB LEHETŐSÉGEK FORRÁSÁVÁ VÁLNI

*Szalon Résztvevő:*
Tegnap valami eltolódott az univerzumomban és hajlandóvá váltam éber lenni a jövőre, mialatt jelen voltam a mostban, amiről beszéltünk. Azt kérdeztem, hogy „Milyen információ van itt, amit most meg lehet valósítani, ami jövőt fog teremteni?" Tudnál ehhez még hozzájárulni?

*Gary:*
Ha nincs nézőpontod, akkor lehetőséget teremtesz. Minden választás teremt és minden teremtés valamit aktualizál. Milyen választásokat hozol, milyen aktualizálást választasz? Milyen lenne, ha hajlandó lennél a nagyszerűbb lehetőségek forrása lenni?

Az érzékelés, tudás, létezés és befogadás milyen fizikai aktualizálását vagy most képes generálni, teremteni és intézményesíteni? Mindent, ami ezt nem engedi, isten tudja hányszorosan, elpusztítanád és nemteremtetté tennéd? Helyes, Helytelen, Jó, Rossz, POD POC, Mind a 9, Rövidek, Fiúk és Túlontúl.

## A VÁLASZTÁS MINDEN TEREMTÉS FORRÁSA

*Gary:*
A lehetőség nagyszerűbb kérdést, választást, lehetőséget és hozzájárulást teremt. Ezek a dolgok összefüggésben vannak egymással. És ezek egy más lehetőség teremtésének forrásai.

*Szalon Résztvevő:*

Azt mondtad, hogy „Minden választás teremt", és azt kérdezted, hogy „Milyen aktualizálást választasz?"

*Gary:*

A választás minden teremtés forrása. Ezért javaslom, hogy ezt kérdezzétek: Ha ezt választom, milyen lesz az életem öt év múlva? Csináltad eddig az életed, de nem akként léteztél, ami teremti az életed. Ha az alapján hozol meg egy választást, hogy jövőként létezel, akkor megnyitod az ajtót minden számodra elérhető lehetőségre, minden választásra, amit eddig soha nem láttál, minden választásra, amit eddig soha senki nem kért meg, hogy meghozz.

A családod megpróbál rávenni arra, hogy válassz ez és az között. Azt mondják, hogy „Kaphatsz vanília vagy csoki fagyit."

Te azt mondod, hogy „De én epreset szeretnék."

Azt mondják, hogy „Nem, csokit vagy vaníliát kaphatsz."

Te azt mondod „Nem, én epreset szeretnék."

Ők azt mondják, hogy „De vanília és csokoládé között választhatsz."

Végül azt mondod, hogy „Oké, akkor vaníliát kérek", vagy „Mindkettőből kérek egy keveset". Megteremted a „nem választást", mint az egyedüli választást ebben a valóságban.

*Szalon Résztvevő:*

Problémám van a „választás" szóval. Hallottam mindent, amit mondtál, de egyáltalán nem áll össze a fejemben. Olyan, mintha más nyelven beszélnél.

*Gary:*
   Mi a választás neked?

*Szalon Résztvevő:*
   Nekem a választás egy döntés. Vagy ez, vagy az. Nem látok a választáson túlra.

*Gary:*
   Ez azt jelenti, hogy nem vagy hajlandó igazán választani. Nem vagy hajlandó meglátni, hogy mi lehetséges, mielőtt választasz. Bele vagy ragadva a helyes vagy helytelen választásba. Mi lenne, ha nem lenne helyes és helytelen választás, csak választás?

*Szalon Résztvevő:*
   Ez hogy lehet választás? Hallom, hogy úgy mondod, mintha ez egy egyedülálló dolog lenne. Az én elmémben a választás sokszoros dolog.

*Gary:*
   Ha többszörös választásaid vannak, akkor hajlandónak kell lenned látni, hogy melyik választás teremti azt a jövőt, ami működik neked, ezért kérdezem azt, hogy: Ha ezt választom, milyen lesz az életem öt év múlva?

*Szalon Résztvevő:*
   Mi van, ha nem kapsz választ?

*Gary:*
   Nem lesz rá válasz. A kérdés célja nem az, hogy választ kapjunk; a kérdés célja az éberség. Lehet, hogy félreértelmezted és félrealkalmaztad, hogy a választás a válaszért van.

Ha az a nézőpontunk, hogy azért kell kérdeznünk, hogy választ kapjunk vagy következtetésre jussunk, döntésre vagy ítélkezésre, akkor az életünket egy következtetéses valóságként próbáljuk megteremteni. Ez nem az a valóság, amiben élni szeretnél.

*Szalon Résztvevő:*
Szerintem erről van szó.

*Gary:*
Mindenhol, ahol a kérdéseket és választásokat válaszként teremtetted meg, elpusztítanád és nemteremtetté tennéd? Helyes, Helytelen, Jó, Rossz, POD POC, Mind a 9, Rövidek, Fiúk és Túlontúl.

*Szalon Résztvevő:*
Most vettem észre, hogy azt kérdezzük, hogy „Milyen választást hozhatunk meg?", mintha ez a csinálásról szólna, amikor valójában a választásban létezésről van szó.

*Gary:*
Igen, ezért mondtam, hogy egy másik helyről kell ránézned. Meg kell kérdezned:
+ Milyen dolgot akarok teremteni?
+ Ha ezt választom, milyen lesz az életem a következő öt évben?

Öt év a jövőben túl hosszú neked ahhoz, hogy definiálhasd vagy megszilárdítsd. Csak arról lehet éberséged, hogy milyen lesz. Nem lehet éberséged arról, hogy milyen következtetésekre juthatsz vele, milyen korlátokat teremthetsz, stb. Mindössze éberséget kaphatsz arról, ami valójában lehetséges.

Ez az a hely, ahol hajlandónak kell lenned meglátni, hogy van más lehetőség.

Megpróbállak rávenni arra, hogy más lehetőségeket válassz, mert ha elkezded a választás, kérdés és lehetőség nézőpontjából csinálni ezt, minden az éberség teremtéséről fog szólni, nem pedig a következtetésre jutásról. Sajnos, ennek a valóságnak hatalmas része a következtetés köré jött létre.

Hány következtetésed van arról, hogy mit jelent nőnek lenni? Mindent, ami ez, isten tudja hányszorosan, elpusztítanád és nemteremtetté tennéd? Helyes, Helytelen, Jó, Rossz, POD POC, Mind a 9, Rövidek, Fiúk és Túlontúl.

Hány következtetésed van arról, hogy milyen választásaid vannak, mi a választás célja, mi a választás értéke és mit kellene tenned a választással? Mindent, ami ez, isten tudja hányszorosan, elpusztítanád és nemteremtetté tennéd? Helyes, Helytelen, Jó, Rossz, POD POC, Mind a 9, Rövidek, Fiúk és Túlontúl.

## LÁTNI, MI A ROSSZ KONTRA LÁTNI, MI LEHETSÉGES

*Szalon Résztvevő:*

Éberebb lettem arra, hogy az anyám mennyire azt választja, hogy manipulatív, kegyetlen, hazug, erőszakos és kontrolláló legyen, és mindezt a kedvesség, hamisság és csinosság álcája mögött teszi. Fiatal korom óta azt mondja nekem, hogy mennyire bájos és szép vagyok, és azzal vádol, hogy gonosz vagyok, ádáz, kegyetlen és függő. Korábban elhittem ezeket a dolgokat magamról, és most már tudom, hogy csak azzal vádol engem, amit ő csinál.

*Gary:*

Igen, az emberek csak olyannal vádolnak, amit ők maguk csinálnak.

*Szalon Résztvevő:*

Nehéz kezelnem őt. Azt akarja, hogy valaki törődjön vele és gondoskodjon róla, és én ezt megpróbáltam. Megpróbáltam segíteni neki helyrehozni is ezt.

*Gary:*

Hagyd abba, hogy férfi vagy, Csak a férfiak próbálnak megszerelni dolgokat.

Mindenhol, ahol férfi próbáltál lenni, hogy megszereld azokat a szülőket, akik nem működnek neked, mindanynyian, elpusztítanátok és nemteremtetté tennétek? Helyes, Helytelen, Jó, Rossz, POD POC, Mind a 9, Rövidek, Fiúk és Túlontúl.

*Szalon Résztvevő:*

Gary, ezt lehet bármilyen kapcsolatra vonatkoztatni? Hogy semmit ne próbáljunk megjavítani semmilyen kapcsolatban sehol, a házasságot is beleértve?

*Gary:*

Igen, ha férfi próbálsz lenni, akkor mindig megpróbálod megjavítani azt, ami rossz, ami azt jelenti, hogy mire kell koncentrálnod? Arra, ami lehetséges? Vagy arra, ami rossz?

*Szalon Résztvevő:*
Arra, ami rossz.

*Gary:*
Igen, és bármikor, amikor arra összpontosítasz, hogy mi a rossz, akkor mit látsz? Még több rosszat. Nem láthatod azt, ami lehetséges. Ha a jövőben vagy, akkor mindig képes vagy meglátni, érzékelni, tudni, akként létezni és befogadni azt, ami lehetséges.

Amikor arra fókuszálsz, ami rossz, akkor az energiádnak mekkora részét használod arra, hogy elpusztítsd a képességed az érzékelésre, tudásra, létezésre és befogadásra arról, ami valójában lehetséges?

Mindent, ami ez, isten tudja hányszorosan, elpusztítanád és nemteremtetté tennéd? Helyes, Helytelen, Jó, Rossz, POD POC, Mind a 9, Rövidek, Fiúk és Túlontúl.

*Szalon Résztvevő:*
Szeretném kitisztítani és megváltoztatni ezt a dolgot az anyámmal.

*Gary:*
Kérdezd meg: Milyen hülyeséget használok, hogy megteremtsem az anyát, amit választok? Hagyd abba, hogy megpróbálod támogatni ezt a hülye nőt.

# GYŰLÖLHETED AZ ANYÁD VAGY LEHET TELJES SZABADSÁGOD

*Szalon Résztvevő:*
Utálom. Rohadtul utálom őt.

*Gary:*
Annyira utálod őt, hogy ilyen sok energiát teremtesz, hogy utáld őt? Ez teljes szabadságot ad neked, igaz?

*Szalon Résztvevő:*
Nyilvánvalóan valahol ezt bevettem, de nem tudok más lenni.

*Gary:*
Két választásod van. Gyűlölheted az anyádat vagy lehet teljes szabadságod. Melyiket választanád?

*Szalon Résztvevő:*
A teljes szabadságot.

*Gary:*
Biztos vagy benne, hogy a teljes szabadságot? Annyival ismerősebb, ha gyűlölöd őt, nem?

*Szalon Résztvevő:*
Igen, elég sokáig csináltam azt.

*Gary:*
Gyűlölted őt. Adott ez neked szabadságot?

*Szalon Résztvevő:*
Azért gyűlöltem, mert ezzel el tudtam barikádozni ma-

gam tőle.

*Gary:*

Azért barikádozod el magad, hogy ne kapd meg önmagad, ne legyél önmagad és ne válaszd önmagad? Vagy azért, hogy azt feltételezhesd, hogy ő az oka annak, hogy nem lehetsz mindaz, ami akarsz lenni?

*Szalon Résztvevő:*
Igen, azért.

*Gary:*

Mindent, ami ez, isten tudja hányszorosan, elpusztítanád és nemteremtetté tennéd? Helyes, Helytelen, Jó, Rossz, POD POC, Mind a 9, Rövidek, Fiúk és Túlontúl.
Igazság, te voltál a konkurenciája?

*Szalon Résztvevő:*
Igen.

*Gary:*
Szerette, hogy van konkurenciája?

*Szalon Résztvevő:*
Imádja. Imád mindenkivel küzdeni.

*Gary:*
Amibe beletartozik, hogy magával is harcol?

*Szalon Résztvevő:*
Igen.

*Gary:*

Mindenhol, ahol megpróbáltad lemásolni őt, hogy ne legyél olyan, mint ő, amivel olyan lettél, mint ő, ami azt jelenti, hogy állandóan magaddal harcolsz, elpusztítanád és nemteremtetté tennéd? Helyes, Helytelen, Jó, Rossz, POD POC, Mind a 9, Rövidek, Fiúk és Túlontúl.

Mérges lettél K-ra, amikor nevetett valamin, amit az anyukádról mondtál. Felismered, hogy abban a pillanatban az anyukádat védelmezted K nevetése ellen?

*Szalon Résztvevő:*

Az anyámat védelmeztem K nevetése ellen? Igen, erről volt szó.

*Gary:*

Igen, bevetted az anyukád nézőpontját. Miért? Ez a nőként létezéshez való igazodás.

Mindent, amit azért tettél, hogy igazodj ahhoz, hogy nő vagy, hogy olyanná tedd magad, mint az anyád, akit gyűlölsz, ami azt jelenti, hogy szeretned vagy utálnod kell magad? Vagy jónak, rossznak, vagy helytelennek látni magad? Hát nem klassz ez? Gyűlölöd az anyádat, tehát lemásolod őt és olyanná válsz, mint ő, hogy ezzel megbizonyosodj arról, hogy nem leszel ő, de ez az anyáddá tesz téged. Mindent, ami ez, isten tudja hányszorosan, elpusztítanád és nemteremtetté tennéd? Helyes, Helytelen, Jó, Rossz, POD POC, Mind a 9, Rövidek, Fiúk és Túlontúl.

*Szalon Résztvevő:*

Van egy intenzitás a bal oldalamon. A mellkasomban és feljön a nyakamig.

*Gary:*

Mi alapján? Önmagad mekkora részét tetted helytelenné?

Mindent, amit azért tettél, hogy helytelenné tedd magad, és mindent, amit bezártál a tested bal oldalába és minden démont, amit bezártál a saját magad hibáztatásába, elpusztítanád és nemteremtetté tennéd? És megköveteled, hogy menjenek vissza oda, ahonnan jöttek és soha többé ne jöjjenek vissza ebbe a valóságba? Helyes, Helytelen, Jó, Rossz, POD POC, Mind a 9, Rövidek, Fiúk és Túlontúl.

Jobban érzed magad?

*Szalon Résztvevő:*

Igen.

*Gary:*

Mindig, amikor van valami a tested bal oldalán, akkor kérdezd meg: Ez én vagyok vagy az anyám?

*Szalon Résztvevő:*

És ha az jön, hogy az anyám?

*Gary:*

Mondd ezt: Mindent, amit azért tettem, hogy ezt lemásoljam, POD POC-olom.

Amikor van olyan szülőnk, aki nem szeret minket, akkor legtöbben azt tesszük, hogy megpróbáljuk lemásolni azt, amik ők, hogy ezzel rávegyük őket, hogy szeressenek. Ez működik?

*Szalon Résztvevő:*

Nem. Arra ösztönöznek minket, hogy olyanok legyünk,

mint ők, hogy legyen min ítélkezniük?

*Gary:*

Nem. Te már megítélted őket. Az ítélkezésed róluk lehet, hogy nem is a róluk alkotott ítélkezésed, hanem az éberséged arról, hogy magukon ítélkeznek. És azt hiszed, hogy nincs éberséged!

*Szalon Résztvevő:*
Köszönöm, Gary.

*Gary:*

Mindent, amit azért tettél, hogy bevedd az ő ítélkezésüket magukról, mintha ez a te ítélkezésed lenne róluk, mivel ítélkeznek magukról és biztosak lehetnek abban, hogy igazuk van abban, hogy nincs igazuk, és le kellett másolnod őket, hogy ezt megtehesd, igazad van abban, hogy nincs igazad és ez mindent működtet, igaz? Nem igazán. Mindent, ami ez, isten tudja hányszorosan, elpusztítanád és nemteremtetté tennéd? Helyes, Helytelen, Jó, Rossz, POD POC, Mind a 9, Rövidek, Fiúk és Túlontúl.

## A LEGNAGYSZERŰBB BOSSZÚ

Légy óvatos T., a dolgok kezdenek elszabadulni. Ha nem vigyázol, még újra boldog leszel. Elmondhatom ezt egyáltalán neked? A legnagyszerűbb bosszú a szüleidnek az, ha boldog vagy.

*Szalon Résztvevő:*
Meglesz.

*Gary:*

A boldogság létezése, csinálása, birtoklása, teremtése és generálása képességének milyen fizikai aktualizálását vagy most képes megteremteni, generálni és intézményesíteni? Mindent, ami ezt nem engedi, isten tudja hányszorosan, elpusztítanád és nemteremtetté tennéd? Helyes, Helytelen, Jó, Rossz, POD POC, Mind a 9, Rövidek, Fiúk és Túlontúl.

Mindannyiótoknak fel kell fognotok, hogy bármikor, amikor valaki nevet valamin, amit komollyá tettél, az azért van, mert látják benne a humort. Ha mérges vagy tőle, akkor megpróbálod védelmezni azt, akire mérges vagy. Akkora szabadságod lesz, amikor ezt felismered. Része ennek a valóságnak a komédiájának, hogy a gyűlöletünket csak a magunkról alkotott és általunk jóváhagyott ítélkezések alapján tudják megítélni vagy megteremteni. Ha megpróbálsz kiborulni ezen, akkor védelmezed azt, akire kiborulsz. Ez mutatja, hogy törődsz vele, de nem akarod tudni, hogy törődsz vele.

*Szalon Résztvevő:*

Hogy kezeled, ha valaki utál téged?

*Gary:*

Ha valaki utál, akkor félemlítsd meg azzal az éberséggel, amik lehetnek, és amik nem akarnak lenni.

*Szalon Résztvevő:*

Mennyit szórakozhatunk ezzel?

*Gary:*

Nem, nem megengedett, hogy jól szórakozz! Nyomorultnak kell lenned.

Oké hölgyeim, remélem mókás volt nektek ez a hívás. Számomra nagyon érdekes volt. Mindig olyan helyekre visztek el, ahova nem terveztem menni, akár akarom, akár nem! Köszönöm.

# 12
# A tudatosság szabadgyökévé válni

A tudatosság egy folyékony valóság.
Soha nincs korlátokba szilárdítva.

*Gary:*
Helló, hölgyek. Van valakinek kérdése?

## A LEHETŐSÉG KÖNNYŰ TÉR-ŰRJE

*Szalon Résztvevő:*
Próbálok valamivel foglalkozni, és kisebbé teszem magam a feladatnál. Ajánlanál egy tisztítást, ami segít a lehetőség kiterjedt, túláradó, könnyű térűrjében maradnom?

*Gary:*
Milyen hülyeséget használok, hogy megteremtsem a lehetőség könnyű térűrjének elkerülését, amit választhatnék? Mindent, ami ez, isten tudja hányszorosan, hajlandó lennék

elpusztítani és nemteremtetté tenni? Helyes és Helytelen, Jó és Rossz, Pod és Poc, Mind a 9, Rövidek, Fiúk, és Túlontúl.

Úgy tűnik ez másokon is működni fog!

Milyen hülyeséget használok, hogy megteremtsem a lehetőség könnyű térűrjének elkerülését, amit választhatnék? Mindent, ami ez, isten tudja hányszorosan, hajlandó lennék elpusztítani és nemteremtetté tenni? Helyes és Helytelen, Jó és Rossz, Pod és Poc, Mind a 9, Rövidek, Fiúk, és Túlontúl.

*Szalon Résztvevő:*

Egy vállalkozást hozok létre ezen a valóságon túl és szükségem lenne egy kis segítségre. Képesnek kell lennem napi 10 órát dolgozni, és olyan fenomenális képességekkel rendelkező embereket bevonzani, akik segíthetnek nekem. Milyen tisztítást használhatok?

*Gary:*

Milyen hülyeséget használok, hogy elkerüljem a teremtés és generálás könnyedségét, amit választhatnék? Mindent, ami ez, isten tudja hányszorosan, hajlandó lennék elpusztítani és nemteremtetté tenni? Helyes és Helytelen, Jó és Rossz, Pod és Poc, Mind a 9, Rövidek, Fiúk, és Túlontúl.

Milyen hülyeséget használsz, hogy megteremtsd a középszerűség intézményesítésének a medián alapjának a matematikai számításainak a találmányát, mesterséges intenzitását és démonjait, mint az emberi valóság maximalizációjának a teremtésének a formuláját, a szex, közösülés, pénz és a másik nem szempontjából, amit a kapcsolatokban választasz? Mindent, ami ez, isten tudja hányszorosan, hajlandó lennél elpusztítani és nemteremtetté tenni? Helyes és Helytelen, Jó és Rossz, Pod és Poc, Mind a 9, Rövidek, Fiúk, és Túlontúl.

## AZ EMBERI VALÓSÁG ALAPVETŐ ELTÉRÉSÉN TÚL

*Szalon Résztvevő:*
Elmagyaráznád, kérlek, hogy mi az emberi valóság maximalizálása?

**Gary:**
Az emberi valóság maximalizálása az, amikor megengeded magadnak, hogy csak bizonyos mértékben legyen meg benned olyasmi, ami nem illik bele az emberi valóságba. Bizonyos összeget keresel, de ez benne van a normától való általános eltérési skálában, ami arról szól, hogy soha ne legyél túl nagy. Emiatt visszafogod magad azzal kapcsolatban, hogy mennyi pénzt kereshetnél. Maximalizálod az emberi valóságot.

Kérdezd meg, hogy „Hogyan tudnám maximalizálni magam valami nagyszerűbbé, mint amilyen ez?" Ezen a ponton a maximalizálás nem több, mint a normától való két sztenderd eltérés. Tehát hibáztatod magad, vagy elpusztítod, amid van, vagy rossz időben fáradsz el, vagy nem szereted, amikor ennél többet teremtesz, vagy naplopókkal és nélkülözőkkel töltöd az időd és azt mondod, hogy „úgysem tudnám megcsinálni". Így teszed magad elégedetté a kevesebbel, ahelyett, hogy a többre törekednél. Ez egy teljesen deviáns nézőpont.

Visszautasítjuk, hogy túllépjünk az emberi valóság általános eltérésén.

Mennyi szexet, közösülést, kapcsolatot és pénzt választasz annak alapján, hogy soha ne térj el két sztenderd eltérésnél többel a normától? Mindent, ami ez, isten tudja hányszorosan, hajlandó lennél elpusztítani és nemteremtetté tenni? Helyes és Helytelen, Jó és Rossz, Pod és Poc, Mind a 9, Rövidek, Fiúk, és Túlontúl.

Milyen hülyeséget használsz, hogy megteremtsd a találmányát, mesterséges intenzitását és a démonjait a matematikai számítás medián alapjának a középszerűség intézményesítésének, mint az emberi valóság maximalizálásának teremtésének formuláját, a szexszel, közösüléssel, pénzzel és a másik nemmel kapcsolatban, amit választasz a kapcsolatokban? Mindent, ami ez, isten tudja hányszorosan, hajlandó lennél elpusztítani és nemteremtetté tenni? Helyes és Helytelen, Jó és Rossz, Pod és Poc, Mind a 9, Rövidek, Fiúk, és Túlontúl.

A tudatosság folyékony valóság. Soha nincs korlátozásokba szilárdítva, mégis bele vagyunk ragadva az emberi valóság medián alap számításába.

*Szalon Résztvevő:*
Ebben a valóságban az előnyeink maximalizálásáról beszélünk. Szóval, amikor ezt csinálod, akkor csak azt maximalizálod, amit már tudsz.

*Gary:*
Igen, csak ezt tudod csinálni. Soha nem léphetsz túl két

sztenderd eltérésnél többel a medián alaptól. Ez az egyetlen módja, hogy elférj ebben a valóságban.

Milyen hülyeséget használsz, hogy megteremtsd a találmányát, mesterséges intenzitását és a démonjait a matematikai számítás medián alapjának a középszerűség intézményesítésének, mint az emberi valóság maximalizálásának teremtésének formuláját, a szexszel, közösüléssel, pénzzel és a másik nemmel kapcsolatban, amit választasz? Mindent, ami ez, isten tudja hányszorosan, hajlandó lennél elpusztítani és nemteremtetté tenni? Helyes és Helytelen, Jó és Rossz, Pod és Poc, Mind a 9, Rövidek, Fiúk, és Túlontúl.

## AZ EMBERI VALÓSÁG A KÖZÉPSZERŰSÉGRE HIVATOTT

Középszerűségre vagy hivatott. Mindennek ugyanolyannak kell maradnia. Nagyjából ez az emberi valóság dióhéjban. Ne térj el túl sokban az egyik vagy a másik oldalra. Vannak néhányan, akik egy bizonyos szintig eltérnek, nekik sok pénzük van.

Vannak olyanok is, mint pl. S., akik komoly eltérést mutatnak a kapcsolatokban, mert hajlandóak arra, hogy több legyen nekik, mint amire a legtöbben hajlandóak. Túlléptél a sztenderd eltérésen, de még mindig azt próbálod meglátni, hogy milyen rossz vagy, vagy hogy hogyan kellene másoknak is azt választani, amit te választasz, ami igaz is, de ők ezt nem tudják megtenni mindaddig, ameddig bele vannak ragadva a medián alapba.

Milyen hülyeséget használsz, hogy megteremtsd a találmányát, mesterséges intenzitását és a démonjait a matematikai számítás medián alapjának a középszerűség intézményesítésének, mint az emberi valóság maximalizálásának teremtésének formuláját, a szexszel, közösüléssel, pénzzel és a testtel kapcsolatban, amit választasz? Mindent, ami ez, isten tudja hányszorosan, hajlandó lennél elpusztítani és nemteremtetté tenni?

A medián alap az a hely, ahol minden kiegyensúlyozott. Soha nem katapultálsz senkit, önmagadat sem olyan más dologba, amit nem ismersz. Ezért nem engeded meg magadnak, hogy nagyszerű kapcsolatod legyen. Minden férfiban a medián alapot kerested. Nem engeded meg magadnak, hogy egy olyan férfi jelenjen meg az életedben, aki kiugraszt ebből a valóságból, valami nagyszerűbbe.

Mindent, ami ez, isten tudja hányszorosan, hajlandó lennél elpusztítani és nemteremtetté tenni? Helyes és Helytelen, Jó és Rossz, Pod és Poc, Mind a 9, Rövidek, Fiúk, és Túlontúl.

*Szalon Résztvevő:*
Hol van ebben az éberség?

*Gary:*
Nincs éberség a medián alapban. Az a célja – hogy az éberségen kívül tartson.

*Szalon Résztvevő:*
Hogy néz ki az, amikor azt mondod, hogy a „medián alapon túl" és a „másik nemen túl" vagyunk?

*Gary:*
Ismerek olyan nőket, akik férfiasnak titulálják magukat.

Férfias határmezsgyén próbálják teremteni magukat, ami azt eredményezi, hogy nem túl nőiesnek teremtik a testüket. Ezért használjuk a test és a másik nem szavakat, nem pedig az ellenkező nemet.

Ha hajlandó vagy a megszokotton kívül működni, akkor mindent megkaphatsz, ami elérhető számodra, ahelyett, hogy csak egy részét kapnád meg. Meg lehet minden férfias jellemvonásod, és még így is te lehetsz a legnőiesebb nő az egész világon.

Az egyik legnagyobb hiba, amit a nők elkövetnek az, hogy átveszik a hatalmat, felelőssé teszik magukat, majd megutálják a férfiakat. Nincs más tere a férfinak, minthogy szolga és bűnbak legyen. Amint bűnbakká válik, a nők nem kedvelik többé. Elkezdenek egy újabb személyt keresni, akit helyrepofozhatnak. Sajnos sok nőnek az a nézőpontja, hogy „Egy szempillantás alatt helyre tudom pofozni." Miért is akarnád ezt tenni? Miért ne akarnád kiterjeszteni az ő és a te valóságod?

Mindenhol, ahol eldöntötted, hogy egy pasit helyrepofozol, hajlandó lennél elpusztítani és nemteremtetté tenni? Helyes és Helytelen, Jó és Rossz, Pod és Poc, Mind a 9, Rövidek, Fiúk, és Túlontúl

Milyen hülyeséget használsz, hogy megteremtsd a találmányát, mesterséges intenzitását és a démonjait a matematikai számítás medián alapjának a középszerűség intézményesítésének, mint az emberi valóság maximalizálásának teremtésének formuláját, a szexszel, kapcsolatokkal, közösüléssel, pénzzel, testtel és a másik nemmel kapcsolatban, amit választasz? Mindent, ami ez, isten tudja hányszorosan, hajlandó lennél elpusztítani és nemteremtetté tenni? Helyes és Helytelen, Jó és Rossz, Pod és Poc, Mind a 9, Rövidek, Fiúk, és Túlontúl.

*Szalon Résztvevő:*
A szüleim arra tanítottak, hogy azért fogadjak be a férfitól, hogy jó feleség és anya válhasson belőlem. Látom, hogy ez hogyan állítja meg azt az energiát, amit generálhatnék. Megakadályoz abban, hogy együtt teremtsek bármit, mint pl. kapcsolatokat vagy együtt facilitáljak egy kurzust. Visszahúzom magam. Erről van szó?

*Gary:*
Ez a középszerűség. Ez az emberi valóság maximalizálása. Az emberi valóságban mit várnak el tőled?

*Szalon Résztvevő:*
Legyél jó feleség és anya és legyen egy kisebb karriered.

*Gary:*
Ezt tetted?

*Szalon Résztvevő:*
Nem. Nem voltam jó ebben. Úgy érzem, hogy egész életemben ellenálltam és reagáltam erre. Mi az, amit itt nem veszek észre és nem tisztítom ki?

*Gary:*
Fel kell fognod, hogy egy nagyszerű anya és egy nagyszerű apa is vagy. Megtanultad, hogy hogyan használd a férfiakat, de azt nem tanultad meg, hogy hogyan élvezd őket. Ha kedveled a férfiakat, akkor használd őket egy ugródeszkának ahhoz, hogy kiterjeszd az életüket, és a tiedet is.

Nagyon sokan azért választottátok, hogy egyedülállók maradtok, mert nincs szükségetek egy férfira, de ebben a valóságban ez az emberi valóság maximalizálása. Ezt az életet akarod élni?

*Szalon Résztvevő:*
Nem, a bolygó kiterjesztését akarom generálni és teremteni humanoid férfiakkal.

## VÁLJ ANNYIRA ELTÉRŐVÉ, AMENNYIRE CSAK SZERETNÉL

*Gary:*
Remélem lesz egy olyan tisztítás, ami mindannyiótoknak segít abban, hogy annyira eltérővé váljatok, amilyenek igazán szeretnétek lenni. Eltérőnek lenni azt jelenti, hogy nem ennek a valóságnak a sztenderdjei szerint csinálod a dolgokat. Nem keresitek a medián alapot. Nem vagytok tökéletesen kiegyensúlyozottak ennek a valóságnak a libikókáján.

Amikor leszállsz a libikókáról, a lehetőségbe katapultálod önmagad, a nincs választás helyett. Nem mindig kell visszatérned abba az állapotba, ahol előtte voltál. Az Access Consciousnessben azt választjuk, hogy lehozunk a libikókáról, hogy azt teremthesd és generálhasd, amit csak akarsz. De mindaddig, amíg a medián alaphoz próbálsz visszamenni, másokhoz próbálsz igazodni. Azt akarom, hogy ne legyél igazodó. Azt akarom, hogy hagyd el a saját valóságod gyakorló kerekeit, hogy egy motorbiciklivel roboghass végig az életen.

Milyen hülyeséget használsz, hogy megteremtsd a találmányát, mesterséges intenzitását és a démonjait a matematikai számítás medián alapjának a középszerűség intézményesítésének, mint az emberi valóság maximalizálásának teremtésének formuláját, a szexszel, kapcsolatokkal, közösüléssel, pénzzel, testtel és a másik nemmel kapcsolatban, amit választasz? Mindent, ami ez, isten tudja hányszorosan, hajlandó lennél elpusztítani és nemteremtetté tenni? Helyes és Helytelen, Jó és Rossz, Pod és Poc, Mind a 9, Rövidek, Fiúk, és Túlontúl.

## VANNAK MÁS LEHETŐSÉGEK, DE FEL KELL TENNED EGY KÉRDÉST

*Szalon Résztvevő:*
Tíz éve váltam el, és azóta nem volt kapcsolatom. Látom, hogy nem voltam hajlandó középszerűt csinálni. Szóval, mi egyéb lehetséges?

*Gary:*
Szeretném, ha ezt mindannyian felfognátok. Vannak más lehetőségek – de ehhez fel kell tenned egy kérdést. Ha azt veszed észre, hogy a kapcsolatod középszerű és belemész a „Soha nem akarom újra ezt tenni"-be, akkor ítélkezned kell ahelyett, hogy ebben a kérdésben lennél, „Mit generálhatok és teremthetek ezzel a személlyel?"

Ha eldöntöd, hogy neked nem kell semmi, ami középszerű, hány embert tudsz beengedni az életedbe? Csak a középszerűeket. Folyamatosan intézményesítjük minden korlátozó nézőpontunkat. Azzá a dologgá tesszük, amit mindig meg kell tennünk.

Amikor azt mondod, „Nem akarok semmi középszerűt," mindig abból az ítélkezésből nézel rá a dologra, hogy „Ez az ember középszerű?", a „Mit teremthetek ezzel az emberrel?" kérdés helyett. Ha innen kezdesz el tekinteni rá, olyan új lehetőségek ajtóit nyithatod ki, amelyek soha nem léteztek. Ez azt követeli meg, hogy teljesen rohadt deviánssá válj.

Milyen hülyeséget használsz, hogy megteremtsd a találmányát, mesterséges intenzitását és a démonjait a matematikai számítás medián alapjának a középszerűség intézményesítésének, mint az emberi valóság maximalizálásának teremtésének formuláját, a szexszel, kapcsolatokkal, közösüléssel, pénzzel, testtel és a másik nemmel kapcsolatban, amit választasz? Mindent, ami ez, isten tudja hányszorosan, hajlandó lennél elpusztítani és nemteremtetté tenni? Helyes és Helytelen, Jó és Rossz, Pod és Poc, Mind a 9, Rövidek, Fiúk, és Túlontúl.

Nemrég írt nekem egy hölgy arról, hogy méregtelenítő táplálék-kiegészítőt szed a teste miatt. Megkérdezte erről a testét? Nem, eldöntötte, hogy neki méregtelenítenie kell. Következtetett. Ez nem teremt lehetőséget.

Ez mindenre vonatkozik az életedben. Ha bőséget kívánsz teremteni és olyan emberekkel vagy körülvéve, akik sokat nélkülöznek, tedd fel ezt a kérdést: Ha azt választom, hogy ezekkel az emberekkel vagyok, milyen lesz az életem 5 év múlva? Ejtheted ezeket a barátaidat, mert ők nem arra tartanak, amerre te. Ha rá akarod venni őket, hogy arra tartsanak, mint te, az olyan, mintha le akarnál horgonyozni az óceánban. Megpróbálsz továbbra is előre menni, de ebből a helyzetből nem mozdulhatsz.

*Szalon Résztvevő:*

Amikor látod, hogy valaki olyasmit csinál, amit te is szeretnél, és azt mondod, hogy „Ebből én is kérek" vagy „Ennek az energiáját kérem", ez is középszerűség?

*Gary:*

Abból indulsz ki, hogy ők mire képesek. De a helyzet ez: Középszerű életet kívánsz teremteni?

*Szalon Résztvevő:*
Nem.

*Gary:*

Akkor kezdj el innen ránézni:
- Hogyan tudom ezt használni?
- Milyen előnyöm lehet ebből?
- Mi az, amit valóban szeretnék teremteni?

Legtöbbször, amikor egy matematikai számításról van szó, akkor a mindenki más által eldöntött megfelelő normától két sztenderd eltérésen túl nem tudsz teremteni.

*Szalon Résztvevő:*

Ez az, amit megfelelő normának tituláltunk?

*Gary:*

Nem, ez az, amiről bevetted, hogy a megfelelő norma. Ez az, amit ez első naptól kezdve tanítottak neked. Mint pl. amikor G. azt mondta, azt várták el tőle, hogy megtanulja, hogyan legyen jó feleség és hogyan gondoskodjon egy férfiról. Ránézek G-re és azt mondom, hogy „Esélytelen, hogy ez működjön!"

## LEGYÉL HAJLANDÓ MEGLÁTNI AZT, AMIT VALAKI TENNI FOG

Két lányom van. Az egyik rendben lenne azzal, hogy anya legyen mindaddig, amíg a pasi elég gazdag. A másik boldogan otthon maradna gyerekeket nevelni. Ez az ő alapvető természete. Hajlandónak kell lenned meglátni azt, hogy mit fog valaki csinálni. Vannak olyan párok, akiknek gyerekük van, de az egyikük nem nagyon vágyik arra, hogy felnevelje őket. Ez csak azt mutatja, hogy a másik szülő nem a világ legjobb partnerét választotta gyerekneveléshez. Ez az, amikor belemegyünk a sztenderd eltérésbe.

A pasi elképzelhető, hogy hajlandó eléggé eltérő lenni ahhoz, hogy kapcsolata és kisbabája legyen, de nem hajlandó eléggé deviáns lenni ahhoz, hogy azt teremtse, amit igazán akar és megtartsa, amit akar. Visszamegy ahhoz a sztenderd nézőponthoz, hogy egy napon majd talál valakit, akivel összeillik. Amint felismeri azt, hogy az a nő, akivel összeillik, az nem az, akire igazán vágyik, keres egy másikat, és ez soha nem működik. Miért? Azért, mert sztenderd eltérést csinál.

*Szalon Résztvevő:*
Arról az éberségről van szó, hogy amint igaznak és valósnak veszel be valamit, valaki más valóságába lépsz bele?

*Gary:*
A legtöbben nem fogják fel, hogy valaki más valóságába lépnek bele, és nem kérdezik meg a következőket:
+ Valaki más valóságába lépek bele?
+ Ez az én nézőpontom, vagy ez olyasmi, amit nem va-

gyok hajlandó tudni, az lenni, vagy befogadni?
Rá kell nézned erre és megkérdezni: Hogyan fog ez működni nekem?

*Szalon Résztvevő:*
Ahelyett, hogy azt kérdezed, hogy „Hogyan dolgozhatnék ezért?"

## HUMANOIDKÉNT DEVIÁNS VAGY

*Gary:*
Igen. Tedd fel a kérdést: Hogyan kerüljek ennek a valóságnak a korlátain túl?

Milyen hülyeséget használsz, hogy megteremtsd a találmányát, mesterséges intenzitását és a démonjait a matematikai számítás medián alapjának a középszerűség intézményesítésének, mint az emberi valóság maximalizálásának teremtésének formuláját, a szexszel, kapcsolatokkal, közösüléssel, pénzzel, testtel és a másik nemmel kapcsolatban, amit választasz? Mindent, ami ez, isten tudja hányszorosan, hajlandó lennél elpusztítani és nemteremtetté tenni? Helyes és Helytelen, Jó és Rossz, Pod és Poc, Mind a 9, Rövidek, Fiúk, és Túlontúl.

Ránézett már valamelyikőtök is arra a tényre, hogy valójában mindannyian eléggé deviánsok voltatok az életetek nagy részében?

*Szalon Résztvevő:*
Pontosan! Ezt gondoltam én is. Emlékszem egyszer egy éjjel a kollégiumban az igazgatónő kiállított mindenki elé és

azt mondta, hogy én vagyok a fekete mag a paradicsomban, ami tönkretette a salátát. Azt mondta, hogy deviáns vagyok és szobafogságra ítéltek a félév fennmaradó részére. Valójában élveztem. Saját szobám volt. Igen, totálisan, ugye, hogy mindig is deviánsak voltunk?

*Gary:*
Igen. Humanoidként deviánsak vagytok. Megpróbáltok olyanok lenni, mint mások, mint a korlátozott emberek, és ez nem működik, elsődlegesen ezért találtatok rá az Access Consciousnessre.

Milyen hülyeséget használsz, hogy megteremtsd a találmányát, mesterséges intenzitását és a démonjait a matematikai számítás medián alapjának a középszerűség intézményesítésének, mint az emberi valóság maximalizálásának teremtésének formuláját, a szexszel, kapcsolatokkal, közösüléssel, pénzzel, testtel és a másik nemmel kapcsolatban, amit választasz? Mindent, ami ez, isten tudja hányszorosan, hajlandó lennél elpusztítani és nemteremtetté tenni? Helyes és Helytelen, Jó és Rossz, Pod és Poc, Mind a 9, Rövidek, Fiúk, és Túlontúl.

## TELJES KÖNNYEDSÉG ÉS TÚL SOK PÉNZ

*Szalon Résztvevő:*
Volt egy éberségem a deviánsról a szexszel, testtel és közösüléssel. Arról volt éberségem, hogy milyen lehetne ez számomra.

*Gary:*

Elmondhatom, hogy milyen lehet ez neked: Totális könnyedség és túl sok pénz. Ha nem engeded meg magadnak a teljes könnyedséget és a túl sok pénzt, akkor visszamehetsz oda, ahol nem vagy deviáns kategóriában.

Azt vettem észre veled kapcsolatban, hogy összejössz egy férfival, és jól elvagytok és boldog vagy, majd hirtelen megpróbálod beletuszkolni ezt egy olyan formába, ami nem arról szól, hogy mit tudsz vele teremteni, hanem arról hogy „Hogyan használhatom ezt a pasit az előnyömre?" és „Mit tehetek, hogy megkapjak mindent, amit akarok?" Feladod azt, amit igazán akarsz annak a javára, hogy részese lehess az itteni sztenderd valóságnak.

*Szalon Résztvevő:*

Igen. Mondtad már nekem korábban, hogy jobban működnék, ha minden dologhoz, amit csinálni akarok egy másik pasim lenne.

*Gary:*

Igen, szükséged van egy férfira, aki szép ékszereket vesz neked, talál neked dolgokat és elvisz vacsorázni.

*Szalon Résztvevő:*

Hogyan teremthetek ebből többet?

*Gary:*

Ahelyett, hogy azt mondanád, hogy „Klassz, ezt teremtem meg valóságomként" belementél abba, hogy „Hogyan tudom ezt megcsinálni?", mintha nem tudnál máshova menni, mint az emberi valóság maximalizálásába, ami az, hogy szeretővé kell válnod.

Mi lenne, ha azzal tudnád teremteni azt, ahogyan a világban vagy, ahogyan a világban vagy?

Éveken át azt mondták nekem az emberek, hogy „Annyira furcsa vagy, Douglas," majd megkérdezték, hogy „Miért nem csinálod ezt?"

Azt mondtam, hogy „Azért, mert nem akarom."

Azt mondták, hogy „Igen, de mindenki más így csinálja."

Azt mondtam, hogy „Igen, de én nem akarom így élni az életemet."

Azt mondták, hogy „Ez annyira veszettül furcsa."

Azt mondtam, hogy „Igen, tudom, hogy olyan életem lesz, amilyet akarok."

Sok köze volt ennek ahhoz, hogy az apám meghalt 17 éves koromban. Az élete utolsó néhány évében történt először, hogy magáért csinált dolgokat. Felismertem, hogy halálra dolgozta magát azért, hogy nagyobb könnyedséget teremtsen a családjának. Minden a családjáról szólt. Heti öt napot dolgozott, és a hétvégéken is, hogy pénzt keressen és a családjának jobb élete legyen. Jobb lett az életünk attól, hogy ő meghalt? Nem.

Ha követte volna a tudását, olyan sok lehetősége lehetett volna. Két olyan alkalom is volt, amikor multimilliomos lehetett volna, és az anyám megállította. Az anyám medián alapot akart, a házasság intézményét, és a helyes közösülés intézményét. Ezeket a dolgokat intézményesítjük. Folyamatosan arra nézel rá, hogy hogyan lehetsz realistább. Nem. Fel kell tenned a kérdést:

+ Hogyan teremti ez az életemet?
+ Valóban innen akarok teremteni?

Tegnap elmentünk egy csapattal egy étterembe. Mi voltunk ott egyedül. Csak mi és a pincérünk, aki egy nagyon édes pasi volt. Simone feltett neki egy csomó kérdést. Elmondta, hogy a nagypapája nevelte fel és 10-15 éve nem is látta az anyukáját. Jött az anyukája meglátogatni őt. Azt mondtam neki, hogy „Itt van $200, hogy ezzel jól érezzétek magatokat anyukáddal." Eldobta az agyát ettől. Semmi más oka nem volt annak, hogy ezt tettem, mint hogy ez működött nekem.

Milyen hülyeséget használsz, hogy megteremtsd a találmányát, mesterséges intenzitását és a démonjait a matematikai számítás medián alapjának a középszerűség intézményesítésének, mint az emberi valóság maximalizálásának teremtésének formuláját, a szexszel, kapcsolatokkal, közösüléssel, pénzzel, testtel és a másik nemmel kapcsolatban, amit választasz? Mindent, ami ez, isten tudja hányszorosan, hajlandó lennél elpusztítani és nemteremtetté tenni? Helyes és Helytelen, Jó és Rossz, Pod és Poc, Mind a 9, Rövidek, Fiúk, és Túlontúl.

*Szalon Résztvevő:*
Körbenézek, hogy meglássam azt, hogy mi a sztenderd eltérés, ahelyett, hogy azt látnám, hogy mire van szükségünk sztenderd eltérésként.

*Gary:*
Először is, nincs szükséged sztenderd eltérésre, hanem rohadtul eltérőnek kell lenned. El kell térned az arany középúttól. A arany középút nem az a hely, ahonnan érdemes intézményesíteni.

*Szalon Résztvevő:*
A fejemben egy haranggörbe képe volt és a körvonalai a haranggörbének. Itt vannak a humanoidok.

*Gary:*
Mi lenne, ha te lennél a saját személyes haranggörbéd? Hova érkeznél a görbén bármely pillanatban?

*Szalon Résztvevő:*
Gondolom bárhova, ahova választom.

*Gary:*
Pontosan. Mehetnél jobbra, balra, a tetejére vagy az aljára. A bárhol választását kapnád meg a lehetőségek görbéjén. A sztenderd eltérés az, hogy megtalálod a medián vonalat, ahol létezik a haranggörbe teteje, mintha erre lenne szükség.

Milyen hülyeséget használsz, hogy megteremtsd a találmányát, mesterséges intenzitását és a démonjait a matematikai számítás medián alapjának a középszerűség intézményesítésének, mint az emberi valóság maximalizálásának teremtésének formuláját, a szexszel, kapcsolatokkal, közösüléssel, pénzzel, testtel és a másik nemmel kapcsolatban, amit választasz? Mindent, ami ez, isten tudja hányszorosan, hajlandó lennél elpusztítani és nemteremtetté tenni? Helyes és Helytelen, Jó és Rossz, Pod és Poc, Mind a 9, Rövidek, Fiúk, és Túlontúl.

Hogy vagytok? Van, aki még életben van közületek?

*Szalon Résztvevő:*
Akkora öröm van ebben. Nagyon köszönöm.

*Gary:*
A tudatosság, kedvesség, nagylelkűség és a szex-, kapcsolatok-, közösülés-, pénz-, test-, és a másik nem lehetőségének szabadgyökként való létezésének milyen fizikai aktualizálását vagy most képes generálni, teremteni és intézményesíteni? Mindent, ami ez, isten tudja hányszorosan, hajlandó lennél elpusztítani és nemteremtetté tenni? Helyes és Helytelen, Jó és Rossz, Pod és Poc, Mind a 9, Rövidek, Fiúk, és Túlontúl.

## SZABADGYÖKÖK

*Szalon Résztvevő:*
Elmagyaráznád, mik a szabadgyökök?

*Gary:*
A kvantumfizikában a szabadgyökök azok a laza részecskék, amik azt csinálják, amit akarnak. Elmennek bizonyos helyekre, más részecskékkel kerülnek kapcsolatba, és megváltoztatják az eredményt. A szabadgyökök mindig megváltoztatják a valóságot és azt, ami lehetséges.

Amikor a tudatosság, kedvesség, nagylelkűség, és a pénzzel, szexszel és közösüléssel, testekkel, kapcsolatokkal, és a másik testtel való lehetőségek szabadgyökévé válsz, nem rögzülsz bele abba, hogy megpróbálod kitalálni, hogy hogyan működtess valamit. Tedd fel ezeket a kérdéseket:
+ „Oké, mi egyéb lehetséges?
+ Mit teremthetünk és generálhatunk?
+ Mi lenne itt szórakoztató?"

Milyen hülyeséget használsz, hogy megteremtsd annak

az elkerülését, hogy annyira radikálisan más legyél, mint amilyen lehetnél, amit választasz? Mindent, ami ez, isten tudja hányszorosan, hajlandó lennél elpusztítani és nemteremtetté tenni? Helyes és Helytelen, Jó és Rossz, Pod és Poc, Mind a 9, Rövidek, Fiúk, és Túlontúl.

Az emberi valóság maximalizálásának célja az, hogy az embereket kontrollálni lehessen. Egyikőtök sem jó abban, hogy kontrollálják. És visszautasítjátok azt, hogy másokat kontrolláljátok. Egy radikálisan deviáns nézőpont az lenne, hogy ismerd fel azt, hogy hogyan és mikor kontrollálj, és mit kell tenned.

Belemegyünk abba az ítélkezésbe, hogy „Oké, kontrollálni fogom ezt a pasit és megcsináltatom vele ezt, ezt, és ezt." Ez egy következtetés és nem kérdés. És nem lehetőségekből teremt és generál. Következtetésből generál és intézményesít. A legtöbb dolog, amit intézményesítünk az életünkben, az konklúzión alapszik – és nem választáson, kérdésen, lehetőségen és hozzájáruláson.

Mindent, ami ez, isten tudja hányszorosan, hajlandó lennél elpusztítani és nemteremtetté tenni? Helyes és Helytelen, Jó és Rossz, Pod és Poc, Mind a 9, Rövidek, Fiúk, és Túlontúl.

## JELENET VÉGE, BALRA EL

*Szalon Résztvevő:*
Jelenleg az édesapám haldoklik. Rákja van, ami mindenhova elterjedt. Kérdeztem, hogy: Mi egyéb lehetséges itt? Felismerem, hogy rengeteg energetikai következtetésbe

mentem ezzel kapcsolatban. Mik azok a kérdések, amiket még fontolóra sem vettem eddig?

*Gary:*

Milyen hülyeséget használok, hogy megteremtsem édesapám testében tartását, amit választok? Mindent, ami ez, isten tudja hányszorosan, hajlandó lennél elpusztítani és nemteremtetté tenni? Helyes és Helytelen, Jó és Rossz, Pod és Poc, Mind a 9, Rövidek, Fiúk, és Túlontúl.

*Gary:*

Csináltál már neki Jelent Vége, Balra El kezelést? Kérdezd meg tőle (a fejedben): Apa, mi az, amit még nem teljesítettél, amiről ha tudnád, hogy már teljesítetted, lehetővé tenné neked, hogy könnyedén eltávozz?

Megkérdeztem ezt az anyámtól és a válasz az volt, hogy „Nem vittem vágig az életet a galaxison át."

Azt mondtam, hogy „Nos, Anya, jelenleg ezt nem tudod megcsinálni ezen a bolygón, mert nincs meg erre a technológia, vagy bármilyen más mód rá, de ha test nélkül dolgozol rajta, akkor elképzelhető, hogy meg tudod csinálni. Másnap meghalt. Tudta, hogy azzal a testtel, ami van neki, ez nem sikerülhet.

Hajlamosak vagyunk maximalizálni az emberi valóságot. Az emberi valóságban nem akarod, hogy bárki is meghaljon. Az emberi valóságban a születés csodálatos, és a halál szörnyű. A természetben így van?

*Szalon Résztvevő:*

Nem.

*Gary:*
A halál része annak, ami van. Az emberi valóságban azt mondjuk, hogy „Oh, annyira szeretem őt. Az életemnek vége szakad, amikor ő meghal." Nem, nem így van!

Ismerek egy családot, aki elvesztette egy gyerekét, és az anya örökké gyászolt, még akkor is, amikor már öt másik gyerekük volt. Nem tudom, hogy tudsz gyászolni, amikor öt gyerekről kell gondoskodnod. Én személy szerint biztosan túl elfoglalt lennék.

Miért nem teszed fel a kérdést: „Milyen energia, térűr és tudatosság lehetek, ami megengedi, hogy mindez könnyedén gyümölcsözzön?"

*Szalon Résztvevő:*
Köszönöm. Ez szép és könnyű és egyszerű.

*Gary:*
Igen, tudom, hogy utálod az egyszerű dolgokat. Azt akarod, hogy komplikált legyen, hogy benne maradhass az emberi valóság maximalizálásában. Ha komplikálttá teszed, akkor az biztos helyes.

Mindent, ami ez, isten tudja hányszorosan, hajlandó lennél elpusztítani és nemteremtetté tenni? Helyes és Helytelen, Jó és Rossz, Pod és Poc, Mind a 9, Rövidek, Fiúk, és Túlontúl.

## AZ ALAPVETŐ ELTÉRÉS

*Szalon Résztvevő:*
A múlt héten az jött fel erre, hogy elkülönülés és korlá-

tok, és most, ahogy beszélsz, az jön, hogy nem vagyok teljesen deviáns, mert az elkülönülést jelentene.

*Gary:*
Mi a rossz az elkülönülésben?

*Szalon Résztvevő:*
Az az elképzelésem, hogy nem akarok semmitől elkülönülni.

*Gary:*
Kivéve, hogy elkülönülést teremtesz azzal, hogy nem vagy teljesen deviáns. Az emberi valóságtól való alapvető eltérés az egység.

*Szalon Résztvevő:*
Igen, az elkülönülést okként használom arra, hogy ne legyek deviáns.

*Gary:*
Erre buzdítottak. Arra neveltek, hogy azt hidd, hogy a normától való eltérés a legrosszabb dolog, amit tehetsz. Minden a beilleszkedésről szól, arról, hogy valaminek a része vagy, valamivé válsz, megvan a közösséged, megvannak az őrült barátaid, mások, akik olyanok, mint te, a te embereid. Mi van, ha nincsenek embereid? Az élet közel sem lenne ilyen édes az embereid nélkül.

Milyen hülyeséget használsz, hogy megteremtsd az emberi valóságtól való eltérés teljes elkerülését, amit választasz? Mindent, ami ez, isten tudja hányszorosan, hajlandó lennél elpusztítani és nemteremtetté tenni? Helyes és Helytelen, Jó és Rossz, Pod és Poc, Mind a 9, Rövidek, Fiúk, és Túlontúl.

*Szalon Résztvevő:*
Megint az jött fel nekem, hogy ez azt jelentené, hogy el kell különülnöm.

*Gary:*
Mitől kellene elkülönülnöd?

*Szalon Résztvevő:*
Tőlük?

*Gary:*
Kik ezek a „tőlük"?

*Szalon Résztvevő:*
Az jön, hogy ez, ők, valóság, stb.

*Gary:*
El kell különülnöd a korlátozott valóságtól – de a jó hír az, hogy ezt úgysem választanád, szóval nem kell aggódnod.

*Szalon Résztvevő:*
Haha! Hagyd abba, hazudós!

*Gary:*
Mindent, ami ez, isten tudja hányszorosan, hajlandó lennél elpusztítani és nemteremtetté tenni? Helyes és Helytelen, Jó és Rossz, Pod és Poc, Mind a 9, Rövidek, Fiúk, és Túlontúl.

*Szalon Résztvevő:*
Olyan, mintha azt kértem volna, hogy ne különítsem el magam semmitől és senkitől, és deviánsként harcolok, mindenért egyszerre.

*Gary:*
Ezt hívják úgy, hogy a mediánhoz való visszatérés. Harcolnod kell az opciókért és a lehetőségekért, amik az életben léteznek. Harcolnod kell a választás ellen, a kérdés ellen, és az ellen, ami hozzájárulás neked.

*Szalon Résztvevő:*
Igen, hogy elfoglaljam magam, hogy valójában ne teremtsem azokat a lehetőségeket, amikről tudom, hogy lehetségesek.

*Gary:*
Nem, ez az, ahogy fenntartod és intézményesíted a cselekvés, akció konstans állapotát, csupán reakcióval.

Milyen hülyeséget használsz, hogy megteremtsd az emberi valóság maximalizálásától való teljes eltérés abszolút és teljes irtózását, visszautasítását és taszítását, amit választasz? Mindent, ami ez, isten tudja hányszorosan, hajlandó lennél elpusztítani és nemteremtetté tenni? Helyes és Helytelen, Jó és Rossz, Pod és Poc, Mind a 9, Rövidek, Fiúk, és Túlontúl.

*Szalon Résztvevő:*
Amikor K. az elkülönítésről beszélt, nekem az jött, hogy elkülönülünk a jövőtől.

*Gary:*

Igen. Most épp egy váláson mentek keresztül, és mindketten belementek a normába, hogy meghatározzátok hogyan érdemes elosztani az életeteket. Deviáns kapcsolatod lesz, amiben te és a férjed más házban éltek, és még mindig meglesznek a gyerekeitek. Meg kell teremtened azt a kapcsolatot, amit akarsz és nem bevenned a mindenki más nézőpontját.

*Szalon Résztvevő:*

Annyira lelkesedek azért, hogy jövő lehetek. Az életem legnagyobb részében azt mondták nekem, hogy időben előre haladtam. Ez az, ahol a jövő lehetőségeinek hírnöke voltam?

*Gary:*

Nem, ez az, ahol láttad a jövő lehetőségeit.

*Szalon Résztvevő:*

Ez az, ahol ezt helytelennek vettem be? Hagyjam abba, hogy a norma szerint teremtem magam?

*Gary:*

Ki az, aki nem hibáztat azért, mert éber vagy? Ezért csináltam a norma tisztítást.

A teljes jövőként létezés, ami igazán vagyok, milyen fizikai aktualizálását vagyok most képes generálni, teremteni és intézményesíteni? Mindent, ami nem engedi, hogy ez megjelenjen, isten tudja hányszorosan, hajlandó lennél elpusztítani és nemteremtetté tenni? Helyes és Helytelen, Jó és Rossz, Pod és Poc, Mind a 9, Rövidek, Fiúk, és Túlontúl

Az éberségben ott a könnyedség, az ítélkezés pedig mindig szarságnak érződik.

Oké hölgyeim, köszönöm, hogy itt voltatok. Nemsokára újra beszélünk!

# 13
# Ismerd fel mekkora ajándék vagy a világnak

Mindenki azt akarja feltételezni, hogy ha tudatos vagy, akkor megkaphatsz bármit, amit szeretnél. Nem, a tudatos azt jelenti, hogy több lehetőséged van, mint másoknak; ez nem azt jelenti, hogy megkapod, amit akarsz.

*Gary:*
Helló hölgyeim. Kinek van kérdése?

## A HEDONISTA, CSÁBÍTÓ ÉS ÉLVHAJHÁSZ, AMI IGAZÁN VAGY

*Szalon Résztvevő:*
Van egy bugyuta kérdésem a kapcsolatokról. Néha, amikor sikeres emberekkel vagyok, kicsinek, nem elégnek és ítélkezőnek érzem magam. Alacsonyabb rendűnek érzem magam. Adnál erre egy tisztítást, hogy szabadon lehessek önmagam?

*Gary:*
Soha nincs bugyuta kérdés a kapcsolatokról. Hasonló kérdést már más is feltett a hívásokon. Azt mondta, hogy „Látom, hogy a jövő harcosa és teremtője vagyok, és aztán bekúszik ez a dolog a férfiakkal való kapcsolatokkal."
Először is, abba kell hagynod úgy gondolni a férfiakra, mint akik elkülönülnek tőled. Másodszor, látnod kell azt az ajándékot, ami vagy. Amikor nem érzed magad elégnek, akkor ez hány alkalommal a tied? És hányszor a férfié? A férfiaknak is van olyan nézőpontjuk, hogy nem elegek. Nem csak a nőknek vannak ilyen dolgaik.

*Szalon Résztvevő:*
Elveszek a kapcsolat szex fázisában. Megpróbálom megtartani a pasit, vagy olyanná válni, aki szerintem kell neki. Abban a pillanatban, amikor ezt csinálom, nem látom, hogy hol vagyok egy potens és csodálatos lény. Hogyan csináljuk a szexet és a kapcsolatokat anélkül, hogy elvesznénk bennük?

*Gary:*
Ez a tisztítás segíteni fog mindannyiótoknak. Csinálj belőle végtelenített hangfelvételt és hallgasd nonstop:
Milyen hülyeséget használsz, hogy megteremtsd a találmányát, mesterséges intenzitását és a démonjait annak, hogy soha ne legyél az a hedonista, csábító és élvhajhász, aki igazán vagy, amit választasz? Mindent, ami ez, isten tudja hányszorosan, hajlandó lennél elpusztítani és nemteremtetté tenni? Helyes, Helytelen, Jó, Rossz, POD POC, Mind a 9, Rövidek, Fiúk és Túlontúl.

A tisztításra jött intenzitás mértékéből kiindulva, elmondhatom hölgyeim, hogy igencsak lezártátok magatokat. Hogy fogja ez megteremteni azt, amit valóban szeretnétek?

*Szalon Résztvevő:*
Mit értesz azalatt, hogy lezártuk magunkat?

*Gary:*
Nem veszed észre, hogy egy ravasz ribanc vagy.

*Szalon Résztvevő:*
Milyen egy ravasz ribanc?

*Gary:*
Egy olyan nő, aki kacér a megfelelő pillanatban, csábító a megfelelő pillanatban, és megvető a megfelelő pillanatban. Soha nem abból a nézőpontból működik, hogy minek kellene lennie, hanem mindig hajlandó meglátni, hogy mi egyéb lehetséges.

Az élvhajhász olyasvalaki, aki élvezi azt, ami a legjobb az életben. A hedonista szereti az élet gyönyöreit. Hányótoknak volt már része gyönyörteli szexben? Sokat szexeltek, de ennek igen kevés része alapszik a gyönyörön; inkább a valamit be kell bizonyítani szükségén alapszik. Ez a férfi oldalra is igaz.

A csábító olyasvalaki, aki behálózza a férfit és felkelti az érdeklődését. Nem kell semmit tennie, de tehet, ha azt választja. Ez egy teljesen más valóság.

Milyen hülyeséget használsz, hogy megteremtsd a találmányát, mesterséges intenzitását, és a démonjait annak, hogy soha ne legyél az a hedonista, csábító, élvhajhász és ravasz ribanc, ami igazán vagy, amit választasz? Mindent, ami ez, isten tudja hányszorosan, hajlandó vagy elpusztítani és nemteremtetté tenni? Helyes, Helytelen, Jó, Rossz, POD POC, Mind a 9, Rövidek, Fiúk és Túlontúl.

A harcos elnevezésből fakadó probléma egy része abból adódik, hogy néhány nő emiatt azt gondolja, hogy jobb, mint a férfiak. Nem vagytok jobbak, mint a férfiak – nagyszerűbbek vagytok. A nagyszerűbb azt jelenti, hogy tovább mehetsz, és többet tehetsz; a jobb azt jelenti, hogy mindig összehasonlításban és ítélkezésben vagy magaddal és velük. Ez nekem nem tűnik túl jó ötletnek – de ez csak az én nézőpontom.

Milyen hülyeséget használsz, hogy megteremtsd a találmányát, mesterséges intenzitását, és a démonjait annak, hogy soha ne legyél az a hedonista, csábító, élvhajhász és ravasz ribanc, ami igazán vagy, amit választasz? Mindent, ami ez, isten tudja hányszorosan, hajlandó vagy elpusztítani és nemteremtetté tenni? Helyes, Helytelen, Jó, Rossz, POD POC, Mind a 9, Rövidek, Fiúk és Túlontúl.

Ezek azok a dolgok, amikért becsmérelték a nőket a történelem során. A nőknek nem volt szabad a gyönyört keresni, a fájdalom keresését várták el tőlük, hogy ezzel megfékezzék alapvető természetüket, miszerint élvhajhászok és csábítóak. Ahhoz, hogy ezt meg tudd fékezni, olyanokat csinálsz, mint pl. hogy becsméreld magad, kicsivé teszed magad, és megpróbálod azt meglátni, hogy hogyan ne legyél soha mindaz, ami lehetsz. A történelem során ez volt a probléma a nőkkel.

Milyen hülyeséget használsz, hogy megteremtsd a találmányát, mesterséges intenzitását, és a démonjait annak, hogy soha ne legyél az a hedonista, csábító, élvhajhász és ravasz ribanc, ami igazán vagy, amit választasz? Mindent, ami ez, isten tudja hányszorosan, hajlandó vagy elpusztítani és nemteremtetté tenni? Helyes, Helytelen, Jó, Rossz, POD POC, Mind a 9, Rövidek, Fiúk és Túlontúl.

*Szalon Résztvevő:*
Elvágjuk a befogadásunkat, amikor elvágjuk azt, hogy ravasz ribancok, hedonisták, élvhajhászok, és csábítóak legyünk?

*Gary:*
Igen, bárhol is elvágod azt, hogy mindez legyél, elvágod a befogadásod felét. Nézz rá ebből a nézőpontból: Tegyük fel, hogy el akarsz adni valamit. Ha nem vagy a ravasz ribanc, a hedonista, az élvhajhász és a csábító, akkor senkit nem fogsz rávenni, legyen az férfi vagy nő, arra, hogy megvegye a terméked. A nők kedvesen vagy kíméletlenül ítélkeznek a többi nő felett?

*Szalon Résztvevő:*
Kíméletlenül!

*Gary:*
Igen, a nők hihetetlenül kíméletlenek más nők megítélésében, ha azok a nők nem illenek bele abba, amiről eldöntötték, hogy milyen egy nő, vagy milyennek kell lennie, vagy mit kell tennie. Meghatározzák azt, hogy mi nem illik bele a valóságukba – és ez az, amit egy nőnek sem kellene tennie, vagy aminek nem kellene lennie.

*Szalon Résztvevő:*
　Emlékszem gyerekként meztelenül rohangáltam a házban. Imádtam. De amint elkezdtem fejlődni, a szüleim azt mondták, hogy fel kell vennem a ruháimat. Annyira rosszá tették a meztelenkedést.

*Gary:*
　Ezt valahogy így szokták csinálni ebben a valóságban. Rossz dolog csábítónak, ravasz ribancnak, hedonistának vagy élvhajhásznak lenni. Azt várják el, hogy egy rendes édes kicsi lány legyél, aki otthon marad és vigyáz a macskákra, amit a legtöbben akkor sem tudnátok megtenni, ha az életetek függne tőle. Lehet macskád, de nem tudsz vigyázni rá – mert a macska túl sok parancsot ad.

　Milyen hülyeséget használsz, hogy megteremtsd a találmányát, mesterséges intenzitását, és a démonjait annak, hogy soha ne legyél az a hedonista, csábító, élvhajhász és ravasz ribanc, ami igazán vagy, amit választasz? Mindent, ami ez, isten tudja hányszorosan, hajlandó vagy elpusztítani és nemteremtetté tenni? Helyes, Helytelen, Jó, Rossz, POD POC, Mind a 9, Rövidek, Fiúk és Túlontúl.

## A FELIZGULÁS, AMIT VÁLASZTHATNÁL

　Bizonyára nagyon sokat feladtok magatokból. A minap az Úriember Klub (Gentlemen's Club) híváson az egyik dolog, amit futtattam, ez volt: „Milyen találmányt használsz, hogy elkerüld a merevedést, amit választhatnál?" A nők nem merevednek. Mit csinálnak? Felizgulnak.

　Milyen találmányt használsz, hogy elkerüld a felizgulást,

amit választhatnál? Mindent, ami ez, isten tudja hányszorosan, hajlandó lennél elpusztítani és nemteremtetté tenni? Helyes, Helytelen, Jó, Rossz, POD POC, Mind a 9, Rövidek, Fiúk és Túlontúl.

Tehát, ha egy pasi felizgat, akkor azonnal egy romhalmazzá válsz. Ezt észre vetted?

*Szalon Résztvevő:*
Ez mit jelent?

*Gary:*
Mi lenne, ha az élettől és megéléstől felizgulnál? Mi van, ha minden, amit szerettél volna az az a képesség, hogy ilyen mértékben beindulj? Ha felizgatnál mindenkit, akkor többen lennének hajlandóak befogadni? Többen lennének hajlandóak megajándékozni? Többen becsmérelnének?

*Szalon Résztvevő:*
Valószínűleg ez mind igaz.

*Gary:*
Nem. Mindenkit inspirálna a jelenléted.

Milyen találmányt használsz, hogy elkerüld a felizgulást, amit választhatnál? Mindent, ami ez, isten tudja hányszorosan, hajlandó vagy elpusztítani és nemteremtetté tenni? Helyes, Helytelen, Jó, Rossz, POD POC, Mind a 9, Rövidek, Fiúk és Túlontúl.

*Szalon Résztvevő:*
A felizgulás ítélete és becsmérlése jött most fel erre. Ez az a hazugság, amit arra használok, hogy megállítsam magam?

*Gary:*

Ez az a hazugság, amit arra használsz, hogy megállítsd magad. Ahelyett, hogy felismernéd, hogy „Én valami mást szeretnék", belemész abba, hogy „El kell fogadniuk a nőknek." Nagyon ritkán fogadnak el a nők. Miért is ne fogadna el egy nő egy nőt? Azért, mert ebben a valóságban a versengés arról szól, hogy megbizonyosodj arról, hogy nagyszerűbb vagy, mint más nők. Nem nagyszerűbb, mint a férfiak.

Ez az egész Nők Felszabadítása egy hatalmas zavart eredményezett. A múltban a nők hajlandóak voltak meglátni, hogy nagyobbnak kellett lenniük a másiknál; most viszont hajlandóak nagyszerűbbek lenni a férfiaknál. Szóval, mennyi ítélkezésbe kell belemenniük magukról, hogy nagyszerűbbek legyenek, mint a férfiak?

*Szalon Résztvevő:*
Sokba.

*Gary:*

Nem akarod megítélni magad. Azt akarod választani, ami működik neked. Feladtad, hogy hedonista, élvhajhász és csábító vagy, mindent, ami kontrollt jelentett a férfiak felett, és a nők felett, annak a javára, hogy jobb legyél, mint egy férfi és soha ne tedd magad jobbá egy nőnél.

*Szalon Résztvevő:*

Az elmúlt két hétben híztam. Nem érzem magam szexinek, és elutasítom a szexet.

*Gary:*

Ezért futtatom ezt a tisztítást. Annyi hely van, ahol meg-

próbálod elvágni az energiát, ami vagy, ami mindent megadhatna neked, amit szeretnél. Megpróbálhatod ezt futtatni:
Milyen találmányt használok, hogy megteremtsem a testet, amit utálni választok? Mindent, ami ez, isten tudja hányszorosan, hajlandó vagy elpusztítani és nemteremtetté tenni? Helyes, Helytelen, Jó, Rossz, POD POC, Mind a 9, Rövidek, Fiúk és Túlontúl.

*Szalon Résztvevő:*
A szomorúság jutott eszembe.

*Gary:*
Igen, te feltalálod, hogy szomorú vagy emiatt.

*Szalon Résztvevő:*
És nem vagyok?

*Gary:*
A szomorúság valós vagy találmány?

*Szalon Résztvevő:*
Találmány.

*Gary:*
Egy találmány mihez? Hogy maximalizáld az emberi valóságot.
Mindent, ami ez, isten tudja hányszorosan, hajlandó vagy elpusztítani és nemteremtetté tenni? Helyes, Helytelen, Jó, Rossz, POD POC, Mind a 9, Rövidek, Fiúk és Túlontúl.
Folyamatosan futtasd ezt.

*Szalon Résztvevő:*
    Köszönöm.

**Gary:**
    Milyen hülyeséget használsz, hogy megteremtsd a találmányát, mesterséges intenzitását, és a démonjait annak, hogy soha ne legyél az a hedonista, csábító, élvhajhász és ravasz ribanc, ami igazán vagy, amit választasz? Mindent, ami ez, isten tudja hányszorosan, hajlandó vagy elpusztítani és nemteremtetté tenni? Helyes, Helytelen, Jó, Rossz, POD POC, Mind a 9, Rövidek, Fiúk és Túlontúl.
    Ez elég jól működik. Hogy érzitek magatokat?

*Szalon Résztvevő:*
    A szomorúság még mindig itt van.

**Gary:**
    A szomorúság csak találmány. Arra használod, hogy kevesebbé tedd magad.
    A gondolatok, érzések, érzelmek, szex és no szex milyen találmányát, mesterséges intenzitását és démonjait használod, hogy megteremtsd a vacak életet, amit választasz? Mindent, ami ez, isten tudja hányszorosan, hajlandó vagy elpusztítani és nemteremtetté tenni? Helyes, Helytelen, Jó, Rossz, POD POC, Mind a 9, Rövidek, Fiúk és Túlontúl.

## GONDOLATOK, ÉRZÉSEK, ÉRZELMEK, SZEX ÉS NO SZEX

Úgy tűnik, nem fogjátok fel, hogy a gondolatok, érzések, érzelmek és a szex vagy no szex az érzékelés, tudás, létezés és befogadás alacsonyabb harmóniájú szintjei. Mindig visszamész a szomorúság érzéséhez. Azt mondod, hogy „Azt érzem, hogy bla-bla", vagy „Amikor egy olyan férfival beszélek, akit kedvelek, akkor szarkupaccá változom". Ez mind a gondolataidról, érzéseidről és érzelmeidről szól. Egyik sem a létezésről.

*Szalon Résztvevő:*
Amikor azt mondtam, hogy „A szomorúság még mindig itt van", ez inkább a szomorúság energiája. Nem arról van szó, hogy szomorú vagyok.

*Gary:*
Megkérdezed valaha, hogy „Ez valójában az enyém?"

*Szalon Résztvevő:*
Igen, megkérdezem. Nem az enyém.

*Gary:*
Akkor miért veszed be folyamatosan úgy, mintha valós lenne? Nem kell valósként bevenned.

*Szalon Résztvevő:*
Úgy veszem be, mintha el kellene pusztítanom és nemteremtetté tennem.

*Gary:*
Nem kell valósként bevenned.

*Szalon Résztvevő:*
Mi az, amit meg akarok szerelni?

*Gary:*

Ha abból a nézőpontból működsz, hogy meg kell szerelned a szomorúságot vagy meg kell szabadulnod tőle, akkor már valóssá is tetted. Valósabbá tetted, mint bármilyen más választásodat.

*Szalon Résztvevő:*

Annak ellenére, hogy azt mondom magamnak, hogy nem veszem át, itt van, tehát úgy érzem, hogy meg kell szerelnem.

*Gary:*

Már átvetted, ha úgy érzed, hogy meg kell szerelned. Ha meg kell szerelned, ha úgy érzed, hogy meg kell változtatnod, ha valamit tenned kell vele, akkor már valósabbá tetted, mint a képességed arra, hogy érzékelj, tudj, létezz vagy befogadj.

Mindent, amit ez felhozott, isten tudja hányszorosan, hajlandó lennél elpusztítani és nemteremtetté tenni? Helyes, Helytelen, Jó, Rossz, POD POC, Mind a 9, Rövidek, Fiúk és Túlontúl.

*Szalon Résztvevő:*

Köszönöm Gary. Felfogtam. Még mindig valóssá teszem és enyémnek követelem.

*Gary:*

Nem magadénak követeled, hanem azt követeled meg, hogy valaki megkapja, ahelyett, hogy ez egy olyan választás lenne, amit az emberek meghoznak. És miért választanák ezt valami más helyett?

*Szalon Résztvevő:*
Köszönöm.

## AZZAL, AMIT VÁLASZTASZ, NAGYSZERŰBB LEHETŐSÉGEKET TEREMTESZ

*Gary:*
A Túl az Utópisztikus Ideálon (Beyond the Utopian Ideal) könyvemben arról beszélek, hogy választásból, kérdésből, lehetőségből és hozzájárulásból kell működnöd ahhoz, hogy bármit is teremts vagy generálj. Ha van választásod, akkor a választásoddal nagyszerűbb lehetőségeket teremtesz. Egy lehetőség mindig az éberség szintjeiről szól; soha nem a következtetésről.

Mindig, amikor felteszel egy kérdést, aktiválod a kvantum összefonódásokat a világban, hogy eljussanak hozzád a dolgok. A kvantum összefonódások az a húrelmélet, ami szerint minden dolog össze van kapcsolódva. Ha ránézel az univerzumra, akkor egyértelmű, hogy minden egyes dolog össze van kapcsolódva minden más dologgal. A kérdés, választás és lehetőség aktiválják a kvantum összefonódásokat, hogy több lehetőséget, több választást és több kérdést teremtsenek, ami aktualizál bármit, amire vágysz, amit követelsz, és amit kérsz. De ahelyett, hogy ezt választanád, hajlamos vagy arra, hogy valaki más nézőpontja szerint válassz.

Ebben a valóságban az történik, hogy ha kérdésed van, akkor következtetést keresel; ha választásod van, akkor a megfelelő választást és a megfelelő következtetést keresed;

és ha lehetőségeid vannak, akkor méregeted és felméred, amid van. Valójában nincs több választásod, több lehetőséged és több kérdésed.

Milyen találmányt használsz, hogy megteremtsd a kiborulást, amit választasz? Mindent, ami ez, isten tudja hányszorosan, hajlandó lennél elpusztítani és nemteremtetté tenni? Helyes, Helytelen, Jó, Rossz, POD POC, Mind a 9, Rövidek, Fiúk és Túlontúl.

## ÖNMAGAD VÉDELMEZÉSE VALAMIVEL SZEMBEN

*Szalon Résztvevő:*

Beszélnél arról, hogy 100%-ban megelégedésben legyek magammal? Amikor elkezdtem az Access Consciousnesst 10-ből 4 voltam egy skálán; most 6 vagyok a 10-ből és azt választom, hogy 10 legyek a 10-ből.

*Gary:*

Védelmezel egy nézőpontot. Bármikor, amikor erőtlennek látod magad vagy kevesebbé teszed magad, védelmezed magad valami ellen, ahelyett, hogy önmagad lennél.

Kit vagy mit védelmezel, és ki vagy mi ellen védekezel, akit vagy amit ha nem védelmeznél, és aki vagy ami ellen nem védekeznél, megadná neked mindazt, ami vagy? Mindent, ami ez, isten tudja hányszorosan, hajlandó lennél elpusztítani és nemteremtetté tenni? Helyes, Helytelen, Jó, Rossz, POD POC, Mind a 9, Rövidek, Fiúk és Túlontúl.

Úgy tűnik, hogy elég sok védelmezést csináltok.

Kit vagy mit védelmezel, és ki vagy mi ellen védekezel,

akit vagy amit ha nem védelmeznél, és aki vagy ami ellen nem védekeznél, megadná neked mindazt, ami vagy? Mindent, ami ez, isten tudja hányszorosan, hajlandó lennél elpusztítani és nemteremtetté tenni? Helyes, Helytelen, Jó, Rossz, POD POC, Mind a 9, Rövidek, Fiúk és Túlontúl.

*Szalon Résztvevő:*
Egyszer azt mondtad, hogy ha bármit is védelmezel, azt nem tudod megváltoztatni. Beszélnél arról, hogy hogyan kerülhetek ki ebből a körforgásból?

*Gary:*
Ismerd fel, hogy védelmezel. Miért is védelmeznék bármilyen nézőpontot?

A Houston Press riportere, aki az Access Consciousnessről próbált írni egy cikket, rágalmazni akart minket. Hagyott egy üzenetet C-nek, hogy elmondja neki, hogy róla fog szólni a cikk. Miért tette ezt? Azért, mert C egy ismert személy Houstonban, szóval ha őt rágalmazhatja, akkor valami jót tett az ő nézőpontjából.

Más rágalmazása miért értékes termék? Azért, mert ez bizonyítja, hogy védelmezed a nézőpontod helyességét. A sajtóban a legtöbb cikk egy nézőpont védelmezéséért íródik. Felvesznek egy nézőpontot és „igaznak" nevezik.

*Szalon Résztvevő:*
Mi a különbség a védelmezés és az ítélkezés között?

*Gary:*
Nincs sok különbség. Valamin addig ítélkezel, hogy megtörténjen, majd meg kell védened az ítéleted helyességét.

*Szalon Résztvevő:*
> Össze vannak fonódva.

*Gary:*
> Igen, az egyik nélkül nem kaphatod meg a másikat. Ha nincs ítéleted, akkor nincs mit megvédelmezned. Ha van egy ítéleted, akkor mindent meg kell védelmezned, ami az ítélkezés hatáskörében van.

*Szalon Résztvevő:*
> Mindig védelmezel, amikor nem a „nézőpont nélküliség"-ben vagy az „érdekes nézőpont"-ban vagy?

*Gary:*
> Általában igen. Ahhoz, hogy az „érdekes nézőpont"-ból vagy a „nézőpont nélküliség"-ből működj, az kell, hogy soha ne védelmezz semmit. Nekem soha semmit nem kell megvédenem.
>
> Amikor hallottam a pasiról a Houston Presstől, arra gondoltam, hogy megírom neki, hogy „Azt javaslom, hogy nyugodtan szórd el a rosszakaratod, ahol csak szeretnéd." Micsoda rosszindulat. Majd feltettem a kérdést, hogy „Megváltoztat ez bármit is? Mondhatok vagy tehetek bármit, amitől ez jobb lesz? Nem. Oké, engedd el."
>
> Vannak olyanok, akik fix nézőpontokat vettek fel és nincs semmi, amit ezzel tehetsz. Fel kell ismerned, hogy bizonyos dolgokat nem tudsz irányítani. Mindenki azt akarja feltételezni, hogy ha valaki tudatos, akkor bármit megkaphat. Nem, ha tudatos vagy, az azt jelenti, hogy több lehetőséged van, mint más embereknek; ami nem azt jelenti, hogy bármit megkaphatsz.

Én mindig hajlandó vagyok a kérdésbe menni és nem védelmezni. Amikor kilépsz a kérdésből, akkor meg kell védelmezned az összes felvett nézőpontod helyességét.

Ugyanez van a kapcsolatokkal. A legtöbb kapcsolat azért nem működik, mert megpróbálsz valamit védelmezni. Én is ezt tettem. Ha valakinek volt egy nézőpontja rólam, akkor megpróbáltam ez ellen védekezni. Nem mentem bele a „Mi lehetséges itt?"-be, hanem azt mondtam, hogy „Ő biztos nem fogja ezt szeretni bennem", tehát ezt védelmeztem. Nem engedtem nekik, hogy meglássák ezt a részemet. Elkezdtem levágni bizonyos részeimet, hogy kapcsolatokat teremthessek. Ez működik? Nem.

Kit vagy mit védelmezel, és ki vagy mi ellen védekezel, akit vagy amit ha nem védelmeznél, és aki vagy ami ellen, ha nem védekeznél, megadná neked mindazt, ami vagy? Mindent, ami ez, isten tudja hányszorosan, hajlandó lennél elpusztítani és nemteremtetté tenni? Helyes, Helytelen, Jó, Rossz, POD POC, Mind a 9, Rövidek, Fiúk és Túlontúl.

## VÉDELMEZNI AZT, AKI VAGY

*Szalon Résztvevő:*
Nekem az jön fel erre, hogy „magamat". Azt mondom magamnak, hogy „Ez nevetséges", de nem az, igaz?

*Gary:*
Definiáltad, hogy ki vagy. És amikor definiálod azt, aki vagy, akkor mindent megpróbálsz a helyére tenni, hogy meg tudd védelmezni azt, aki vagy, hogy ezzel be tudd bizonyítani, hogy az vagy, aki vagy.

Mindent, ami ez, isten tudja hányszorosan, hajlandó vagy elpusztítani és nemteremtetté tenni? Helyes, Helytelen, Jó, Rossz, POD POC, Mind a 9, Rövidek, Fiúk és Túlontúl.

*Szalon Résztvevő:*

Múltbéli életek energiája jött fel erre, ahol védelmeztem azt, akiként definiáltam magam.

*Gary:*

Ha nőként definiálod magad, védelmezed mindazt, amilyennek egy nőnek kellene lennie ahelyett, hogy csak az lennél, akit választasz, hogy vagy? Védelmezőnek lenni olyan, mintha egy kastélyban élnél. Fent kell tartanod a falakat, hogy senki ne tudjon bemenni. És a senkibe te is beletartozol.

Kit vagy mit védelmezel és ki vagy mi ellen védekezel, akit vagy amit ha nem védelmeznél, és aki vagy ami ellen, ha nem védekeznél, megadná neked mindazt, ami vagy? Mindent, ami ez, isten tudja hányszorosan, hajlandó vagy elpusztítani és nemteremtetté tenni? Helyes, Helytelen, Jó, Rossz, POD POC, Mind a 9, Rövidek, Fiúk és Túlontúl.

*Szalon Résztvevő:*

Amikor N arról beszélt, hogy gyerekként meztelenül rohangált és azt mondták neki, hogy öltözzön fel, akkor ez az volt, hogy a szülei bevették mások valóságát?

*Gary:*

Nem. Ők a hírnevüket akarták megvédeni. Van egy kérdésem számodra. Tudván kik voltak a szüleid, tényleg azt gondolod, hogy bármi is érdekelte őket azon kívül, hogy a viselkedésed milyen hatással volt a hírnevükre?

Azért tették, hogy ne vess rájuk rossz fényt. A hírnevüket védelmezték azzal, amit veled csináltattak. Mekkora része annak, amit tettél szólt a családod azon vágyáról, hogy megvédelmezzék a hírnevüket?

Nagyon sok dolog lehetséges ebben a valóságban, de mindaddig, amíg bármit is védelmezel, nem juthatsz el ezekhez. Az ex-feleségem azt a nézőpontot védelmezte, hogy a lányunk, Shannon, soha nem kapott annyit, mint a többi gyerekünk. Mindig védelmezte ezt a nézőpontot. Még annak ellenére is, hogy megmutattam neki, hogy Shannon több ajándékot kapott Karácsonykor, mint a többi gyerekünk, az ex-feleségem nézőpontja az volt, hogy Shannon soha nem kapott eleget.

Ez a kivetített és elvárt nézőpont hatással volt Shannon világára? Úgy gondolta és úgy érezte, hogy soha nem kapott ugyanannyit? Ilyesmi az, ami rád van vetítve folyamatosan. A legtöbben már tapasztaltátok ezt.

Mekkora része a szüleiddel, szüleidért vagy szüleid ellen való védekezésnek alapul az ő kivetítéseiken és elvárásaikon – és semmi köze nincs hozzád? Mindent, ami ez, isten tudja hányszorosan, hajlandó vagy elpusztítani és nemteremtetté tenni? Helyes, Helytelen, Jó, Rossz, POD POC, Mind a 9, Rövidek, Fiúk és Túlontúl.

*Szalon Résztvevő:*

Azt mondták nekem, hogy elpazarolom a tehetségemet, mi ellen védekezek?

*Gary:*

Ha eldöntötted, hogy a szüleid szeretnek téged, akkor meg kell védened a tényt, hogy szeretnek téged, miközben védekezned kell az ellen a tény ellen, hogy elvesztegetted a tehetséged. A 22-es csapdájában vagy? Ez sok választást ad neked? Vagy elkezdi elvenni a választásaidat?

*Szalon Résztvevő:*

Mindaz, amit mondtál.

*Gary:*

Mindent, ami ez, isten tudja hányszorosan, hajlandó vagy elpusztítani és nemteremtetté tenni? Helyes, Helytelen, Jó, Rossz, POD POC, Mind a 9, Rövidek, Fiúk és Túlontúl.

## „ÉN NEM VAGYOK OLYAN"

*Szalon Résztvevő:*

Szóval, amikor valami ellen védekezek, akkor megpróbálom valóssá tenni. Védelmezem azért, mert én nem ilyen vagyok. Védelmezem azt, hogy én nem vagyok olyan. És megszilárdítom azzal, hogy védekezek ellene.

*Gary:*

Igen, mert védekezel ellene, ahelyett, hogy képes lennél azt választani vagy nem azt választani, ahogyan csak szeretnéd.

*Szalon Résztvevő:*

Igazolom azzal, hogy azt mondom, hogy „Nem fogok ellene védekezni, mert én nem vagyok olyan."

*Gary:*

Igen. Bármi, amiről azt mondod, hogy nem vagy olyan, azt védelmezed. Az én nézőpontom az, hogy minden vagyok. Hogy tudnék bármit is védelmezni? A „Mit választhatnék, amit még nem választottam?" egy más nézőpont. Ha bármit választhatnál, mi lenne elérhető számodra? És ekkor már a „Mi az, ami valójában elérhető nekem most?" a kérdés, és nem a „Mit kell választanom?", „Mi az, amit fontos, hogy válasszak?", „Mire van szükségem választani?" vagy a „Mi fog nekem működni?". Ezek mind védelmezett pozíciók.

Amikor kilépsz a védekezésből, akkor a kérdés az lesz, hogy „Mi egyéb lehetséges, amiről nem tudtam, hogy választhatom?"

Mindent, ami ez, isten tudja hányszorosan, hajlandó vagy elpusztítani és nemteremtetté tenni? Helyes, Helytelen, Jó, Rossz, POD POC, Mind a 9, Rövidek, Fiúk és Túlontúl.

*Szalon Résztvevő:*

Amikor egy ilyen szituációban találom magam, akkor azt mondom, hogy „Ez nem érdekes." Úgy érzékelem, hogy ebben van energia. Ezt csinálom az apámmal például. Azt mondom, hogy „Ez nem számít". Hazudok magamnak?

*Gary:*

A „Nem számít" az valami ellen védekezés. Ha tényleg belemennél abba, hogy „érdekes nézőpont, hogy van egy ilyen nézőpontja", akkor igazán nem számítana, és semmi mást nem kellene mondanod ezzel kapcsolatban. A „nem számít" az védekezés ellene. Helyessé teszed magad. És azzal, hogy helyessé teszed magad, őt helytelenné teszed. Ha valakit helyessé vagy helytelenné teszel, akkor védelmezel.

*Szalon Résztvevő:*
Teszek ilyen kicsi dolgokat, amikről azt gondolom, hogy kiterjesztik az éberségem, de valójában elég sokfajta módon becsapom magam.

*Gary:*
Kiterjesztetted az éberséged? Ez igaz? Vagy védelmezel egy nézőpontot, hogy bebizonyítsd, hogy ez igaz, ahelyett, hogy megengednéd neki, hogy igaz legyen?

*Szalon Résztvevő:*
Annyira kedvellek téged!

*Szalon Résztvevő:*
Képes vagyok az emberi maximalizáción kívül lenni, mégis éber vagyok arra, hogy meg akarom védelmezni magam attól, hogy annyira más legyek. Mitől próbálom megvédeni magam?

*Gary:*
Saját magadat védelmezed.

*Szalon Résztvevő:*
Miért védelmezem magam?

*Gary:*
Nincs oka; csak ezt csinálod. Közületek hányan gondoljátok azt, hogy ha megtaláljátok a miértet, akkor el tudnátok engedni, ahelyett, hogy valami mást választanátok? A

miért kérdés a védekező pozíció, amit felveszel.

Hány védelmed van, amivel oltalmazod a valóságod miértjét? Mindent, ami ez, isten tudja hányszorosan, hajlandó vagy elpusztítani és nemteremtetté tenni? Helyes, Helytelen, Jó, Rossz, POD POC, Mind a 9, Rövidek, Fiúk és Túlontúl.

*Szalon Résztvevő:*

Hogy képes legyek igazolni valamit, ha szükséges.

*Gary:*

Igen, ez még mindig védekezés.

*Szalon Résztvevő:*

Szóval, mi egyéb lehetséges?

*Gary:*

Ez a kérdés. Most már tartunk valahova. Ha felteszed a kérdést, hogy „Mi egyéb lehetséges?" akkor lehetséges lesz számodra egy más lehetőség.

## AZ EMBERI VALÓSÁG ELLENI VÉDEKEZÉS

*Szalon Résztvevő:*

Az rendben van, hogy az emberi maximalizáláson kívül legyünk mindig, bármi is történjen?

*Gary:*

Miért lennél kívül rajta? Miért ne lehetne róla éberséged? Nem kell kívül lennem rajta; csak tudom, hogy nem kell bevennem.

*Szalon Résztvevő:*

Oh, tehát egy más valóságot próbálok teremteni ezen az emberi valóságon kívül?

*Gary:*

Igen, megpróbálsz védekezni az emberi valósággal szemben azzal, hogy az emberi valóságon kívül választasz ahelyett, hogy hajlandó lennél bármit választani, ami működik neked, bármilyen helyzetben vagy a valóságban.

Mindent, ami ez, isten tudja hányszorosan, hajlandó vagy elpusztítani és nemteremtetté tenni? Helyes, Helytelen, Jó, Rossz, POD POC, Mind a 9, Rövidek, Fiúk és Túlontúl.

*Szalon Résztvevő:*

Ma reggel felhívott az apukám. Elesett és sok dráma volt a történetben. Megkérdeztem, hogy „Mi más lehetséges itt?" és azt választottam, hogy itt leszek ezen a híváson. Ennek az energiája kiterjedő számomra.

*Gary:*

Ez az, amikor magadért és ezért a valóságért választasz; nem pedig azt választod, ami nem működik.

*Szalon Résztvevő:*

Ez az, amikor a „Mi egyéb lehetséges itt igazán?" energiájában vagy.

*Gary:*

Amikor azt kérdezed, hogy „Mi egyéb lehetséges itt igazán?", akkor a kvantum összefonódások elindulnak afelé, hogy „Oh, te valami mást szeretnél! Megmutatjuk neked hogyan." Hozzájárulnak a teremtéséhez és aktualizálásához annak, amire vágysz az életedben.

## A LEGTÖBB FÉRFI GYÖNYÖR KERESŐ

*Szalon Résztvevő:*
Néha jobban érzem magam férfiak, mint nők társaságában. Ez az a versengés, amiről beszéltél?

*Gary:*
Igen. A férfiakkal általában könnyebben ki lehet jönni azoknak a nőknek, akik a férfiakat szeretik. Van lehetőség egy nagyszerűbb valóságra.

*Szalon Résztvevő:*
Mi ez a férfiakkal, hogy szeretünk a közelükben lenni? Ők hogyan érzékelnek minket?

*Gary:*
Ha kellemesen érzik magukat, akkor azt gondolják, hogy barátok vagytok. Nem szükségszerűen csábítónak és élvhajhásznak látnak. Meg kell kapnod mindent. Megváltoztathatod ezt barátságból barátság előnyökkelre. Hogyan csinálod ezt? Először is legyél hedonista, élvhajhász, csábító és ravasz ribanc, aki igazán vagy. Milyen gyakran használod a hedonista képességed a csábításra?

*Szalon Résztvevő:*
Még nem használom. Nem gyakran.

*Gary:*
A legtöbb férfi gyönyör kereső. Ha használod a hedonis-

ta képességeidet, akkor olyasvalamivel táplálod őket, ami gyönyört nyújt nekik és azt fogják mondani, hogy „Oh, ezt az oldalát még nem láttam ennek a nőnek."

Amikor könnyebb a férfiakkal lógni, akkor olyan, mintha csak üzletelnétek. Fel kell ismerned, hogy van más lehetőség.

## MI LENNE, HA AZ ÉLETBEN MINDENTŐL BEINDULNÁL?

*Szalon Résztvevő:*

Hajlandó vagy megengedni, hogy mindentől beindulj? Azt érzékeltem, hogy minden lényegtelenné válik és teljes térűr és teljes választás és egység vagy?

*Gary:*

Milyen találmányt használsz, hogy megteremtsd a beindulást, amit választhatnál? Mindent, ami ez, isten tudja hányszorosan, hajlandó lennél elpusztítani és nemteremtetté tenni? Helyes, Helytelen, Jó, Rossz, POD POC, Mind a 9, Rövidek, Fiúk és Túlontúl.

*Szalon Résztvevő:*

Ez pont az ellenkezője annak, amit tanítottak nekünk arról, hogy mi a helyes módja a létezésnek.

*Gary:*

Aha. Mi ez az egész a létezés helyes módjáról és mindez a megfelelő és jámbor dolog? Ez mind találmány. Azért találták ki ezeket, hogy kontrolláljanak. Miért akarnának kontrollálni? Azért, hogy megkapják tőled, amit akarnak. Amikor nem vagy kontrollálható, akkor senki nem tud korlátozni, definiálni téged, vagy távol tartani önmagadtól.

Milyen találmányt használsz, hogy elkerüld a beindulást, amit választhatnál? Mindent, ami ez, isten tudja hányszorosan, hajlandó lennél elpusztítani és nemteremtetté tenni? Helyes, Helytelen, Jó, Rossz, POD POC, Mind a 9, Rövidek, Fiúk és Túlontúl.

Azok a nők, akiket mindig követ valaki, mindig be vannak gerjedve az életben mindentől. Amikor nem vagy beindulva, akkor pozitív vagy negatív vagy hajlamos lenni?

*Szalon Résztvevő:*
Negatív.

*Gary:*
Ez lelomboz egy férfit?

*Szalon Résztvevő:*
Igen.

*Gary:*
Amikor pozitív vagy magaddal kapcsolatban és mindennel körülötted, akkor lehetőségekre inspirálod az embereket, ami az az éberség, ami megmutat téged nekik – ha ez az, amit választasz. Hajlandónak kell lenned felismerni, amit választasz.

Hajlamos vagy olyan férfiakat választani, akik nem választják önmagukat, ahelyett, hogy olyanokat választanál, akikkel bulis együtt lenni. Nem teszed fel azokat a kérdéseket, hogy „Kivel lenne a legszórakoztatóbb szexelni? Ki lenne a legszórakoztatóbb személy az életemben? Ki az, aki kiterjesztené és jobbá tenné az életem?" Ez egy más valóság. Ehelyett hajlamos vagy azt mondani, hogy „Egy olyan férfit akarok, aki azért szeret, ami vagyok."

De ha nem szereted magad azért, ami teljesen vagy, tudna-e bármilyen férfi szeretni teljesen önmagadért? Nem. Azért, mert próbálod elvágni a részeidet és darabkáidat, hogy megvédelmezd azt, hogy nem vagy szerethető, ami valójában helyes. Nem vagy szerethető. Sokkal szerethetőbb vagy, mint ez, de nem akarod, hogy így szeressenek, mert akkor kontrollon kívül lennél, ami mi alapján is lenne rossz?

Milyen találmányt használsz, hogy elkerüld a begerjedést, amit választhatnál? Mindent, ami ez, isten tudja hányszorosan, hajlandó vagy elpusztítani és nemteremtetté tenni? Helyes, Helytelen, Jó, Rossz, POD POC, Mind a 9, Rövidek, Fiúk és Túlontúl.

*Szalon Résztvevő:*

Azt mondtad, hogy a houstoni riporterrel kapcsolatban feltetted azt a kérdést, hogy „Tehetek bármit, hogy ez megváltozzon?" és erre nemet kaptál. Ez az, ahol arra használod a beindulást, hogy valamit ezen túl teremts és generálj?

*Gary:*

Ez az, ahol felismered mindenben, nagyjából mindig, hogy csak egy választás kérdése az, hogy valami nagyszerűbb legyen neked, vagy kevésbé nagyszerű.

*Szalon Résztvevő:*

Bármikor, amikor védelmezel, ez megállítja a teremtést és generálást.

*Gary:*

Mit védelmezel, amit ha nem védelmeznél, megengedné, hogy túlteremtsd magad? Mindent, ami ez, isten tudja hányszorosan, hajlandó lennél elpusztítani és nemteremtetté tenni? Helyes, Helytelen, Jó, Rossz, POD POC, Mind a 9, Rövidek, Fiúk és Túlontúl.

*Szalon Résztvevő:*

Mindig, amikor ezt a tisztítást futtatod, az jön fel, hogy „magamat". Versenyben vagyok önmagammal?

*Gary:*

Nem. Azt az „önmagad" teremtetted, amiről eldöntötted, hogy az vagy. Ez az az „önmagad", amit a világnak mutatsz, hogy ne kelljen a valódi önmagadnak lenned, amit mindenkivel szemben védelmeztél, hogy még te magad se találd meg önmagad.

*Szalon Résztvevő:*

Igen, megértettem mindent, amit mondtál.

*Gary:*

Mindent, ami ez, isten tudja hányszorosan, hajlandó lennél elpusztítani és nemteremtetté tenni? Helyes, Helytelen, Jó, Rossz, POD POC, Mind a 9, Rövidek, Fiúk és Túlontúl.

*Szalon Résztvevő:*

Egyetértek veled. Mi egyéb lehetséges? Hova tartok?

*Gary:*

Mi lenne, ha képes lennél olyasvalaki lenni, akit még soha nem választottál, hogy legyél? Mi az, amit visszautasítasz, hogy az legyél, amit ha választanál, hogy az vagy, lehetővé tenné, hogy az legyél, ami igazán vagy? Mindent, ami ez, isten tudja hányszorosan, hajlandó vagy elpusztítani és nemteremtetté tenni? Helyes, Helytelen, Jó, Rossz, POD POC, Mind a 9, Rövidek, Fiúk és Túlontúl.

*Szalon Résztvevő:*

A legutóbbi híváson megemlítetted, hogy olyat válaszszunk, aki kikatapultál minket ezen valóság libikókájából. Lehetséges ezt tenni, amikor védelmezünk?

*Gary:*

Lehetséges, de kétlem, hogy ez tartós lenne. Amint kikatapultálsz a komfort zónádból, elkezded védelmezni a komfort zónád helyességét, amit választottál.

*Szalon Résztvevő:*

Beszélnél arról, hogy hogy néz ki az, amikor valaki ilyet választunk?

*Gary:*

Ez olyasvalaki, aki nem védelmez egy nézőpontot, valaki, aki hajlandó bármilyen nézőpont lenni, ami nagyszerűbb eredményt hoz létre.

*Szalon Résztvevő:*

A „Mi ez? Mit tehetek ezzel?"-ből működik?

*Gary:*

Hajlandónak kell lenned ránézni egy más lehetőségre.

*Szalon Résztvevő:*

Csak most lettem éber arra, hogy ezt a valóságot folyamatosan magamnál nagyobbá vagy kisebbé teszem. Ez az ítélet beragaszt engem. Olyan, mint egy összehasonlító dolog. Van erre egy tisztításod nekem?

*Gary:*

Kérdezd meg: Mi az, amit védelmezek, ami mindezt megteremtette?

Ha bármilyen összehasonlítást csinálsz, akkor ítélkezel, ami olyasmi, amit védelmezel. Ilyenkor ennek a valóságnak a helyességéből vagy helytelenségéből működsz, nem pedig ennek a valóságnak a választásából.

## VÁLASZTÁS, KÉRDÉS, LEHETŐSÉG ÉS HOZZÁJÁRULÁS

*Szalon Résztvevő:*

Igen, ezt érzem. Köszönöm. Kérdés, választás, lehetőség és hozzájárulás – ezek egyidejű energetikai állapotok?

*Gary:*

Nem igazán. Igen és nem. A választás az választás. Meg kell hoznod egy választást, és minden választás egy másik kérdést teremt, ami egy újabb sor lehetőséget hoz létre. Minden lehetőség egy éberségi szint valami másról. Finom szintjei vannak az éberségnek, ami több választást nyújt neked, több kérdést, és így tovább. Minden egyes alkalommal, ha előjön egy kérdés, ez aktiválja a kvantum összefonódásokat, hogy több választást, több lehetőséget és több kérdést adjon ezzel neked. Ezek mindazok a dolgok, amelyek hozzájárulnak a valóságon túli teremtéshez és generáláshoz.

*Szalon Résztvevő:*

Elvágva érzem magam a hozzájárulástól. Szerintem ezen a téren visszahúzom magam.

*Gary:*

Nem, szerintem nem a hozzájárulástól vagy elvágva és attól sem, hogy megadd azt, aki lehetsz, hanem az ajándékozás befogadásától. Elvágod a befogadás hozzájárulását a kvantum összefonódásoktól, ami megpróbál aktualizálni bármit, amit kérsz. Kérsz dolgokat – vagy nem?

*Szalon Résztvevő:*

Nem.

*Gary:*

Ami azt jelenti, hogy nem vagy hajlandó befogadni. Mekkora része annak, amit csinálsz, szól arról, hogy védekezel a befogadástól? Kicsi, nagy, megatonnányi?

*Szalon Résztvevő:*

Megatonnányi.

*Gary:*

Mindent, ami ez, isten tudja hányszorosan, hajlandó lennél elpusztítani és nemteremtetté tenni? Helyes, Helytelen, Jó, Rossz, POD POC, Mind a 9, Rövidek, Fiúk és Túlontúl.

*Szalon Résztvevő:*

Szóval azt védelmezem, hogy nem fogadok be?

*Gary:*
Azt védelmezed, ahogyan befogadsz. Ha belemész abba, hogy „Csak így tudok befogadni" vagy abba, hogy „Csak bizonyos típusú embereket tudok befogadni", akkor azokat a múltbéli választásaidat védelmezed, amik nem működtek.

*Szalon Résztvevő:*
Ki tudnánk ezt tisztítani?

*Gary:*
A múltadnak mekkora részét védelmezed azért, hogy ne tedd magad helytelenné, vagy hogy helyessé tedd magad? Mindent, ami ez, isten tudja hányszorosan, hajlandó vagy elpusztítani és nemteremtetté tenni? Helyes, Helytelen, Jó, Rossz, POD POC, Mind a 9, Rövidek, Fiúk és Túlontúl.

*Szalon Résztvevő:*
Köszönöm Gary. Ez a tisztítás a végtelen lehetőségek térűrje.

*Szalon Résztvevő:*
Hogy néz ki egy végtelenül befogadó világ?

*Gary:*
Egy végtelenül befogadó világ olyan, ahol nem vágod el ez éberséged. Tekintet nélkül arra, hogy mi történik, éber vagy arra, hogy van más lehetőség. Mindig keresed a végtelen lehetőségeket, és minden lehetőség számos választás és éberség, amiket megkaphatsz, amik csakis kiterjednek és nem húzódnak össze.

# MINDEN VÁLASZTÁS EGY TALÁLMÁNY

*Szalon Résztvevő:*
Mióta részt veszek ezeken a hívásokon, ég a mellkasom és a torkom, és úgy érzem, hányni tudnék.

*Gary:*
Milyen találmányt használsz, hogy megteremtsd az érzést, amit választasz?

*Szalon Résztvevő:*
Szóval ezt csak kitalálom?

*Gary:*
Nem mondtam, hogy kitalálod. A kitalálás és a találmány más univerzumok. A találmány olyan, amikor teremtesz valamit és eldöntöd, hogy az úgy van. Azt mondod, hogy „Ez így van." Ebből a nézőpontból jön a találmány. A teremtés egy olyan hely, ahol felismered, hogy van más lehetőség, amit még nem választottál. Te azt állítottad, hogy „Ez, meg ez, meg ez van". Ez kérdés?

*Szalon Résztvevő:*
Azt kérdeztem, hogy „Testem, milyen éberséget érzékelek?" majd belementem a következtetésbe.

*Gary:*
Miért szükséges következtetésbe menni?

*Szalon Résztvevő:*
Hogy megszereljem vagy megváltoztassam.

*Gary:*
>Ezért találmány ez.
>Milyen találmányt használok, hogy megteremtsem a szar érzést, amit választok? Mindent, ami ez, isten tudja hányszorosan, hajlandó lennél elpusztítani és nemteremtetté tenni? Helyes, Helytelen, Jó, Rossz, POD POC, Mind a 9, Rövidek, Fiúk és Túlontúl.

*Szalon Résztvevő:*
>Még mindig nem fogom fel, hogy mi a találmány. Az, ahol elferdítünk valamit, hogy valami más legyen belőle?

*Gary:*
>Nem, a találmány az, amikor következtetésbe mész. A szabadalmi hivatal bezárt, amikor feltalálták a színes TV-t, mert azt mondták, hogy semmi mást nem lehet feltalálni. Miért tették ezt?

*Szalon Résztvevő:*
>Mert eldöntötték, hogy ez minden, ami lehetséges. Ez volt a válasz.

*Gary:*
>Igen, és ez történik mindennel, amit feltalálsz. Azt mondod, hogy „Ez a válasz. Ez az, ami." Mindenhol, ahol válaszba mentél bele, az találmány. Semmi nem válasz; csupán éberség. Minden válasz egy találmány.
>Milyen találmányt használsz, hogy megteremtsd a szivatós életet, amit választasz? Mindent, ami ez, isten tudja hányszorosan, hajlandó lennél elpusztítani és nemteremtetté tenni? Helyes, Helytelen, Jó, Rossz, POD POC, Mind a

9, Rövidek, Fiúk és Túlontúl.
Használd ezt.

*Szalon Résztvevő:*
Köszönöm.

*Gary:*
Hogy vagytok? Hajlandóak lennétek egy tisztítást csinálni a legutóbbi pasitokkal kapcsolatban, akiről azt gondoltad, hogy érdemes vele lenni?
Milyen találmányt használsz, hogy megteremtsd a kapcsolatot, amit választasz? Mindent, ami ez, isten tudja hányszorosan, hajlandó vagy elpusztítani és nemteremtetté tenni? Helyes, Helytelen, Jó, Rossz, POD POC, Mind a 9, Rövidek, Fiúk és Túlontúl.

*Szalon Résztvevő:*
Minden egyes hívással mindinkább felfogom, hogy mennyire nem vagyok elcseszett, és hogy mennyi lehetőség áll rendelkezésemre minden másodpercben. Választhatok folyamatosan valami újat és valami mást. Még ha ezt nem is teszem, az is egy választás. Nagyon köszönöm.

*Gary:*
Szeretném, ha végre felismernétek, hogy nem vagytok annyira elcseszettek, mint amilyennek gondoljátok, hogy lennetek kell. És szeretném, ha látnátok, hogy van más választás.

*Szalon Résztvevő:*
Minden találmány, amiről az emberek azt gondolják,

hogy ebből kell működniük, a kiborulás, trauma, dráma és a problémák – mindez egyre szórakoztatóbb. Köszönöm.

*Gary:*

Futtasd ezt: Milyen találmányt használok, hogy megteremtsem a kiborulást, amit választok?

*Szalon Résztvevő:*

Gary, ha bármit adhatnál ebből a hívásból nekünk, mi lenne az?

*Gary:*

Szabadság, hogy felismerd az ajándékot, ami vagy a világban, és hogy legyél ez, ahelyett, hogy megpróbálsz az lenni, aki nőként vagy.

Oké, édes hölgyeim. Imádlak titeket. Sziasztok.

# 14
# Önmagad nagyszerűsége

A legtöbben azzal töltitek az életeteket, hogy a rosszaságra, a múltra, és azokra a dolgokra néztek rá, amik nem működnek. Ritkán néztek rá a jövőre és arra, ami valójában működni fog nektek. Milyen jövőt szeretnél teremteni? Miért nem azon van a figyelmed?

*Gary:*
Üdvözlet hölgyeim. Van valakinek kérdése?

**TÉNYLEG SZERETED A FÉRFIAKAT?**

*Szalon Résztvevő:*
Facilitálnál néhány kérdéssel azzal kapcsolatban, hogy nem szeretem a férfiakat? Megengedtem magamnak, hogy megerőszakoljanak, használjanak, és bántalmazzanak a férfiak, amikor szajha voltam.

*Gary:*
Milyen hülyeséget használok, hogy megteremtsem a kihasznált és bántalmazott szajhaként létezés találmányát,

mesterséges intenzitását és démonjait, amit választok? Mindent, amit ez, isten tudja hányszorosan, hajlandó vagyok elpusztítani és nemteremtetté tenni? Helyes és Helytelen, Jó és Rossz, Pod és Poc, Mind a 9, Rövidek, Fiúk, és Túlontúl.

Valamikor mindannyiónkat kihasználtak és bántalmaztak. Legyen meg az éberséged arról, hogy valójában kedveled-e a férfiakat. Tedd fel a kérdést magadnak: Igazság, valóban kedvelem a férfiakat?

Ha a válasz nem, akkor az azt jelenti, hogy a nőkhöz kell menned? Nem, ez csak azt jelenti, hogy nem kedveled a férfiakat. Tehát olyan férfiakat kell választanod, akikkel soha nem jössz össze. Ez az, amit valaki akkor csinál, amikor azt választja, hogy szajha lesz: olyan férfiakat választ, akikkel nem kell örökre együtt lennie. Ha szajha vagy prosti vagy, akkor mindig megkapod a legjobb minőségű férfiakat, mert a legjobb pasik erre buknak. Oh igen, NEM!

Hajlandónak kell lenned úgy funkcionálni, ahogy minden működik. Hogyan működtethetsz mindent? Egy más lehetőséget kell választanod.

Milyen hülyeséget használok, hogy elkerüljem a férfiak és nők választásait, amit választhatnék? Mindent, amit ez, isten tudja hányszorosan, hajlandó vagyok elpusztítani és nemteremtetté tenni? Helyes és Helytelen, Jó és Rossz, Pod és Poc, Mind a 9, Rövidek, Fiúk, és Túlontúl.

## MINDEN MŰKÖDTETÉSÉNEK PRAGMATIKÁJA EGY FÉRFIVAL

*Szalon Résztvevő:*
Beszélnél annak a pragmatikájáról, hogy hogyan működtessünk mindent egy férfival?

*Gary:*
Abból a nézőpontból kell ránézni, hogy „Mi az, ami ezt működteti?", ahelyett, hogy „Szeretem ezt a férfit?", vagy „Kedvelem ezt a férfit?", vagy „Ő vajon jó?". Ezek olyan ítéletek, amiket belefoglalásra vagy kizárásra használunk. Mi lenne, ha semmit nem kellene belefoglalnunk vagy kizárnunk? Mi lenne, ha mindent megkaphatnánk? El kell jutnunk arra a pontra, ahol a korlátok választása helyett felismerünk egy más lehetőséget.

*Szalon Résztvevő:*
Kifejtenéd ezt bővebben? Amikor azt mondod, hogy „működtetünk dolgokat", ez az, amikor azt teszed, ami könnyű?

*Gary:*
Lehet az, ahol mindig könnyű. A legfontosabb az, hogy kérdezd meg: Mi lesz a legjobb módja annak, hogy valami jó történjen?

*Szalon Résztvevő:*
Oh, úgy érted, hogy veled és mindenki mással? A Mi Királysága?

*Gary:*
Igen. Rá kell nézned arra, hogy mi az, ami működni fog neked és mindenki másnak. Gyakran, ami neked működik, oly sok mást elpusztít, hogy a megvalósítás folyamatában nincs helyed arra, hogy belefoglald magad a saját valóságodba. Hajlandónak kell lenned magad és a saját valóságodat választani.

Ha úgy működsz, mintha problémád lenne, akkor több problémát fogsz létrehozni. Ez fontosabb bármi másnál. Ha az a nézőpontod, hogy probléma lesz, akkor problémát teremtesz. Miért teremtenél problémát? Mert ez mindenkit valóságosabbá tesz. A problémák egyet jelentenek a valósággal a Föld bolygón; ezek nem teremtenek lehetőséget. Több lehetőségednek kell lennie, mint problémádnak. Azt a kérdést tedd fel, hogy „Mi az, ami a legnagyszerűbb lehetőséget hozza létre?", és ne azt, hogy „Mi az, ami a legnagyszerűbb problémát hozza létre?"

## „MINDEN NAP EL AKAROK VÁLNI"

*Szalon Résztvevő:*
Csodálatos kapcsolatom van a gyerekeimmel. Táncolunk és énekelünk, ugyanakkor a férjem folyamatosan furcsa dolgokat hoz elő, mint pl. hogy „Miért nincsenek fiaim?" Átalakítunk egy házat. Folyamatosan azt kéri, hogy legyek partner ebben, adjam fel az Access Consciousnesst, hogy ebbe a projektbe fektethessen pénzt. Minden nap el akarok válni. Ma be akartam szerezni az ehhez szükséges papírokat, de az iroda zárva volt. Mit védelmezek ezzel az intenzitással?

*Gary:*
   A házasság helyességét védelmezed?

*Szalon Résztvevő:*
   Szerintem az egészet védelmezem – család, házasság, kapcsolatok.

*Gary:*
   Mindent, ami ez, isten tudja hányszorosan, hajlandó vagy elpusztítani és nemteremtetté tenni? Helyes és Helytelen, Jó és Rossz, Pod és Poc, Mind a 9, Rövidek, Fiúk, és Túlontúl.
   Mi lenne, ha ezt mondanád a férjednek: "Nyilvánvalóan ez a házasság nem működik neked. Miért akarsz a férjem maradni?"

*Szalon Résztvevő:*
   Megtettem. Amikor megkérdeztem tőle, azt felelte, hogy "Többe kerülne elválni tőled."

*Gary:*
   Nos, ez egy jó ok arra, hogy házasok maradjatok!

*Szalon Résztvevő:*
   Tudom. Ezért van az, hogy el vagyok veszve.

*Gary:*
   Miért haladsz lefelé az érzelmeid nyúlüregében?

*Szalon Résztvevő:*
   Nem látok tisztán.

*Gary:*
Az érzelmek miatt nem látsz tisztán. Bezárnak ugyanarra a régi helyre, ahova mindig mész, mintha azzal, hogy odamész, eljutnál valahova. Vittek valaha az érzelmeid olyan helyre, ami igazán jó volt?

*Szalon Résztvevő:*
Egyáltalán nem.

*Gary:*
Akkor talán fontolóra vehetnéd, hogy az érzelmeiddel nem lehet teremteni.

*Szalon Résztvevő:*
Teljesen egyetértek.

*Gary:*
Mindent, ami ez, isten tudja hányszorosan, hajlandó vagy elpusztítani és nemteremtetté tenni? Helyes és Helytelen, Jó és Rossz, Pod és Poc, Mind a 9, Rövidek, Fiúk, és Túlontúl.

## VÉDENI VALAMIT ÉS VÉDEKEZNI VALAMI ELLEN

*Szalon Résztvevő:*
Néha, amikor ragaszkodom valaminek az eredményéhez, felveszem a kapcsolatot egy másik személlyel és teljesen megfojt a félelem. Összehasonlítom magam, kevesebbnek ítélem meg magam, és elcseszem az összes munkát, amit a találkozó előtt végeztem. Tudnál olyan tisztítást erre, ami

segít abban, hogy kiterjedt maradjak anélkül, hogy öszszeszűkülnék, és hogy mentegetőzés nélkül önmagam tudjak lenni?

*Gary:*

Használd ezt:

Kit vagy mit védelmezek és ki vagy mi ellen védekezek, akit vagy amit ha nem védelmeznék, vagy ha ellene nem védekeznék, lehetővé tenné, hogy teljesen önmagam legyek? Ismételd ezt el kb. tízszer bármilyen találkozó vagy megbeszélés előtt. Ha interakcióban vagy valakivel és úgy érzed, hogy egyre kisebbé válsz, tedd fel a kérdést: Egy végtelen lény igazán választaná ezt?

Ha egy végtelen lény nem választaná ezt, akkor te miért tennéd? El kell kezdened a tíz parancsolatból működni. Ha még nem hallgattad meg a tízparancsolat hívásokat, akkor kérlek, szerezd be és hallgasd meg őket.

## MÁSOK VÁLASZTÁSAI SZERINT VÁLASZTANI

*Szalon Résztvevő:*

Az elmúlt napokban volt egy éberségem arról, hogy hogyan választok mások választásai szerint. Segítenél ebben?

*Gary:*

Más emberek választásai miért valóságosabbak neked, mint a te választásaid?

*Szalon Résztvevő:*
　Mert megengedem nekik, hogy hatással legyenek az életemre.

*Gary:*
　Miért?

*Szalon Résztvevő:*
　Azért, mert ezek azok az emberek, akiket választottam, hogy az életemben legyenek.

*Gary:*
　Oh, úgy érted, hogy azt választod, hogy te legyél ők az életedben, ahelyett, hogy azt választanád, hogy velük legyél az életedben. Azt mondtad „Ezek azok az emberek, akiket választottam, hogy az életemben legyenek." Szeretsz ők lenni, amikor velük vagy, szóval ahelyett, hogy velük lennél, inkább ők vagy. Nem tartod meg önmagad. Elpusztítod magad, hogy velük legyél.
　Ők lenni azt jelenti, hogy őkké kell válnod, tehát hagynod kell, hogy ők válasszák meg, hogy mi működik neked. Pontosan elmondod, hogy hogyan jelenik ez meg neked. Ők-ként létezel ahelyett, hogy velük léteznél. Amikor valakiként létezel egy kapcsolatban, akkor feladod magad az ő javukra. Mindig.

*Szalon Résztvevő:*
　Oké, szóval, ha valaki választ valamit, akkor hogyan érjem el, hogy ne legyen hatással az életemre? Ez a célom.

*Gary:*
　Igen, de ha ők-ként létezel, akkor hatással kell lennie az

életedre.

*Szalon Résztvevő:*

Minden egyes alkalommal, amikor azt mondod, hogy „Ők-ként létezel", egy áramütés megy keresztül rajtam.

*Gary:*

Milyen találmányt használsz, hogy megteremtsd önmagad hiányát minden kapcsolatban, amit választasz? Mindent, ami ez, isten tudja hányszorosan, hajlandó vagy elpusztítani és nemteremtetté tenni? Helyes és Helytelen, Jó és Rossz, Pod és Poc, Mind a 9, Rövidek, Fiúk, és Túlontúl.

*Szalon Résztvevő:*

Tehát ha velük léteznék, az mindent magába foglalna, és nem lenne hatással az életemre?

*Gary:*

A velük létezés nem korlátozna vagy állítana meg.

*Szalon Résztvevő:*

Az jött fel, hogy „Gary, ez az egyetlen módja egy kapcsolatnak".

*Gary:*

Jó ötlet. Nem!

*Szalon Résztvevő:*

Ez az egyetlen mód, ahogy csináltam eddig a pillanatig. Itt az ideje ezt megváltoztatni.

*Gary:*

Milyen találmányt használsz, hogy megteremtsd önmagad hiányát minden kapcsolatban, amit választasz? Mindent, ami ez, isten tudja hányszorosan, hajlandó vagy elpusztítani és nemteremtetté tenni? Helyes és Helytelen, Jó és Rossz, Pod és Poc, Mind a 9, Rövidek, Fiúk, és Túlontúl.

*Szalon Résztvevő:*
Valami más is lehetséges ezen kívül? Megismételnéd?

*Gary:*
Milyen találmányt használsz, hogy megteremtsd önmagad hiányát minden kapcsolatban, amit választasz? Mindent, ami ez, isten tudja hányszorosan, hajlandó vagy elpusztítani és nemteremtetté tenni? Helyes és Helytelen, Jó és Rossz, Pod és Poc, Mind a 9, Rövidek, Fiúk, és Túlontúl.

## A LÉTEZÉSEN KÍVÜL TARTANI MAGAD

*Szalon Résztvevő:*
Ez olyan, hogy hogyan tartom meg az elkülönülést a létezésben?

*Gary:*
Nem, ez az, hogy hogyan tartod magad a létezésen kívül.

*Szalon Résztvevő:*
Hűha. Igen!

*Szalon Résztvevő:*
Amikor az előbb K. mesélt arról, hogy hogyan választ mások választásai szerint, én is ezt tettem.

*Gary:*
>Amikor eldöntöd, hogy kedvelsz valakit, legyen az egy férfi vagy egy nő vagy egy barát, mekkora részedtől kell elválnod, hogy ezt megteremtsd? Önmagad hiányát.

*Szalon Résztvevő:*
>És az önmagad az, amit választasz?

*Gary:*
>Ez az, aki vagy ebben a tíz másodpercben.

*Szalon Résztvevő:*
>Hogyan válsz el magadtól, amikor kedvelsz valakit?

*Gary:*
>Folyamatosan megpróbálod bebizonyítani, hogy eléggé kedvelni valakit az mindaz, amire szükség van. A valóság az, hogy több, mint kedvelned kell magad. Valami mást kell tenned, mint pl. szeretni magad.

*Szalon Résztvevő:*
>Azt mondod, hogy az, amit érzékeltem az igaz, hogy nincs is igaz szerelem?

*Gary:*
>Igen, védelmezed, hogy a szerelem valós.
>Mindannyian, akik a szerelem valóságát védelmezitek, hajlandóak lennétek ezt elpusztítani és nemteremtetté tenni? Helyes és Helytelen, Jó és Rossz, Pod és Poc, Mind a 9, Rövidek, Fiúk, és Túlontúl
>Ez az „amit" érzékeltél. Kit védelmezel, és mit védelmezel? Védelmezed azt, hogy a szerelemben, amit választasz,

kell lennie valamilyen helyességnek, minden egyes személyért, akit szeretni választasz. Az, hogy azt választod, hogy szerelmes vagy beléjük, sokkal fontosabb, mint hogy önmagad legyél.

Kit vagy mit védelmezek és ki vagy mi ellen védekezek, akit vagy amit ha nem védelmeznék, vagy ha ellene nem védekeznék, megváltoztatná az egész valóságot? Mindent, amit ez, isten tudja hányszorosan, hajlandó vagy elpusztítani és nemteremtetté tenni? Helyes és Helytelen, Jó és Rossz, Pod és Poc, Mind a 9, Rövidek, Fiúk, és Túlontúl.

## MEGENGEDÉS ÉS AZ ÖNMAGAD NAGYSZERŰSÉGÉNEK BIRTOKLÁSA

*Szalon Résztvevő:*
Beszélnél a megengedésről?

*Gary:*
Ha bármit védelmezel, akkor megengedésben vagy bárkivel is?

*Szalon Résztvevő:*
Nem.

*Gary:*
Megengedésben vagy magaddal?

*Szalon Résztvevő:*
Nem.

*Gary:*
Miért nem vagy megengedésben magaddal?

*Szalon Résztvevő:*
Azért, mert valójában nem vagyok önmagam.

*Gary:*
Nem, hanem azért, mert nincs meg neked önmagad nagyszerűségének semmilyen része.
Milyen hülyeséget használsz, hogy a saját magad nagyszerűsége ellen védekezz, amit választasz? Mindent, amit ez, isten tudja hányszorosan, hajlandó vagy elpusztítani és nemteremtetté tenni? Helyes és Helytelen, Jó és Rossz, Pod és Poc, Mind a 9, Rövidek, Fiúk, és Túlontúl.

*Szalon Résztvevő:*
Azt mondtad, hogy nem birtoklom az önmagam nagyszerűségének semmilyen részét. Mi a különbség a birtoklás és az akként létezés között?

*Gary:*
Ha nem tudsz önmagad lenni, akkor nem birtokolhatsz, nem létezhetsz. Birtokolni az, hogy hajlandó vagy bármit látni és nem ítélkezni felette. Az ítélkezésed alapján választod meg azt, hogy kid és mid van. Ez meghatározza azt, hogy mi lehetsz.

*Szalon Résztvevő:*
Hűha, ez mind korlátozó.

*Gary:*
Igen, ahelyett, hogy korlátlan lennél, ahol bármit választ-

hatsz. Amikor tudod, hogy bármit megkaphatsz, akkor van valójában választásod. Amikor csak az van neked, amit mások hajlandóak adni neked, akkor nincs választásod.

*Szalon Résztvevő:*
Ez hogy kapcsolódik ahhoz, hogy „Nincs szükségem".

*Gary:*
A legtöbben úgy csinálják, hogy „Ezt megkaphatom" vagy „Erre szükségem van."
Amikor megkaphatod, akkor nincs szükséged semmire. Választhatsz. Ha nem kedveled a férfiakat és ezt tudod is, akkor ez nem rossz. Ez csak annyi, hogy „Mit szeretnék itt választani? Szeretnék nőket választani? Azt szeretném választani, hogy nem szexelek? Vagy valami mást szeretnék választani?" Ezután belemehetsz abba a kérdésbe, hogy mi az, amit valójában szeretnél választani. De amikor az a nézőpontod, hogy kell lennie egy férfinek vagy egy kapcsolatnak vagy pénznek ahhoz, hogy teljes legyél, akkor korlátozod a választást a nem birtoklás előnyére. Ahhoz, hogy ne birtokolj, az kell, hogy ne legyél.

*Szalon Résztvevő:*
Azt mondtad, hogy „nincs szükség". Ezt nem értem.

*Gary:*
Ha nincs szükségleted, akkor lehet bármid?

*Szalon Résztvevő:*
Igen.

*Gary:*
>Akkor már érted?

*Szalon Résztvevő:*
>Oh! Értem. Úgy gondoltam, hogy ez helytelen.

*Gary:*
>Tudom. Ez nem helytelen! Soha nem figyelsz rám. Házasok vagyunk?

*Szalon Résztvevő:*
>Értem. Ez annyi mindent megváltoztat.

## INSPIRÁLNI A PASIT

*Szalon Résztvevő:*
>Amikor egy férfival élsz, akkor hogy tudod nem felszedni a dolgait? Hogyan tudnánk mi, mint humanoid nők, akik a jövőnket teremtjük, inspirálni a partnereinket egy más valóság teremtésére?

*Gary:*
>Arra akarod inspirálni a pasast, hogy azt gondolja, hogy az ő ötlete az, amit intézményesíteni fog. Azt mondod, hogy „Van egy olyan érzésem, hogy ez lehetséges lenne. Te mit gondolsz, édes?" Amikor azt mondja, hogy szerinte ez egy nagyszerű ötlet, akkor meg fogja csinálni.
>
>Kicsit érdemes óvatosabbnak lenned abban, ahogyan teremted a dolgokat. Tedd fel ezeket a kérdéseket:
>- Mit akarok itt teremteni?
>- Mi az, ami valójában lehetséges?

+ Mi az, amire valóban képes, amit még nem ismert el?
Ne pedig ezeket:
+ Mi az, amit szerintem tennem kell?
+ Mit kell tennem, hogy jobban inspiráljam?

*Szalon Résztvevő:*

Rájöttem, hogy védelmezek egy negatív eszmét azzal kapcsolatban, mintha csalónak érezném magam. Úgy érzem, csak tettetem az egészet.

*Gary:*

Csaló vagy és csak tetteted. Ez nem rossz dolog. Így kezdesz el teremteni – úgy, hogy úgy teszel, mintha képes lennél megtenni valamit, amiről nem hiszed el, hogy meg tudod tenni, ameddig meg nem teszed. A valóság az, hogy többet vagy képes tenni, mint szinte bárki a világon, és mégis folyamatosan azt színleled, hogy kevesebbet tudsz csinálni. Miért? Folyamatosan ezt próbálom elmondani nektek, hogy humanoidok vagytok. Emiatt minden és semmi ezermesterei vagytok. Nincs problémátok. Miért próbáljátok állandóan azt teremteni, hogy van?

Mindent, ami ez, isten tudja hányszorosan, hajlandó vagy elpusztítani és nemteremtetté tenni? Helyes és Helytelen, Jó és Rossz, Pod és Poc, Mind a 9, Rövidek, Fiúk, és Túlontúl.

## NEM TEREMTHETSZ JÖVŐT A KORLÁTOKRA FÓKUSZÁLVA

*Szalon Résztvevő:*
Beszélhetnénk a testről és arról, hogy olyan jövőt teremtsünk, amilyet szeretnénk? Nagyon sok dolog változik a testemben a nemrég elvégzett kurzusok miatt, és amiatt, hogy abban a kérdésben vagyok, hogy milyen képességeim vannak bármilyen korlát megváltoztatására.

*Gary:*
Korlátozások? Miért a korlátokra fókuszálsz ahelyett, hogy mire vagy képes?

*Szalon Résztvevő:*
Ezt mondtam. Milyen képességeim vannak, amik feloldják a korlátaimat?

*Gary:*
Igen, de még mindig a korlátokra nézel rá. Érdemes innen nézni: Milyen képességeim vannak, amiket még nem intézményesítettem, generáltam vagy teremtettem meg?

Hajlamosak vagyunk arra, hogy a korlátokra fókuszálunk, mintha azok teremtenének. A korlátok semmi mást nem csinálnak, mint megerősítik a korlátokat. A teremtés csak akkor történik, ha hajlandóak vagyunk belépni a teremtésbe. Rá kell nézned erre: „Mit vagyok képes generálni, teremteni és fizikailag intézményesíteni, amire eddig nem is gondoltam?"

*Szalon Résztvevő:*

Köszönöm. Ezt kerestem. Beszélnél arról, hogy milyen definíción kívül lenni a testtel?

*Gary:*

Ha belemész bármilyen korlátozásba, arra gondolva, hogy valamilyen probléma van a testeddel, vagy ha valamilyen problémát keresel, vagy olyat, ami nem működik a testednek, vagy azt, hogy mi a rossz a testeddel, akkor a korlátokból nézel rá a dolgokra. Nem vagy kontrollon kívül, definíción kívül, korlátokon kívül, struktúrán és jelentőségen kívül, linearitáson és koncentricitáson kívül az örökkévalóságig.

Milyen energia, térűr és tudatosság lehet a testem és én, ami megengedné nekünk, hogy kontrollon kívül, definíción kívül, korlátokon kívül, formán és struktúrán kívül, és jelentőségen, linearitáson és koncentricitáson kívül legyünk a teljes örökkévalóságig? Mindent, ami ez, isten tudja hányszorosan, hajlandó vagy elpusztítani és nemteremtetté tenni? Helyes és Helytelen, Jó és Rossz, Pod és Poc, Mind a 9, Rövidek, Fiúk, és Túlontúl.

Ez az a hely, ahol elkezdesz ránézni arra, hogy mi lehet lehetséges ahelyett, hogy mi az, ami szerinted nem lehetséges.

*Szalon Résztvevő:*

A férjem mindig azt mondja, hogy „Azt akarom, hogy megváltozz." Azt akarja, hogy pénzt keressek, de én látom, hogy minden, amit teszek hozzájárul ahhoz, hogy meglegyen az a pénzünk, ami van. Védelmezek valamit?

*Gary:*
Azt akarja, hogy legyen munkád, édes.

*Szalon Résztvevő:*
Évek óta játszom ezt a játékot. Szereztem munkát, aztán amiatt panaszkodott. Még mindig nem magamért élem az életet. Fel kell tennem azt a kérdést, hogy „Ha tényleg magamért élném ezt az életet, mit választanék?"

*Gary:*
Ez egy jó kérdés.

*Szalon Résztvevő:*
Tudom, hogy bármit képes vagyok működtetni a kapcsolatomban és az életemben, de néha vannak olyan dolgok, amikkel nem akarok játszani.

*Gary:*
Mi itt a korlátozás? A múltba mentél. Nem kezdtél el jövőt teremteni. Ha harcba szállnál a jövőből való életért, mi lenne értékes számodra? Mit választanál? Mit keresel? Harcos nő akarsz lenni, aki egy olyan jövő teremtéséért harcol, ami még soha nem létezett itt – ez egy fenntartható világ lenne, nem egy konfliktusos világ.

*Szalon Résztvevő:*
Amikor N-nel beszéltél a testről, leesett, hogy minden, amibe belekezdek, korlátozásokon alapul. Nem a jövőt teremtem.

*Gary:*
Ez így van. Úgy próbálod teremteni a jövőt, hogy a múlt-

ból teremted. A korlátot nagyszerűbbnek látod a lehetőségnél. A korlátokat nagyobbá teszed a lehetőségnél.

*Szalon Résztvevő:*
Többnyire erről szól az életem. Diétázom, tornázok, dolgozom, gondoskodok a fiamról. Látom, hogy a korlátokból indulok ki. Meg akarom szerelni vagy gyógyítani a korlátokat, és valahogy a korlátokból a jövőbe lépni, de valójában megrekedek a korlátokban.

*Gary:*
Igen, mert valóssá tetted a korlátokat. Nem voltál hajlandó belemenni valami nagyobba.

*Szalon Résztvevő:*
Ha nem a korlátokból kezdek el valamit, milyen kérdést tegyek fel? Ha mindent a korlátoktól teszek függővé, hogy csináljam ezt?

*Gary:*
Mit akarsz teremteni?

*Szalon Résztvevő:*
Más valóságot akarok teremteni mindennek.

*Gary:*
Akkor miért nem azt teremted, ahelyett, hogy a korlátokat próbálod visszacsinálni?

*Szalon Résztvevő:*
Azt gondoltam, hogy ezt kell tennem.

*Gary:*

Meg akarsz szabadulni a korlátoktól, amikor szembe kerülsz eggyel, de el kell kezdened megteremteni a jövőt, vagy minden, amivel dolgod lesz az korlátozás lesz.

*Szalon Résztvevő:*

Köszönöm. Valójában nem a korlátoktól való megszabadulásról van szó. Hanem a jövő teremtéséről, és arról, hogy bármilyen korláttal tudjak foglalkozni bármikor, amikor megjelennek.

*Gary:*

Pontosan, ha nem teremted a jövőt, akkor azt választod, hogy hitelt adsz a korlátnak és sokkal értékesebbé és valósabbá teszed, mint a saját teremtő képességed.

*Szalon Résztvevő:*

Igen, ez nagyon klassz. Köszönöm.

*Gary:*

Soha ne rögzítsd a múltat. Teremtsd a jövőt. Mindaddig, amíg rögzíted a múltat, megpróbálod megoldani azokat a problémákat, amiket először teremtettél. Ehelyett inkább tedd fel a kérdést:

Milyen találmányt használok, hogy megteremtsem a problémát, amit választok? Mindent, ami ez, isten tudja hányszorosan, hajlandó lennél elpusztítani és nemteremtetté tenni? Helyes és Helytelen, Jó és Rossz, Pod és Poc, Mind a 9, Rövidek, Fiúk, és Túlontúl.

Mindig legyél harcosa egy még nem létező jövő teremtésének. Mindaddig, amíg olyan jövőt kívánsz teremteni, ami nem létezik, a lehetőség kreatív peremén vagy. Legyél kérdésben. A kérdés nem az, hogy „Mi a rossz velem?", vagy az, hogy „Hogyan léphetek túl önmagam megítélésén?" A kérdés az, hogy 'Miért is ítélkeznék magam felett?' Miért is ítélkeznél magad felett ahelyett, hogy jól érzed magad a bőrödben?

Ha egy kapcsolatban vagy, fel kell tenned a kérdést: Igazság, mi teszi őt boldoggá? Azt is meg kell értened, hogy vannak olyanok, akik nem akarnak boldogok lenni. Van egy illúziójuk arról, hogy szerintük milyennek kellene lennie a kapcsolatuknak. Amikor ez történik, akkor én azt mondom ennek a személynek: „Mutass egy példát egy olyan kapcsolatra, ami úgy működik, mint ahogy szerinted a kapcsolatok működnek."

Eléggé le leszel nyűgözve attól, milyen kevesen fognak tudni olyan kapcsolatot mutatni neked, ami úgy működik, ahogy szerintük kellene. Ez azért van, mert nem azt használják, ami valójában működne egy kapcsolatban, hanem amit szerintük választaniuk kellene.

Milyen hülyeséget használsz, hogy elkerüld a jövőt, amit teremthetnél és választhatnál? Mindent, ami ez, isten tudja hányszorosan, hajlandó lennél elpusztítani és nemteremtetté tenni? Helyes és Helytelen, Jó és Rossz, Pod és Poc, Mind a 9, Rövidek, Fiúk, és Túlontúl.

Milyen hülyeséget használsz, hogy elkerüld a teremtés képességeit, amit választhatnál, de elutasítod ennek választását, hogy megbizonyosodj arról, hogy nem kell létezned? Mindent, ami ez, isten tudja hányszorosan, hajlandó lennél elpusztítani és nemteremtetté tenni? Helyes és Helytelen, Jó és Rossz, Pod és Poc, Mind a 9, Rövidek, Fiúk, és Túlontúl.

## TISZTÁZD, HOGY MIT AKARSZ

*Szalon Résztvevő:*
Igazán szeretnék egy férfit teremteni az életemben. Talán szexet is. Amikor férfiak közelében vagyok, azt kérdezem, hogy „Mit teremtene ez 5 éven belül?", és általában erre semmilyen kiterjedő dolog nem jön.

*Gary:*
Olyan férfiakat választasz, akik valójában többet generálnának és teremtenének az életedben? Ezt választottad a múltban?

*Szalon Résztvevő:*
Határozottan nem.

*Gary:*
Akkor nincs tiszta képed arról, hogy mit akarsz.

*Szalon Résztvevő:*
Pontosan. Azt kérdezted, hogy „Mi lenne, ha olyasvalakit választanál, aki elvinne vacsorázni, jól bánna veled, és ékszerekkel halmozna el?" Ez jónak tűnik. Másnak hangzik. Olyan lágy. Igazán szeretem a férfiakat. Tudom, hogy a múltban teremtettem trutyis dolgokat. Nem láttam tisztán akkor.

*Gary:*
Milyen hülyeséget használsz, hogy megteremtsd a férfiakkal kapcsolatos éberséged elkerülését, amit választhatnál? Mindent, ami ez, isten tudja hányszorosan, hajlandó

vagy elpusztítani és nemteremtetté tenni? Helyes és Helytelen, Jó és Rossz, Pod és Poc, Mind a 9, Rövidek, Fiúk, és Túlontúl.

Fel kell ismerned, hogy egy férfi nem teremti vagy pusztítja az életed. A férfiak azért vannak, hogy hozzáadjanak az életedhez. Ha nem úgy vagy kapcsolatban egy férfival, hogy ő hozzáadjon az életedhez, akkor önmagad vagy?

*Szalon Résztvevő:*
Nem.

*Gary:*
Ezt kell tenned. Ez segít? Futtasd ezt a tisztítást újra és újra:

Milyen hülyeséget használsz, hogy megteremtsd a férfiakkal kapcsolatos éberséged elkerülését, amit választhatnál? Mindent, ami ez, isten tudja hányszorosan, hajlandó vagy elpusztítani és nemteremtetté tenni? Helyes és Helytelen, Jó és Rossz, Pod és Poc, Mind a 9, Rövidek, Fiúk, és Túlontúl.

Mindannyiótoknak szól, ha még nem néztetek rá arra, hogy mi igaz számotokra a férfiakkal kapcsolatban, őszintének kell lennetek magatokkal, sokkal inkább, mint bármi mással kapcsolatban. Ismerek olyan nőket, akik azt mondják, hogy „Muszáj, hogy legyen kapcsolatom!"

Egyszer eljött egy hölgy az Access Consciousnesshez, sok kurzuson részt vett, majd kilépett. Megkérdeztem tőle, hogy „Hogy-hogy kilépsz?"

Azt mondta: „Az egyetlen dolog, amit akartam az az volt, hogy tudjam, hogy rendben vagyok akkor is, ha nem akarok barátot, és ezt fogom tudni kezelni a barátaimmal is, akik mindenféle szarságokkal tömtek arról, hogy szükséges nekem egy barát. Az Access Consciousnesszel rájöttem, hogy nincs szükségem barátra és nem is akarok barátot. Tökéletesen boldog vagyok egyedül."

Azt mondtam, hogy „Rendben."

Azt mondta, hogy „Megkaptam, amiért jöttem."

Így érdemes ránézni erre. Kérdezd meg magadtól:

+ Valójában mi miatt is csinálom ezt?
+ Mit akarok?

Láss tisztán azzal kapcsolatban, hogy mit akarsz. Mi az, amit valójában akarsz egy kapcsolatban? Férfi társaságra vágysz? Hogyan kaphatod azt meg? Legyen egy fiú barátod. Tedd ezt és így mindkét világból a legjobbat kapod. Nem kell lefeküdnöd vele, és elmehetsz vele vásárolni is. Bármiről beszélgethetsz vele, és mi egyéb lehetséges? Milyen lenne, ha hajlandó lennél ezt megadni magadnak?

Hajlandónak kell lenned ránézni arra, hogy mi igaz neked. És ekkor igazán könnyeden teremthetsz egy jövőt. Látni fogod, hogy hajlandó vagy megkapni bármit, amid van, vagy tudni fogod, hogy ez nem elég, vagy hogy valami nagyszerűbbet és többet akarsz. Ez az eszköz is értékes: Mi az, amit igazán akarok itt teremteni?

*Szalon Résztvevő:*

Az első híváson beszéltél arról, hogy hogyan utánozzuk le az ellovagolunk a herceggel a fehér lovon elképzelést. Azt mondtad nem láttál tisztán, hogy mi teremtette ezt. Már tisztábban látod?

*Gary:*

Nem, ez egy létező mítosz a társadalmunkban. Ha képes vagy hódolni a herceg fehér lovon elképzelésnek, akkor nem kell megkapnod önmagad. Ha mindig arra vársz, hogy valaki megmentsen, akkor meg kell mentened magad?

## AZ JELENIK MEG AZ ÉLETEDBEN, AMIT GONDOLSZ

*Szalon Résztvevő:*

Jelenleg úgy érzem, hogy nagy dolgok egyvelege történik az életemben. Úgy érzem, mintha egy trutyi mágnes lennék. Szétzúztam a pénztölcsért, ami felém tartott. Mi erről a benyomásod?

*Gary:*

Ebben volt bárhol kérdés? Mindössze csak következtettél: „Trutymó mágnes vagyok. Szarságot teremtek. Semmi nem működik." Ez működik neked?

*Szalon Résztvevő:*

Nem, nem működik. Köszönöm.

*Gary:*

A „Miért van ennyi szarság az életemben?" nem kérdés. Egy kijelentés kérdőjellel a végén. Amit kérdezned érdemes:
- Mi kellene ahhoz, hogy ez megváltozzon?
- Mi más lehetek?
- Mit nem választok lenni, amit ha választanék lenni, megváltoztatná mindezt?

Ki kell találnod a következőket:
- Mi az, ami működik nekem?
- Mi az, amit kedvelek?
- Mi az, amit szeretnék csinálni, és ami az életet mókássá és jóvá teszi?

Erre ránéztél már?

*Szalon Résztvevő:*
Igen, néztem.

*Gary:*
De még nem találtad meg. Nem találhatod meg mindaddig, amíg azt gondolod, hogy trutyi mágnes vagy. Amit gondolsz, az jelentik meg az életedben. Elhatároztad és eldöntötted, hogy trutyi mágnes vagy.

Mindenhol, ahol eldöntötted, hogy trutyi mágnes vagy, és mindannyian, akik jók vagytok abban, hogy vacak férfiakat és nőket szedjetek fel, hajlandóak vagytok mindezt elpusztítani és nemteremtetté tenni? Helyes és Helytelen, Jó és Rossz, Pod és Poc, Mind a 9, Rövidek, Fiúk, és Túlontúl.

Gratulálok hölgyeim, egy szívdobbanásnyi idő alatt képesek voltatok egy szarkupaccá válni. Hát nem vagytok büszkék rá?

*Szalon Résztvevő:*
Köszönöm, Gary.

# A LÉTEZÉS TÉRŰRJE

*Szalon Résztvevő:*
Időnként a testem nagyon élénk és be van indulva, és egy ideje eléggé jelen vagyok a testemben. Mostanában viszont úgy tűnik, hogy lezártam magam. Szeretnék tisztábban látni ezzel kapcsolatban.

*Gary:*
Mi az értékes abban, hogy lezárod magad?

*Szalon Résztvevő:*
Az jön erre, hogy nem vagyok veszélyes, amikor le vagyok zárva.

*Gary:*
Mi az értékes abban, hogy elnyomod magad? Mindent, ami ez, isten tudja hányszorosan, hajlandó vagy elpusztítani és nemteremtetté tenni? Helyes és Helytelen, Jó és Rossz, Pod és Poc, Mind a 9, Rövidek, Fiúk, és Túlontúl.

*Szalon Résztvevő:*
Ez a mi az értékes abban, hogy elnyomom magam tisztítás, ez az, amit bezártam a testembe?

*Gary:*
Ezzel zártad be magad és a tested. Futtasd ezt.
Milyen hülyeséget használsz, hogy megteremtsd a találmányait, mesterséges intenzitásait és démonjait a létezés állapota vagy helye védelmezésének, a létezés térűrje helyett, amit választasz? Mindent, ami ez, isten tudja hányszorosan,

hajlandó vagy elpusztítani és nemteremtetté tenni? Helyes és Helytelen, Jó és Rossz, Pod és Poc, Mind a 9, Rövidek, Fiúk, és Túlontúl.

*Szalon Résztvevő:*
Mondanál egy kicsit többet erről a tisztításról?

*Gary:*
A létezésnek vannak helyei, állapotai és ideje, de a létezés térűrje mindent magába foglal, és semmin nem ítélkezik. A létezés térűrje elvezet téged az egységhez, ami vagy és több választást ad. Hajlandónak kell lenned a létezés térűrje lenni, ami azt jelenti, hogy nem vagy definiálható. Például, néhányan érzékelik önmagukat, ez annak a tudásnak az érzékelése, hogy léteznek, amikor az erdőben vannak.

M azt mondta, hogy úgy érzi, hogy többé nem definiálható, hogy ki ő. Ez azért van, mert amikor önmagad vagy, akkor nincs definíciója annak, hogy önmagad vagy. Csak az vagy, aki vagy és semmi más nem lehetséges, elérhető vagy szükséges.

*Szalon Résztvevő:*
Azt kérdeztem, hogy „Mi egyéb lehetséges itt, amire még nem is vagyok éber?" Van másik kérdés, amit kérdezhetek?

*Gary:*
Kérdezd ezt: Az éberség milyen térűrje lehetek ma, ami lehetővé teszi, hogy mindaz legyek, ami vagyok, és soha ne menjek el?

*Szalon Résztvevő:*
　Gary, belelépek az egységbe vagy eltűnök?

*Gary:*
　Nem tudok erre válaszolni. Több információra van szükségem.

*Szalon Résztvevő:*
　Amikor abszolút semmit nem érzékelek és érzek...

*Gary:*
　Ha az egység és tudatosság térűrjeként létezel, akkor mindent érzel és semmi nem fontos vagy lényeges. Ha nem érzel semmit, akkor nem létezővé teszed magad.
　Milyen találmányt használok, hogy megteremtsem önmagam nem-létezését, amit választok? Mindent, ami ez, isten tudja hányszorosan, hajlandó vagy elpusztítani és nemteremtetté tenni? Helyes és Helytelen, Jó és Rossz, Pod és Poc, Mind a 9, Rövidek, Fiúk, és Túlontúl.

## KONFLIKTUSOS UNIVERZUMOK

*Szalon Résztvevő:*
　Olyan, mintha küzdelem vagy elszántság van létezésért, és annyira mérges leszek, hogy még az elszántság sem marad meg.

*Gary:*
　Van egy kérdésem. Bipoláris vagy?

*Szalon Résztvevő:*
Igent kapok erre, de nem tudom, hogy ez mit jelent.

*Gary:*
Azt jelenti, hogy van egy pozitív univerzumod, ami negatív és egy negatív univerzumod, ami pozitív. Egy állandó konfliktus állapotában vagy magaddal.

Milyen hülyeséget használsz, hogy megteremtsd a konfliktusos univerzumot, amit választasz? Mindent, ami ez, isten tudja hányszorosan, hajlandó vagy elpusztítani és nemteremtetté tenni? Helyes és Helytelen, Jó és Rossz, Pod és Poc, Mind a 9, Rövidek, Fiúk, és Túlontúl.

*Szalon Résztvevő:*
Próbálok annyira normális lenni. Nem tudom, hogy mi vagyok.

*Gary:*
Miért akarnál normális lenni?

*Szalon Résztvevő:*
Ezek a dolgok rossznak és helytelennek tűnnek. Épp diagnosztizáltál. Senki nem beszélt velem és mondta azt nekem, hogy rossz vagyok és helytelen.

*Gary:*
Senki soha nem mondta ezt neked?

*Szalon Résztvevő:*
Senki nem mondta ezt nekem. Intézményesíteni kellene engem? Miért nem lehetek boldog? Amikor ezt mondtad, olyan megkönnyebbülést éreztem és mégis …

*Gary:*

Futtasd ezt a tisztítást a konfliktusos univerzumról. Ez az, ahol a női/férfi dolog bejön. A konfliktusos univerzum folyamatos állapota van jelen a férfiakkal, nőkkel, közösüléssel és kapcsolatokkal. Ezek teljesen konfliktusos univerzumok. Mindannyian bipolárisak vagytok, amikor erről van szó.

Milyen hülyeséget használsz, hogy megteremtsd a konfliktusos univerzumot, amit választasz? Mindent, ami ez, isten tudja hányszorosan, hajlandó vagy elpusztítani és nemteremtetté tenni? Helyes és Helytelen, Jó és Rossz, Pod és Poc, Mind a 9, Rövidek, Fiúk, és Túlontúl.

*Szalon Résztvevő:*

Ez a testekkel is igaz?

*Gary:*

Igen, ha konfliktusban vagy a testeddel, akkor ugyanaz történik.

*Szalon Résztvevő:*

Ez remek. Köszönöm.

*Gary:*

Milyen hülyeséget használsz, hogy megteremtsd a konfliktusos univerzumot, amit választasz? Mindent, ami ez, isten tudja hányszorosan, hajlandó vagy elpusztítani és nemteremtetté tenni? Helyes és Helytelen, Jó és Rossz, Pod és Poc, Mind a 9, Rövidek, Fiúk, és Túlontúl.

*Szalon Résztvevő:*

Azt akarod ezzel mondani, hogy mindez választás és teremtés? Hogy ezt mi állítjuk elő?

*Gary:*

Konfliktust teremtesz lehetőség helyett, igaz? Ha folyamatosan ítélkezel magadon, akkor mit teremtesz? Teremtesz vagy pusztítasz?

*Szalon Résztvevő:*

Pusztítok.

*Gary:*

Belekeveredsz ezekbe a dolgokba és a konfliktusokat választod a lehetőségek helyett. Rá kell nézned a kérdésre, választásra, lehetőségre és hozzájárulásra. Ezeket kell kérdezned:
+ Mi lehetséges itt, amit még fontolóra sem vettél?
+ Milyen választásaim vannak, amikre még nem is gondoltam?

Amikor mindent fel kell adnod, amit akarsz azért, hogy valaki más kapja meg, amit akar, az egy konfliktusos univerzum. Konfliktusban vagytok egymással, ami megmagyarázza, hogy miért olyan bonyolult a legtöbb kapcsolat. Többnyire rá akarod venni a másikat, hogy egyetértsen veled, hogy lássa, hogy te egyet értesz vele, és végül megkaphassa, amit akar. Ez működik?

*Szalon Résztvevő:*

Nem.

*Gary:*

Ahhoz, hogy konfliktus legyen férfi és nő között, az kell, hogy elvágd az éberséged. Ahhoz, hogy legyen helyed konfliktust teremteni az életedben, el kell vágnod az éberséget. Bárhol legyen is olyan hely, ahol olyasvalamit próbálsz teremteni, ami nem működik az életedben, akkor konfliktusos univerzumot teremtesz. Ez egy konfliktusos univerzum, mert nem vagy egységközösségben mindennel és nem választhatsz mindent. Bármit választhatnál, ha igazán szeretnéd választani, de fel kell ismerned, amikor konfliktusos univerzumokat teremtesz és egy kicsit más helyről kell funkcionálnod.

A saját életemben, amikor Dainnél töltötte valaki az éjszakát, nagyon furcsán és konfliktusosan kezdtem el viselkedni. Nem tudtam mi a konfliktus oka. Azt mondtam, hogy „Nem szeretem, amikor vendégei vannak. Várj egy percet, ennek így nincs értelme. Ez nem lehet az én világom. Mit teremtek itt?"

Felismertem, hogy egy olyan helyet teremtettem, ahol azt hittem, hogy ha ezzel problémám van, akkor van valami, amivel foglalkozhatok. Arról a konfliktusról volt szó, ami azokban az emberekben ment végbe, akikkel Dain volt – mert azok, akikkel szexelt, konfliktusban voltak azzal, amit választottak. Ők voltak konfliktusban azzal, amit választottak. Amint ezt felfogtam, már nem kellett konfliktusban lennem. Tisztábban láttam és tudtam, hogy mi igaz nekem. De túl kellett lépnem azon az elképzelésen, hogy konfliktusban vagyok vele, és hogy problémám van. Bárhol, ahol úgy teszel, hogy „Problémám van ezzel a dologgal", akkor egy konfliktusos univerzumból működsz.

Milyen hülyeséget használsz, hogy megteremtsd a konfliktusos univerzumot, amit választasz? Mindent, ami ez, isten tudja hányszorosan, hajlandó vagy elpusztítani és nemteremtetté tenni? Helyes és Helytelen, Jó és Rossz, Pod és Poc, Mind a 9, Rövidek, Fiúk, és Túlontúl.

## TESTEK ÉS EGY KONFLIKTUSOS UNIVERZUM

*Szalon Résztvevő:*

Mondanál többet a testekről és a konfliktusos univerzumról? Ez hogy jelenik meg?

*Gary:*

Ha ítélkezel a testedről, akkor valójában változásra vágysz? Vagy konfliktusban vagy vele?

*Szalon Résztvevő:*

Konfliktusban.

*Gary:*

Igen, bármikor, amikor ítélkezel a tested felett, konfliktusban vagy vele. Nem nézel rá arra, hogy mi lehetséges, és arra sem, hogy mi lehetsz és mit tehetsz, amit még eddig fontolóra sem vettél.

*Szalon Résztvevő:*

Van erre egy speciális tisztítás azon kívül, amit már elmondtál?

*Gary:*

Amit mondtam, az lesz a legjobb.

*Szalon Résztvevő:*

Nagyszerű, köszönöm.

*Gary:*

Tetszenek a kérdések, amiket felhoztok.

*Szalon Résztvevő:*
Ahogy futtatod ezeket a tisztításokat, égető érzés van a mellkasomban. Ez az, hogy valami változik?

*Gary:*
Igen, ez az, hogy elmozdulnak, változnak a dolgok. Nagyon sok nézőpontod van arról, hogy mi megy végbe a szívből jövő dolgaiddal.

Milyen hülyeséget használsz, hogy megteremtsd a konfliktusos univerzumot, amit választasz? Mindent, ami ez, isten tudja hányszorosan, hajlandó vagy elpusztítani és nemteremtetté tenni? Helyes és Helytelen, Jó és Rossz, Pod és Poc, Mind a 9, Rövidek, Fiúk, és Túlontúl.

*Szalon Résztvevő:*
Mi a kapcsolat a védekezés, találmány és a konfliktusos univerzum között?

*Gary:*
Egy konfliktusos univerzum olyasvalami, amit te teremtesz, azt gondolva, hogy ily módon kell létezned ebben a valóságban. Azért teremted, hogy létezésben tartsd a polaritást. Bármikor, amikor van két olyan dolgod, amik mások és polarizáltak, mint pl. férfiak és nők, akkor ez egy konfliktusos univerzum – ez nem szükségszerűen igaz.

A védelmezés az, amit akkor teszel, amikor eldöntötted, hogy amit eldöntöttél az helyes. Eldöntöd, hogy ezzel létezésben tartsd a védekezést. Küzdened kell érte vagy ellene.

A találmány az, amikor beveszed valaki nézőpontját. Tegyük fel, hogy a szüleid azt mondják, hogy nem kellene x-, y-, és z-t csinálnod. Amint ezt kimondják, megpróbálod saját nézőpontodként feltalálni ezt. Ez nem azért jön létre, mert nem olyasmin alapul, amit te választasz; ez azon alapul, amit másokból választasz.

*Szalon Résztvevő:*

Össze vagyok zavarodva azzal a résszel, ahol a konfliktusos univerzum az, ahol azt gondolod, hogy valamit kellene választanod.

*Gary:*

Nem, a konfliktusos univerzum az, ahol megpróbálod fenntartani ennek a valóságnak a polaritását. Egy végtelen lény valóban választaná ezt?

*Szalon Résztvevő:*
Nem.

*Gary:*

Valóban azt választanád, hogy konfliktusban legyél a férfiakkal és a nőkkel?

*Szalon Résztvevő:*
Egyáltalán nem.

*Gary:*
Biztos vagy ebben?

*Szalon Résztvevő:*

Ha nem egy konfliktusos univerzumban lennék, akkor nem látom, miért választanám azt, hogy konfliktusban vagyok férfiakkal és nőkkel.

*Gary:*
　Fel kell ismerned, hogy elérhető egy más lehetőség, amire eddig még nem gondoltál. Mi az, ami valójában lehetséges, amire még nem is gondoltál?
　Milyen hülyeséget használsz, hogy megteremtsd a konfliktusos univerzumot, amit választasz? Mindent, amit ez felhoz, isten tudja hányszorosan, hajlandó vagy elpusztítani és nemteremtetté tenni? Helyes és Helytelen, Jó és Rossz, Pod és Poc, Mind a 9, Rövidek, Fiúk, és Túlontúl.
　Ezek mindazok a helyek, ahol megengedted magadnak, hogy polarizált legyél ilyen vagy olyan formában.

*Szalon Résztvevő:*
　Amikor azt kérdezted, hogy „Biztos vagy ebben?", akkor mire gondoltál?

## A NŐK, AKIK MÁS NŐKKEL VERSENYEZNEK

*Gary:*
　A legtöbb nő versenyképes más nőkkel. Nagyon egyértelműnek kell lenned, ha nem vagy versenyben más nőkkel – mert amikor nem versenyzel nőkkel, és a nők versenyeznek veled, te nem fogod megérteni vagy felfogni ezt.

*Szalon Résztvevő:*
　Igen, ez igaznak tűnik.

*Gary:*
　Fontos felfognod, hogy ne teremts konfliktusos univerzumokat nőkkel – ne ítélkezz a nők felett és ne versenyezz velük. De

fel kell ismerned azokat a nőket, akik ezt teszik. Amikor más nőkkel versenyeznek, akkor arra törekszenek, hogy bebizonyítsák, hogy valaki rosszul választ és rosszul tesz dolgokat. Mindig azt igyekeznek meglátni, hogy más nők mennyire rosszak.

*Szalon Résztvevő:*
Van valami ragadós ebben nekem, a nőkkel való versengésben. Mit változtathatunk meg ezzel kapcsolatban?

*Gary:*
Először is, vedd észre, hogy a nők általában nagyon versenyképesek. Ha nem ismered el, hogy versenyképesek, akkor meg fogod látni, hogy mennyire fontos nekik, hogy igazuk legyen, amikor ítélkeznek feletted. Vagy meglátod, hogy mennyire fontos, hogy igazuk legyen akkor, amikor rámutatnak arra, hogy valami helytelen veled, vagy amikor azt mondják, hogy „Ez egy csinos ruha" és közben nem is így gondolják. Látnod kell, hogy a nők mikor versenyeznek, és azt nem bevenned.

Ha kiszállsz a versengésből, végül ez el is fog távolodni tőled azoknál az embereknél, akikkel képes vagy kapcsolódni. De a nők versenyképesek, és ezt fel kell ismerned. Ez fontos.

Amikor nem versengsz nőkkel, akkor ha egy nő úgy dönt, hogy meglátogat a pasijával együtt, akkor nem fogod szükségét érezni annak, hogy megsemmisítsd vagy túltegyél rajta. Felfogod, hogy számodra van más választás.

Amikor a nők a férfiakért versengenek, akkor egy nyomot vagy egy jelet hagynak azokon a férfiakon, akikkel szexelnek, és minden alkalommal, amikor egy másik nő belép a szobába, akkor mindenütt végignyálazzák a férfit. A vizeletükkel megjelölik a férfit. Nagyon sok közös van a nők és a kan kutyák között.

*Szalon Résztvevő:*
Milyen az, amikor nem versengsz és felismered, hogy más nők igen?

*Gary:*
Amikor a nők más nőkkel versengenek, akkor nem lehettek barátok velük. Soha nem lehetnek a barátaid. Csak ismerőseid. Nem létezhet barátság olyan nőkkel, akik nőkkel versenyeznek.

*Szalon Résztvevő:*
A legtöbb nő ezt csinálja.

*Gary:*
Ha hajlandó vagy nem versenyezni, akkor lehet szoros barátságod. Hajlandónak kell lenned felismerni, hogy milyen nőket választhatsz barátnak és milyeneket nem.

*Szalon Résztvevő:*
Mi a helyzet akkor, ha ilyen nőkkel kell dolgozni?

*Gary:*
Amikor olyan nőkkel dolgozol, akik versengenek a nőkkel, akkor kívül kell tartanod a férfiakat a versenyen; különben mindig megtalálják a módját annak, hogy megteremtsenek egy problémát, ami lehetővé teszi nekik, hogy versenyezzenek.

*Szalon Résztvevő:*
Hűha, ez úgy tűnik, elég idegen téma számomra.

*Gary:*
   Igen, te nem versenyzel a nőkkel, így nem érted, hogy hogyan működnek.

*Szalon Résztvevő:*
   Nem, én nem.

*Gary:*
   Azt gondolod, hogy ugyanúgy működnek, mint mások.

*Szalon Résztvevő:*
   Köszönöm, hogy felvilágosítottál.

*Szalon Résztvevő:*
   Annyira hálás vagyok ezekért a hívásokért. Korábban nem vettem észre, hogy mennyi változás lehetséges. Ha a nőként létezés ezen a bolygón top 3 nézőpontját kellene ránk hagynod, mit mondanál?

## MILYEN JÖVŐT SZERETNÉL TEREMTENI?

*Gary:*
   Beszéltem nektek arról, hogy szükséges felismernetek, hogy képesek vagytok egy más valóság teremtésének harcosai lenni itt. A jövőért harcosai vagytok. Közületek hányan néztek a jövőre és hányan néztek a múltra? A legtöbben azzal töltitek az életeteket, hogy a rosszra, a múltra, és a nem működő dolgokra néztek rá. Ritkán néztek a jövőre és arra, ami valójában működni fog. Milyen jövőt szeretnétek teremteni? Miért nem ezen van a figyelmetek? Minden nap.
   Engem érdekel a jövő teremtése. A legjobb képességem

szerint humanoid férfi vagyok nőies érintéssel. Hajlandó vagyok ránézni arra, hogy mi az, ami egy jövőt teremt, és milyen jövőt tudok teremteni. Mindig arra törekszem, hogy mindent másképp teremtsek. A saját üzletemben minden nap ránézek erre: Mi legyek vagy mit változtassak ahhoz, hogy ezt jobbá, nagyszerűbbé vagy mássá tegyem? Ez nem fog működni mindaddig, amíg nem vagyok képes valami mást teremteni. Számomra az, hogy valami mást teremthetek, a legnagyobb ajándék, amit magamnak adhatok. Mindig olyan jövő teremtéséről szól, ami eddig nem létezett.

El kell kezdened azon gondolkodni, hogy hogyan teremts olyan jövőt, ami még eddig nem létezett itt. Ha ebből a kérdésből működsz, akkor rengeteg problémád a házassággal és minden mással el fog tűnni. Ebből kell kiindulnod:

+ Ha egy olyan jövőt teremtenék, amilyet szeretnék, akkor az hogy nézne ki?
+ Milyen érzés lenne?

Ez egy más lehetőség. Valami nagyszerűbből kell választani. Hajlandónak kell lenned azt választani.

Nos, hölgyeim, legyetek éberek, mert az éberség a legnagyobb ajándék, amit magatoknak adhattok.

Remélem mindannyian annyira élveztétek ezeket a hívásokat, mint én. Köszönöm nektek a kérdéseitek ajándékát.

*Szalon Résztvevő:*
Köszönöm, Gary.

*Szalon Résztvevő:*
Annyira hálás vagyok. Köszönöm!

# Az Access Consciousness Tisztító Mondat™

Te vagy az egyetlen, aki fel tudja oldani a csapdába ejtett nézőpontjaidat. Amit én ajánlok itt a tisztító processzel, az egy eszköz, amit arra használhatsz, hogy megváltoztasd azt a nézőpontot, amit bezártál a nem változó helyzetekbe.

Ebben a könyvben sok kérdést teszek fel, és néhányuk megcsavargathatják a fejed egy kicsit. Ez a szándékom velük. A kérdések, amiket felteszek, úgy jöttek létre, hogy az elmédet kivonják a képből, hogy ezzel eljuthass egy helyzet energiájához.

Amint egy kérdés megcsavargatta a fejed és felhozta egy helyzet energiáját, azt kérdezem, hogy hajlandó vagy-e elpusztítani és nemteremtetté tenni azt az energiát – mert a beragadt energia a forrása a falaknak és a korlátoknak. Ennek az energiának az elpusztítása és nemteremtetté tevése megnyitja az ajtót új lehetőségek felé számodra.

Ez egy lehetőség arra, hogy azt mondd, „Igen, hajlandó vagyok elengedni bármit, ami helyben tartja ezt a korlátot."

Ezt követi valamilyen furcsa beszéd, amit tisztító mondatnak hívunk:

Helyes és Helytelen, Jó és Rossz, POD és POC, Mind a 9, Rövidek, Fiúk és Túlontúl.

A tisztító mondattal visszamegyünk a megteremtett korlátok és falak energiájához. Ránézünk azokra az energiákra, amik megakadályozzák, hogy előre mozduljunk és kiterjedjünk minden tér-űrbe, ahova menni szeretnénk. A tisztító mondat egyszerűen egy rövidítés, ami azokat az energiákat szólítja meg, ami megteremti az életünkben a korlátokat és összehúzódásokat.

Minél többet futtatod a tisztító mondatot, annál mélyebbre hatol és annál több réteget és szintet tud feloldani neked. Ha sok energia jön fel egy kérdésre, akkor érdemes addig ismételni a tisztítást, amíg az érintett téma már nem jelent gondot neked.

Nem kell értened a tisztító mondat szavait ahhoz, hogy működjön, mert ez az energiáról szól. Viszont ha érdekel, hogy mit jelentenek a szavak, egy rövidke definíciót találsz lentebb.

*Helyes és Helytelen, Jó és Rossz* a rövidítése annak, hogy: Mi a helyes, jó, tökéletes és kifogástalan ebben? Mi a helytelen, gonosz, alávaló, szörnyű, rossz és borzasztó ebben? A rövid verziója ezeknek a kérdéseknek: Mi a helyes és helytelen, jó és rossz? Azok a dolgok, amelyeket helyesnek, jónak, tökéletesnek és/vagy kifogástalannak tartunk, ragasztanak be leginkább. Nem vagyunk hajlandók megválni tőlük, mivel eldöntöttük, hogy jól csináljuk őket.

A *POD* a pusztítás helye és ideje; minden mód, amivel pusztítod magad azért, hogy életben tartsd azt, amit tisztítani akarsz.

A *POC* a teremtés helye és ideje a gondolatoknak, érzéseknek és érzelmeknek, közvetlenül mielőtt eldöntenénk, hogy bezárjuk az energiájukat.

Néha azt mondják, hogy „POD POC-oljunk valami", ami egyszerűen csak a rövidített verziója a hosszúnak. Amikor „POD POC-olsz" valamit, akkor az olyan, mintha a kártyavár legalsó lapját húznád ki. Az egész dolog leomlik.

*Mind a 9* a kilenc különböző módot jelenti, ahogy korlátként teremtetted meg ezt a dolgot az életedben. Ezek a gondolatok, érzések, érzelmek és nézőpontok szintjei, amik szilárddá és valóssá teremtik a korlátokat.

*Rövidek* a rövid verziója egy sokkal hosszabb kérdéssornak, amiben benne van az, hogy: Mi ebben a jelentőségteli? Mi ebben a jelentéktelen? Milyen büntetés jár ezért? Milyen jutalom jár ezért?

*Fiúk* azok az energetikai struktúrák, amiket középpontos gömböknek neveznek. Alapvetően az életünk azon területeihez kapcsolódnak, amelyeket folyamatosan próbáltuk megváltoztatni, minden eredmény nélkül. Legalább tizenhárom különböző típusú ilyen gömb van, amit kollektívan „a fiúk"-nak hívunk. Egy középpontos gömb úgy néz ki, mint azok a buborékok, amiket a gyerekek szappanbuborék fújójával lehet fújni, aminek sok kis kamrái vannak. Egy hatalmas mennyiségű buborékot tudsz vele csinálni, és amikor kidurrantasz egy buborékot, egy másik kerül a helyére.

Próbáltad-e valaha lefejteni egy hagyma rétegeit, amikor

megpróbáltál egy dolog magjához eljutni, de soha nem értél el oda? Ez azért van, mert az nem egy hagyma volt, hanem középpontos gömb.

*Túlontúl* olyan érzések vagy érzetek, amiktől megáll a szíved, eláll a lélegzeted, vagy abbamarad a hajlandóságod arra, hogy ránézz a lehetőségekre. A túlontúl akkor történik, amikor sokkban vagy. Sok olyan terület van az életünkben, ahol lefagyunk. Bármikor, amikor lefagysz, akkor egy túlontúl rabja vagy. Ez a nehézség a túlontúllal: megállít abban, hogy jelen legyél. A túlontúl magába foglal mindent, ami túl van a hiedelmen, valóságon, képzeleten, elgondoláson, érzékelésen, racionalizáláson, megbocsátáson, valamint a többi túlontúlon. Ezek többnyire érzések és érzetek, ritkán érzelmek és soha nem gondolatok.

# Szószedet

## MEGENGEDÉS

Összehangolódhatsz és egyet érthetsz egy nézőponttal, vagy ellenállhatsz és reagálhatsz egy nézőpontra. Ez ennek a valóságnak a polaritása. Vagy lehetsz megengedésben. Ha megengedésben vagy akkor te vagy a kőszikla az áramlat közepén. A gondolatok, hiedelmek, hozzáállások és megfontolások elérnek hozzád és megkerülnek, mert neked ők csak egy érdekes nézőpont. Másrészt, ha belemész a nézőponttal való összehangolódásba és egyetértésbe vagy ellenállásba és reakcióba, akkor belegabalyodhatsz az őrültség áramlatába és elindulsz a vágtán. Ez nem az az áramlat, amiben lenni szeretnél. Megengedésben akarsz lenni. A teljes megengedés az, hogy: Minden csak egy érdekes nézőpont.

## LENNI/LÉTEZNI

Ebben a könyvben a 'lenni/létezni' szót használjuk néha a 'vagy' helyett 'önmagadra' vonatkozólag. A végtelen lény az, akiként igazán 'létezel', egy kitalált nézőponttal szemben arról, aki gondolod, hogy 'vagy'.

## BARS

A Bars egy kézrátétes Access kezelés, amiben gyengéden megérintünk pontokat a fejen, amelyik az élet különböző területeire vonatkoznak. Van pontja az örömnek, szomorúságnak, testnek és szexualitásnak, éberségnek, kedvességnek, hálának, békének és nyugalomnak. Még pénz bar pont is van. A pontokat „Bar"-oknak nevezik, mert a fej egyik oldaláról a másikig futnak.

## CFMW (MKCSM)

Certifiable Fucking Miracle Worker (Minősíthető Kicseszett Csodatévő Munkás).

## PARANCSOLAT

Az Access Consciousnessben beszélünk a Tíz Parancsolatról – vagy a Tíz Kulcs a Teljes Szabadsághoz-ról. „Nincs forma, nincs struktúra, nincs jelentőség" az egyike a Tíz Kulcsnak (vagy parancsolatnak). További információ a Tíz Parancsolatról vagy a Tíz Kulcsról megtalálható A Tíz Kulcs a Teljes Szabadsághoz könyvben, vagy A Tíz Parancsolat CD-n.

## ZAVARÓ BEÜLTETÉSEK

A zavaró beültetések ragacsos negatív érzelmek, amikbe beragadva töltjük az időnket, arra vágyva, hogy kijutunk belőle, és szilárd meggyőződésünk, hogy nem tudunk elmenekülni tőlük. A zavaró beültetések a következőek: harag, düh, téboly és gyűlölet; hibáztatás, szégyen, sajnálat és bűntudat; rögeszmés, kényszeres, addiktív, perverz nézőpontok; szerelem, szex, féltékenység és béke; élet, megélés, halál és kapcsolatok, üzlet, félelem és kétely.

## ELEMI DOLGOK

A tény az, hogy minden részecskének és minden molekulának tudatossága van. Amikor megidézed és használod az elemi dolgokat, ezzel megszólítod minden molekula tudatosságát és kéred, hogy hozzájárulás legyen az életedhez.

## AZ EGYSÉG-KÖZÖSSÉG ENERGETIKAI SZINTÉZISE

Ezt a processzt Dr. Dain Heer csinálja. Alapvetően az egység-közösség energetikai szintézise az univerzum minden molekuláris struktúrájával összekapcsol, máshogy.

Megtudhatsz erről többet Dain weboldalán (www.drdainheer.com). Ingyenes „ízelítőket" kínál, hogy érzékelhesd, milyen ez.

## JELENET VÉGE, BALRA EL

A Jelenet Vége, Balra El egy Access Consciousness kezelés, ami segíthet a lénynek és a testnek abban, hogy az élet és halál csak választás.

## HŰBÉRESKÜ ÉS VÉRSZERZŐDÉS

A hűbéreskü egy ígéret a hűbéres feudális időkből, mint

pl. amikor egy jobbágy hűséget esküdött a királynak a védelemért. A vérszerződés egy hűbéreskü, ami valójában beleolvadt a fizikai struktúrádba, mint egy vérszerződés szteroidokon.

## GENERÁLÁS, TEREMTÉS, AKTUALIZÁLÁS ÉS INTÉZMÉNYESÍTÉS

A generálás az az energia, ami valamit létezésbe indít, teremtés az, amikor aktualizálásba helyezed, és az intézményesítés az, amit teszel, hogy egy olyan platformot teremts, amivel többet építhetsz.

## EMBEREK ÉS HUMANOIDOK

Két faja van a két lábú lényeknek a bolygón. Embereknek és humanoidoknak hívjuk őket. Ugyanúgy néznek ki, ugyanúgy járnak, ugyanúgy beszélnek, és gyakran ugyanúgy esznek, de valójában különbözőek.

Az emberek mindig azt mondják neked, hogy milyen rossz vagy, ők milyen jók, és hogyan nem kellene semmin változtatnod. Ilyeneket mondanak, hogy „Mi nem így csináljuk a dolgokat, szóval ne is törődj vele." Ők azok, akik azt kérdezik, hogy „Miért változtatsz ezen? Jó úgy, ahogy van."

A humanoidok más megközelítésbe mennek. Ők mindig ráéznek a dolgokra és azt kérdezik, hogy „Hogyan tudnánk ezt megváltoztatni? Mi teszi ezt jobbá? Hogyan tudjuk ezt felülmúlni?" Ők azok, akik az összes nagyszerű művészeti alkotást teremtették, az összes nagyszerű irodalmat és az összes nagyszerű fejlődést a bolygón.

## ÉRDEKES NÉZŐPONT

Az érdekes nézőpont egy Access Consciousness eszköz. Nagyszerű módja az ítélkezés semlegesítésének azzal, hogy emlékezteted magad arra, hogy bármi is az ítélkezés, az csak egy érdekes nézőpont, ami neked vagy valaki másnak van ebben a pillanatban. Ez nem helyes vagy helytelen, vagy jó vagy rossz.

Bármikor, amikor feljön egy ítélkezés, csak mondd azt, hogy „Érdekes nézőpont". Segít eltávolodni az ítélkezéstől. Nem hangolódsz össze vagy értesz egyet vele – és nem állsz ellen vagy reagálsz rá. Csak megengeded, hogy az legyen, ami, és ez nem több, mint egy érdekes nézőpont. Amikor ezt meg tudod csinálni, akkor megengedésben vagy.

## GYILKOS ENERGIA

A gyilkos energia az az energia, ami ahhoz kell, hogy megölj valamit, ha hajlandó vagy ezt ítélkezés nélkül tenni. Energia kell ahhoz, hogy megölj egy tehenet vagy egy szarvast, vagy bármit, amit meg fogsz enni. Ez az energia, úgy rávetítve valakire, ahogy azt tennéd, ha valójában lemészárolnál egy állatot, ez az az energia, ami megváltoztat dolgokat az embereknek.

## ÉN KIRÁLYSÁGA

A legtöbben az Én Királyságából próbálnak működni, ami arról szól, hogy kitaláljuk, mit akarunk, mintha ennek elkülönülésnek kellene lennie mindenki mástól. Mi lenne, ha egy teljesen más helyről tudnál választani? Mi van, ha az elkülönülés az, ami visszatart attól, hogy megkapj mindent, amire igazán vágysz?

## MI KIRÁLYSÁGA

Amikor a Mi Királyságából választasz, az nem arról szól, hogy magadnak választasz és a másik ellen. Nem is magadnak választasz és kizárod a másikat. Magadnak és mindenki másnak választasz; azt választod, ami minden lehetőséget kiterjeszt; beleértve a sajátodat is. Amikor ezt csinálod, akkor az emberek körülötted észre veszik, hogy az ő választásuk kiterjeszti a te választásod, és hozzájárulnak a te választásaidhoz, nem pedig ellenállnak nekik.

## ÉLET ÉS MEGÉLÉS

Az élet a beteljesedés; a megélés folyamatos teremtés cselekvése pillanatról pillanatra, napról napra.

## KÖNNYEBB/NEHEZEBB

Ami könnyű, az mindig igaz, és érzékeled a könnyűségét. Ami hazugság, az mindig nehéz, és érzékeled azt a nehézséget.

## MTVSS

A Molecular Terminal Valence Sloughing System egy mélyen relaxáló Access Consciousness testkezelés, ami dinamikusan dolgozik az immunrendszeren és olyan teresség és könnyedség érzetét kelti a testben, amit gyakran másban nem lehet tapasztalni.

## OMNISZEXUÁLIS

Az omniszexuálisok vonzódnak bármilyen nemű és beállítottságú emberekhez. A személyiséget látják másokban a nemi szerveik és a nemi identitásuk helyett.

## KONTROLLON KÍVÜL

Kontrollon kívül lenni nem azt jelenti, hogy kontrollálatlan vagy. Nem azt, hogy részeg vagy, rendetlen és illegális. Kontrollon kívül lenni annyit tesz, hogy semmi nem kontrollálhat és állíthat meg – és nincs szükséged arra, hogy megállíts vagy korlátozz bárki mást. Amikor kontrollon kívül vagy, akkor hajlandó vagy a kontextuális valóságon és hagyományos referencia pontokon kívül működni. Arról szól, hogy nem hagyod, hogy mások nézőpontjai, valóságai, ítélkezései és döntései kontrolláló tényezők legyenek az életedben.

Kontrollon kívül lenni annyi, mint teljesen ébernek lenni. Nem próbálod meg kontrollálni azt, ahogyan a dolgok generálódnak. Csak amikor nem vagy teljesen éber, akkor próbálod meg kontrollálni azt, ami történik, vagy ami bejön és kimegy. Kontrollon kívül lenni azt jelenti, hogy semmi nem állíthat meg.

## KONCENTRICITÁSON KÍVÜL

Koncentricitáson kívül lenni az, hogy azon a helyen kívül vagy, ahol megpróbálsz mindent koncentrikus körökbe tenni azért, hogy összekapcsolódjanak és megteremtsék az állandó összehúzódás állapotát.

## KONTEXTUSON KÍVÜL

Kontextuson kívül lenni annyit tesz, hogy többé nem bármire és bárkire vonatkozólag működsz.

## DEFINÍCIÓN KÍVÜL

Definíción kívül lenni az, hogy mások által rád vetített definícióktól és korlátoktól mentes vagy. Létezik az ő definíciójuk – és te éber vagy ezekre – de ezeken kívül működsz.

## FORMÁN, STRUKTÚRÁN ÉS JELENTŐSÉGEN KÍVÜL

Formán, struktúrán és jelentőségen kívül lenni azt jelenti, hogy nem vagy olyan merev formákhoz és struktúrákhoz kötve, amiket mások igencsak fontosnak és jelentőségtelinek tartanak. Ez az, hogy legyél fürge, fogékony és innovatív.

## KORLÁTOKON KÍVÜL

A korláton kívül azt jelenti, hogy nem azok között a korlátok között működsz, amiket mások teremtenek maguknak.

## LINEARITÁSON KÍVÜL

A linearitáson kívül azt jelenti, hogy kívül vagy azon a helyen, ahol mindent megpróbálsz sorba rendezni azért, hogy mindenki más nézőpontjával egybe csengjen.

## POD POC-OLÁS

A POD POColás egy rövid módja annak, hogy azt mondod, hogy visszamész időben arra a pontra, ahol pusztítottad magad valamivel, vagy valami olyan teremtésének a pontjához, ami bezár téged.

## LOOPRA / VÉGTELENÍTETT LEJÁTSZÁSRA TENNI

Ez olyasmi, amit a számítógépeden csinálhatsz, ami lehetővé teszi, hogy valamit újra és újra meghallgass.

## KVANTUM ÖSSZEFONÓDÁSOK

A kvantum összefonódások a húrelmélet, hogy minden kapcsolatban áll egymással. Ha ránézel az univerzumra, akkor egyértelmű, hogy minden egyes dolog kapcsolatban van egymással.

Minden kérdéssel, minden választással és minden lehetőséggel meghívod a teljes univerzum kvantum összefonódásait, hogy tartsanak veled annak aktualizálásában, amire vágysz. Az univerzum támogatni kíván minket, de úgy teszünk, mintha egyedül lennénk. Olyan, mintha azt hinnénk, hogy az univerzum egy olyan ökoszisztéma, amiből ki kell zárni magunkat. Azt hisszük, hogy mindent egyedül kell csinálnunk – pedig az egység része vagyunk. Ha ítélkezés nélkül az egység részeként öleljük át magunkat, akkor abszolút meghívjuk az egységet, hogy a részünk legyen és megnyílunk az univerzumnak, ami megad nekünk mindent, amire vágyunk.

## JELEK, PECSÉTEK, EMBLÉMÁK ÉS JELENTŐSÉGEK

Ezek olyan bélyegek, amiket mindig viselsz és semmi közük ahhoz, aki vagy.

## SZEX ÉS NO-SZEX

Az Access Consciousnessben, amikor azt mondjuk, hogy szex és no-szex, akkor nem a közösülésre utalunk. A befogadásról beszélünk. Azért választottuk ezeket a szavakat, mert sokkal jobban visszaadják a befogadás és nem befogadás energiáját, mint bármi más, amit találtunk.

Az emberek a szex és no-szexről alkotott nézőpontjukat arra használják, hogy korlátozzák a befogadásukat. A szex és no-szex kizárásos univerzumok – vagy/vagy univerzumok – ahol vagy megmutatod a jelenléted (szex) mindenki más kizárásával, vagy elrejted a jelenléted (no-szex), hogy ne lássanak. Mindkét esetben, mivel a fókusz rajtad van, nem engeded meg magadnak, hogy bárkitől vagy bármitől befogadj.

## RENDSZEREK ÉS STRUKTÚRÁK

A rendszer olyasvalami, ami alakítható és változtatható. A pillanattól függően lehet igazítani. A struktúra olyasvalami, amit létre hozol, aminek vannak törvényei, rendeletei és szabályai, amiket követned kell. A hadsereg egy struktúra, nem egy rendszer. A törvény egy struktúra; nem rendszer. A rendszer adaptálódik ahhoz, amit akarsz. Az én életemben az én rendszerem a kérdésben létezés. Egy rendszer előre helyez egy kérdést az elmédben, mint egy kapualjat olyan opciókhoz és lehetőségekhez, amikre még nem gondoltál.

## A TÍZ PARANCSOLAT (ÚGY IS ISMERT, MINT A TÍZ KULCS A TELJES SZABADSÁGHOZ)

Olvasd el a könyvet, vagy hallgasd meg a hívásokat, kérlek. Szükséged van rá.

## GYARAPODÁS

A gyarapodik a gyarapodás cselekvése. Ebben benne van a túlélés, de túlmegy a szimpla létezésen a nagyszerűbb lehetőségek teremtésének helyére.

## HÁROMSZOROS SOROZAT RENDSZEREK

Ez egy Möbius szalag, ami azt jelenti, hogy egy rég történt eseményt újra és újra lejátszod a fejedben úgy, mintha csak ma történt volna. A háromszoros sorozatrendszerek alapvetően a poszt traumatikus stressz szindróma (PTSD) forrásai.

## UTÓPISTA IDEÁLOK

Az utópista ideálok elméleti valóságok, amik belepotytyantak a létezésünkbe. Az utópista ideálok fix elképzelések vagy fogalmak arról, hogy feltehetőleg hogy legyenek a dolgok – vagy hogyan kellene lenniük. Felvesszük ezeket, ahelyett, hogy a pillanatban működnénk.

# A fejezetek címeinek és alcímeinek tartalomjegyzéke

1. Pragmatikus feminizmus ........................................................... 9
A megélés operatív állapota ........................................................ 10
Olyan pasit választani, akit meg akarsz „javítani" ........................ 14
Egy napon majd eljön a hercegem .............................................. 15
Hódolat a kapcsolatoknak kontra hódolat a vaginának ................ 19
Mit jelent az egyébként, hogy férfias és nőies? ............................ 22
Manipuláció és tudás ................................................................. 24
A női nem pragmatistájának lenni .............................................. 27
Hülyeség kontra éberség ............................................................ 30
"Elengedem az őrséget" .............................................................. 31
Tündérmesék ............................................................................. 34
A férfiak és nők között dúló háború ............................................ 37
Az életed teremtése és generálása ............................................... 39
A tested benned van .................................................................. 42
"Hűha, erre még soha nem gondoltam" ...................................... 47
Minden választás teremt ............................................................ 48
Szóval hogy vagytok? ................................................................. 51

2 Választani a valóság módosítását ........................................... 53
Lelki társak és ikerlángok ........................................................... 53

Élj a szerető kedvességből – ne a szerelemből ..................... 55
"Mi ez?" ..................... 61
Jövő teremtése ..................... 64
A nézőpontod teremti a valóságod ..................... 66
Minden választást egy lehetőség forrásaként hozz meg ..................... 67
Szóval, mi is a kapcsolat? ..................... 70
Közösülés választásból ..................... 73
Teljes szexuálisság ..................... 77
A testednek van nézőpontja ..................... 78
Szex és befogadás ..................... 79
Bántalmazó kapcsolatok ..................... 80
Szexuális gyógyítás ..................... 83
„Jó szex" kontra kiterjedő szex ..................... 86

## 3. Felismerni ki vagy valójában ..................... 91
Változás kontra valami más csinálása ..................... 91
A konfrontáció nem működik ..................... 94
A nők bőséges mennyiségű szexet akarnak ..................... 94
Ítélkezések és következtetések ..................... 97
"Ezt próbáltad már? Én imádom!" ..................... 98
A férfiak felizgatása ..................... 100
A nők a legversenyképesebb teremtmények a bolygón ..................... 102
Férfi és női programozás ..................... 103
Kié ez az ítélkezés? ..................... 105
Fájdalom és intenzitás ..................... 107
Követelés teremtése egy férfi testének ..................... 110
"Kuncogó iskolás lánnyá változom" ..................... 113
Nem vagy mindenért felelős, amit mások választanak ..................... 114
A falaid leengedése a befogadáshoz ..................... 116
Be tudja fogadni a másik személy azt, amire képes vagy? ..................... 119
A változás suttogása ..................... 121

## 4. Egy működő kapcsolat teremtése ............ 125

Valószínűség struktúra kontra lehetőség struktúra ............ 125
Az elveszítés valószínűsége ............ 127
„Fel tudom javítani őt" ............ 130
A siker lehetősége ............ 132
Tíz másodperces lépésekben élni ............ 133
Befogadása annak, amire vágysz egy kapcsolatban ............ 134
Korlátozó választások ............ 136
Nincs mivel harcolni ............ 139
A teljes választásból működés ............ 141
A kapcsolatod több komfortot teremt? ............ 142
Mikor kerül be a megengedés a képbe? ............ 146
A humanoid nő meg akarja hódítani a világot ............ 147
Hogyan közeledjünk egy férfihoz ............ 150
Az életed álmai, rémálmai, követelményei, vágyai és szükségletei ............ 151
Mi az, ami lehetséges itt, amit még nem vettem fontolóra? ............ 156
Mi az, amit valóban akarsz? ............ 157

## 5. Pragmatikus választás ............ 163

Komfort és megnyugtatás keresése magadon kívül ............ 163
„Ez tényleg kellemes volt, kedves" ............ 169
A férfiak elnyomják az érzékenységüket ............ 170
Közösülés ítélkezés nélkül ............ 173
"Hahó, akarsz szexelni?" ............ 175
Szexuális zaklatás ............ 176
Pragmatikusnak Lenni a Választásaiddal ............ 178
Helyrehozni a dolgokat az exszel ............ 181
Megengedés ............ 182
Szalon Résztvevő: ............ 183
„Megijeszt a házasság" ............ 184
Kapcsolat egy bipoláris férfival ............ 186
Szülőnek lenni ............ 187

Mi a rossz abban, ha megadod az anyádnak azt, amire vágyik?...........190
A hála hozzáállása..................191

## 6. Ti vagytok a jövő teremtői ...................195
A nők a forrása egy más valóság teremtésének........................195
A férfiak azért jöttek ide, hogy fenntartsák a status quót....................196
Egy jövő, amibe még nem léptünk bele ..................199
„Annyira untat"..................202
A bizonyítványok lényege ..................204
„Arra vágynak, amit én nyújthatok?"..................206
A képességed, hogy megváltoztasd a valóságot..................207
Rá kell nézned arra, hogy a férfiak hogyan működnek..................210
Kontextuson kívül lenni..................213
A választásaiddal egy más jövőt teremtesz..................213
Ez egy választás, majd még egy..................215
Lehet más valóságod ..................216
A definíció a pusztító..................217
Mi a célom itt a Föld bolygón?..................217

## 7. Megadni másoknak a lehetőség birodalmát ......................221
Mi az, ami lehetővé teszi, hogy mindent könnyedén kezeljünk?..........221
Igazi gondoskodás kontra gondját viselés..................223
Fel kell ismerned, hogy mi van..................226
Teremtés és találmány..................228
Annak az energiának kell lenned, ami megmutatja a lehetőségeket....232
Melyik szerint élsz – a valóság vagy az illúzió szerint? ......................234
Mit szeretnél jövőként teremteni?..................235
Választás a teremtés domináns forrása..................239
„Most akarom"..................242
A Jelenben Élés Problémája..................244
Bízz magadban, mint jövőteremtőben..................246
Bízni az éberségben, ami valójában vagy..................248

Az igazi vagyon ................................................................................................250
Önbizalom ......................................................................................................252
Senki nem láthat téged, csak te ..............................................................255

## 8. Teremtsünk békét háború helyett ............................................259
Férfi és női szerepek felcserélése .............................................................259
A csatád egy jövő teremtéséért ................................................................261
A harcos nővé válás ....................................................................................263
Harcolni valamiért kontra harcolni valami ellen ................................ 265
Lehetőségek és választások ..................................................................... 266
Hódítás ........................................................................................................ 268
„Szeretném ha egy férfi egyszer az életemben elcsábítana!" ...............270
Más emberekért élni ..................................................................................271
Vizuális ábrázolás és találmány ...............................................................273
Választásból, lehetőségből, kérdésből és hozzájárulásból teremteni .. 277
Ne zárd ki a haragot ..................................................................................278
„Én csak egy naiv kislány vagyok" ........................................................ 280
Kihez tartozik? Az enyém? .......................................................................281
Kizáró kapcsolatok ................................................................................... 283
Létezés kontra csinálás ............................................................................ 284
Visszajövünk, hogy elrendezzük a dolgokat? ...................................... 284
Szerelem első látásra ................................................................................ 285
A címkék korlátozzák a lehetőségeket ................................................. 286
Valójában tudsz bármit is kontrollálni? ............................................... 287
A szeretet/szerelem önmagában egy találmány ................................. 288
Minden kapcsolat egy találmány .......................................................... 289
Egy harcos hajlandó bármit megtenni hogy megnyerje a csatát ...........292
Érdekes nézőpont ......................................................................................293

## 9. Egy fenntartható jövő teremtése .............................................295
Gyerekvállalás ............................................................................................295
Nem arról van szó, hogy szálljunk ki ebből a valóságból .................... 297

Miért nem vagy önmagad? ..................................................... 301
Fenntartható valóság ezen a valóságon túl .............................. 302
Túlélés kontra fenntarthatóság ................................................. 305
Egy fenntartható monetáris jövő teremtése ............................ 313
Senki sem tehet senki mást boldoggá ..................................... 316
Túlélés kontra gyarapodás ....................................................... 317
Mit teremthetek fenntartható jövőként? ................................. 319

## 10. Tudatos kapcsolatok .............................................. 321
A tudatos kapcsolatok hat eleme ............................................. 321
A szex egy kreált valóság ......................................................... 326
Mókás lesz most szexelni? ....................................................... 330
Mi lenne, ha soha nem akarnád, hogy más bármit is csináljon? ........... 334
Egyezség és teljesítés ................................................................ 336
A másik személynek is tudatosnak kell lennie? ..................... 338
Boldogulni nőként ..................................................................... 339
Látni a negatív valóságokat ...................................................... 340
Ezen a valóságon túl teremteni ................................................ 342
Hajlandóság a jövőt látni ......................................................... 345
A komfort nem a tudatosságról szól ........................................ 345
Lehet igazad vagy lehetsz könnyed ......................................... 348
Hódítás kontra kizárás .............................................................. 352
„Hogyan bizonyíthatom be a hozzájárulásom?" ................... 354
Az lenni, ami neked igaz .......................................................... 356
A saját életed számításában lenni ............................................ 357
Csábítsd őket, tanítsd őket, és engedd őket az útjukra ......... 358
A valódi pragmatika .................................................................. 360
Generálás, teremtés és intézményesítés ................................. 361

## 11. A választás és éberség erejében maradni .............. 363
Démonok .................................................................................... 363
Démonokat teremtesz a választás helyett ............................... 366

Mi van, ha nincs nagyszerűbb erőforrás nálad? ................................... 367
Az emberek azt hiszik, hogy a démonok az erő forrása ..................... 368
Az ítélkezéssel behívod a démonokat ..................................................... 371
A „nézőpont nélküliség" egyszerűen egy választás ............................. 377
Soha ne várj senkire vagy semmire ........................................................ 379
Futuristának lenni ...................................................................................... 381
Egy valóság választása ............................................................................... 385
A nagyszerűbb lehetőségek forrásává válni ......................................... 390
A választás minden teremtés forrása ..................................................... 390
Látni, mi a rossz kontra látni, mi lehetséges ........................................ 394
Gyűlölheted az anyád vagy lehet teljes szabadságod ........................ 397
A legnagyszerűbb bosszú ......................................................................... 401

## 12. A tudatosság szabadgyökévé válni .................................... 405
A lehetőség könnyű tér-űrje .................................................................... 405
Az emberi valóság alapvető eltérésén túl ............................................. 407
Az emberi valóság a középszerűségre hivatott ................................... 409
Válj annyira eltérővé, amennyire csak szeretnél ................................ 413
Vannak más lehetőségek, de fel kell tenned egy kérdést ................. 414
Legyél hajlandó meglátni azt, amit valaki tenni fog ......................... 417
Humanoidként deviáns vagy ................................................................... 418
Teljes könnyedség és túl sok pénz .......................................................... 419
Szabadgyökök ............................................................................................. 424
Jelenet Vége, Balra El ................................................................................ 425
Az alapvető eltérés .................................................................................... 427

## 13. Ismerd fel mekkora ajándék vagy a világnak .................... 433
A hedonista, csábító és élvhajhász, ami igazán vagy ........................ 433
A felizgulás, amit választhatnál .............................................................. 438
Gondolatok, érzések, érzelmek, szex és no szex ................................. 442
Azzal, amit választasz, nagyszerűbb lehetőségeket teremtesz ......... 445
Önmagad védelmezése valamivel szemben ........................................ 446

Védelmezni azt, aki vagy .................................................................. 449
„Én nem vagyok olyan" ....................................................................452
Az emberi valóság elleni védekezés................................................455
A legtöbb férfi gyönyör kereső .......................................................457
Mi lenne, ha az életben mindentől beindulnál? ........................458
Választás, kérdés, lehetőség és hozzájárulás ...............................463
Minden választás egy találmány .................................................. 466

## 14. Önmagad nagyszerűsége ..........................................471
Tényleg szereted a férfiakat? ..........................................................471
Minden működtetésének pragmatikája egy férfival ...............473
„Minden nap el akarok válni" ........................................................474
Védeni valamit és védekezni valami ellen..................................476
Mások választásai szerint választani ............................................477
A létezésen kívül tartani magad ................................................... 480
Megengedés és az önmagad nagyszerűségének birtoklása ....... 482
Inspirálni a pasit ............................................................................... 485
Nem teremthetsz jövőt a korlátokra fókuszálva ....................... 487
Tisztázd, hogy mit akarsz ...............................................................493
Az jelenik meg az életedben, amit gondolsz ............................. 496
A létezés térűrje.................................................................................498
Konfliktusos univerzumok............................................................. 500
Testek és egy konfliktusos univerzum ........................................ 505
A nők, akik más nőkkel versenyeznek ........................................ 508
Milyen jövőt szeretnél teremteni?.................................................511

# Mi az Access Consciousness?

Az Access Consciousness egyszerű eszközökből, technikákból és filozófiákból áll, ami lehetővé teszi, hogy dinamikus változásokat teremts az életed minden területén. Az Access lépésről lépésre haladó építőkockákat nyújt, ami lehetővé teszi, hogy teljesen éber legyél, és úgy kezdj el működni, mint az a tudatos lény, aki igazán vagy. Ezekkel az eszközökkel bármit meg tudsz változtatni, ami nem működik az életedben, hogy más életed és más valóságod legyen.

Ezekhez az eszközökhöz hozzáférhetsz számos kurzuson, könyvben, telekurzuson vagy más termékekben, Access Consciousness Minősített Facilitátorral vagy Access Consciousness Bars Facilitátorral.

Az Access célja az, hogy a tudatosság és egység világát megteremtse. A tudatosság az a képesség, hogy jelen vagy az életed minden pillanatában anélkül, hogy magadon vagy bárkin ítélkeznél. A tudatosság mindent magába foglal, és semmin nem ítélkezik. Az a képesség, hogy befogadj mindent, ne utasíts vissza semmit és megteremts mindent, amire vágysz az életben, nagyszerűbben, mint amilyen most és többet, mint amit valaha el tudtál képzelni.

A következő oldalakon további információt találsz az Access Consciousnessről, vagy az Access Consciousness Facilitátorokról:

www.accessconsciousness.com    www.garymdouglas.com
Scan for more information      Scan for more information

# További Access Consciousness™ Könyvek

*Being You, Changing the World* – *Légy Önmagad és Változtasd meg a Világot*
Dr. Dain Heer

Mindig is tudtad, hogy lehetséges valami TELJESEN MÁS? Mi lenne, ha lenne egy kézikönyved, ami elvezetne a végtelen lehetőségekhez és dinamikus változáshoz? Olyan eszközökkel és tisztításokkal, amik valójában működnek és a létezés más módjára invitálnak? Magadnak? És a világnak?

*The Ten Keys to Total Freedom* – *Tíz Kulcs a Teljes Szabadsághoz*
Gary M. Douglas és Dr. Dain Heer

The Ten Keys to Total Freedom – Tíz Kulcs a Teljes Szabadsághoz olyan módszereket tartalmaz, amik segítenek a tudatossághoz vezető képességed kiterjesztésében azért, hogy nagyobb éberséged legyen magadról, az életedről, erről a valóságról és ezen is túlontúl. Nagyobb éberséggel elkezdheted azt az életet teremteni, amiről mindig is tudtad, hogy lehetséges, de még nem érted el. Ha valójában megcsinálod ezeket a dolgokat és ezekként létezel, akkor az életed minden területén szabaddá válsz.

## Beyond the Utopian Ideal – Túl az Utópista Ideálon
*Gary M. Douglas*

A legtöbben fix elképzelésből és elméletből működnek azzal kapcsolatban, hogy milyennek kell lenniük a dolgoknak, ahelyett, hogy a pillanatban lennének, ahol bármit megváltoztathatnak, hogy többet valósíthassanak meg és teremthessenek. Ezek a dolgok igazából nem valósak; elméleti valóságok, amik a létezésünkbe pottyantak. Ez a könyv arról szól, hogy váljunk éberré az ideális elméletekre és kitalációkra, amik korlátokat és falakat állítanak azzal szemben, ami számodra lehetséges. A kitalációknak szét kell hullaniuk ahhoz, hogy olyan világot teremthess, ami működik neked.

## Leading from the Edge of Possibility: No More Business as Usual – A Lehetőség Határmezsgyéjéből Vezetni: Elég a Megszokott Üzletből
*Chutisa és Steven Bowman*

Csak képzeld el, milyen lenne a vállalkozásod és az életed, ha abbahagynád, hogy robotpilóta üzemmódban működsz és elkezdenéd stratégiai éberséggel és jólét tudatossággal generálni az üzleted. Ez igazán lehetséges, kivéve, hogy hajlandónak kell lenned megváltozni. Egy más lehetőség felismeréséhez más nézetre van szükség, és ez szinte mindig egy olyan éberséget követel meg, ami nem korábbi tapasztalatokon alapul. Ezzel a könyvvel megkapod azt az éberséget, amire szükséged van az üzleted vezetéséhez bármilyen környezetben!

## Pragmatic Psychology: Practical Tools For Being Crazy Happy – Pragmatikus Pszichológia: Őrült Boldogsághoz Vezető Praktikus Eszközök
*Susanna Mittermaier*

Mindenkinek van legalább egy „őrült" személy az életében, igaz (akkor is, ha ez az egy személy mi vagyunk)? És nagyon sok címke és diagnózis létezik a világban – depresszió, szorongás, figyelemzavar, figyelemhiányos hiperaktivitás zavar, bipolaritás, skizofrénia... Mi lenne, ha lenne más lehetőség a mentális betegségekkel – és mi lenne, ha a változás és boldogság elérhető valóságok lennének? Susanna klinikai pszichológus, és lenyűgöző képességgel facilitálja azt, amit gyakran őrültnek definiálnak, és mindezt egy teljesen más nézőpontból teszi – a lehetőség és könnyedség nézőpontjából.

## Right Recovery for You – Neked Megfelelő Felépülés
*Marilyn Bradford*

Mindegy, hogy milyen függőséged van, vagy mióta tart, a Right Recovery for You – Neked Megfelelő Felépülés segíthet ezt megváltoztatni. Ez egy teljesen új megközelítése a függőségeknek, amit sehol máshol nem találsz meg. Marilyn Bradford fejlesztette ki, és Gary Douglastől, az Access Consciousness™ alapítójától származó információkat és változáshoz vezető tisztításokat alkalmaz. Teljesen más lehetőséged lehet, hogy végleg véget vess a függőségeidnek, vagy olyanná alakítsd őket, ami működik neked.

## Would You Teach a Fish to Climb a Tree? – Tanítanál egy Halat Fára Mászni?
*Anne Maxwell, Gary M. Douglas, és Dr. Dain Heer*

Más megközelítés figyelemzavaros, figyelemhiányos hiperaktivitás zavaros, hiperaktív és autista gyerekekkel kapcsolatban. Az emberek hajlamosak abból a nézőpontból tekinteni ezekre a gyerekekre, hogy valami rossz velük, azért, mert nem úgy tanulnak, ahogy mások. A valóság az, hogy teljesen más módon veszik fel a dolgokat. Ez a könyv ránéz erre és még anynyi minden másra is!

## Sex Is Not a Four Letter Word but Relationship Often Times Is – A Szex Nem egy Trágár Szó, de a Kapcsolat Gyakran Az
*Gary M Douglas és Dr. Dain Heer*

Vicces, egyenes és elragadóan fesztelen, ez a könyv betekintést nyújt az olvasónak egy teljesen üde nézőpontba arról, hogy hogyan teremtsünk nagyszerű intimitást és kivételes szexet. Mi lenne, ha abbahagynád a találgatást – és kiderítenéd azt, ami VALÓJÁBAN működik?

## Divorceless Relationships – Elválásmentes Kapcsolatok
*Gary M. Douglas*

Egy Elválásmentes Kapcsolat olyan, ahol nem kell egyetlenegy részedtől sem elválnod azért, hogy valaki mással legyél kapcsolatban. Ez egy olyan hely, ahol mindenki és minden, akivel és amivel kapcsolatban vagy, nagyszerűbbé válhat a kapcsolat eredményeképpen.

## Joy of Business – Az Üzlet Öröme
*Simone Milasas*

Ha az üzletedet annak ÖRÖMÉBŐL teremtenéd – mit választanál? Mit változtatnál meg? Mit választanál, ha tudnád, hogy nem hibázhatsz? Az üzlet ÖRÖM, teremtés, generatív. Lehet a MEGÉLÉS kalandja.

*További Access Consciousness™*
*Könyvekről itt tájékozódhatsz:*
*www.accessconsciousnesspublishing.com*

# A szerzőről

**Gary Douglas**

A sikerkönyv író, nemzetközi szónok, és keresett facilitátor, Gary Douglas, az intenzív éberségéről ismert és arról, hogy hihetetlen képességgel arra facilitálja az embereket, hogy tudják, amit tudnak. Minden tettében a tudatosság megtestesítését választja, ami másokat is nagyobb tudatosságra inspirál.

Gary kivételes éberséggel érkezett a közép-nyugati középosztálybeli „fehér kenyér" családba, és a Leave It to Beaver – Hagyd Rá Beaverre (fordítói megjegyzés: egy 50-es / 60-as években játszott TV sorozatra utal, ahol a kisfiú 'Beaver' gyakran elfuserálta a dolgokat) gyerekkort élte. Nagyon más nézőpontja volt az életről, és felismerte, hogy már hat éves korában elég más volt, mint a legtöbb ismerőse. Úgy lett éber arra, hogy ő más, hogy figyelte, hogyan teremtik az emberek az életüket, és látta, hogy ez nem az örömről és a lehetőségekről szól – hanem mindig mindennek a helytelenségéről. Gary tudta, hogy többnek kell lennie annál, amit ez a valóság nyújthatott, mert semmi nem volt benne, ami varázslatos, örömteli vagy kiterjedő. Így már fiatal korában mélyebb éberséget kezdett el kutatni az élet rejtelmeiben. Útja során egy új módszert tárt fel – egy olyat, ami változást hoz létre a világon és az emberek életében. Felfedezte, hogy a varázslat körülöttünk van; olyasmi, amit mi teremtünk – ez a tudatosság. Felismerte, hogy a nagyobb éberség és tudatosság képessége egy minden emberben rejlő ajándék, ha hajlandóak ezt választani.

Idővel felismerte, hogy az ő ajándéka az ébersége intenzitása, és az a képessége, hogy tudatosságra invitálja az embereket, és arra, hogy felismerjék, hogy minden lehetséges és semmi nem lehetetlen. Az ő ajándéka az, hogy ránéz arra az életre, univerzumra és tudatosságra, ami mindannyian vagyunk, valamint azokra a lehetőségekre, amik ennek valódi benső részei, és teszi ezt egy olyan térből, amit még eddig soha senki más nem választott.

## Megerősíteni az embereket abban, hogy más lehetőségeket lássanak meg

Gary nemzetközileg elismert vezető az életek és más lehetőségek megteremtésének transzformálásában – hajlandó megerősíteni az embereket abban, hogy más lehetőségeket lássanak meg, és felismerjék azt, ami igazán lehetséges számukra. Garyt világszerte elismerik a személyes átalakulásra vonatkozó egyedi nézeteiért, amik a világon semmi másra nem hasonlítanak. Semmilyen valláshoz vagy tradícióhoz nem igazodik. Az írásaiban és workshopjain olyan tisztításokat és eszközöket ajándékoz, amikkel elérhetővé válik az élet könnyedsége, öröme és ragyogása, a boldogság varázsa, ami még több éberségben, örömben és bőségben terjed ki. Egyszerű, és mégis mélyreható tanításai számtalan embert facilitáltak a világon abban, hogy tudják, amit tudnak, és ismerjék fel, hogy mi az, amit választhatnak, amiről soha nem gondolták, hogy választhatják.

### A tudatosság transzformációja rejlik tanításai alapjaiban

Miután felismerte, hogy nagyobb tudatossággal az emberek megváltoztathatják az életük irányvonalát és a bolygó jövőjét, az Access Consciousness megteremtésében és kiterjesztésében Garyt alapvetően egy egyszerű kérdés vezette: „Mit tehetek, hogy segítsek a világnak?"

Folyamatosan inspirál másokat, világszerte más lehetőség éberségére invitál, és óriási hozzájárulás a bolygónak. Abban facilitálja az embereket, hogy tudják, hogy ők a forrásai a változás megteremtésének, amire vágynak, és egy olyan élet teremtésének, ami túlmegy azokon a korlátokon, amiket a világon mások fontosnak tartanak. Ezt alapvető szempontnak látja egy olyan jövő megteremtéséhez, amiben mindenki számára nagyszerűbb lehetőségek vannak, beleértve a bolygót is. Ez nem csupán a személyes boldogság miatt elsődleges, hanem azért is, hogy megállítsuk a heves konfliktusos népbetegséget bolygónkon, és más világot teremtsünk. Ha elegen választják a nagyobb éberséget és nagyobb tudatosságot, akkor elkezdik meglátni a számukra elérhető lehetőségeket, és megváltoztatni azt, ami itt a föld bolygón történik.

### Szerző

Gary Douglas a The Place – A Hely című bestseller regény

szerzője, amiben az emberek tudják, hogy minden lehetséges és a választás a teremtés forrása. Gary továbbá számos könyvet írt társszerzőként pénz-, kapcsolatok-, varázslat-, és állatok témakörökben, a nemzetközileg ismert Energia Transzformáló virtuózzal, Dr. Dain Heerrel.

## Az emberek inspirálása világszerte

Gary számos transzformációs, életet megváltoztató eszközt, tisztítást és kezelést fedezett fel több mint húsz éve, ami Access Consciousness™ néven ismert. Ezek a hatásos eszközök világszerte ezrek életét alakították át. Munkássága 173 országban terjedt el, és 2.000 képzett facilitátor van világszerte. Ezek az egyszerű, de mégis annyira hatásos eszközök mindenféle életkorú és hátterű embereket facilitálnak abban, hogy segítenek megszabadulni azoktól a korlátoktól, amik visszatartják őket a teljes élettől.

www.ingramcontent.com/pod-product-compliance
Lightning Source LLC
Chambersburg PA
CBHW071015240426
43661CB00073B/2255